Werner Wiater

Unterrichten und Lernen in der Schule

Eine Einführung in die Didaktik

Neubearbeitung

Auer Verlag GmbH

Gedruckt auf umweltbewusst gefertigtem, chlorfrei gebleichtem
und alterungsbeständigem Papier.

2. Auflage 2010
Nach den seit 2006 amtlich gültigen Regelungen der Rechtschreibung
© by Auer Verlag GmbH, Donauwörth
Satz: SIKA, Mering
Druck und Bindung: Ludwig Auer GmbH, Donauwörth
ISBN 978-3-403-04888-6

www.auer-verlag.de

Inhalt

Vorwort

Unterrichten und Lernen - zwei Seiten, zwei Perspektiven, zwei Zugänge zum Thema Schulunterricht. Unterrichten, eine Sammelbezeichnung für Tätigkeiten und Verhaltensweisen von Lehrerinnen und Lehrern wie lehren, erziehen, darbieten, veranschaulichen, motivieren, interessieren, fördern, auslesen, disziplinieren, helfen, beraten, beurteilen, ermutigen, gegensteuern, umfasst alle Bemühungen, Lernprozesse anzuregen, zu lenken, zu unterstützen und zu kontrollieren. Lernen meint zusammenfassend alles, was die Schülerinnen und Schüler auf Veranlassung des Lehrers/der Lehrerin (1) oder aus eigenem Antrieb tun, wenn sie im Unterricht ihr Wissen, Können, Fühlen und Wollen erweitern, vertiefen oder verändern. Da vielerorts unterrichtet und bei den verschiedensten Gelegenheiten gelernt wird, ist eine Eingrenzung nötig. Hier soll es um Unterrichten und Lernen in der allgemeinbildenden Schule gehen, die in der Bundesrepublik Deutschland hauptsächlich staatliche Regelschule ist.

Das Buch will eine Einführung in die Didaktik geben. Es wendet sich an Leser/Leserinnen, die Basisinformationen darüber suchen, was Didaktik ist, womit sie sich beschäftigt, wie sie ihre Aussagen und Praxisempfehlungen findet, wie sie sich theoretisch begründen lässt und wie in ihr geforscht wird. Mit Hilfe von zehn Leitfragen wird der Gegenstands- und Problembereich der Didaktik aufgeschlüsselt und erklärt. Das Wissen zur Didaktik, das Lehramtsstudierenden, Lehramtsanwärtern und allen in der Schulpraxis Tätigen unverzichtbar ist, wird auf diese Weise zusammengestellt.

Aus Gründen der besseren Lesbarkeit wurden wichtige Definitionen und Textpassagen im Druck hervorgehoben. Auf detaillierte Zitation bzw. Einzelnachweise der verwendeten Fachliteratur ist deshalb auch verzichtet worden; bibliografische Angaben stehen am Schluss des Buches.

Werner Wiater

I. Was ist Didaktik?

Das Wort Didaktik kommt aus dem Griechischen (didáskein, didaché, didáskalos: Lehren, Lehre, Lehrer) und bedeutet soviel wie „lehren", „unterweisen", „klar auseinandersetzen", aber auch „lernen" und „belehrt werden" oder „sich etwas erlernen". Ursprünglich bezeichnete „didaktisch" eine Gattung des griechischen Epos, nämlich – neben der heroischen und der historischen – die belehrende Dichtung wie Lehrgedichte, Orakel, Sprichwörter. So sah noch Goethe beispielsweise D. Defoes „Robinson Crusoe" als ein didaktisches Modell an, das ein lehrreiches und die Einbildungskraft förderndes Kunstwerk sei. Eine neue, schulpädagogische Bedeutung im Sinne von planvollem Lehren und Lernen erhält „Didaktik" im 17. Jahrhundert, insbesondere durch W. Ratke (1571-1635) und J. A. Comenius (1592-1670). W. Ratke spricht von „methodus didactica" im Sinne von „Lehrweg" und von „didactica" im Sinne von „Lehrart"; J. A. Comenius verfasste 1657 seine international bekannt gewordene „Didactica magna", übersetzt als „Große Lehrkunst" oder „Große Unterrichtslehre". Die Begriffsentwicklung von „Didaktik" ist im Laufe der folgenden Jahrhunderte eng verbunden mit

*   der Entfaltung der Pädagogik als eigenständigem (universitären) Wissenschaftsbereich seit J. J. Rousseau, J. Locke, A. H. Francke, E. Ch. Trapp, I. Kant,
*   der Rezeption von philosophischen Denkrichtungen, wissenschaftstheoretischen Positionen und Zeitgeisteinflüssen,
*   der Ausgestaltung des Schul- und Bildungswesens durch den neuzeitlichen Staat unter sich wandelnden ökonomischen und technischen Bedingungen,
*   der Ausbildung und dem Selbstbewusstsein des Lehrerstandes in den verschiedenen Schulformen.

1   Definition

Das mit „Didaktik" Gemeinte wandelte sich im Laufe der Jahrhunderte Wissenschaftsgeschichte von der Meisterlehre des 18. Jh. bis zur handlungsorientierten wissenschaftlichen Theorie von heute. Als solche verwendet sie auch in der Gegenwart unterschiedliche Begriffsverständnisse von Didaktik. Didaktik gilt heute als Lehrkunst, als Theorie der Bildung und der Bildungsinhalte, als Theorie des Unterrichts, als Theorie der Curriculumentwicklung, als Theorie des gesellschaftlich kommunikativen Handelns, als Theorie des Lehrens und Lernens, als Vermittlungswissenschaft, als Arrangieren von Lernumwelten und Lernerfahrungen usw.

Der Weg durch die Geschichte der Didaktik ist kein linearer Prozess größer werdenden Erkenntnisfortschritts, sondern eher der Weg eines Theoriewandels, der sich auseinander entwickelte, nebeneinander vollzog und perspektivisch weiterentwickelte. Die Veranlassung zu diesem Wandel gaben (1) die Fortschritte in den Bezugs- und Nachbarwissenschaften der Didaktik (vor allem der Allgemeinen Pädagogik, Philosophie, Psychologie, Soziologie, Politologie, Neurologie) (2) Paradigmenwechsel in der Wissenschaftstheorie (Geisteswissenschaftliche Pädagogik, Sozialwissenschaftlich-Empirische Pädagogik, Ideologiekritische Pädagogik, Systemische Pädagogik, Konstruktivistische Pädagogik usw.) und Veränderungen in der Gesellschaft mit Auswirkungen auf die Schule (vgl. Veränderungen in der Kindheit/im Jugendalter, Risikogesellschaft, Multioptionsgesellschaft, Wissensgesellschaft usw.) und (3) Wandlungen im Bildungsverständnis (Bildung im klassisch-idealistischen Sinne, Bildung als Leerformel, Bildung als trivialisierend-funktionalistischer Begriff).

Heute besteht unter den Didaktikern im Großen und Ganzen Übereinstimmung darin, dass Didaktik sich mit Situationen, Prozessen und Phänomenen des Unterrichtens und Lernens in der Schule befasst,

- um sie „auf den Begriff" zu bringen, zu beschreiben, zu strukturieren, und ihre zentralen Faktoren zu bestimmen,
- um sie erklärbar und möglichst prognostizierbar zu machen,
- um aus ihnen Handlungs- und Orientierungswissen für die Unterrichtspraxis zu gewinnen,
- um an ihnen zu erkennen, wie sich theoretisch/wissenschaftlich gesichertes Wissen über Lehr-Lern-Prozesse unter konkreten Unterrichtsbedingungen nutzbringend aktivieren lässt.

Die Didaktik kann sich nicht mit dem Wissenschaftswissen, d.h. mit theoretisch gesicherten Aussagen darüber, wie nach dem Erkenntnisstand heutiger Wissenschaft aus Unterrichten Lernen wird, zufriedengeben. Denn im human- und sozialwissenschaftlichen Bereich versagen alle Versuche, wissenschaftliche Theorien einfach in die Praxis umzusetzen, sie nur anzuwenden. Die Didaktik braucht deshalb das Erfahrungswissen von Lehrerinnen und Lehrern, die theoriegeleitet den Schulalltag zu bewältigen versuchen. Sie haben dabei nämlich ein spezifisches Wissen über unterrichtliche Zusammenhänge erworben, das zur Bestärkung, Neubewertung, Korrektur und Weiterentwicklung des Theoriewissens beitragen kann. Das führt zu der hier favorisierten Definition von Didaktik:

Didaktik ist die wissenschaftliche und praktische Beschäftigung mit dem Zusammenhang zwischen Unterrichten und Lernen.

Bei der Didaktik unterscheidet man – vorwiegend seit der zweiten Hälfte des 20. Jahrhunderts - die Allgemeine Didaktik von der Fachdidaktik.

2 Allgemeine Didaktik – Fachdidaktik

Die *Allgemeine Didaktik* – im Unterschied zur Fachdidaktik oder zu Spezialdidaktiken – zielt auf eine Totalerfassung aller bei Lehr- und Lern-Prozessen wirksamen Faktoren ab. Sie fragt nach deren grundsätzlichen, wesenhaften, überall vorfindlichen Elementen, Aspekten, Problemen und Relationen und ist dabei nicht auf die Schule begrenzt. Überall dort, wo durch Instruieren, Anleiten oder Anregen bei Personen oder Personengruppen Lernen initiiert, unterstützt, gesichert und überprüft wird, liegt ein Praxisfeld der Allgemeinen Didaktik vor. Im Einzelnen untersucht sie,

- wie „Informationen" (i.w.S.d.W.) aufbereitet werden müssen, damit sie von einer bestimmten „Zielgruppe" verstanden und angeeignet werden können,
- wie die Erfahrungen, Äußerungen und Handlungen von Zielgruppen-Mitgliedern aufgegriffen werden können, damit es bei diesen zu einem Lernzuwachs kommt, und
- welche (fachlichen und persönlichen) Kompetenzen von Mitgliedern einer bestimmten Gruppe durch Anregungen von außen erfolgreich weiterentwickelt werden können.

In diesem Sinne geht es der Allgemeinen Didaktik stets um die Vermittlung von Wissen, Können, Haltungen und Einstellungen, um das lernwirksame Aufgreifen und Nutzen vorhandener Erfahrungen bestimmter Adressaten sowie um deren systematische Unterstützung beim Erwerb von Kompetenzen.

Die Allgemeine Didaktik stellt die grundsätzliche Frage nach der Auswahl und der Vermittlung bildungsrelevanter Inhalte und Ziele an „Schüler/Schülergruppen" mit je spezifischer Lernausgangslage. Dabei integriert sie die Ergebnisse aller Wissenschaften, die sich mit dem Lernen in gesellschaftlichen Institutionen befassen (Psychologie, Soziologie, Politologie, Neurobiologie usw.). Ihre Aufgabe ist es zu ermitteln, wie es durch das unterrichtliche Handeln von Lehrerin oder Lehrer beim einzelnen Schüler und bei Schülergruppen zum beabsichtigten Lernen kommt. Dazu setzt sie sich erstens mit den Ziel- und Wertvorstellungen auseinander, die als Bildungs- und Erziehungsziele in der Gesellschaft gelten und die Kinder und Jugendliche zu Zielen ihres schulischen Lernens machen sollen. Zweitens wendet sie sich den Lehrinhalten zu, die in Lehrplänen/Curricula vorliegen und den Persönlichkeitsaufbau der Kinder und Jugendlichen, ihr Denken, Fühlen, Können und Wollen fördern sollen. Drittens fragt sie danach, mit welchen Methoden und mit Hilfe welcher Medien dies am effektivsten erreicht werden könnte. Viertens bedenkt sie dabei die Bedeutung der personalen, institutionellen, interaktionalen und organisationalen Rahmenbedingungen, unter denen die Lehr-Lern-Prozesse stehen.

Mittlerweile hat sich der Begriff Didaktik über den Bereich der Schule hinaus auch in anderen Handlungsfeldern etabliert. Man spricht heute auch von Kindergartendidaktik/Vorschuldidaktik, Freizeitdidaktik, Hochschuldidaktik, Wirtschaftsdidaktik, Mediendidaktik, Rechtsdidaktik usw. als Spezialdidaktiken.

Zusammenfassend lässt sich sagen:

Die Allgemeine Didaktik befasst sich mit dem Zusammenhang, der zwischen Lehrprozessen und Lernprozessen besteht, egal wo diese stattfinden und welcher Art sie sind. Auf die Schule bezogen geht es um Unterricht, an dem Lehrer, Schüler und ein Gegenstand/Stoff/eine „Sache" (= das Didaktische Dreieck) beteiligt sind, der unter den Bedingungen der Institution Schule organisiert wird und bei dem die Kultur und die Werte/Normen der demokratischen Gesellschaft vermittelt bzw. angeeignet werden sollen.

Als Wissenschaft ist die Allgemeine Didaktik eine der Phänomenologie, der Hermeneutik und der Empirie zugängliche Geistes- und Sozialwissenschaft, aus deren Forschungen eine Handlungsorientierung zur Bewältigung der schul- und unterrichtspraktischen Arbeit erwächst.

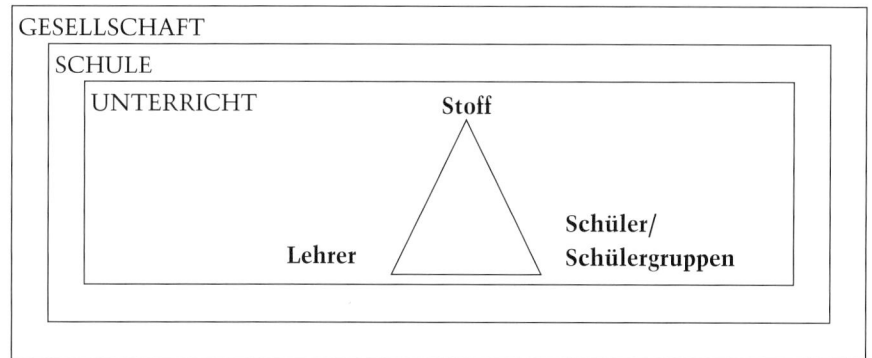

Das Allgemeine steht begrifflich dem Speziellen und Besonderen gegenüber, es abstrahiert bei den Dingen und Sachverhalten von zufällig Gegebenem und reflektiert auf das allen Gemeinsame, Strukturelle, Wesentliche. In einem solchen Sinne stehen sich auch die Allgemeine Didaktik und die *Fachdidaktik* gegenüber. Dementsprechend gilt:

> Die Fachdidaktik ist die Wissenschaft und Praxis vom Lehren und Lernen in speziellen Fächern und Lernfeldern.

Entsprechend fragt die Fachdidaktik danach
- wie die Inhalte und Methoden der Fachwissenschaften in den Schulfächern repräsentiert (Wissenschaftsorientierung) sind bzw. werden können
- wie diese den Schülern/Schülerinnen einer bestimmten Altersstufe, Schulart und Lernausgangslage (Schülerorientierung) vermittelt werden können
- welche spezifischen Unterrichtsmethoden, Lehr-Lern-Techniken und Lehr-Lern-Möglichkeiten es im jeweiligen Unterrichtsfach gibt und
- wie sich die Aussagen der Allgemeinen Didaktik zur Unterrichtsplanung und Unterrichtsgestaltung in den Fachunterricht transformieren lassen sowie
- welchen Beitrag die einzelnen Fächer zum Bildungs- und Erziehungsauftrag der Schule leisten.

Des Weiteren diskutiert die Fachdidaktik die Frage, wie sie sich einerseits zur Allgemeinen Didaktik (Überordnung/Unterordnung, Integration, Interdependenz, Konvergenz) und andererseits zur jeweiligen Fachwissenschaft (Abbild/Selbstständigkeit/Anwendung) verhält. Die Fachdidaktik erforscht und analysiert die spezifischen Unterrichts- und Lernmöglichkeiten in den einzelnen Fächern bzw. Fächergruppen der Schule und befasst sich mit allen Fragen der Vermittlung der Fachwissenschaften in den Schulfächern.

In Forschung und Lehre orientiert sich die Fachdidaktik an den Theorien der zugeordneten Fachwissenschaft und beachtet deren fachspezifische Methoden zur Erkenntnissuche und Erkenntnisgewinnung. Sie rezipiert bei der Planung von Unterrichtseinheiten und Unterrichtsstunden allgemeindidaktische Erkenntnisse und führt Sachanalysen, Didaktische Analysen, Didaktische Reduktionen und Lernzielentscheidungen auf der Basis der Allgemeinen Didaktik durch. Die Fachdidaktik von heute hat eine besondere Nähe zur empirischen Lehr-Lern-Forschung.

Die Didaktik ordnet sich wissenschaftlich der Schulpädagogik zu; diese wiederum ist eine Bereichsdisziplin der Allgemeinen Pädagogik. Denn in der Didaktik geht es zusammengefasst um Bildung und Erziehung durch Unterricht und Schulleben.

3 Didaktik – Schulpädagogik – Allgemeine Pädagogik

Der Gegenstandsbereich der *Schulpädagogik* ist das pädagogische und didaktische Handeln unter den Bedingungen der gesellschaftlichen Institution Schule in historischer, systematischer und vergleichender Sicht. Sie analysiert Entstehung, Geschichte, Funktion/Aufgabe und Organisationsstruktur der Schule in der Gesellschaft, beschäftigt sich mit der Entwicklung der Schulfächer, des Fächerkanons und des Lehrplans, setzt sich mit der Schul- und Bildungspolitik auseinander, behandelt die Regelungen des Schulrechts und der Schuladministration, geht spezifischen Problemstellungen der einzelnen Schularten und Schulstufen nach, fragt nach Rolle, Aufgabe und Status der professionalisierten Lehrerschaft, der Schüler, Schülereltern oder schulnahen Personen und befasst sich theoretisch und praktisch mit allen Fragen und Problemen des Unterrichts und des Schullebens. Dazu stellt sie Theorien auf, bei denen sie in der Regel von der Schulpraxis ausgeht und wobei sie sich quantitativer und qualitativer Forschungsmethoden bedient. Sie versteht sich nicht als angewandte Allgemeine Pädagogik/Erziehungswissenschaft, sondern steht zu dieser in einem interaktiven Verhältnis, d.h. sie erforscht, wie die dort elaborierte Erziehungsaufgabe unter den Bedingungen der Schule realisiert werden kann und bereichert dadurch umgekehrt deren Problemsicht. Die Schulpädagogik als Bereichsdisziplin der Allgemeinen Pädagogik setzte sich universitär seit den 1960er/l970er Jahren durch, und zwar im Zuge der allgemeinen Verwissenschaftlichung der Gesellschaft, im Zusammenhang mit der akademisch-universitär umorganisierten Lehrerbildung und aus dem Interesse an gesicherten Aussagen über Schule, Schulunterricht und Schulerziehung. Die Anfänge systematischen schulpädagogischen Reflektierens liegen allerdings früher: Zur Zeit der Aufklärung entsteht ein öffentliches Unterrichtswesen, in dessen Folge sich die Frage nach dem richtigen Unterrichten und Erziehen in der Schule stellt.

Der wissenschaftstheoretische Ort der Schulpädagogik ist auf Grund der Vielperspektivität ihres Gegenstandsbereichs nicht einheitlich zu bestimmen. Zum einen ist sie eine Geisteswissenschaft, wenn sie schulpädagogisch bedeutsame Ideen/Personen/Sachverhalte/Texte/Bilder/Symbole/Handlungen und ihre Wirkungen als historisch gesellschaftlich bedingt, sinnbehaftet und bildungsrelevant betrachtet und mit hermeneutischen, phänomenologischen oder dialektischen Methoden analysiert. Zum anderen ist die Schulpädagogik eine Sozialwissenschaft, wo sie schulpädagogische Ideen/Personen/Sachverhalte/Institutionen/ Verhaltensweisen mit Methoden wie Experiment, Beobachtung, Befragung, Test, Gruppendiskussion, Inhaltsanalyse o. Ä. auf ihre ökonomischen, gesellschaftlichen, politischen und ideologischen Voraussetzungen, Abhängigkeiten und Effekte untersucht. Drittens ist sie eine Integrationswissenschaft, die die schulbezogenen Forschungsergebnisse anderer Wissenschaften wie Philosophie, Neurobiologie, Psychologie, Soziologie, Politikwissenschaft, Betriebswirtschaft, Geschichte, Medizin, Jura usw. aufgreift, um die Frage beantworten zu können, wie Kinder/Jugendliche unter den Bedingungen der gesellschaftlichen Institution Schule durch Unterricht und Schulleben in ihrer Persönlichkeitsentwicklung positiv beeinflusst werden können. Schließlich ist die Schulpädagogik noch die Professionswissenschaft für alle, die in der Schule Verantwortung tragen. Gerade der letztgenannte Aspekt lässt den spezifischen Charakter der Schulpädagogik offenbar werden. Sie ist (wie Medizin, Ökonomie, Jura, Religionspädagogik) eine praktische Wissenschaft, die die Aufgabe zu bewältigen hat, einerseits im Sinne einer Grundlagenforschung Aufklärung über die Bedingungen, Möglichkeiten und Grenzen pädagogischen und didaktischen Handelns in der Schule zu leisten und andererseits geprüfte Handlungsmuster für das professionelle Handeln in der situativen, individuellen und nur begrenzt planbaren Schulpraxis zu präsentieren.

Daraus ergibt sich:

> Die Schulpädagogik erforscht historisch, systematisch und vergleichend die Theorie und Praxis der Erziehung, des Unterrichts und des Lernens in der Institution Schule, um Orientierung für professionelles Denken und Handeln in diesem Bereich zu geben.

Wortgeschichtlich betrachtet, geht der Blick bei der *Pädagogik* zurück zum Griechischen. Vielfach wird angenommen, „Pädagogik" leite sich direkt vom griechischen „paidagogein" ab, was soviel bedeutet wie „das Kind/den Knaben leiten", und erinnere daran, dass in der Antike Sklaven die Kinder der freien Bürger zur „schola"/Schule führten; der Pädagoge

(„paidagogos"), der Knabenführer und Kinderaufseher, sei folglich von eher niederem sozialen Rang. Wenngleich sich auch im Griechischen bereits mit „paidagogein" die Vorstellung von Erziehen, Bilden und Belehren verband, so erfuhr das Wort „Pädagogik" doch erst in der zweiten Hälfte des 18. Jahrhunderts die heute geläufige Bedeutung, und zwar als ein neu eingeführtes Fremdwort, das in Analogie zu Wissenschaftsdisziplinen wie Logik oder Ethik gebildet wurde. (Böhm 2005, S. 478 ff.) Waren früher pädagogische Probleme in der Philosophie und Theologie aufgehoben, so änderte sich das mit dem Aufklärungsjahrhundert. Die Pädagogik emanzipierte sich aus Philosophie und Theologie als eigenständige Wissenschaft, was 1789 zur Errichtung einer ersten Universitätsprofessur für Pädagogik führte (Ernst Christian Trapp an der Universität Halle).

Seit den Anfängen Ende des 18. Jh. hat sich die Pädagogik bis zum Beginn des 20. Jh. als Universitätsdisziplin weitgehend etabliert.

Pädagogik ist die Wissenschaft von der Erziehung/Bildung und für die Erziehung/Bildung des Menschen; sie gilt als eine praktische Wissenschaft, bei der Theorie und Praxis unlösbar miteinander verbunden sind.

Neue Impulse erhielt die Pädagogik Ende der 1960er/Anfang der 1970er Jahre; es kam zu einer quantitativen Expansion und zu einer Ausdifferenzierung der Pädagogik in zahlreiche Subdisziplinen. Geläufig ist die Unterscheidung in:
- „Allgemeine Pädagogik" als Basisdisziplin: Grundbegriffe, Theoriebildung, Methodologie, Forschung und Geschichte der Erziehung – prinzipiell und international
- „Spezielle Pädagogik", bestehend aus Teildisziplinen der „Allgemeinen Pädagogik":
- wissenschaftlich elaborierte Teildisziplinen: Frühpädagogik, Schulpädagogik, Heil- und Sonderpädagogik, Sozialpädagogik, Berufs- und Wirtschaftspädagogik, Erwachsenenpädagogik/Andragogik
- wissenschaftlich weniger elaborierte Teildisziplinen: Freizeitpädagogik, Museumspädagogik, Umweltpädagogik, Friedenspädagogik usw.

Die Schulpädagogik kooperiert mit der Allgemeinen Pädagogik bei der Aufgabe herauszuarbeiten, wie unter den jeweils gegebenen gesellschaftlichen Bedingungen das Erziehungsziel „Mündigkeit" in der Schule und durch die Schulorganisation realisiert werden kann.

II. Wie sind die wichtigsten Begriffe in der Didaktik definiert?

 Wissenschaft ist der Prozess und das Produkt der menschlichen Bemühung, in einem abgrenzbaren Wirklichkeitsbereich/Objektbereich durch systematischen Wissensaufbau unter Beachtung vorgängiger Theorien und Verwendung anerkannter Forschungsmethoden Erklärungen für Ereignisse und Phänomene sowie Lösungen für Aufgaben und Probleme zu finden.

Wissenschaft benötigt – gewissermaßen als Grundvoraussetzung – klar definierte Begriffe, ohne die ein wissenschaftlicher Diskurs nicht möglich ist. Daher wird im Folgenden eine Klärung zentraler Begriffe des Bereichs „Didaktik" vorgenommen. Begriffsdefinitionen können allerdings unterschiedlich sein, nämlich Realdefinitionen mit Oberbegriff und Merkmalsspezifik, Nominaldefinitionen als erläuternde Ersatzbezeichnungen, Zuordnungsdefinitionen als Angabe von entsprechenden Gegenständen oder Sachverhalten, explizite Definitionen als Erklärung eines Begriffs durch einen anderen oder implizite Definitionen als Festlegung in Axiomen. Begriffsdefinitionen sind stets zeitabhängig und vom Forschungs- oder Interpretationsanliegen ihres Autors abhängig. Trotzdem sind sie für die Kommunikation der Wissenschaftler und die Erstellung von Hypothesen und Theorien unverzichtbar.

1 Unterricht

Unterrichten ist das didaktisch-pädagogische Handeln des Lehrers/ der Lehrerin bei geplanten Lehr-Lern-Prozessen, die (meist) in einer Schule ablaufen. Was Unterrichten meint, hängt davon ab, wie Unterricht definiert wird. Die Zahl der Definitionen von Unterricht ist in der Fachliteratur recht groß. Der Grund dafür sind die unterschiedlichen wissenschaftstheoretischen Standpunkte und die spezifischen Betrachtungsaspekte ihrer Autoren. Denn Unterricht mit all seinen Vollzügen, Geschehnissen, Abläufen und Bedingungen ist komplex, situativ, individuell und offen; über Unterricht können deskriptive und präskriptive Aussagen gemacht werden, und er lässt sich gewissermaßen „von außen" und „von innen" betrachten. Von außen betrachtet ist er eine analysierbare und strukturierbare vieldimensionale Faktorenkomplexion (F. Winnefeld), von innen betrachtet eine offene, bedeutungsvolle Interaktionssituation. Im einen Falle ist der Unterricht eine statistisch erfassbare Variablenkonstellation aus Zielen, Inhalten, Methoden, Medien und den am Lernort interagierenden Personen, im anderen eine subjektive Erfahrungs- und Deutungssituation mit Folgen für das Denken, Können, Fühlen und Handeln aller Beteiligten.

Deskriptiv-analytisch betrachtet ist Unterricht ein Lehr-Lern-Prozess, der als Kommunikation/Interaktion zwischen Schülern und Lehrern in der Schule organisiert wird und bei dem die Schüler durch geplante Lernprozesse gebildet, erzogen und ausgebildet werden. Sie sollen Sachkompetenz, Methodenkompetenz, Sozialkompetenz, Selbstkompetenz und Moralkompetenz erwerben, kognitive, emotionale, soziale und pragmatische Dispositionen entfalten.

> Unterricht besteht aus wechselseitig aufeinander bezogenen verbalen und nonverbalen Lehrer-Schüler- und Schüler-Schüler-Aktivitäten, die sachbezogene Subjekt-Objekt-Interaktionen und soziale Subjekt-Subjekt-Interaktionen sein können.

Interaktionen entstehen durch das wechselseitig aufeinander bezogene Handeln mehrerer Individuen, durch jede Aktion eines Menschen mit einem Teil seiner Umgebung. Ihren Ursprung haben Interaktionen sowohl in den ureigensten Bedürfnissen und Interessen des Menschen als auch in den Bedingungen und Möglichkeiten seines Lebensraumes. Durch fortgesetzte, symbolisch (d.h. durch Symbole und Zeichen, Sprache und Gesten) vermittelte und deutungsbedürftige Wechselwirkungen mit anderen und mit seiner Umwelt gelangt der einzelne Mensch nämlich zu seiner Identität. Er erlernt sie gewissermaßen durch soziale, sprachliche und produktiv-sachbezogene Interaktionen, durch Hinwendungen zu Sachen und Personen und durch Rückmeldungen, die aus der Beschäftigung mit diesen erfolgen. Dieses Lernen aus der subjektiven Erfahrung hat etwas Unverfügbares an sich. Wird es auch - wie in der Schule - von außen angestoßen, durch ausgewählte Unterrichtsstoffe oder ein wohlüberlegtes Arrangement von Lernmaterialien und Lernanreizen inhaltlich auf bestimmte Erfahrungen ausgerichtet, so liegen doch deren Rezeption und deren Wirkung allein beim lernenden Subjekt. Die Vermittlung von Lerngegenständen und Lernzielen an die Schüler erfolgt deshalb nicht linear oder im Sinne einer Weitergabe, sondern eher in dialektischer Form. Dialektik meint ursprünglich eine Denkform dialogischer Problementfaltung, bei der These und Antithese vertreten werden und der Gesprächspartner dabei die Problemlösung entwickelt (Synthese). Verwendet wird der Begriff auch zur Kennzeichnung der polaren

Struktur des geistigen Lebens und der gesellschaftlichen Entwicklung (vgl. Th. Litt).

 Der Zusammenhang zwischen Unterrichten und Lernen ist nur als *dialektische Interaktion* angemessen zu verstehen.

Denn die Denkfigur der dialektischen Interaktion berücksichtigt erstens, dass Schüler beim Unterrichtsgeschehen ihre Personalität erst noch entwickeln bzw. entfalten müssen, und dass zweitens die Lerninhalte nicht einfach objektiv vorgegebene und aufgegebene Gegenstände sind, sondern vom Schüler zu eigenen neuen Erfahrungen verarbeitet werden müssen. Der Zusammenhang von Unterrichten und Lernen ist demnach mehrdimensional, jeder Machbarkeit grundsätzlich entzogen, ein atechnischer Prozess. Dialektische Interaktion ist also zu verstehen

- als Auseinandersetzung des Schülers mit ausgewählten Bildungsgütern im Sinne der Hegelschen Formel „Im-anderen-zu-sich-selbst-kommen" (vgl. Th. Litt, J. Derbolav), d.h. als dialektisches Verhältnis zwischen den Lernanregungen des Lehrers (These) und den Denk-, Gefühls-, Könnens- und Wollensstrukturen des Schülers (Antithese), wobei es beim Schüler zu einem Lernfortschritt kommt (Synthese),
- als dialogische Entfaltung von Sache und Selbst,
- als Hinweis auf die prinzipielle Unverfügbarkeit des Menschen durch Andere.

 Abschließend kann definiert werden:
Unterricht ist ein dialektisches Interaktionsgeschehen,
- bei dem Kinder und Jugendliche (Schülerinnen/Schüler)
- unter Anleitung professioneller Erwachsener (Lehrerinnen/Lehrer)
- durch planmäßig initiierte, unterstützte und überprüfte Lernprozesse
- in einer dazu errichteten gesellschaftlichen Institution (Schule)
- zum Zwecke ihrer Qualifikation, Personalisation, Sozialisation und Enkulturation
- ausgewählte Inhalte der Wissenschaften und der Lebenspraxis aufnehmen und erarbeiten sollen.

Am Unterricht im so verstandenen Sinne und infolgedessen am didaktischen Handeln des Lehrers lassen sich verschiedene Dimensionen erforschen: die anthropologische Dimension, die lern- und entwicklungspsychologische Dimension, die soziologisch-sozialpsychologische Dimension, die ästhetische Dimension, die weltanschauliche Dimension, die politische Dimension, die juristische Dimension, die ökologische Dimension sowie die fachwissenschaftliche Dimension.

Unterricht ist – wie erwähnt – immer eine kontinuierliche Folge von Situationen, in denen Lehrer, Schüler und Schülergruppen agieren und reagieren. Von daher betrachtet ist Unterricht *Unterrichten* und *Unterrichtetwerden*. Unterrichten ist ein komplexes Bündel von Handlungen und Verhaltensweisen des Lehrers, wofür dieser professionelle Kompetenz benötigt: (a) Fachkompetenz, fachdidaktische Kompetenz, allgemeindidaktische Kompetenz, (b) pädagogisch-psychologische und diagnostische Kompetenz, (c) kommunikative und soziale Kompetenz, (d) psychohygienische Selbstkompetenz, Selbstreflexivität, Persönlichkeitsstabilität, (e) Teamfähigkeit, (f) Weiterbildungsbereitschaft, (g) Wertklärungskompetenz im Sinne des demokratischen Ethos sowie (h) Organisationskompetenz und (i) schulrechtlich-administrative Kompetenz.

Unterrichtetwerden bedeutet nicht passiv-rezeptives Schülerverhalten, sondern aktiv-teilnehmende Informationsaufnahme, Informationsverarbeitung und Informationsspeicherung.

 Unterrichten beginnt mit der Planung von Unterrichtseinheiten und der Vorbereitung von Unterrichtsstunden, setzt sich in zahlreichen Einzelhandlungen während der konkreten Unterrichtsstunde fort (vom Handhaben technischer Geräte über das Instruieren bei Lehrinhalten, über erziehliche Maßnahmen, Tafelanschriften und mündliche Lernkontrollen bis hin zum kommunikativen Miteinanderhandeln) und endet mit der nachträglichen Analyse und Überprüfung des erteilten Unterrichts und der Lernergebnisse der Schüler. Sieht man vom Handhaben technischer Geräte ab, so hat das Miteinanderhandeln als Austausch von Informationen und als Erwerb von Erfahrung den größten Anteil beim Unterrichten.

2   Lernen

Was der Mensch nicht von Natur aus kann oder durch Reife- und Entwicklungsprozesse an Fähigkeiten, Fertigkeiten und Verhaltensdispositionen erhält, muss er vom Beginn seines Lebens an aus Interaktionen mit seiner Umwelt lernen! Das bedeutet: Erlernt werden nicht nur Kenntnisse und Fertigkeiten, sondern auch Emotionen und Motivationen, Haltungen, Einstellungen und Grundüberzeugungen, Normen und Wertbeurteilungen, Umgehen mit Gewissensfragen und Sinnorientierungen.

Das Lernen ist beim Menschen eine konstruierende, adaptiv-aktive, reflexive oder nicht-reflexive, individuelle Interaktionsleistung auf Grund von Umweltangeboten, mit denen er sich auseinandersetzt. Lernen setzt die Bereitschaft des Menschen (Kindes, Jugendlichen) voraus, sich mit den jeweiligen Umweltangeboten befassen zu wollen. Die Art und Weise seines Lernens ist dabei sowohl von seinem Reifestadium abhängig als auch von der Beschaffenheit der zu lernenden Sache, vom Bewusstseinsgrad beim Lernen und von den eingesetzten methodischen Verfahren und medialen Hilfsmitteln.

Unter Lernen versteht man in den Sozialwissenschaften die abrufbare und relativ dauerhafte Änderung der kognitiven, emotionalen, volitionalen und motorischen Strukturen und Verhaltensweisen auf Grund subjektiv verarbeiteter Umwelterfahrungen.

Kurzfristige Verhaltensänderungen, verursacht durch Reife- oder Abbauprozesse, Unfälle, Drogeneinnahme o. Ä., werden nicht als Lernen bezeichnet. Dieser Lernbegriff sieht das Lernen als eine tatsächliche oder potenzielle Verhaltensänderung an,

• die das beobachtbare Ergebnis von Reiz-Reaktions-Prozessen sein kann (vgl. Behaviorismus), aber nicht sein muss,
• die nicht beobachtbare mentale Prozesse der Informationsaufnahme und Informationsverarbeitung im Gehirn umfasst (vgl. Kognitivismus) und
• die auf Prozesse eines subjektiven Aufbaus und Umbaus von Bedeutungen im jeweiligen Individuum zurückgeht, das autopoietisch und selbstreflexiv seiner Umgebung gegenübersteht (vgl. Konstruktivismus).

Grundsätzlich unterscheidet man ferner, ob das Lernen aus eigenem Antrieb und Interesse erfolgt oder durch Zufall und nebenbei beim Ausführen einer Handlung oder auf Grund von Anregungen, Anstößen und Forderungen Anderer. Je nach der Art der Aktivität des Lernenden handelt es sich um ein proaktiv-entdeckendes oder ein reaktiv-rezeptives Lernen, ein sinnvoll-einsichtiges oder ein mechanisch-unreflektiertes Lernen, ein selbstgesteuertes oder ein fremdgesteuertes Lernen.

Zusammengefasst kann man sagen:

Mit Lernen bezeichnet man beim Menschen den Erwerb von relativ andauernden Verhaltensänderungen bzw. Verhaltensmöglichkeiten auf Grund von Erfahrungen. Ein spezifisches Merkmal menschlichen Lernens ist die Bedeutungsbestimmung. Der Mensch fragt und sucht beim Lernen danach, was der Lerninhalt für ihn und seine Lebenswelt bedeutet bzw. bedeuten könnte. Dabei bestimmt er entweder diesen Sinn selbst, indem er ihn selbsttätig entdeckt (Konstruktion), oder er bildet in sich verstehend den Sinn nach, den andere dem Lerninhalt beigegeben haben (Rekonstruktion), oder er sieht sich durch den Lerninhalt veranlasst, seine bisherigen Positionen zu überdenken (Dekonstruktion).

Lernen kann nicht direkt beobachtet werden, beobachtbar ist nur die während eines Lernvorgangs oder bei der späteren Anwendung des Gelernten gezeigte Aktivität oder Leistung, kurz: das Handeln und Verhalten. Dabei unterscheidet man meist vier Bereiche, den kognitiven, den affektiven, den psychomotorischen und den volitionalen (das Wollen des Menschen betreffenden) Bereich. Jede Verhaltensweise enthält meistens Merkmale aller vier, unter bestimmten Gesichtspunkten aber dominiert der eine oder andere von ihnen.

- Im kognitiven Bereich werden intellektuelle Fertigkeiten und Fähigkeiten erfasst (z. B. sich an Erlerntes erinnern, Wissen reproduzieren, neues Wissen erwerben, Probleme analysieren, lösen und beurteilen).
- Der affektive Bereich enthält Verhaltensweisen und Handlungen, mit denen Gefühle, Einstellungen, Interessen, Motive und Werturteile geäußert werden.
- Zum psychomotorischen Bereich zählen alle körperlichen Bewegungsvorgänge, also motorische Fertigkeiten (z.B. turnen, schreiben, malen, zeichnen).
- Beim volitionalen Bereich geht es um das Selbst des Menschen und wie es auf Grund von Zielintentionen, Absichten und Vorsätzen sein Handeln steuert.

Die lernpsychologische Forschung untersucht seit mehr als 100 Jahren die Bedingungen und Ursachen des menschlichen Verhaltens und seiner Veränderung auf Grund von Lernerfahrungen. Durch systematische Beobachtung und Laborexperimente hat sie die Gesetzmäßigkeiten zu ermitteln versucht, nach denen sich das Lernen (bei Mensch und Tier) vollzieht. Sie hat ferner effiziente Lernweisen und förderliche Lernvoraussetzungen herausgefunden und Wahrnehmung, Denken, Behalten, Vergessen und Emotion als zentrale Problembereiche des Lernens erforscht.

Lernen kann theoretisch mit unterschiedlichen Modellen erklärt werden:

2.1 Das Modell des Behaviorismus

Vertreter des Behaviorismus (J. B. Watson, I. P. Pawlow, E. L. Thorndike, B. F. Skinner) sehen im Lernen einen konditionierbaren und an den bewirkten Verhaltensänderungen beobachtbaren Reiz-(Black-Box)-Reaktion-Vorgang, der entweder nach dem Modell der klassischen Konditionierung abläuft (d.h. Erwerb einer neuen Reaktion auf einen bisher neutralen Reiz durch dessen mehrmalige gemeinsame Präsentation mit einem anderen Reiz, der eine angeborene Reaktion auslöst) oder nach dem Modell von Versuch und Irrtum (wahlloses Herumprobieren, zufällige richtige Lösung, schnelles Wiederauffinden der richtigen Lösung) oder nach dem Modell der operanten Konditionierung (natürliches oder zufälliges Verhalten wird positiv oder negativ verstärkt zum Zwecke der Verhaltensformung).

Besonderheiten des assoziativen Lernens (vgl. I. P. Pawlow) sind:
- die Gleichzeitigkeit (Zeitabstand 1/2 bis maximal 1 Sekunde) von bedingtem und unbedingtem Reiz gemäß dem Prinzip der Kontiguität, das die Bildung von Assoziationen erklärt,
- die Möglichkeit der Auslöschung (Extinktion) durch allzu häufige Setzung des bedingten Reizes
- die Verallgemeinerung der Reaktion bei ähnlich gelagerten Reizen (Reizgeneralisierung)
- die schrittweise kontinuierliche Aufbaumöglichkeit von Verhalten.

Die klassische Konditionierung betrifft vorwiegend den Bereich des emotionalen Lernens. Als Verfahren kommt sie bei der Verhaltensprägung zur Anwendung wie z. B. bei der Behebung von Phobien und in der Werbung. Für den *Unterricht* bedeutsam ist sie beispielsweise beim Lernen der Zahlwörter und Buchstaben, beim Assoziieren von Schrift- und Lautbild in den Fremdsprachen, beim Zustandekommen gefühlsmäßiger Reaktionen (Vorliebe oder Abneigung gegen Unterrichtsinhalte/Unterrichtsfächer oder gegen Lehrerinnen und Lehrer).

Beim Lernen durch Versuch und Irrtum, einer Art „Konsequenzenlernen" (vgl. E. L. Thorndike), durchläuft der Lernvorgang die Phasen:
- wahlloses Herumprobieren (trials) ohne Erfolgserlebnis (error)
- zufällig richtige Reaktion mit Erfolgserlebnis (Verstärkung)
- bei ähnlicher Aufgabenstellung erneutes Probieren, jedoch immer weniger Fehlversuche bis hin zur sofortigen richtigen Lösungshandlung.

Für erfolgreiches Lernen ist nach dieser Lernform Aktionsbereitschaft (Motivation) und Reaktionsvielseitigkeit, Übung und Wiederholung sowie die positive Auswirkung des Erfolgs vonnöten. Sie ist für den *Schulunterricht* vor allem in drei methodischen Bereichen von Bedeutung: Sie macht erstens auf die Grundvoraussetzung allen Lernens aufmerksam, nämlich die Lernbereitschaft. Nur der von sich aus handlungsbereite Lerner geht mit Freude (lustbetont) an die Arbeit; nur wer Interesse am Lernstoff hat, von der Bedeutsamkeit des Lerninhalts überzeugt ist, Probleme sieht und an ihrer Lösung arbeiten möchte und wer die nötige Aufmerksamkeitshaltung hat, ist auch bereit zum Lernen. Zweitens weist die Theorie nach, dass Schüler durch Versuch und Irrtum selbsttätig und mit dauerhaftem Lernerfolg Problemstellungen lösen können; dazu bietet sich im Unterricht vor allem die Anfangsphase an. Schließlich betont sie drittens die Wichtigkeit von Übung, Wiederholung und Transfer, soll der Lerninhalt vor dem Vergessen abgesichert werden.

Die Lerntheorie der operanten, instrumentellen Konditionierung (vgl. B. F. Skinner) geht davon aus, dass natürliches, zufällig geäußertes Verhalten („operant") durch Verstärkung („reinforcement") in seiner Auftrittswahrscheinlichkeit gesteigert wird. Denn Lebewesen tendieren dazu, angenehme Konsequenzen ihres Verhaltens immer wieder zu erhalten und unangenehme möglichst zu vermeiden. So kann es durch Bekräftigung bestimmter Teilverhaltensweisen zur Verhaltensformung („shaping of behaviour") kommen. „Verstärker" befriedigen zwar Primärbedürfnisse, können durch Konditionierung aber auch generalisiert werden (vgl. z. B. Geld, Liebe, Ansehen, Autorität). Negative Verstärkung zum Zwecke der Beseitigung oder Verhinderung eines unerfreulichen Zustands oder Bestrafung in Form von unangenehmen Reizen oder durch Entfernen angenehmer Reize verändern ebenfalls die Wahrscheinlichkeit des Auftretens einer Verhaltensweise. Die Extinktion oder Löschung eines Verhaltens erfolgt durch geplante Unterlassung von Reaktionen.

B. F. Skinner hat die Bedeutung seiner Lerntheorie für den *Schulunterricht* selbst herausgestellt. Er empfiehlt eine sofortige Rückmeldung von Erfolg oder Misserfolg durch positive Verstärkung (Lob, Belohnung, Erfolgserlebnisse) sowie eine adressatenorientierte Aufgabenstellung mit angemessenem Schwierigkeitsgrad und Aussicht auf Erfolg. Aus dieser Konzeption entwickelte er die programmierte Unterweisung (insbesondere für Rechnen, Rechtschreibung und Lesen). Beim programmierten Unterricht ist der zu vermittelnde Lehrstoff auf seine wichtigsten Elemente reduziert, in kleinste Einheiten geteilt, in eine logisch zwingende Abfolge gebracht und so vereinfacht, dass Fehlreaktionen (falsche Antworten) nahezu ausgeschlossen sind. So kann mit jedem kleinen Lernschritt eine positive Verstärkung erfolgen. Skinners Erkenntnisse sind im Unterricht auch für die Erfolgsbestätigung, die Erfolgssicherung und den Aufbau einer positiven Lernatmosphäre von Belang. Der computerunterstützte Unterricht folgt ebenfalls dem Skinnerschen Ansatz.

2.2 Das Sozial-kognitive Modell

Vertreter der sozialen (später: sozial-kognitiven) Lerntheorie (A. Bandura, R. H. Walters), die auch Imitations-Lernen oder Lernen am Modell genannt wird, gehen davon aus, dass der Mensch durch die aufmerksame Beobachtung und Gedächtnisspeicherung von Verhaltensweisen Anderer sein eigenes Verhaltensrepertoire umstrukturiert und nach Wiederholungen auch dauerhaft danach handelt, wenn er sich eine motivierende Verstärkung erwartet.

A. Bandura und R. H. Walters haben experimentell festgestellt, dass der Mensch vor allem im Bereich des sozialen Lernens weder im Sinne von Reiz-Reaktion noch stets durch Einsicht handelt. Vielmehr identifiziert er sich mit Handlungen, Einstellungen und Emotionen, die er bei anderen beobachtet, und imitiert sie dann. Bandura fand heraus, dass Imitationslernen bei lebensechten Modellen, bei symbolischen Modellen (in Filmen, Zeichentrickfilmen) und verbal mitgeteilten Modellen (z. B. Büchern, Erzählungen Gleichaltriger) gleichermaßen geschehen kann. Filmmodelle erwiesen sich für das Erlernen aggressiver Reaktionen sogar am wirksamsten! Zu den Gesetzmäßigkeiten dieser Lerntheorie zählt:

- Die Verhaltensweisen des Modells müssen erfolgreich sein.
- Die Modellperson muss einen attraktiven sozialen Status und Macht haben.
- Die Modellperson muss Persönlichkeitsmerkmale aufweisen, die der (meist selbst zu Unselbständigkeit, Ängstlichkeit und Abhängigkeit neigende) Beobachter bei sich vorzufinden glaubt.
- Der Beobachter befindet sich in einer ähnlichen Handlungs- oder Entscheidungssituation und unterliegt ähnlichen Motivationsbedingungen wie die Modellperson.

Durch Imitationslernen kann es beim Beobachter erstens zu einem modellierenden Effekt kommen, d.h. er lernt Reaktionen, die er bisher nicht im Verhaltensrepertoire hatte. Es kann zweitens ein hemmender/ enthemmender Effekt für existierende, aber unterdrückte Verhaltenstendenzen entstehen und drittens ein auslösender Effekt, wobei dem Beobachter das Modellverhalten als Reiz, der eine Erleichterung verschafft, dient. Für den *Schulunterricht* und die Erziehung ist die Theorie des Imitationslernens von großer Bedeutung. Soziale ebenso wie antisoziale und abweichende Verhaltensweisen werden oft durch Nachahmen von Modellen erworben und nicht durch sukzessive Annäherung und differentielle Verstärkung. Aber auch psychomotorische Fertigkeiten (vgl. Schreiben, Ballspiele, Instrumente spielen) und verbale Fertigkeiten (Sprachpraxis im Fremdsprachenunterricht) erlangen Schüler auf diese Weise.

2.3   Das Modell des Kognitivismus

Vertreter kognitiver Lerntheorien und des Kognitivismus betrachten beim Lernvorgang die ablaufenden mentalen Prozesse und kognitiven Strategien und Strukturen. Kognition meint den Erwerb, die Organisation und die Verwendung von Wissen. Kognitive Prozesse sind infolgedessen höhere geistige Prozesse der Wahrnehmung, des Gedächtnisses, der Sprache (Begriffsbildung, Sprachaufbau, Sprachverwendung) und des Denkens (abstraktes Denken, Problemlösen, Schlussfolgern, Wissenstransfer), wobei auch die Aufmerksamkeit/Konzentration und die Bildung visueller Repräsentationen dazugehören.

Kognitive Lerntheorien (vgl. J. S. Bruner, D. P. Ausubel, J. Piaget, H. Aebli, E. D. Gagné) finden ihre Legitimationsbasis in der frühen Gestalt- und Ganzheitspsychologie (vgl. M. Wertheimer, W. Köhler, K. Koffka, F. Krueger, F. Sander, K. Lewin u. a.). Sie gehen davon aus, dass Wahrnehmen, Denken und Handeln nicht durch Aneinanderreihung und Verknüpfung von einzelnen Reizen und Reaktionen zustande kommen, sondern durch Einsicht in den Sinn und den Gesamtzusammenhang. Vielmehr besitzt jedes Individuum ein schöpferisches Aktivitätspotenzial, das ihm ermöglicht, Gestalten und Strukturen zu ordnen und zu erfassen (z. B. eine Melodie zu erkennen) sowie umzustrukturieren (z. B. die Melodie in einer anderen Tonart zu spielen). Da das Ganze mehr ist als die Summe seiner Teile (vgl. Melodie - Einzelton) und das Erfassen des Gesamteindrucks einer Gestalt eine kognitive Leistung ist,

die im „Aha-Erlebnis", im „fruchtbaren Moment" (F. Copei), im „Einschnappen" (M. Wertheimer), in der Einsicht in die Lösung des Problems gipfelt, ist Lernen ein Akt, an dem der Mensch nicht nur mit seinem Intellekt, sondern mit seiner gesamten Persönlichkeit beteiligt ist, mit seiner Lerngeschichte, seinem Lernstil, seinen ererbten oder erworbenen Besonderheiten sowie seinem sozialen Umfeld. Der Lernprozess folgt nach dieser Theorie vier Gesetzmäßigkeiten:
- dem Gesetz der Ähnlichkeit oder Gleichartigkeit
- dem Gesetz der Nähe
- dem Gesetz der Umschlossenheit
- dem Gesetz der guten Fortsetzung

Denn in Form, Farbe oder Beschaffenheit ähnliche Objekte werden vom Menschen leicht zusammengefasst und deshalb besser behalten (vgl. z. B. Wortpaare); als zusammengehörig empfundene visuelle und auditive Wahrnehmungen, die räumlich und zeitlich nahe beieinander liegen, werden schneller wiedererkannt und reproduziert (vgl. Übung, Überlernen in kurzen Abständen); abgegrenzte und abgeschlossene Gegenstände können eher als Einheit erfahren werden (vgl. den Impuls zur Lösung, der von Problemaufgaben ausgeht); bei der Wahrnehmung des Menschen herrscht die Tendenz zur guten Gestalt (d.h. zu Regelmäßigkeit, Einfachheit, Strukturiertheit, Stabilität, Gleichgewicht usw.) vor. Lernen durch Einsicht heißt Lernen durch kreatives Umstrukturieren und Umorganisieren des Wahrnehmungsfeldes. Schule und *Unterricht* sollten deshalb - so lautet eine schulpädagogische Folgerung aus dieser Lerntheorie - entdeckendes Lernen fördern und durch ausgewählte Aufgabenstellungen bei den Schülerinnen und Schülern die Bereitschaft verstärken, aus vertrauten Denkgewohnheiten auszubrechen, Neues, Fremdes, Ungewohntes und Ungewöhnliches zu denken, dem konvergenten das divergente Denken folgen zu lassen. Brainstorming ist eine Möglichkeit dazu, eine andere ist es, die Schüler darin zu üben, bei Problemaufgaben Fragen zu reflektieren wie „Wozu ist das nützlich?", „Warum ist das so?", „Was wäre, wenn...?", „Was muss ich tun, damit...?". Insbesondere auf dem Gebiet der audio-visuellen Lehr- und Lernmittel hat die Gestalttheorie die Unterrichtswirklichkeit wesentlich beeinflusst.

Entscheidend für diese Lerntheorie ist der Anteil kognitiver Prozesse beim menschlichen Lernen, wie z. B. Erwartungen, Interpretation des Wahrnehmungsinhalts als bedeutsam, Vorstellungen, Einsichten. Wie D. P. Ausubel nachgewiesen hat, hängt der nachhaltige Erfolg kognitiven Lernens in der Schule entscheidend davon ab, ob sinnvoll-rezeptiv statt mechanisch-auswendig und sinnvoll-entdeckend statt durch Versuch und Irrtum gelernt wird.

Die neuere Kognitionspsychologie, auch Kognitivismus genannt, hat hier vor allem seit den 1970er Jahren weitergearbeitet (vgl. G. A. Miller, E. Galenter, K. H. Pribram, D. Gentner, J. E. Laird, P. S. Rosenbloom, A. Newell u. v. a.) und den Erwerb, die gedächtnismäßige Absicherung sowie den Abruf und Transfer von Wissen beim Menschen theoretisch und praktisch erforscht. Lernen wird hier als aktive, selbstständige Informationsverarbeitung des Menschen gesehen, die durch Wahrnehmungen und/oder Bewusstseinsprozesse veranlasst wird. Dabei werden Informationen individuell selektiv wahrgenommen, auf der Grundlage individuell vorhandener Erfahrungsstrukturen dekodiert und gedeutet, mittels individueller Behaltensstrategien gegen das Vergessen abgesichert und den bisher bestehenden kognitiven Strukturen eingefügt; dort bieten sie die Grundlage für neue kognitive Prozesse. In der Kognitionsforschung werden zur Analyse dieses Informationsverarbeitungsvorgangs die dabei ablaufenden geistigen Aktivitäten in ihre Einzelkomponenten zerlegt, um ihren Anteil und Beitrag am Gesamtprozess z. B. der Sprachverwendung, des Problemlösens, der visuellen Kognition, des Urteilens und Entscheidens, des Behaltens von Gelerntem oder des Anwendens/Transferierens von Wissen zu bestimmen. Das Ergebnis sind differenzierte mentale Prozesse und Strukturen, deren Voraussetzungen und Zusammenwirken.

Die persönliche Informationsneigung und die bestmögliche Art der Informationsaufnahme sind in Lerngruppen heterogen. Verschieden ist auch das Vorgehen bei der Informationssuche. Anzumerken ist ferner, dass viele Informationen zufällig und nebenbei aufgenommen werden (durch persönliche Kommunikation, durch Medien oder durch das Lernumfeld) und dass sich hierbei verschiedene „Lerntypen" unterscheiden lassen (Vester: der auditive Lerntyp, der visuelle Lerntyp, der haptische Lerntyp, der intellektuelle Lerntyp – wobei zahlreiche, domänenspezifische Mischformen vorkommen). Die Lerntyp-Theorie wurde allerdings bislang nicht empirisch eindeutig belegt.

Aus Sicht dieser Lerntheorie besteht der Aufbau von Wissen aus verschiedenen Teilprozessen:

- Verknüpfen der neuen Informationen mit vorhandenen Kenntnissen zwecks Kodierens/Enkodierens der zu verarbeitenden Information,
- Verdichten und Zusammenfassen der Einzelinformationen zu „Oberbegriffen" („chunking"); dabei wird die Informationsfülle reduziert und das Arbeitsgedächtnis entlastet,
- Strukturieren und Neuorganisieren vorhandener kognitiver Strukturen auf Grund der neuen Informationen,

- Konsolidieren der Wissensstrukturen durch den Aufbau von Schemata, semantischen Netzwerken oder mentalen Modellen; dadurch werden Lern-/Wissensabruf, Lern- und Wissenstransfer und das Dekodieren erleichtert.

 Zusammenfassend lässt sich Lernen im kognitivistischen Sinne als Aufbau und permanente Modifikation von Wissensrepräsentationen beim Individuum beschreiben. Dabei wird begriffliches (deklaratives) und prozedurales Vorwissen aktiviert, dann werden – bereichsspezifisch – neue Wissensbestandteile mit Bedeutung versehen und als Schema, als Teil eines semantischen Netzwerkes, als mentales Modell oder als „script" im Gehirn repräsentiert, sodass sie bei der Lösung von Problemen und bei der Planung von Aktivitäten verwendet werden können.

Auf Schule und *Unterricht* bezogen müssen die Teilprozesse des Aufbaus und der Veränderung von Wissen didaktisch reflektiert werden. (1) Der Elaborationsprozess des Verknüpfens, d.h. die Aktivierung des Vorwissens der Schülerinnen/Schüler und die Integration der neuen Informationen, sollte durch vorstrukturierende Lernhilfen (advance organizers), durch Hervorrufen von visuellen Vorstellungen oder mit Hilfe von Beispielen erleichtert werden. (2) Die reduktiven Prozesse des Verdichtens sollen durch gezielte Suchschemata und eine selektive Informationsaufnahme das Arbeitsgedächtnis entlasten. Dabei kann die Reduktion durch Kurzzusammenfassungen, durch formelhafte Wendungen und Regeln, durch Grafiken oder durch wörtliche Wiedergabe erfolgreich geschehen. (3) Die internen Steuerungsprozesse, d.h. das Strukturieren und Neuorganisieren durch den Aufbau von Schemata oder mentalen Modellen, lassen sich durch Metakognitionen wie das Wissen des Lernenden um sich selbst als Lerner (Stärken, Schwächen, Lern- und Arbeitstechniken, spezifische Lernbesonderheiten bei bestimmten Lerninhalten) verbessern. (4) Es müssen Lernwege angeboten und Lernumgebungen zur Verfügung gestellt werden, die die individuelle Verarbeitung des Lerninhalts ermöglichen; dazu zählen sowohl Formen der direkten Instruktion als auch Möglichkeiten zu selbstständigem Lernen und zu Lernen in Gruppen. (5) Bei der Planung, der Gestaltung, der Sicherung und dem Abruf des Wissens in Lehr-Lern-Prozessen sind die Erkenntnisse der Gehirnforschung zu beachten, es muss ein „brain based teaching" und „brain based learning" organisiert werden. (6) Die kognitivistische Sicht des Lernens betrachtet das Unterrichten als Anleiten, Darbieten, Erklären und Überprüfen vorgegebener Inhalte durch den Lehrer (Instructional Design Ansatz); Lernen ist ein hervorgerufener, eher rezeptiver Vorgang beim Schüler.

2.4 Das Modell des Konstruktivismus

Vertreter der konstruktivistischen Lerntheorie und des Konstruktivismus (P. Watzlawick, E. v. Glasersfeld, H. Siebert, K. Reich, R. Voß u.a.) setzen voraus, dass es keine „Wirklichkeit oder Wahrheit an sich" gibt, sondern dass diese nur als subjektive Konstruktion des Beobachters/Individuums vorliegt. Sie bestimmen Lernen als Prozess, bei dem der Einzelne auf der Grundlage seiner erworbenen Denk-, Gefühls-, Wollens- und Könnensstrukturen dem Wahrgenommenen durch Akte der Konstruktion, Rekonstruktion und Dekonstruktion Bedeutung und Sinn gibt. Lernen geschieht hier aktiv, selbstgesteuert, situativ, emotional und sozial; Lehren bzw. Unterrichten wird als Gestalten von Lernumgebungen verstanden, mit denen das Lernen des Schülers vom Lehrer angeregt, unterstützt und durch Beratung begleitet wird.

Im Sinne der konstruktivistischen Lerntheorie kann Wissen nicht vermittelt werden, sondern muss vom Lernenden aktiv aufgebaut und in seine vorhandenen Wirklichkeitskonstrukte integriert werden. Wissen wird individuell und dynamisch generiert, ein Wissenstransfer im Sinne von Sender = Lehrer und Empfänger = Schüler ist nicht möglich. Der Grund dafür ist, dass Wissen und Bedeutung nicht einfach den Dingen innewohnen oder anhaften; der Lernende muss sie für sich selbst erfinden. „Richtig" und „wirklich" ist das Wissen, wenn es sich sozial und kommunikativ als nützlich bewährt und als täuschungsfrei und irrtumslos erweist (= Viabilität des Wissens).

Die konstruktivistische Lerntheorie greift theoretisch auf die Systemtheorie (Maturana, Varela, Luhmann) zurück und ist empirisch durch neurologische Untersuchungen gesichert. Das Gehirn wird als ein geschlossenes und sich selbst organisierendes autopoietisches System betrachtet, entsprechend wird das kognitive und psychische System als selbstbezüglich geschlossen angesehen, das Signalen von außen wie ein Beobachter gegenübersteht und bei der beobachtenden Interaktion mit diesen Signalen sich selbst und sein kognitives System verändert. Der Beobachter schafft sich seine eigene Welt, indem er den eingehenden Input des „Beobachteten" seinem eigenen strukturellen Muster anpasst und nicht umgekehrt.

Beim individuellen Lernen sind solche Konstruktionen allerdings nicht völlig beliebig. Vielmehr sind sie grundsätzlich durch die Sprache und die Notwendigkeit/Möglichkeit der Verständigung und Kommunikation kulturell begrenzt. Werte, Normen, Verhaltensstandards, soziale Praktiken, Machtstrukturen und verbale/nonverbale Wirklichkeitsrepräsentationen schränken die Freiräume der subjektiven Wirklichkeitskonstruktionen de facto ein.

In der Schulpädagogik und der Didaktik haben sich die Ideen eines radikalen Konstruktivismus (vgl. Förster, v. Glasersfeld u.a.), der einen absoluten Solipsismus zur Folge hat und organisierte Lehr-Lern-Prozesse für nicht möglich erachtet, als nicht adaptierbar erwiesen, wohl aber die eines pragmatischen, gemäßigten oder sozialen Konstruktivismus (vgl. Siebert, Mandl). Demzufolge erfolgt Lernen modelltheoretisch auf drei Weisen:

- Lernen durch Konstruktion: Der Lernende lernt durch selbsttätiges und selbstbestimmtes Erfinden, Entdecken, Experimentieren, Beobachten und Erkennen.
- Lernen durch Rekonstruktion: Der Lernende erschließt sich kulturell gegebene Wissensvorräte, nicht im Sinne einer reproduktiven Abbildung von Wissensbeständen, sondern als seine eigenständige und kreative Leistung im Sinne des Nachentdeckens, Hineinversetzens und Sich-Selbst-Konfrontierens.
- Lernen durch Dekonstruktion: Der Lernende bezieht bewusst eine verfremdende, d.h. kritisch-selbstkritische Position gegenüber dem, was ihm als gängige Überzeugungen, Selbstverständlichkeiten, Gewissheit und geläufige Wirklichkeitskonstruktionen präsentiert wird oder was er selbst dafür hält; er ist bereit, sich auf alternative oder ungewöhnliche Perspektiven einzulassen. Insgesamt gesehen wird Lernen im konstruktivistischen Sinne durch Perturbationen (Störungen) ausgelöst.

Aus dem lerntheoretischen Modell des Konstruktivismus ergeben sich für den *Schulunterricht* wichtige Konsequenzen: (1) Der Schüler muss immer angeregt und angeleitet werden, die Lerninhalte und Lernaufgaben zu sich selbst in Beziehung zu setzen, sein Vorwissen, seine Gefühle und seine Voreinstellungen zu artikulieren. (2) Der Schüler muss Gelegenheit bekommen, seine Deutungen und Sinngebungen zum Lernstoff selbsttätig zu erwerben und in sich entstehen zu lassen. (3) Der Aufbau von Wissen kann nicht erfolgreich sein, wenn er beim Schüler solipsistisch geschieht, vielmehr entsteht viables Wissen in sozialen Kontexten (Teamarbeit, Lerngruppen) und durch situierte Problemlöseaufgaben. (4) Der Schüler muss sich selbst als entscheidenden Konstrukteur von Wirklichkeiten erleben und erfahren und dies durch Übernahme einer Metaposition reflektieren (Wie lerne ich? Wie gehe ich konstruierend oder rekonstruierend an Aufgaben heran?) (5) Das Unterrichten ist für den Schüler als eine Folge von subjektiven Aneignungssituationen mit Anregungen für individuelle Lernprozesse zu planen und zu gestalten, statt als objektive Belehrung und Kontrolle des vermittelten Wissens. (6) Die Lernkultur muss konstruktivistisch sein, d.h. sie muss ermöglichen, dass Schüler situiert und an authentischen Problemen lernen, was die Lernmotivation und die Lernflexibilität erhöht, in multiplen Kontexten und unter multiplen Perspektiven lernen, damit das Wissen leichter transferiert werden kann, und in sozialen Kontexten lernen. (7) Die konstruktivistische Sicht des Lernens sieht vor, dass Unterrichten als ein Arrangieren von differenzierten, unterstützenden und anregenden multimedialen Lernumgebungen zu verstehen ist, mit deren Hilfe die Schüler sich konstruktiv-eigenaktiv neue Lerninhalte und Kompetenzen aneignen, und zwar so, dass sie diese flexibel und problemlösend anwenden können sowie mit ihrem eigenen Lernen reflexiv umgehen können. Der Lehrer gibt dazu wie ein Coach Unterstützung. (8) Die Leistung des Schülers wird nicht vorrangig an seinen überprüfbaren und mit anderen vergleichbaren Lernprodukten festgemacht, vielmehr treten sein Lernprozess, seine Flexibilität im Umgang mit dem erworbenen Wissen und seine Selbstevaluation mehr in den Blick.

 Lerntheorien oder Modellvorstellungen des Lernens zielen darauf ab, das Lernen von Organismen (Mensch, Tier) systematisch zu erfassen, sein Zustandekommen zu erklären und voraussagbar zu machen. Was die *individuellen und intrapersonalen Bedingungen beim Lernenden* anbetrifft, so hat die Psychoanalyse bereits früh (vgl. Sigmund Freud) auf das Lust-Unlust-Prinzip, den Aufbau und die Erhaltung der Ich-Stärke und das Realitätsprinzip als Steuerungsinstanzen beim menschlichen Lernen aufmerksam gemacht. Spannungsverminderung und Vermeidung von Unlust lösen Lernen aus und steuern es. Die individuelle Lernfähigkeit des Menschen geht, wie biogenetische und neurophysiologische Untersuchungen erbracht haben, auf Unterschiede in der Biochemie ihrer Gehirne zurück. Die das Lernen beeinflussenden Faktoren wie Motivations- und Antriebsformen, Konzentration und Aufmerksamkeit sowie die Wirkung von Belohnung und Bestrafung, Verstärkung und Extinktion stehen mit neurophysiologischen Vorgängen in Beziehung, Übung, Gedächtnis und Erinnerung hängen mit chemischen Prozessen im Gehirn zusammen.
Die persönliche Lerngeschichte, das Lern-Leistungsprofil und die aktuelle psychisch-physische Befindlichkeit des Individuums haben ferner Einfluss auf das Lernen; denn auch sie steuern die Aufmerksamkeit, lenken die Wahrnehmung, stellen Bedeutungen her und fördern bzw. behindern die gedächtnismäßige Absicherung von Lernstoff.

3   Bildung

Bildung ist – zusammen mit Erziehung – ein zentraler Begriff der deutschen Pädagogik.

Der Bildungsbegriff wird in unterschiedlichen Kontexten und mit unterschiedlichen Akzentuierungen verwendet: Bildung als Prozess oder als Produkt, Bildung als Selbstbildung oder als Fremdbildung (z. B. durch die Schule), Bildung als Allgemeinbildung oder als Berufsbildung, Bildung als formale Bildung (z. B. Schlüsselqualifikationen), als materiale Bildung (z. B. Kanon literarisch-ästhetisch-historischer Inhalte) oder als kategoriale Bildung (im Sinne W. Klafkis Erschließen der Wirklichkeit und Erschlossenwerden für diese Wirklichkeit), Bildung als regulative Idee (z. B. für Schulen) oder als trivialisierend-funktionalistischer Fachausdruck (vgl. Bildungsstandard, Bildungsstatistik).

Das *neuzeitliche Bildungsverständnis* entnimmt der Antike den Aspekt des Erkennens der höchsten Idee des richtigen Lebens (Platon), dem Griechentum den Gedanken eines Kanons von Bildungsinhalten (vgl. Septem artes liberales), dem Christentum die Vorstellung vom Bildungsziel „Gottebenbildlichkeit" (Bildung: Bild, Abbild Gottes nach Gen. 1,26) und der Aufklärung und Klassik des 17./18. Jh. die Notwendigkeit des eigenständigen Denkens, der Eigenverantwortlichkeit, der Kritikfähigkeit und der Befreiung von aller Bevormundung. Die Ausformulierung des deutschen Bildungsverständnisses erfolgte im 19. Jh. durch W. v. Humboldt (+ 1835) und G. W. F. Hegel (+ 1831). Während es dem Neuhumanisten Humboldt bei der Bildung um die höchste, vielseitige und harmonische Entfaltung der inneren Kräfte des Individuums ging, sah der Geistphilosoph und Dialektiker Hegel die Bildung als eine Selbstverwirklichung des Individuums durch Aneignen des Fremden, durch Aufnehmen des Anderen, durch das Entfremden von sich selbst. Die Humboldt-Süvernsche Gymnasialschulreform einerseits und die Erstarkung des aufstiegsorientierten (Bildungs-)Bürgertums andererseits führten in der 2. Hälfte des 19. Jh. zu einer Reduktion von Bildung auf den Fächerkanon und den Besuch des Gymnasiums, was heftig kritisiert wurde (vgl. F. Nietzsche, Reformpädagogik). Versuche einer Neudefinition des Bildungsbegriffs, weg von der harmonisierenden Sicht des Neuhumanismus hin zum Akzeptieren der Antinomien und Widersprüche der Industriegesellschaft im 20. Jh. oder zur Überwindung der Trennung von Allgemeinbildung und Berufsbildung durch Betonen des Bildungswerts der Arbeit konnten nicht verhindern, dass die Kritik, die in den 1960er und 1970er Jahren am Bildungsbegriff geübt wurde (Adorno: Halbbildung; Empirisch-analytische Pädagogik: elitär, ideologiebehaftet, überholt, nicht operationalisierbar) den Verzicht zugunsten von Begriffen wie Lernen, Qualifikation und Identität mit sich brachte. Die Postmoderne-Diskussion der 1980er Jahre erklärte Bildung dann zur überflüssigen Leerformel, da das Projekt der Moderne gescheitert und durch eine plurale subjektive Rationalität zu ersetzen sei. Trotzdem kam es wenig später zu einer Rückbesinnung auf den Bildungsbegriff, da er wie kein anderer pädagogischer Leitbegriff geeignet ist, den Sinn des pädagogischen Handelns und dessen emanzipatorische Relevanz für das Individuum zum Ausdruck zu bringen.

Hält man am Bildungsbegriff fest und bedenkt man seine Bedeutungsgeschichte, dann muss man zum *Gebildetsein heute* zählen:
- dass jemand in der Lage ist, die Welt zu verstehen.
  Dazu muss er umfangreiche Kenntnisse über die wichtigsten Wissensbereiche der Gegenwart, über ihre Methoden und ihre zentralen Aussagen haben (was auf Grund von deren Komplexität und deren großer Zahl eher selten anzutreffen sein dürfte) und/oder befähigt sein, sich im Bedarfsfalle dieses Wissen selbstständig anzueignen (was häufiger der Fall sein dürfte). Ein erstes Merkmal des Gebildetseins heute ist also das vertiefte kulturelle *Allgemeinwissen*.
- dass jemand in der Lage und bereit ist, sich selbst und andere Menschen als Person, ausgestattet mit Personalität, Individualität und Kulturalität zu begreifen.
  Dazu gehört die Kenntnis des abendländischen Entwurfs von Mensch und Welt sowie anderer diesbezüglicher Entwürfe, das Wissen um das Humane sowie um das komplizierte Zusammenwirken von Rationalität, Emotionalität und Volitionalität beim Menschen; hinzukommen muss die Bereitschaft, dieses Wissen in der Analyse, der Bewertung und dem Verhalten sich selbst und anderen Menschen gegenüber zu beachten (Selbst- und Fremdverstehen). Ein zweites Merkmal des Gebildetseins heute ist demnach eine von humanen Werten geleitete *Haltung*.
- dass jemand in der Lage und bereit ist, sich entsprechend diesem Wissen und unter Berücksichtigung dieser Einstellungen in der Welt zu engagieren. Ein drittes Merkmal des Gebildetseins heute ist folglich *verantwortliches Handeln und Verhalten*.

Seit dem Aufklärungsjahrhundert steht Bildung auch für die kritische Distanz des Menschen gegenüber jedweder Fremdbestimmung, sei sie interpersonaler Art oder gesellschaftlicher Art. Die Auffassung, zum Gebildetsein gehöre das verantwortliche Engagement des Gebildeten für die Gesellschaft und in der Gemeinschaft, ist in der Fachwelt nicht unbestritten. Ihre Verfechter legitimieren sie aus der Kritik am Bildungsbürgertum, aus einer sozialethischen Verpflichtung des gebildeten Menschen oder aus der Kulturkritik. Sie sagen, dass die Weltgestaltung, das Sich-Einmischen angesichts von gesellschaftlichen Verhältnissen und Entwicklungen, die der Humanitas entgegenstehen, und das Stellen der Frage nach dem Sinn legitimerweise von jemandem erwartet werden kann, der Bildung zu haben beansprucht. Als drittes Merkmal des Gebildetseins heute kann infolgedessen Engagement, verantwortliches Handeln und Verhalten in der Welt (Weltgestaltung), genannt werden.

Fügt man diese Aspekte des Bildungsbegriffs zu einer Definition zusammen, so könnte diese lauten:

> Bildung ist ein subjektiver, persönlicher Vorgang,
> - bei dem der Einzelne sich kognitiv mit den Fragen und Problemen der Wissensfelder von Welt und Mensch auseinandersetzt,
> - bei dem er sich dazu eine reflektierte und verantwortete Position (Wissen, Einstellung, Haltung) erarbeitet und
> - bei dem er sich veranlasst sieht, sich seinen Kenntnissen und Erkenntnissen entsprechend für Welt und Mensch einzusetzen.

Eine *moderne Bildungstheorie*, die dieser Definition folgt, begründet sich aus der heutigen Gesellschaft und ihren spezifischen Gefährdungen. Bildung soll dazu befähigen, die Grundlagen, Strukturen und Zwänge der globalisierten Welt auf ihre Rationalität und ihre Auswirkungen zu analysieren, das Zweck-Mittel-Denken des technischen Fortschritts und der Naturbeherrschung zu hinterfragen, die Pluralität der menschlichen Lebensentwürfe als Bereicherndes zu akzeptieren sowie in einer Zeit des Wertewandels dem Wollen des Menschen durch Argumentation, Kritik, Empathie und Solidarität Orientierung zu geben. Deshalb muss Bildung heute (vgl. W. Klafki) *Allgemeinbildung* sein: Sie muss (a) eine für jeden und alle zugängliche Bildung sein, (b) eine allseitige Bildung, d.h. nicht nur die Bildung der kognitiven, sondern auch der emotionalen, körperlichen, ästhetischen, praktischen, handwerklichen und moralischen Fähigkeiten/Fertigkeiten des Menschen sein sowie (c) eine Bildung, die inhaltlich die zentralen Wissensfelder, Fragen und Probleme der Gegenwart und der heute erkennbaren Zukunft umfasst. Bildungsprozesse dieser Art anzuregen, ist die Aufgabe pädagogischer Institutionen. Sie sollen die Heranwachsenden zu einem bildenden Lernen veranlassen, das persönliche Bildung, praktische Bildung und politische Bildung (vgl. H. v. Hentig) beinhaltet. Mit der persönlichen Bildung ist das gemeint, was der Einzelne durch Entfaltung seiner Kräfte und Möglichkeiten aus sich macht; zur praktischen Bildung zählt alles, was der Einzelne an Wissen, Fertigkeiten, Einstellungen und Verhaltensweisen braucht, um sich in der Gesellschaft und in der Welt von heute zurechtzufinden und darin ein „gutes" Leben führen zu können; politische Bildung bedeutet, dass der Einzelne sich dem Gemeinwohl verpflichtet und für die Freiheit, die Achtung der Personwürde sowie für eine glückliche Existenz möglichst aller Gesellschaftsmitglieder eintritt. W. Klafki bringt – ähnlich – Bildung mit Emanzipation zusammen und fordert vom Gebildeten die Fähigkeit und Bereitschaft zur Selbstbestimmung, zur Mitbestimmung und zur Solidarität.

 Bildung ist weder Privileg noch Kennzeichen bestimmter sozialer Schichten in der Gesellschaft, sondern in der heutigen Gesellschaft mit ihren Systemzwängen eine notwendige Voraussetzung für ein selbstbestimmtes und solidarisches Miteinanderleben. Die konkreten Inhalte dessen, was Gebildetsein ausmacht, sind aber immer nur aus den historischen, gesellschaftlichen und politischen Bedingungen der jeweiligen Gegenwart zu bestimmen, wobei die von Klafki sogenannten „epochaltypischen Schlüsselprobleme", nämlich das, was das humane Leben und Zusammenleben aller Menschen auf der Welt jeweils betrifft (wie z. B. Krieg/Frieden, Ökologie, Gleichheit/Ungleichheit, Kommunikationstechnologien, Globalisierung/Nationalisierung usw.), unbedingt dazugehören.

Die so umschriebene Bildung versucht die *Schule* auf zweifache Weise anzubahnen:

... Bildung durch ausgewählte Lerninhalte

Der Prozess des Bildungserwerbs durch ausgewählte Lerninhalte wird heute allgemein in Anlehnung an W. Klafki im Sinne der *kategorialen Bildung* verstanden. Die kategoriale Bildung überwindet den Gegensatz zwischen Inhaltlichkeit und Zweckdienlichkeit der Lerngegenstände, der in den Ansätzen der materialen und der formalen Bildung vorherrschte. Denn im Verständnis der materialen Bildung galt als gebildet, wer über ausgewählte literarisch-ästhetisch-historische Lerninhalte, über das gesellschaftlich akzeptierte Bildungswissen, verfügte, und im Verständnis der formalen Bildung, wer allgemeine formale Fähigkeiten zum Denken, Problemlösen, Schlussfolgern, Bewerten, zum methodischen Arbeiten, zu Selbstbeherrschung und Zivilcourage erworben hatte. Im Sinne der kategorialen Bildung erlangt der Schüler Bildung, indem er geeigneten Bildungsinhalten selbsttätig den Gehalt entnimmt, der ihm Mensch und Welt verstehen hilft und ihn dementsprechend verantwortlich handeln lässt. Im Sinne von W. Klafki heißt das:

> Bei der Bildung erschließt sich der Mensch solche geistigen und dinglichen Inhalte seiner Lebenswelt, die ihm Einsichten, Erfahrungen und Erlebnisse ermöglichen, mit deren Hilfe er die Wirklichkeit durchschaut und sich den Anforderungen der Welt selbstbestimmt und solidarisch stellt. Gleichzeitig erschließt er sich selbst für deren Bedeutung und erfährt dabei Wesentliches über sich und seine Persönlichkeit.

Auf der materialen (objektiven) Seite heißt „erschließen", dass der Schüler das Fundamentale, Elementare, Exemplarische, Repräsentative, Typische und Prinzipielle der heutigen Wissensgebiete erfasst, auf der formalen (subjektiven) Seite meint „erschließen", dass er Formen des Erkennens, Verstehens und Anwendens solcher grundlegenden Inhalte erwirbt und sich für diese öffnet.

... Bildung durch arrangierte Lernerfahrungen
Im Unterricht und außerhalb des Unterrichts (vgl. Schulleben) muss die Schule Anlässe bereitstellen, in denen die Schüler/Schülerinnen *bildende Erfahrungen* mit sich selbst, ihren Mitmenschen und mit Sachverhalten/Problemen machen können. Zu denken ist hier an die Erfahrung,
- dass es normal ist, dass Menschen verschieden sind, und wie man mit Unterschieden leben kann,
- dass man Stärken und Schwächen hat, wie man Defizite überwinden kann oder aushalten muss und wie man Ressourcen aufbauen oder nutzen kann,
- dass das Zusammenleben mit anderen konfliktfrei gelingen kann und nicht immer leicht ist, und dass man dafür die Fähigkeit und den Willen zur Verständigung braucht,
- dass im Zusammensein mit anderen und für die eigene Persönlichkeitsentwicklung Verantwortung wichtig ist und übernommen werden muss,
- dass man Glück und Freude empfinden kann, zusammen mit anderen, aber auch allein und durch Tätigsein,

- dass es notwendig ist, gegen jede Form von Unmenschlichkeit vorzugehen,
- dass die Kulturalität und auch die Lebenserfahrung jeden Einzelnen in seinem Denken, Fühlen, Handeln und Wollen beeinflussen,
- dass man gemeinsam mit anderen etwas schaffen und bewegen kann,
- ...

Allerdings bleibt abschließend festzuhalten.
Gebildetsein lässt sich nicht durch noch so viele Unterrichtsstoffe und Impulse von außen bewirken. Zwar ist das professionelle Handeln des Lehrers in pädagogisch-didaktisch institutionalisierten und arrangierten Situationen unverzichtbar, der Erfolg seiner Bemühungen ist aber im Letzten nicht sicher. Bildung ist nicht herstellbar; der Einzelne muss sich selbst bilden.

4   Erziehung

Erziehung und Erziehen kommen wortgeschichtlich von „ziehen", „aufziehen", „züchten" und „züchtigen". Daran zu erinnern, führt indes vom wissenschaftlichen Begriffsverständnis eher weg und weckt Assoziationen zum alltagssprachlichen Gebrauch des Wortes (im Sinne von Disziplinierung, Verboten, Geboten und Kontrolle). In der Pädagogik versteht man heute Erziehung
- sowohl als Vorgang (Prozess) als auch als Ergebnis (Produkt),
- als intentionales Handeln (d.h. zweck- und zielgerichtet in der Form planmäßiger erzieherischer Aktivitäten) einerseits und als funktionales Geschehen (d.h. unbeabsichtigte, zufällige oder nebenbei durch Institutionen, Systeme und Lebensumwelten ablaufende Einflüsse) andererseits,
- als direkte Erziehung (d.h. unmittelbare Förderung des Zöglings durch persönliche Einwirkungen des Erziehers) und indirekte, auch extensional genannte Erziehung (d.h. mittelbare Förderung des Zöglings durch ein bestimmtes Arrangement seiner Umweltverhältnisse),
- als aktives Tun (positive Erziehung) und als passives Erfahrenlassen (negative Erziehung),
- als deskriptiven wertneutralen Begriff für jedwede alltagssprachlich so bezeichnete Handlung und Verhaltensweise von Eltern und Erziehern/Erzieherinnen oder Lehrern/Lehrerinnen oder als programmatisch-präskriptiven Begriff, der Erziehung nur solche Handlungen und

Verhaltensweisen nennt, die die Persönlichkeitsentwicklung des Kindes/Jugendlichen fördern.

Allgemein akzeptiert scheint in der aktuellen erziehungswissenschaftlichen Diskussion eine Definition von Erziehung wie die folgende:

> Erziehung ist eine notwendige und absichtsvolle Hilfe bei der Persönlichkeitsentfaltung des Menschen vom Kind zum mündigen Erwachsenen.
>
> In einem weiten Sinne besteht Erziehung aus vielfältigen Anregungen und Unterstützungsmaßnahmen beim persönlichkeitsfördernden Lernen und bei der Enkulturation des Menschen; im engeren Sinne versteht sie sich als moralische Erziehung, d.h. als Unterstützung des Kindes/Jugendlichen/Erwachsenen bei der Entwicklung seiner autonomen und sozialen Sittlichkeit.
>
> Erziehung erfolgt über Maßnahmen, Rahmenbedingungen und Handlungsarrangements, bei denen das Kind/der Jugendliche/der Erwachsene mehr und mehr Sachkompetenz, Selbstkompetenz, Sozialkompetenz und Moralkompetenz erwirbt.

Das Ziel aller erzieherischen Bemühungen ist die Mündigkeit und Emanzipation des Zöglings/Schülers. Die Zielvorstellung Mündigkeit (vgl. mhd. „munt" in Vormund, Mündel, Entmündigung) meint, dass der Mensch (1) sein Leben weitestmöglich selbstbestimmt, vernünftig und verantwortlich zu führen bereit und fähig ist (2) imstande ist, selbstständig zu denken, kritisch und selbstkritisch zu urteilen (3) sich bei seinen Entscheidungen und Handlungen an soziale und rational-altruistische Werte bindet und sich den Fragen nach dem Sinn von Leben und Zusammenleben stellt.

Ist von Emanzipation (von lat. ex manicipio patris dare im Sinne von Freiheit des erwachsen Gewordenen vom Vaterhaus) als Erziehungsziel die Rede, so denkt man mehr an die Veränderung von solchen Gesellschaftsstrukturen, die Benachteiligung und Einschränkungen verursachen.

Bei der Erziehung agiert der Erwachsene (Lehrer) in einer Doppelrolle. Er ist Entwicklungshelfer des Heranwachsenden; sein Tun ist darauf gerichtet, die individuelle Selbstentwicklung des Zöglings anzuregen und zu fördern. Aus dieser Rolle muss er sich zum erzieherischen Einschreiten veranlasst sehen, wenn das Kind/der Jugendliche seine eigene humane Selbstverwirklichung dadurch verhindert, dass es/er sich fremdbestimmen lässt oder dass es/er durch sein Verhalten die eigene

Entwicklung (z. B. in gesundheitlicher Hinsicht) negativ beeinflusst. Der Erwachsene ist – zweitens – Anwalt eines humanen Zusammenlebens in der Gesellschaft, der darauf achtet, dass der Heranwachsende sich nicht egozentrisch gegen die legitimen Ansprüche und Rechte anderer durchsetzt oder durch Aggressionen die Würde anderer Menschen verletzt.

Bei der Art seines Eingreifens (Erziehungsstil/Erziehungsmethoden/ Erziehungspraktiken) wiederum darf der Erzieher/Lehrer nie aus den Augen verlieren, dass er Vorbild/Modell für „wertvolles" Leben ist und dass der Zögling zu freier und verantwortlicher Selbstverwirklichung gelangen soll. Im Hintergrund dieses Erziehungsverständnisses steht ein ganzheitliches, an der Aufklärungsphilosophie orientiertes, personalistisches Menschenbild. Demzufolge kommt jedem Menschen von seiner Geburt an Personalität zu, nämlich personale Würde, Entscheidungs- und Wahlfreiheit, Weltoffenheit und Gerichtetheit auf die Gemeinschaft mit anderen Menschen. Um sich zur individuellen Persönlichkeit entfalten zu können, braucht er Hilfen durch die Erziehung. Diese lassen sich einteilen in solche, die sein Verhältnis zu sich selbst, sein Verhältnis zu den Mitmenschen und sein Verhältnis zur Welt (im Sinne von Kultur) betreffen. Denn der Mensch ist ein individuelles Wesen, ein soziales Wesen und ein Kulturwesen zugleich. Differenziert man den Erziehungsauftrag aus, so braucht die sich zur Individualität entfaltende Person erzieherische Hilfestellung zum Erwerb von Selbstkompetenz, von sozialer und kommunikativer Kompetenz (Sozialkompetenz) sowie von Sachkompetenz von Moralkompetenz.

Bei all diesen Bemühungen zum Wohle des Kindes/Jugendlichen ist zu bedenken, dass Erziehung und Erzogensein nicht herstellbar sind. Der Adressat der Erziehung muss vielmehr bereit sein, sich auf die erzieherischen Versuche der Lenkung, Unterstützung, Ermunterung und Gegensteuerung einzulassen und daraus persönlichkeitswirksame Lernerfahrungen mitzunehmen.

Erziehung erfolgt in der *Schule* auf unterschiedliche Weise:
- im Unterricht durch ausgewählte Inhalte, ausgewählte Methoden, erzieherisch bedeutsame Unterrichtsprinzipien, Unterrichtskonzeptionen mit Selbsttätigkeit und Eigenverantwortlichkeit der Schüler/ Schülerinnen sowie durch eine gut strukturierte, schülerorientierte Unterrichtsgestaltung und durch frei wählbare Lernangebote und Arbeitsgemeinschaften,
- durch organisatorische Maßnahmen wie Ordnungen, Regeln, Rituale, Verantwortlichkeiten, Aufbau von erzieherisch belangvollen

Haltungen und Einstellungen, Modifikation und Sanktionierung von Fehlverhalten, ein positives Unterrichts- und Lernklima und durch Gemeinwesenorientierung,

- durch den Lehrer/die Lehrerin als Vorbild oder Verhaltensmodell und dessen/deren Selbstreflexivität, Selbstkontrolle und Klassenmanagement,
- durch ein erzieherisch reflektiertes Schulleben mit Aktivitäten und Aktionen, die Schüler mitgestalten und mitverantworten.

5 Schule

Von der Wortgeschichte her bedeutet „Schule" ursprünglich „Muße, um über den Ursprung und Sinn der Welt zu reflektieren" (griech.). Heute hat das Wort eine andere Bedeutung.

Die Institution Schule ist ein historisch-gesellschaftlich bedingter Lern- und Lebensraum zur Bildung und Erziehung der Heranwachsenden durch Unterricht und Schulleben. Als Teil des Bildungssystems ist die Schule ein Subsystem der Gesellschaft mit pädagogisch-didaktischer Typik.

Wenn in einer Gesellschaft wichtige Aufgaben nicht mehr nebenbei und selbstverständlich miterledigt werden, schafft sich die Gesellschaft dafür eigene Institutionen. Durch *Institutionen* regelt sie von jeher unentbehrliche, überindividuelle und grundlegende Bedürfnisse wie Erziehung, Produktion, Konsum, Sozialisation usw. Im Unterschied zu Institionen wie Ehe und Familie, die nicht-organisierte Institutionen sind, ist die Schule eine organisierte Institution, d.h. ein soziales Gebilde, das zweckrational geplant, strukturiert, koordiniert und kontrolliert ist und in dem sich aufgrund seiner Ziele eine kollektive Identität der Mitglieder herausbilden kann.

Die Geburtsstunde der Schule schlug vor etwa 5000 Jahren (Sumerer, ägyptische Pharaonenzeit). Die Entwicklung der Schrift machte sie nötig. Die Kunst des Hieroglyphenschreibens musste gelernt werden, was Lehrer und (Palast-)Schulen erforderlich machte, und ebenso war es mit geometrischen Kenntnissen, wenn das Land nach dem jährlichen Nilhochwasser korrekt vermessen werden sollte.

Die eigentliche Schulgeschichte Europas beginnt natürlich wesentlich später, nämlich mit den Dom- und Stiftsschulen des 6.-8. Jh. aus denen sich in einem wechselhaften Prozess das Höhere Schulwesen (Lateinschulen, Gymnasium) herausgebildet hat. Die Notwendigkeiten des alltäglichen Lebens und die Sorge um das allgemeine und religiöse Bildungsniveau unterer Bevölkerungsschichten führten dann um das 15./16. Jh. herum zur Einrichtung von Elementarschulen (Küsterschulen, Winkelschulen, Dorfschulen, Stadtschulen), also zum Aufbau eines niederen Schulwesens, das Anfang des 20. Jh. zur Volksschule wurde, zuerst mit einer 4 Jahre dauernden Grundschule und einer ebenso langen, später 5-jährigen Volksschuloberstufe; letztere verselbstständigte sich Ende der 1960er Jahre zur Hauptschule. Zu Beginn des 18. Jh. entstand zur Bewältigung technischer Neuerungen, ökonomischer Veränderungen sowie administrativer und fremdsprachlicher Anforderungen (zwischen dem niederen und dem höheren Schulwesen) das mittlere Schulwesen in Form von Mittelschulen, Bürgerschulen und Realschulen mit Schwerpunkten auf Mathematik, Mechanik/Technik, Naturwissenschaften und neueren Sprachen.

Im Laufe der Geschichte entstanden unterschiedliche Organisationsmodelle von Schule: gegliederte/differenzierte Schulsysteme (Grundschule mit anschließender Aufteilung der Schüler in mehrere weiterführende Schulen), Gesamtschulen, Halbtagsschulen, Ganztagsschulen, allgemeinbildende Schulen, berufsbildende Schulen, Spezialschulen, Förderschulen, Schulen in staatlicher Trägerschaft und solche in nichtstaatlicher Trägerschaft (Privatschulen, Freie Schulen, Alternativschulen mit bestimmten pädagogischen oder weltanschaulichen Konzeptionen).

Als *Lernort* weist die Schule (gegenüber anderen Lernorten wie Museen, Theater, Internet, Freizeitangebote usw.) einige Besonderheiten auf:

- Schulisches Lernen ist geplantes, systematisches, aufbauendes, reflektierendes, längerfristiges und vernetztes Lernen; es ist gegenwartsorientiert und zukunftsorientiert.
- Schulisches Lernen verbindet Unterricht mit Erziehung.
- Schulisches Lernen hat neben der Inhaltsdimension eine Beziehungsdimension (Lehrer, Schüler, Mitschüler und Eltern).
- Schulisches Lernen ist oft ohne direkten Verwendungsbezug, eher ein Probehandeln, das ohne Repression, Angst, Druck und Gefahr durchgeführt wird.
- Schulisches Lernen erfolgt in einem Schonraum, der die Anforderungen der Gesellschaft schülerorientiert filtert.
- Schulisches Lernen besteht aus Wissensbeständen, Schlüsselqualifikationen, Einstellungen und Verhaltensweisen.

Als *Lebensraum* ist die Schule mehr als ein zeitweiliger Aufenthaltsort für Kinder und Jugendliche. Vielmehr ist die Zeit, die Schülerinnen/ Schüler in der Schule verbringen, ihre Lebenszeit, ist für sie Zeit gelebten Lebens. Deshalb muss die Schule auch als Lebensort gesehen werden, nämlich als ein Ort,

- an dem Kinder und Jugendliche gerne leben,
- an dem Kinder und Jugendliche für sie selbst und ihr Leben wichtige Erfahrungen machen können,
- an dem Kinder und Jugendliche mit ihren Fragen und Problemen ernst genommen werden,
- an dem Kinder und Jugendliche Orientierung für ihr Leben erhalten.

Wichtige Lebenserfahrungen, die man in der Schule machen kann, sind beispielsweise Erfahrungen mit der Zeit, mit dem Raum, mit der Gemeinschaft und mit der eigenen Person.

Die Schule als Lernort und Lebensraum steht im Spannungsfeld gesellschaftlicher Funktionszuweisung und pädagogischer Verpflichtung. Sie ist in eine Mittlerrolle gewiesen, die sie zwingt, einen Weg zwischen einem allzu realitätsfernen „Schonraum kindlicher Selbstentfaltung" und der „Ernstsituation gesellschaftlichen Handelns" zu finden.

Im Gesamtsystem *Gesellschaft* ist die Schule ein *Subsystem* und steht neben und in Beziehung zu anderen Subsystemen wie etwa dem Politischen System, dem Wirtschafts- und Beschäftigungssystem, dem Freizeitsystem, dem Wissenschafts- und Forschungssystem, dem kulturell-ästhetischen System, dem weltanschaulichen System. Die Subsysteme bilden zusammen das Sozialsystem Gesellschaft. Die Beziehungen zwischen der Schule und den anderen Subsystemen sind unterschiedlich stark ausgeprägt. Am engsten sind sie durch die Rechtsordnung mit dem Politischen System einer Gesellschaft, eng sind sie auch mit dem Wirtschafts- und Beschäftigungssystem, da die Schule eine Ausbildungsfunktion hat. Bei der Ausübung der ihr von der Gesellschaft zugewiesenen Qualifikations-, Sozialisations-, Personalisations-, Enkulturations- und Selektionsfunktion erweist sie sich als abhängig vom System Gesellschaft, dessen Grundwerte und Grundverhaltensweisen sie vermitteln hilft. Doch steht die Schule auch in emanzipativer Relation zur Gesellschaft, insofern sie nämlich eine *pädagogische Institution* ist. Zu deren Typik gehört es, die Sozialisation durch die Personalisation der Schülerinnen und Schüler über die Enkulturation zur Mündigkeit zu transzendieren. In der demokratischen Gesellschaft ist die Schule daher funktional und zugleich dysfunktional zum jeweils Bestehenden, weil es ihre Aufgabe ist, Kindern und Jugendlichen zur Selbstbestimmung,

Eigenverantwortlichkeit und Reflexivität zu verhelfen. Unterrichten und Lernen, Schulorganisation, Schuladministration und Schulrecht müssen sich daher befragen lassen, ob sie dieses Ziel der Schule realisieren helfen oder ob sie es eher behindern, welche Personalisationseffekte von den äußeren Rahmenbedingungen und den inneren Prozessen der Schule ausgehen. Denn organisationssoziologisch betrachtet ist auch die Schule durch gesetzliche Bestimmungen festgelegt, bringt eine bestimmte Autoritäts-, Kommunikations- und Rollenstruktur mit sich, ist bürokratisiert mit einer Tendenz zur Entpersönlichung, Beharrung, Verrechtlichung und Formalisierung. Unter erziehlichem Gesichtspunkt sollte die Schule aber als eine relativ selbstständig funktionierende Institution Gestaltungs- und Handlungsfreiräume für die Entwicklung autonomen und kreativen Verhaltens von Kindern und Jugendlichen nutzen können.

Bei der Wahrnehmung ihrer pädagogischen Aufgabe ist die Schule einer zweifachen Verpflichtung unterworfen, der Verpflichtung gegenüber den Kindern und Jugendlichen mit ihren anthropologisch-psychologischen Vorgaben beim Lernen und ihrem Recht auf individuelle Förderung sowie der Verpflichtung gegenüber den Inhalten der Kultur, die es um der Identität der Mitglieder einer Gesellschaft willen zu tradieren und weiterzuentwickeln gilt. Diese doppelte Verpflichtung macht eine „Filterung" der Erwartungen und Ansprüche nötig, die von den anderen Subsystemen der Gesellschaft an die Schule herangetragen werden. Die emanzipative Funktion des Subsystems Schule zeigt sich gerade da, wo die Schule den von außen drängenden Ansprüchen der Gesellschaft nur in dem Maße Einlass gewährt, wie das wachsende Reflexionsvermögen, die wachsende seelisch-körperliche Belastbarkeit der Kinder und Jugendlichen sowie die Notwendigkeit der Tradierung von Kulturinhalten dies vertretbar erscheinen lassen.

Als Subsystem der Gesellschaft weist die Schule einige besondere Systemmerkmale auf. Sie ist ein offenes System, ein teilweise statisches, teilweise dynamisches System, ein reproduktives System und ein soziales System.

Die Gesellschaft richtet an ihre Subsysteme bestimmte Erwartungen. Die Schule soll für die (demokratische) Gesellschaft bestimmte Leistungen erbringen, die sich in den folgenden *Grundfunktionen* der Schule zusammenfassen lassen:

a. die Qualifikationsfunktion: die Vermittlung von Kenntnissen, Fertigkeiten, Fähigkeiten und Einstellungen für das Weiterlernen, die Berufstätigkeit und die Lebensbewältigung an die Gesellschaftsmitglieder,

b. die Personalisationsfunktion: die Förderung der höchstmöglichen Entfaltung der persönlichen Anlagen und Befähigungen der Gesellschaftsmitglieder durch Erziehung und Bildung,

c. die Sozialisationsfunktion: die Sozialmachung und Sozialwerdung der Gesellschaftsmitglieder durch Übernahme, Einhaltung und Weiterentwicklung akzeptierter Werte, Normen und Verhaltensweisen,

d. die Enkulturationsfunktion: die Einführung der jungen Gesellschaftsmitglieder in die kulturellen Traditionen und Lebensformen in der Gesellschaft sowie deren Fortentwicklung,

e. die Selektionsfunktion: die Vorauswahl der heranwachsenden Gesellschaftsmitglieder für die begrenzt vorliegenden höheren gesellschaftlichen und beruflichen Positionen auf Grund nachgewiesener Leistungsergebnisse.

Aus diesen Funktionen ergeben sich bestimmte *Aufgaben*, die die Schule gegenüber dem einzelnen Schüler zu erfüllen hat. Die Aufgaben variieren und verändern sich in Entsprechung zu gesellschaftlichen Transformationen. Denn sie sind zum einen zeitbedingte Realisierungen der obigen Grundfunktionen und ergeben sich zum anderen aus Erfordernissen und Erwartungen, die die veränderte Lebenspraxis der Gesellschaftsmitglieder mit sich bringt. Dienen die Funktionen im Letzten der gesellschaftlichen Stabilisierung und Steuerung und sind sie aus der Perspektive der Gesellschaft entworfen, so richtet sich der Blick bei den Aufgaben mehr auf das konkrete Handeln der Pädagoginnen und Pädagogen den Heranwachsenden gegenüber. Bleibende Aufgaben wie Unterricht/Anleitung beim Lernen, Betreuung, Erziehung und Bildung oder Förderung stehen dabei neben solchen, die aus gesellschaftlichen Veränderungen der letzten Jahre erwachsen sind wie Interkulturelles Lernen oder Kompensieren von Benachteiligungen, Medienerziehung, Internetlernen, Gewaltprävention, Gesundheitserziehung usw.

III. Welche Pädagogen und Philosophen waren in der Geschichte der Didaktik bedeutsam?

Die schulbezogene Didaktik erforscht den Zusammenhang von Unterrichten und Lernen in der gesellschaftlichen Institution Schule. Sie arbeitet heraus, was Lehrer tun (sollen), damit sich Schüler ausgewählte Unterrichtsziele und -inhalte aneignen, und ermittelt, wie Schüler mit deren Hilfe ihr Denken, Fühlen, Können und Wollen weiterentwickeln. Der Übergang vom bloßen Schulehalten zum geplanten Unterrichten vollzog sich im 17./18. Jh. als Theologen, Philosophen, Erziehungsschriftsteller und Schulmänner darangingen, die Tätigkeit des Lehrers systematisch zu betrachten. Sie stellten vier Prämissen dazu auf:

- Unterrichten dient einem übergeordneten Bildungs- und Erziehungsziel (Menschenbild, Weltbild, Bildungsideal).
- Unterrichten berücksichtigt die besondere Lage des lernenden Menschen.
- Unterrichten erfolgt nach bestimmten, überprüften Prinzipien.
- Unterrichten muss sich in der konkreten Praxis bewähren.

Seitdem konzentriert sich das didaktische Denken mal mehr auf das methodische Tun des Lehrers und der Lehrerin, mal mehr auf die Bedeutung der zu lernenden Inhalte oder der Unterrichtsziele, mal wird der Akzent auf die Auswirkungen beim Schüler oder bei der Schülerin gelegt, mal auf die besondere Form des Miteinanders von Lehrer und Schüler in der Schule. Bedeutende Pädagogen und Philosophen haben daher unterschiedliche Phänomene, Aspekte und Dimensionen des Didaktischen herausgearbeitet. Das Ergebnis ist kein kontinuierlicher, linearer Erkenntnisfortschritt, sondern ein perspektivenreiches Bild dessen, was beim Unterrichten und Lernen in der Schule geschieht bzw. geschehen soll. Ein kurzer Streifzug durch die Geschichte der Didaktik ist Demonstration und Beleg dafür.

1 Johann Amos Comenius (1592-1670)

Mit dem tschechischen Theologen, Pansophen und Erzieher Jan Amos Komensky (lat.: Comenius) wird Didaktik zum terminus technicus für das schulische Lehren. Sein Hauptwerk „Didactica magna" (1628/1657) beginnt er auf dem Titelblatt programmatisch mit den Worten:

GROSSE DIDAKTIK

DIE VOLLSTÄNDIGE KUNST,
ALLE MENSCHEN ALLES ZU LEHREN

oder

Sichere und vorzügliche Art und Weise, in allen Gemeinden, Städten
und Dörfern eines jeden christlichen Landes Schulen zu errichten,
in denen die gesamte Jugend beiderlei Geschlechts ohne jede
Ausnahme

RASCH, ANGENEHM UND GRÜNDLICH

in den Wissenschaften gebildet, zu guten Sitten geführt, mit
Frömmigkeit erfüllt und auf diese Weise in den Jugendjahren zu
allem, was für dieses und das künftige Leben nötig ist, angeleitet
werden kann;
worin von allem, wozu wir raten die GRUNDLAGE in der Natur der
Sache selbst gezeigt, die WAHRHEIT durch Vergleichsbeispiele aus
den mechanischen Künsten dargetan,
die REIHENFOLGE nach Jahren, Monaten, Tagen und Stunden
festgelegt und schließlich
der WEG gewiesen wird,
auf dem sich alles leicht und mit Sicherheit erreichen lässt.

ERSTES UND LETZTES ZIEL UNSERER DIDAKTIK SOLL ES
SEIN, die Unterrichtsweise aufzuspüren und zu erkunden, bei
welcher die Lehrer weniger zu lehren brauchen, die Schüler dennoch
mehr lernen; in den Schulen weniger Lärm, Überdruss und unnütze
Mühe herrsche, dafür mehr Freiheit, Vergnügen und wahrhafter
Fortschritt; in der Christenheit weniger Finsternis, Verwirrung und
Streit, dafür mehr Licht, Ordnung, Friede und Ruhe.

Didaktik als Lehrkunst, so lautet die Begriffsbestimmung bei J. A.
Comenius. Kunst im Sinne von Können zeigt sich - im aristotelisch-
platonischen Verständnis der „ars effectiva" - sowohl im Ergebnis als
auch im Tun selbst. Die Lehrkunst unterscheidet sich in dieser Hinsicht nicht von anderen Meisterschaften (vgl. „Schulmeister"), wie
sie das Handwerk im 16. und 17. Jh. kennt. Nach Comenius kann der
Mensch zum Zwecke der Vollendung und Befriedung der Welt kraft

seiner Vernunft die Maßstäbe für ein gottebenbildliches Leben aus den Strukturen, Gesetzen und Stufen der Naturordnung entnehmen. Lehr- und Lernmethoden sollten sich daher an der Ordnung in der Natur orientieren. Wie die Natur für alles die geeignete Zeit kenne, wie sie, ohne Sprünge zu machen, kontinuierlich vorangehe, wie sie jeden „Stoff" vorbereite, bevor sie ihn formt, so soll sich der Lehrer verhal- ten und einige Unterrichtsprinzipien einhalten: vom Leichteren zum Schwereren fortschreiten, zuerst eine sinnliche Anschauung von den Dingen ermöglichen, den Nutzen des Lernens für das Leben erfahr- bar machen, vom Allgemeinen zum Besonderen führen. J. A. Come- nius hat die Entwicklung der Didaktik nicht nur theoretisch, sondern auch praktisch maßgeblich beeinflusst. Dazu trugen seine Pläne für ein neues Schulsystem ebenso bei wie die von ihm verfassten Schul- und Fachbücher (vgl. Janua linguarum reserata, Vestibulum, Schola ludus, Orbis sensualium pictus, Didactica magna, Informatorium der Mutter- schul). Seine Unterrichtsprinzipien dienten als Praxisanleitung bis in die 1950er Jahre und werden heute noch zitiert. Auch die Bezeichnung der Didaktik als Lehrkunst ist aus der Diskussion nicht verschwunden. Im Rückgriff auf Comenius definiert L. Klingberg 1984 noch Didaktik als „Lehre vom Lehren", als „Theorie des richtigen Lernens", als „Lehr- kunst", und im selben Jahr zieht B. Kozdon diese Bezeichnung heran, um mit ihrer Hilfe die grundsätzliche Nähe des didaktischen Tuns zum künstlerischen Gestalten, zur freien, intuitiven Tätigkeit auszudrücken.

2 Johann Heinrich Pestalozzi (1746-1827)

Weiterführende Impulse erfuhr das didaktische Denken durch Johann Heinrich Pestalozzi, der dem Lehren und Lernen durch seine Elemen- tarmethode oder Methode der Elementarbildung eine neue, gesicherte Grundlage geben wollte. Er fand heraus, dass die Anfangspunkte jeder Erkenntnis Zahl, Form und Name/Wort seien. Denn um etwas erken- nen zu können, müsse man sich drei Fragen stellen: Wie viele Gegen- stände sehe ich?, Was ist ihre Form? und Wie heißen sie? Alle Dinge haben seiner Meinung nach diese drei Wesenseigenschaften. Um sie erfassen zu können, verfügt der Mensch über drei entsprechende Grundkräfte in seinem Geist. Diese Kräfte zu entwickeln, ist die Auf- gabe des Unterrichts in allen Fachgebieten und auf allen Stufen. Denn Zahl, Form und Sprache sind die Elementarpunkte der Bildung und des gesamten Lehrstoffs. Die Zahl bildet die Grundlage für das Rechnen und die Rechenlehre, die Form für Raum-, Zeichen- und Schreiblehre, die Sprache wiederum für Ton-, Wort- und Sprachlehre. Schulen sollen nach Pestalozzi wie „Wohnstuben" sein und beim Kind Kopf, Herz und Hand gleichermaßen und gleichzeitig entwickeln. Basis und Ziel aller pädagogischen Bemühungen ist aber die sittliche Elementarerziehung, in deren Verlauf der Mensch als „Werk der Natur" und als „Werk der Gesellschaft" zum „Werk seiner selbst" werden soll und kann. Pestalozzi erweitert zu diesem Zweck die seit Comenius bekannten Unterrichtsprinzipien um das Prinzip der Elementarisierung und das der Individuallage des Schülers, da alles Lehren seine Fassungskraft und die Zuordnung zu seinem Lebenskreis (Familie, Berufs-/Standeswelt, Volk/Vaterland) beachten müsse. Elementarisierung des Lehrstoffs und formale Bildung durch Schulung und Übung der Kräfte des einzelnen Kindes (Aufmerksamkeit, Denken, Gedächtnis) mit dem Ziel seiner Versittlichung sind daher die Grundzüge von Pestalozzis didaktischen Überlegungen. Mit ihnen beginnt die wissenschaftliche und (erkenntnis-)theoretische Absicherung der Didaktik, und die bisherige sokratisch-methodische Vorgehensweise verliert an Bedeutung. Pestalozzis Ideen wirkten vor allem in seinen „Schülern" K. A. Zeller, W. Harnisch und F. A. Diesterweg weiter, die sich als Lehrerbildner verstanden. W. v. Humboldt sprach sich für die Reform des Volksschulwesens im Geiste Pestalozzis aus und die Volksschullehrerschaft des 19. Jh. schöpfte ihr neues Selbstbewusstsein aus seiner Elementarmethode. Seit Pestalozzi ist „das Elementare" zu einem didaktischen Fachbegriff geworden. Mit ihm ist die Forderung verbunden, den Lehrstoff auf seine grundlegenden Bestandteile, Ausgangspunkte und Ursprungssituationen zurückzuführen, um ihn dem Schüler besser verständlich machen zu können.

3 Johann Friedrich Herbart (1776-1841)

Zwar ist der Begriff „Didaktik" nach Comenius wieder in Vergessenheit geraten, die gemeinte Sache aber nicht. Sie erhält mit dem Königsberger und (später) Göttinger Philosophie- und Pädagogikprofessor Johann Friedrich Herbart einen entscheidenden Anstoß. Für ihn ist die Didaktik eine wissenschaftlich begründbare Unterrichtslehre. Um die Frage zu beantworten, was und wie Lehrer unterrichten sollen, zieht Herbart die praktische Philosophie und die Psychologie seiner Zeit heran. Der Ethik entnimmt er das Ziel aller Bildung, die „Charakterstärke der Sittlichkeit". Kennzeichen einer sittlichen Persönlichkeit sind die jedem unmittelbar einleuchtenden Ideen der Freiheit, der Vollkommenheit, des Wohlwollens, des Rechts und der Billigkeit beim Denken und Handeln. Die Vorstellungspsychologie zieht er zu Rate, um zu beschreiben, was der Mensch vom Kleinkindalter an durch Erkennen der Umwelt und Umgehen mit ihr in sich gestaltet. Denn die Seele des Menschen besteht seiner Meinung nach aus nichts anderem als Vorstellungen, aus inneren Zuständen. Zustande gekommen durch angenehme oder unangenehme Erfahrungen verdichten sie sich zu Gedankenmassen oder „Gedankenkreisen", die dann in Form von Gefühlen, Affekten, Begehrungen und Willenshandlungen neue Vorstellungen prädisponieren. Als Interesse steuern sie die Wahrnehmung, assoziieren bestimmte neue Vorstellungen, integrieren sie in den Gedankenkreis und verändern ihn auf diese Weise. Soll Erziehung deshalb ihr Ziel nicht verfehlen, muss sie von Anfang an darauf bedacht sein, beim Kind die Bildung der Gedankenkreise nicht beliebig und durch zufällige Umwelterfahrungen vonstattengehen zu lassen. Herbart nennt dafür drei Mittel der Erziehung: die „Regierung", die „Zucht" und den „erziehenden Unterricht". Unter „Regierung" versteht er, das Kind lenken, vor schlechten Einflüssen bewahren, Jugendlichen gegenüber Verbote und Gebote aussprechen, sie strafen, beaufsichtigen, disziplinieren. „Zucht" bedeutet bei J. F. Herbart die positive Einwirkung des Erziehers oder Lehrers durch Vorbild, Aufmunterung und beispielhafte Verhaltensweisen. Der „erziehende Unterricht" wiederum hat die Aufgabe, detailliert den Aufbau der Gedankenkreise bei Schülern zu planen und ihn systematisch zu organisieren. Damit Einseitigkeit und Zerstreuung verhindert werden, fordert Herbart, beim Schüler eine Vielseitigkeit des Interesses zu wecken, auszubilden und zur Gewohnheit werden zu lassen. Sachverhalte, Gegenstände, Ideen und Personen von vielen Seiten anzugehen, ist von beliebiger „Allseitigkeit" und „Flatterhaftigkeit" in zwei Hinsichten verschieden: Zum einen lassen sich die „Seiten" des Interesses genauer angeben; Herbart nennt empirisches Interesse, spekulatives Interesse, ästhetisch-moralisches Interesse, sympathetisches Interesse (Empathie), soziales Interesse und religiöses Interesse. Zum anderen verlangt er vom „vielseitigen" Menschen, dass dieser beim Lernen nicht nur aufmerksam ist, sondern bei der Darstellung, der Analyse oder der Synthese des Lernstoffs aus eigenem Antrieb geistig tätig wird und sich gründlich in das Neue vertieft, darüber reflektiert. J. F. Herbart spricht vom Interesse als Selbsttätigkeit und vom Wechsel zwischen Vertiefung und Besinnung. Im Sinne der Vorstellungspsychologie denkt er sich den Lernprozess als Apperzeptionsvorgang in vier Stufen:

- Stufe 1: Die Seele mit ihren Vorstellungen sieht sich mit einer neuen Wahrnehmung konfrontiert.

- Stufe 2: Die Seele stellt eine „Schnittmenge" zwischen den „alten" Vorstellungen und der neuen Vorstellung her, knüpft sie an.
- Stufe 3: Die Seele nimmt die neue Vorstellung in ihren „Besitzstand" auf.
- Stufe 4: Die Seele hat das Wahrgenommene mit dem Vorhandenen verschmolzen. Der Apperzeptionsprozess beginnt neu.

Im Sinne dieses Apperzeptionsprozesses fordert Herbart, beim Einzelinteresse des Schülers und seiner Beziehung zum Lerninhalt anzusetzen, andernfalls könne er diese vier, Formalstufen genannten, Lernschritte nicht erfolgreich vollziehen. Am Beginn muss deshalb die Stufe der Klarheit stehen, bei der sich jeder Schüler so lange in das vom Lehrer dargebotene neue Thema/den Unterrichtsstoff vertiefen soll, bis er eine präzise Vorstellung davon hat. Die anschließende Stufe der Assoziation führt die Vertiefung im freien Unterrichtsgespräch fort. Die Schüler stellen nun mit Hilfe ihrer Fantasie Gedankenverbindungen zum neuen Stoff her. Beide Stufen dienen der Vertiefung. Die dritte Stufe, System genannt, leitet die Besinnungsphase ein. In einem zusammenhängenden Vortrag hebt der Lehrer die Hauptgedanken nochmals hervor und macht dem Schüler den Vorteil geordneter Kenntnisse erfahrbar. Schließlich sollen die Schüler in der letzten Stufe, der Methode, durch eigenes Arbeiten das Erlernte an ausgewählten Aufgabenstellungen wiedererkennen oder anwenden.

Herbarts Einfluss auf die Volksschullehrerbildung hielt bis ins erste Drittel des 20. Jh. an. Maßgeblichen Anteil daran hatten seine Nachfolger (Herbartianer) T. Ziller und W. Rein. Sie hatten nämlich seine Didaktik zu einem für alle Unterrichtsstunden und auf jeden Lehrstoff anwendbaren Schema der Stundenvorbereitung und -durchführung vereinfacht. Dass Herbarts Name heute noch in der Didaktik hauptsächlich im Zusammenhang mit der Formalstufentheorie und der „Artikulation des Unterrichts" genannt wird, hängt wesentlich mit der einseitigen Rezeption durch die Herbartianer und deren Erfolgen bei der Lehrerausbildung zusammen.

4 Friedrich Daniel Ernst Schleiermacher (1768-1834)

Theoretische Überlegungen darüber, wie und auf welches Ziel der heranwachsende Mensch sich durch Unterricht entwickelt, beschäftigen Friedrich Daniel Ernst Schleiermacher, den protestantischen Theologen, Ethiker, Pädagogen und Berater W. v. Humboldts eher nebenbei. Was er über die Schulen als staatliche Einrichtungen zur systematischen Unterweisung von Kindern und Jugendlichen sagt, basiert auf seiner Anthropologie. Für Schleiermacher ist der Mensch ein in der sittlichen Gemeinschaft der Generationen aufwachsendes Vernunftwesen. Vom Beginn seines Lebens an nehmen zwar Erwachsene in Familie, Kirche, Staat, Geselligkeit und Wissenschaft aus erziehlichen und belehrenden Gründen Einfluss auf den Menschen, seinen Zweck hat er aber allein in sich selbst. Deshalb hat er ein Recht darauf, im kommunikativen Zusammenleben mit andern Menschen seine Eigentümlichkeit (Individualität) ausprägen zu können. Im Unterschied zu I. Kant fordert Friedrich Schleiermacher, dass nicht nur die Menschheit (das Allgemeine) in jedem Einzelnen geachtet werden müsse, sondern dass auch das Individuelle eines jeden ein Recht auf Achtung beanspruchen kann. Seine Individualität und Identität erwirbt der Mensch vom ersten Tag seines Lebens an durch Empfangen und Geben, durch eine „Modellierung" von Rezeptivität und selbsttätiger Reflexion. Durch seine Reflexion („Selbstanschauung"), und das heißt seine „Distanzierung" von den Erscheinungen und Einflüssen des äußeren Lebens, wird der einzelne Mensch sich bewusst, was er der Menschheit schuldet und wie für ihn ein der Menschheit würdiges Handeln aussieht. Als lebendiges Wesen hat er von Natur aus diese Selbsttätigkeit, die durch die pädagogische Praxis hervorgelockt und - wenn sie sich auf das Gute richtet - auch gefördert werden muss. Fördern heißt: unterstützen und behüten bzw. gegenwirken. Von der Erziehung im Hauswesen unterscheidet sich die Schulerziehung dadurch, dass sie geordnet und aufbauend den Kindern Kenntnisse und Fertigkeiten, ggf. auch sozialethische Gesinnungen vermittelt, weil und nur insofern es der Familie an solcher Lehr- und Erziehungskompetenz fehlt. Gesellschaftliche Ungleichheiten soll die Schule auf keinen Fall fördern oder entstehen lassen. F. D. E. Schleiermacher spricht sich für ein gegliedertes Bildungssystem (Volksschule, Bürgerschule, Gymnasium, Berufsschulen mit Jugendvereinen, Universitäten) aus, da so die Individualität des Lernenden besser gefördert werden könne. Als besonders geeignete Methode und Unterrichtsprinzip bezeichnet er die Berücksichtigung der gegenwärtigen Lebens- und Lernbedingungen der Schüler, einen planmäßigen und schulzielorientiert aufgebauten Unterricht unter Beachtung der geistigen und sozialen Entwicklung von Kindern, Selbsttätigkeit, Rezeptivität und Spontaneität beim Lernen, Anschaulichkeit, Gedächtnisschulung und Einsichtnahme in die Erkenntnisgewinnung statt Memorieren und Übernehmen von Wissensbeständen. Bei Schleiermacher ist die Bildung des Menschen ein Teil der Erziehung, und ist Unterricht nicht von Erziehung loszulösen. Aus diesem Grund lehnt er es auch ab, neben der Pädagogik eine eigene Theorie der Schule oder Theorie des Unterrichts gelten zu lassen.

5 Wilhelm von Humboldt (1767-1835)

Wie Schleiermacher hat sich auch Wilhelm Freiherr von Humboldt, der Jurist, Diplomat, Staatswissenschaftler und Sprachforscher, dessen ganze Begeisterung dem klassischen Altertum und dessen Interesse den neuhumanistischen Philologien galt, nicht als Didaktiker einen Namen gemacht. Wie jener ist er aber für die Didaktik und ihren Bildungsbegriff wichtig geworden, vor allem durch die Tätigkeit als Leiter der „Sektion des Kultus und des öffentlichen Unterrichts" im Preußischen Innenministerium zu Königsberg und Berlin (1809/1810). Seine Bildungstheorie unterscheidet streng zwischen Bildung und Ausbildung. Dem Schulwesen kommt seiner Meinung nach die Aufgabe zu, allgemeine Menschenbildung zu vermitteln und nicht den Bedürfnissen des Lebens oder einzelner Gewerbe zuzuarbeiten. Bildung definiert Humboldt im neuhumanistischen Sinne als Weg der Individualität zu sich selbst, als harmonische Ausbildung aller Fähigkeiten des Menschen durch sich selbst und an der Welt. Sprache und Kunst sind das Medium dazu. Was wahres, harmonisches Menschsein bedeutet, könne jedem beim Studium der Griechen aufgehen. Die Griechen würden einen „Reichtum großer individueller Formen" aufweisen und „große Individualität" repräsentieren. Die Struktur der Bildung ist nach Humboldt durch die Kategorien Individualität (Besonderheit), Universalität (Mannigfaltigkeit) und Totalität (Einheitlichkeit, Geschlossenheit) gekennzeichnet. Das Griechentum gibt ihm die ideale Norm für eine höchstmögliche Realisierung der Humanität. Getreu dem Ansatz einer allgemeinen Menschenbildung, die weder beruflich-ständisch noch sozialschichtspezifisch differenzierbar ist, vertritt W. v. Humboldt ein Einheitsschulsystem. Jeder Mensch soll all seine Kräfte vollständig und ohne irgendeinen Mangel üben und emporbilden, soweit seine Begabung und seine Lebensumstände es erlauben. Humboldts Schulpläne sahen folgerichtig die Volksbildung im Elementarunterricht als Grundlage aller Bildung an. Auf die sollte der Schulunterricht (d.h. Gymnasialunterricht) mit linguistischen (besonders alte Sprachen), historischen (Geschichte, Erdkunde, Naturgeschichte) und mathematischen (Mathematik, Physik) Lehrinhalten aufbauen. Der anschließende Universitätsunterricht sollte zur Einsicht in die reine Wissenschaft führen. Der Schüler darf zwar einzelne Unterrichtsfächer bevorzugen, weil sie seine besondere Aufmerksamkeit finden, er darf aber keines der Fächer weglassen. Denn Individualität soll sich in der Universalität ausprägen. Alles Lernen von Inhalten dient nach Humboldt letztlich der Übung des Lernenlernens, näherhin der Selbstbildung.

W. von Humboldt hat mit seinen Ideen Didaktik und Schulpädagogik nachhaltig beeinflusst. Bis heute zeigt sich das an der Definition von Bildung als zweckfreier Tätigkeit des menschlichen Geistes in Abgrenzung zur Erziehung, an der Unterscheidung von Allgemeinbildung und Berufsbildung im Schulwesen, an der lang währenden Vorrangstellung der Philologien, der historisch-philosophischen und der „klassischen" Lerninhalte im Gymnasium, an der Orientierung der Gymnasiallehrerausbildung an den Fachwissenschaften und an der Bevorzugung der Forschung vor der Lehre an den Universitäten. Obwohl v. Humboldt eine Reform des gesamten Schulsystems im neuhumanistischen Sinne anstrebte, wurden seine Ideen für das Gymnasium am bedeutendsten (vgl. Entwicklung der Lateinschulen zum Gymnasium, Lehrplan des Gymnasiums, eigener Gymnasiallehrerstand, Abiturientenexamen).

6 Georg Wilhelm Friedrich Hegel (1770-1831)

Weder Didaktiker noch eigentlich Pädagoge ist Georg Wilhelm Friedrich Hegel, der bedeutendste Vertreter des philosophischen Idealismus, dennoch für die Didaktik sehr bedeutsam geworden. Hegel lehnt nämlich die neuhumanistische Trennung von Allgemeinbildung und Berufsbildung ab, weil in seinen Augen Arbeit einen spezifischen Beitrag zur Menschwerdung eines jeden leistet. Hintergrund seiner Überlegungen ist die Industrialisierung mit der Unterscheidung von Herr/Herrschaft und Knecht/Knechtschaft, von Genusssucht, hemmungsloser Begierde und Egozentrismus dort und Emporbildung durch das Selbstbewusstwerden im Arbeitsprozess hier. Nicht bloßer Genuss (wie beim Herrn) führt zur Bildung, sondern das Arbeiten (wie beim Knecht). Zwar bindet die berufliche Arbeit den Menschen, entfremdet ihn sogar. Durch die Arbeit an der Sache jedoch wird aus der Selbstentfremdung die Gelegenheit zur Selbstverwirklichung (vgl. dazu die politisch-ökonomische Weiterentwicklung dieses Gedankens bei Karl Marx). Allgemeinbildung ist deshalb nach seiner Meinung nicht durch einen Kanon von für geeignet gehaltenen klassischen Lehrinhalten zu erlangen, sondern über das Prinzip der Sachlichkeit. Weiter ist es Hegels Philosophie des Geistes und seine Dialektik, die großen Einfluss auf die geisteswissenschaftliche Bildungstheorie ausgeübt haben. Denn Hegel versteht das gesamte Sein als Geistsein (vgl. die biblische Logos-Vorstellung) und das Wahrheit suchende Denken des Menschen als Denken des Weltgeistes selbst, der so die Dinge erschafft. Es gibt nach Hegel nur diesen Geist, der sich als subjektiver Geist in Anthropologie, Phänomenologie und Psychologie artikuliert, als objektiver Geist in den Formen des Rechts, der Moralität und der Sittlichkeit äußert und als absoluter Geist in Kunst, Religion und Philosophie vorhanden ist. Merkmal des Geistes ist, dass er im Denken in Bewegung ist und zwar in einer dialektischen Bewegung, die Individuelles und Allgemeines im Leben zur Synthese bringt. Deshalb sucht Hegel in allen raum-zeitlichen Objektivationen des Geistes aus Natur und Geschichte (d.h. im Besonderen und Individuellen) das Allgemeine, das darin wirkt, im Zeitlichen und Vorübergehenden das immanent vorhandene Substantielle und Ewige, das Vernünftige, die Idee, die sich in äußeren Erscheinungsformen verkörpert. Hegel spricht von der Vermittlung des einen durch das andere, vom „Im-andern-zu-sich-selber-Kommen" - ein Gedanke, der bildungstheoretisch bedeutsam wurde. J. Derbolav beispielsweise bezieht sich unmittelbar auf Hegel, wenn er die dialektische Bildungsbewegung als Vermittlung des „Selbst" in und über das „Andere" bezeichnet, als Bildung des Individuums über die Wissens- und Kulturbereiche, die geistigen Objektivationen, in denen das Individuum lebt - beispielhaft darstellbar an der Sprache und dem Spracherwerb. So ist es nach Hegel Aufgabe der Schule, den jungen Menschen in das „Element der Sache" einzuführen, ihn zu lehren, Wesentliches von Unwesentlichem zu unterscheiden, von der Anschauung zum Erkennen aus der Tiefe des Geistes zu gelangen. Ähnlich wie Schleiermacher und v. Humboldt wirkte sich Hegel vor allem auf die Gymnasialpädagogik aus.

7 Wilhelm Harnisch (1787-1864) und Adolf Diesterweg (1790-1866)

Entscheidende Fortschritte für die Didaktik und Methodik des Volksschulunterrichts, für die Verbesserung der Ausbildung und für den sozialen Aufstieg der Volksschullehrerschaft brachten Wilhelm Harnisch und Adolf Diesterweg - Harnisch, eher konservativ und kirchlich-orthodox denkend, Diesterweg freireligiös, politisch liberal und vom Philanthropismus und Aufklärungsdenken geprägt. Beide publizierten Schriften über das Volksschulwesen und über didaktische und methodische Fragen einzelner Unterrichtsfächer, beide leiteten mit großem Erfolg neu konzipierte Volksschullehrerseminare (Harnisch in Breslau und Weißenfels, Diesterweg in Moers und Berlin), die den Rang von Musteranstalten hatten. In die Didaktikdiskussion ihrer Zeit bringen beide neue Ideen ein: Vehement setzten sie sich für eine volkstümliche Bildung in den deutschen Volksschulen ein. Diese Schulen sollten nicht auf „Abrichtung" der Bauern und Bürger abzielen, sondern wahrhaft bildend sein, denn Bildung sei auch ohne Latein und Griechisch möglich. Als Inhalte der volkstümlichen Bildung fordert Harnisch neben den üblichen Fächern Lesen, Rechnen, Schreiben und Religion das Fach Weltkunde (Geographie, Geschichte, Naturkunde, beginnend mit der Heimatkunde) und Turnen. Ferner sollten die völkischen Schulen nicht Bauern- oder Armenschulen, sondern Grund- und Stammschulen der ganzen Volksgemeinschaft sein (Harnisch), Nationalschulen ohne Trennung nach Ständen oder Konfessionen (Diesterweg). Hier ist der Einfluss von Fichte und Pestalozzi bei Harnisch, der von Basedow, Rochow und später auch Pestalozzi bei Diesterweg erkennbar. Außerdem soll die Selbsttätigkeit des Schülers beim Lernen im Vordergrund stehen. Diesterwegs Schriften zur Methodik des Anschauungs-, Rechen- und deutschen Sprachunterrichts, zum Unterricht in Erdkunde und den Naturwissenschaften machen klar, dass und wie durch Veranschaulichung der Lerngegenstände und durch den Lehrervortrag im Schüler eine eigenständige Kraft zur freien individuellen Formung hervorgerufen werden kann.

8 Otto Willmann (1839-1920)

Mit Otto Willmann, dem Ziller-Schüler und schulpraktisch wie sozialethisch denkenden katholischen Pädagogen, endet die nachgeordnete Stellung der Didaktik gegenüber der Allgemeinen Pädagogik. Didaktik gewinnt nun das Profil einer eigenständigen Disziplin. Denn Willmann definiert Didaktik als Bildungslehre. Im Unterschied zur Erziehungslehre, der Pädagogik, die auf die Versittlichung abzielt, hat die Bildungslehre die Assimilation geistiger Güter zum Ziel, den Bildungserwerb, den das Individuum im Bildungswesen erlangen kann. Infolgedessen umfasst seiner Meinung nach die wissenschaftlich betriebene Didaktik Fragen der Bildungsgeschichte, der Bildungszwecke, der Bildungsinhalte, der Methoden und Organisationsformen der Bildungsarbeit und der Institutionalisierung des Bildungswesens. Sein Bildungsbegriff integriert die Individualität und die Sozialität beim Menschen (vgl. Aristoteles). Denn Willmann geht davon aus, dass der einzelne Mensch sein Streben nach Gütern nur über seine Hingabe an die „gesellenden soziativen Mächte des Lebens" (d.h. die materiellen der Berufsstände, die geistig-sittlichen der Staaten und die spirituellen der Religionsgemeinschaften) verwirklichen kann. Nur durch individuelle Tätigkeit im Rahmen der Gesamtheit, dem Gemeinleben, ist Bildung möglich. Diese sozial-ethische Bildung weist über das Endliche hinaus auf das Ewige, den Glauben, meint Willmann. Damit Unterricht den Menschen tatsächlich von der Natur zur Kultur führt, müssen drei methodische Aneignungsstufen beachtet werden: die Stufe der Auffassung/des Aufnehmens, die Stufe des Verständnisses und die Stufe der Anwendung.

9 Reformpädagogen

Im Unterschied zu Willmanns theoretischer Bemühung um den Didaktikbegriff kennzeichnet die didaktischen Innovationen der Jahre zwischen 1890/1900 und 1933 ein praktisches Interesse. Die Anhänger der Reformpädagogischen Bewegung kritisieren radikal Schule und Unterricht ihrer Zeit. Die „alte Schule", Konstrukt einer sinnentleerten Lebens-, Kultur- und Bildungswelt, sei lebensfremd, nur rational und intellektualistisch ausgerichtet, im Formalismus der Herbartianer erstarrt, eine lehrerzentrierte Buch-, Stoff- und Paukschule. Pädagogen und Schulpraktiker wie Hermann Lietz, Georg Kerschensteiner, Hugo Gaudig, Otto Scheibner, Heinrich Scharrelmann, Fritz Gansberg, Berthold Otto, Peter Petersen, Maria Montessori und viele andere propagieren eine „neue Schule" und setzen modelltypisch eine innere und äußere Schulreform in Gang. Die Vielfalt der didaktischen Neuansätze lässt sich nur schlaglichtartig beleuchten. Gemeinsam ist allen erstens die didaktisch-methodische Orientierung an den Bedürfnissen und der Eigenart von Kindern bzw. Jugendlichen, zweitens die Berücksichtigung der Ganzheitlichkeit, d.h. dass beim Lernen Intuition, Emotion, Tat/Aktion/praktisches Umgehen mit den Sachen gleichzeitig mit dem Intellekt beteiligt sein müssen, drittens die Betonung der didaktischen Prinzipien Selbsttätigkeit, Differenzierung, Anschauung, Lebensnähe, Naturnähe und Gemeinschaftserleben sowie viertens die Entwicklung und Erprobung neuer Unterrichts- und Lernformen wie Gesprächsunterricht, Freie Arbeit, Gruppenunterricht, Projekt, Arbeitsunterricht, Gesamtunterricht, Epochenunterricht, fächerübergreifender Unterricht und Erlebnisunterricht. Dass dieser kreativsten Epoche deutscher Schulgeschichte ein einheitlich ausgearbeiteter Didaktikbegriff fehlt, hat die positiven Auswirkungen auf das Unterrichten und Lernen in der Schule keineswegs beeinträchtigt, wie sich bis heute an einigen Freien

Schulen, Alternativen Schulen oder Reformschulen belegen lässt (vgl. Maria Montessori-Schulen, Freie Waldorfschulen, Peter-Petersen-Schulen, Landerziehungsheime, Odenwaldschule, Reformschule Kassel, Freie Schule Frankfurt usw.). Seit Beginn der 1980er Jahre lässt sich in der deutschen Schulpädagogik sogar ein Renouveau der Reformpädagogik in Theorie und Praxis feststellen.

Exemplarisch soll die Didaktik der Reformpädagogen an der italienischen Ärztin, Anthropologin und Pädagogin Maria Montessori (1870-1952) kurz demonstriert werden. Ihr pädagogisches Konzept, basierend auf neuen sonderpädagogischen Instruktionspraktiken der damaligen Zeit (vgl. die französischen Ärzte Itard und Séguin) und entwickelt aus Beobachtungen zum Verhalten von Kindern bei Lernprozessen in ihrem erstgegründeten Kinderhaus in Rom (1907), geht von der anthropologischen Grundannahme aus, dass dem Kind/Menschen naturhaft ein „Bauplan" mit einem Telos innewohnt. Erziehung und Schule müssten nun die Voraussetzungen dafür schaffen und die notwendigen Anregungen dafür geben, dass das Kind seine eigene Persönlichkeit diesem Bauplan, der Phasen mit bestimmten Sensibilitäten für bestimmte Lernprozesse vorsieht (0-3/3-6 Jahre, 6-12 Jahre, 12-18 Jahre, 18-24 Jahre), entsprechend aufbauen kann. Daraus leitet M. Montessori einige Prinzipien für die pädagogisch-didaktische Arbeit in der Vorschule und in der Schule ab:

- Achtung, Geduld, Liebe und Anerkennung gegenüber dem sich selbst entfaltenden Kind,
- Sinnesschulung und Bewegung zwecks Aufbau von Vorstellungen („geistige Bilder"),
- die Polarisation der Aufmerksamkeit des Kindes durch völlige Konzentration und Sammlung all seiner inneren Kräfte bei der Arbeit (= beim Lernen),
- Freiheit bzw. freie Auswahl der Arbeit, damit sich das Kind individuell entwickeln kann, da nur es selbst weiß, was es zu seiner geistigen Entwicklung braucht,
- eine vorbereitete Umgebung mit offen zugänglichen, kindgerechten Einrichtungsgegenständen und dem ästhetisch gestalteten Montessori-Arbeitsmaterial,
- das Montessori-Material als „Schlüssel zur Welt", dessen „innere Ordnung" (Isolieren immer nur einer vom Kind zu erlernenden Schwierigkeit oder Eigenschaft wie z.B. Größenunterschiede) dem Kind helfen soll, selbst zu einem inneren Geordnetsein, zu einer geistigen Struktur, zu kommen,
- Lehrer/Erzieher als indirekt dem Kind zur Selbsthilfe Verhelfende.

Kernstück der Montessori-Didaktik ist die altersgemischte Freiarbeit an den Montessori-Materialien mit Übungen des täglichen Lebens, mit Sinnesmaterial zum Begreifen durch Greifen (z.b. geometrische Körper, Gewichtsbretter usw.), mit Mathematikmaterial zum anschaulichen Nachvollziehen von mathematischen Regeln und Gesetzmäßigkeiten, mit Sprachmaterial zwecks Einführung in das Wesen der Sprache und für das Lesen-Schreiben-Lernen sowie mit Material für die Kosmische Erziehung als Erwerb von Grunderfahrungen über das Leben und die Natur. Täglich werden für die Freiarbeit am Schulmorgen 2-3 Stunden vorgesehen, in denen die Schüler – nach vorheriger Anleitung durch die Lehrkraft – allein und selbstkontrollierend mit den Montessori-Materialien arbeiten.

10 Wilhelm August Lay (1862-1926), Ernst Meumann (1862-1915) und Aloys Fischer (1880-1937)

Deskriptiv und an den Erfahrungswissenschaften orientiert ist die sogenannte Experimentelle Didaktik, die um die Jahrhundertwende von Wilhelm August Lay, Ernst Meumann und Aloys Fischer ausgearbeitet wurde. Lay, Volksschullehrer und später Professor an der Lehrerbildungsanstalt, bekannt geworden durch seine Arbeiten zum Rechtschreib- und Rechenunterricht sowie zum naturwissenschaftlichen Unterricht, geht davon aus, dass Bewegungen, Bewegungsempfindungen und Vorstellungen für alles Können und jede Kunst grundlegend sind (vgl. z. B. Sprechbewegungsvorstellungen im Sprach- und Gesangsunterricht). Theoretisch sichert er diese Ansicht durch die „physiologische Psychologie" von Wilhelm Wundt, die Biologie und die Kulturtheorie seiner Zeit ab, praktisch belegt er sie durch didaktisch-psychologische Experimente mit Einzelschülern und Schulklassen. Im Unterschied zu rein psychologischen Experimenten müssen nach Lay die didaktischen soweit als möglich den Charakter von Unterricht annehmen, damit die Nebenumstände, die jeden Unterricht begleiten und die für die Gültigkeit des Gesamtergebnisses bedeutsam werden können, berücksichtigt werden. Seine Theorie lautet: Nur der Unterricht, der der motorischen Seite der Bewusstseinserscheinungen Rechnung trägt, der „Tatunterricht", kann wirkliche Willensbildung und Erziehung leisten. Aktivität im Unterricht, d.h. gestalten, formen, konstruieren, modellieren, experimentieren, zeichnen, turnen, spielen, beobachten, eigene Erfahrungen machen, ist die didaktischmethodische Konsequenz daraus. Statt einer Schule mit „passivem Lern-, Wort- und Sitzunterricht" müsse eine

„Tatschule" eingerichtet werden – eine Forderung, die er theoretisch und experimentell in seiner Mannheimer Übungsschule untermauerte. Auch Ernst Meumann, zeitweiliger Assistent von Wundt und hernach Philosophie- und Pädagogikprofessor, forderte für die Didaktik und die Pädagogik eine experimentelle und physiologische Absicherung. Er empfiehlt beispielsweise ein systematisches Ausprobieren verschiedener Methoden oder Lernmittel unter kontrollierten Bedingungen. Sind Forschungen zur geistigen und körperlichen Entwicklung des Schulkindes, zur Sinneswahrnehmung, Vorstellungstätigkeit, zu Gedächtnis, Wille, Gemütsbewegungen, zu den individuellen Unterschieden der Kinder, zur Begabungs-, Intelligenz-, Charakter- und Persönlichkeitslehre und zur geistig-körperlichen Arbeit des Kindes nach E. Meumann eher das Arbeitsgebiet einer experimentellen Pädagogik, so spricht er von experimenteller Didaktik, wenn es um die Arbeit des Kindes und des Lehrers in den einzelnen Schulfächern geht. Die Allgemeine Pädagogik ist für ihn die wissenschaftliche Grundlegung der Erziehungstätigkeit überhaupt, die Didaktik dagegen befasst sich seiner Meinung nach mit der speziellen Lehre vom Unterricht bzw. der wissenschaftlichen Grundlegung des Unterrichts. Um entscheiden zu können, auf welche Weise der Schüler beim Lesen, Schreiben, Rechnen, Aufsatz usw. die Schulziele am besten erreicht, untersucht er die Wirkung der Methoden auf die Arbeit des Kindes experimentell. Er erforscht sowohl, wie durch die einzelnen Unterrichtsmethoden ein bestimmtes Ziel am besten verwirklicht wird (z. B. Rechtschreiben, geläufiges Lesen), als auch, wie das nach einer bestimmten Methode arbeitende Kind sein Ziel erreicht. Weitere Hauptgebiete der experimentellen Didaktik Meumanns sind: die Tätigkeit des Lehrers, die Methoden des Unterrichtens in den einzelnen Lehrfächern und ihre Auswirkungen, das Verhalten des Lehrers und Schülers beim Unterricht in den einzelnen Fächern, die Lehrmittel und die Schulorganisation. In methodischer Hinsicht ist das Experiment im Laboratorium oder in der Schulklasse nur ein Weg, zu wissenschaftlich gesicherten Ergebnissen zu kommen. Nach Meumanns Auffassung ist es zu ergänzen um direkte Beobachtungen, Fragebögen-, Biographie- und Tagebücherauswertungen, Analysen von Kinderzeichnungen, Kindererzählungen, Kinderspielen usw. sowie um kulturvergleichende und Tier-Mensch-vergleichende Untersuchungen. Seine Experimente zu den förderlichen/hemmenden Bedingungen der Schul- und Hausarbeit, zur individuellen Intelligenz und Begabung sowie zur Technik und Ökonomie der geistigen Arbeit führen Meumann zu konkreten didaktisch-methodischen und schulorganisatorischen Forderungen: Schularbeit muss arbeitsgemeinschaftlich organisiert sein, Schulklassen sollten heterogen zusammengesetzt sein, geistige Arbeit ist nach dem wirtschaftlichen Minimalprinzip zu planen, wobei die Disposition des Lernenden zu berücksichtigen ist. Mit dem Namen des Münchener Pädagogikprofessors und Gründers des Pädagogisch-Psychologischen Instituts Aloys Fischer verbindet sich der Begriff Deskriptive Pädagogik, die Beschreibung und das Verstehen der Erziehungswirklichkeit. In der Diskussion um die Wissenschaftlichkeit der Pädagogik nimmt A. Fischer eine vermittelnde Position ein. In der deskriptiven Methode, die er für die Pädagogik als wichtigste herausstellt, sieht er eine Möglichkeit, die Trennung zwischen empirischer Pädagogik und geisteswissenschaftlicher Pädagogik zu überwinden. Pädagogik als Wissenschaft ist seiner Meinung nach die wissenschaftliche Erforschung der Tatsache des pädagogischen Tuns. Diese erfolgt als Deskription. Was das heißt, erklärt Fischer mit dem Hinweis auf die „Was ist -Frage" der phänomenologischen Philosophie. Für jedes pädagogische Problem, jeden pädagogischen Sachverhalt müsse zuerst angegeben werden, was es/er selbst sei, wie es/er jetzt da sei, geschaut, gemeint, gedacht, mit Worten bezeichnet sei und wie es/er zum erlebenden Ich und zu dessen Bewusstsein stehe. Wie in den Naturwissenschaften und der Psychologie müsse auch in der Pädagogik die Frage gestellt werden: Was ist Erziehung? Was ist Rechnen? Was ist Lesen? usw. Diese Fragen der theoretischen Pädagogik müssten solange gestellt werden, bis jeweils alle Bestimmungsstücke, alle Merkmale angegeben und geordnet seien, damit die Pädagogik ihr Forschungsobjekt genau kenne. Wo immer ein Problem dann einer experimentellen Überprüfung zugänglich ist, meint er, soll empirische Exaktheit angestrebt werden. Das didaktische Experiment, eng mit dem psychologischen und mit jugend- und lehrerkundlichen Untersuchungen verbunden, erforscht die Bewusstseinsprozesse beim Lernen, die Wirksamkeit der traditionellen Unterrichtsmethoden und die Möglichkeit neuer didaktischer Verfahrensweisen. Mit Schulorganisationsfragen hat das organisatorische Experiment zu tun, das in Versuchsanstalten und Versuchsschulen durchgeführt wird. Das pädagogische Experiment dagegen betrifft groß angelegte Reformversuche auf dem gesamten Erziehungsgebiet. Von seinem deskriptiven Pädagogikverständnis her kommt er auch zur Idee der Selbsttätigkeit als Fundament eines pädagogisch begründeten Arbeitsbegriffs. Denn in jeder Hinsicht maßgebend seien beim Arbeitsunterricht die Formen des Tuns als freie Lebensäußerung eines personalen Selbst. Das arbeitsunterrichtliche Verfahren als Form der Selbsttätigkeit verläuft nach Fischer im Unterschied zum Spiel in vier Formalstufen, die aus der Perspektive des Schüler entworfen sind:

das Erwachen des Problems und die Vorbereitung des Arbeitsgangs, die Ausführung der Arbeit als „asketisches Tun" in Einzel-, Gruppen- und Gesamttätigkeit, das Finden der Lösung und die Festigung, Variation und Anwendung der Einsicht, der Gefühlsvertiefung oder des Könnens. Nicht der Unterrichtsinhalt ist entscheidend, sondern die Arbeitsgesinnung und die Arbeitsstimmung. Besonders eng sieht er den Zusammenhang zwischen Arbeits- und Erlebnispädagogik.

11 Erich Weniger (1894-1961)

Im Anschluss an Wilhelm Diltheys Grundlegung der Geisteswissenschaften nehmen vor allem die Verfechter der Geisteswissenschaftlichen Pädagogik (vgl. Hermann Nohl, Theodor Litt, Eduard Spranger, Wilhelm Flitner, Erich Weniger) den Ausgangspunkt ihrer Überlegungen bei der Struktur der konkreten geschichtlichen Erziehungswirklichkeit. Aus ihr und für sie entwickeln sie dann historisch-hermeneutische Leitprinzipien. Bildung betrachten sie als ein geistig-kulturelles Phänomen, das sich durch die Begegnung des Menschen mit Objekten seiner kulturellen Umwelt ergibt. Entscheidend für diese Bildung ist ihrer Meinung nach, mit welchen kulturellen Objekten der Schüler befasst werden soll, welche Unterrichtsinhalte einen bildenden Gehalt aufweisen. Auch Dilthey hatte von der Didaktiktheorie verlangt, sie müsse thematisch gruppierte Unterrichtsgegenstände auf ihren Erziehungswert hin analysieren, dann in eine Lehrgangsordnung bringen und mit geeigneten Methoden den Schülern vermitteln. Nohl ordnete die Frage der Inhaltsauswahl dann aber weder der Pädagogik noch der Fachwissenschaft zu, sondern bestimmte als Aufgabe der Didaktik, die Gegenstände der Wissenschaften mit ihrer Eigengesetzlichkeit zu Inhalten der Schulbildung aufzubereiten. Erich Weniger greift dieses Problem auf und konkretisiert es programmatisch in der Definition von „Didaktik als Bildungslehre", näherhin als „Theorie der Bildungsinhalte und des Lehrplans". Ein Blick in die Geschichte zeigte ihm, dass Lehrpläne das Ergebnis des Kampfes geistiger (d.h. gesellschaftlicher) Mächte sind und nicht das Ergebnis pädagogischer Reflexion. Staat und Kirche, Wirtschaft und Gesellschaft, Kunst und Wissenschaft, Recht und Sitte rängen vielmehr als Mächte des Lebens und der Bildung darum, ihre Ziele und Interessen im Lehrgefüge der Schule vertreten zu sehen. Da keine dieser rivalisierenden Mächte sich gegenüber der anderen durchzusetzen vermag, falle dem Staat die Aufgabe einer „ausgleichenden Instanz" zu. Der Staat ist nach Weniger der „Träger des Lehrplans" und sein „regulierender Faktor", er vertritt das für die Nation einheitliche Bildungsideal. Der ersten Schicht des Lehrplans kommt es zu, die Ansprüche der objektiven Mächte auf gemeinsame Grundüberzeugungen (d.h. politischen Konsens, Konsens über die Anforderungen von Gegenwart und Zukunft) zu konzentrieren. Eine zweite Lehrplanschicht entscheidet dann über die auszuwählenden überzeitlichen geistigen Grundrichtungen (d.h. das religiöse Verhalten, das geschichtliche Verständnis, die wissenschaftliche Einstellung, die ästhetische Betrachtung) und die Kunde (über das geistig-geschichtliche Leben). Hierfür wird im Unterricht die notwendige Auswahl getroffen und legitimiert. Schließlich soll der Lehrplan in einer dritten Schicht Kenntnisse und Fertigkeiten angeben, mit denen die Schule auf die außerschulischen Aufgaben vorbereitet.

IV. Warum braucht die Didaktik eine wissenschaftlich-theoretische Grundlegung?

Seit Beginn der systematischen Betrachtung von Unterrichten und Lernen im 16./17. Jh. suchen Didaktiker und Pädagogen ihr Wissen und ihre Handlungsanweisungen zu begründen und zu legitimieren. Theologie, Philosophie und Psychologie (später noch Soziologie, Politologie und auch die Neurowissenschaften) werden dafür herangezogen. Methodisch oder intuitiv gewonnenes Erfahrungswissen aus der Praxis dient ebenfalls als Argument. Im 20. Jh. - und verstärkt seit der 2. Hälfte des 20. Jh. - wird die Wissenschaftlichkeit mehr und mehr betont. Das hat in Mitteleuropa und speziell in der fortgeschrittenen Industrienation Deutschland nicht nur mit dem wirtschaftlich-technischen und ökonomischen Aufstieg zu tun, sondern auch mit der von den Wissenschaftlern beanspruchten Objektivität, Zuverlässigkeit, Gültigkeit und Überzeugungskraft ihrer Aussagen.

1   Wissenschaftlichkeit als Legitimation

War das Betreiben von Wissenschaft in früheren Epochen eine geistige Tätigkeit unter anderen, so ist Wissenschaft heute für das Leben und Zusammenleben der Menschen von zentraler Bedeutung. Kein Bereich des Berufs-, Freizeit- und Alltagslebens wird nicht wissenschaftlich erforscht oder ist frei von der Beeinflussung durch Wissenschaft. Systematisch erworbenes Wissen bestimmt die Organisation und Kontrolle des gesellschaftlichen Lebens. Die Wissenschaft klärt nicht nur die Lebenspraxis auf, sie wirkt auch unmittelbar in sie hinein und bestimmt die Kriterien ihrer Überprüfung. Wissenschaftliche Erkenntnisse werden zur Reform gesellschaftlicher Bereiche wie Arbeit, Lernen und Freizeit verwendet, die Akzeptanz und Effektivität dieser Reformen wiederum mit wissenschaftlichen Verfahren überprüft. Als Hauptmerkmale der Zivilisation gelten seit den 1960/1970er Jahren die Wissens- und Wissenschaftsexplosion mit beschleunigter Informationsproduktion, der hohe Grad an Rationalität, an Vernunftanwendungen bei der Planung und Kontrolle komplexer Gesellschaftsprobleme, die fortschreitende Theoretisierung d.h. theoretische Überformung und Regulierung lebenspraktischer Bereiche, die zunehmende Abstraktion, Intellektualisierung und Entsinnlichung bei der Lösung von Praxisproblemen durch Zuhilfenahme von Modellvorstellungen und Modelllösungen, die Verwendung mathematischer Methoden und Denkweisen bei der Gewinnung und Auswertung von Daten aus der Lebens- und Arbeitswelt des Menschen sowie schließlich die Methodologisierung der Erkenntnisprozesse, damit nachprüfbare Aussagen mit allgemeiner Gültigkeit gemacht werden können.

Da das Unterrichten in der Schule eine gesellschaftliche Tätigkeit ist, von Lehrern und Lehrerinnen im Auftrag und für die Gesellschaft ausgeübt, erfolgt es unter den Bedingungen der verwissenschaftlichten Zivilisation und muss sich als Profession in ihr legitimieren lassen.

Daher kann didaktisches Handeln heute weder auf die Theoretisierung der schulischen Unterrichts- und Lernpraxis verzichten noch auf die Methodologisierung seiner Erkenntnisprozesse und Erkenntnisse. Sollen Kinder, Jugendliche und junge Erwachsene unter den geschichtlich-gesellschaftlich-kulturellen Bedingungen der Gegenwart möglichst effektiv und unter ökonomischer Nutzung von Arbeitskraft, Arbeitsmitteln und Arbeitszeit die für notwendig erachteten Lernziele erreichen und Lerninhalte aufnehmen, so kann das nur unter Verwendung wissenschaftlicher Erkenntnisse gelingen. Quantitativ und qualitativ ermittelte Einsichten der Lern-, Sozial- und Entwicklungspsychologie sowie der Neurowissenschaften über die Individuallage von Kindern und Jugendlichen oder über die Berufssituation von Lehrerinnen und Lehrern heute, Forschungen zur Soziologie der Schule die Schüler- und Lehrerrolle betreffend, zur Gruppendynamik und zu den sozialen Beziehungen in Lern- und Berufsgruppen, Analysen zur anthropologischen, erkenntnistheoretischen, weltanschaulichen, ökonomischen, politischen und juristischen Dimension des Schulunterrichts - eine Fülle von detaillierten Forschungsdaten steht zur Verfügung und wird in den Human- und Sozialwissenschaften kontinuierlich ergänzt und verbessert. Die Didaktik benötigt sie, um den Zusammenhang von Unterrichten und Lernen klären zu können. Näherhin geht es um die Frage: Unter welchen Bedingungen ist es möglich, dass das Unterrichten des Lehrers beim Schüler zu dem beabsichtigten person- und sachbezogenen Lernen führt, das ihn seiner Mündigkeit näher bringt? Infolgedessen muss die Didaktik heute als wissenschaftliche Disziplin betrieben werden. Als Regellehre, Katalog von Praxisanleitungen oder Unterrichtsrezeptologie kann sie weder den an sie zu Recht gestellten Legitimationserwartungen genügen, noch die Personalisations-, Qualifikations-, Sozialisations-, Enkulturations- und Selektionsleistungen erbringen, die die Gesellschaft dem Schul- und Bildungssystem abverlangt.

2 Wissenschaft als Erkenntnisform

Jede Wissenschaft hat einen Ausschnitt der Wirklichkeit zum Gegenstand (Objektbereich). Ihm wenden sich Forscher zu, um in einer Art Kommunikations- und Experimentiergemeinschaft unter Anwendung anerkannter Forschungsmethoden gesichertes und systematisches Wissen über diesen Wirklichkeitsbereich zu erlangen. Ihr Wissen ordnen sie in einen theoretischen Begründungszusammenhang ein und geben es dann in Wort und Bild an andere weiter. Allgemein gesagt gilt daher: Wissenschaft ist eine Organisationsform der Erkenntnisgewinnung. Zu den Grunderfordernissen heutiger Forschungslogik gehört die Angabe des Theoriezusammenhangs, innerhalb dessen jedes Problem eines wissenschaftlichen Objektbereiches einer gültigen Lösung zugeführt werden kann. Es bedarf also einer Theorie.

> Eine Theorie ist ein System von Aussagen (Axiomen, Gesetzen, Regeln, Postulaten) über einen Wirklichkeitsbereich, mit dessen Hilfe auf Grund methodengeleiteter Forschungen Phänomene und Ereignisse dieses Wirklichkeitsbereichs geordnet, widerspruchsfrei erklärt und prognostiziert werden können.

Im Einzelfall beginnt der Forschungsprozess oft mit einer Tatsachenfeststellung durch Erfahrung, Beobachtung oder Experiment, die zu einer präzise beschriebenen Hypothese veranlasst. Deren Gültigkeit wird dann mit Hilfe von gegenstandsadäquaten Methoden quantitativer und qualitativer Art überprüft. Erweist sich die Hypothese dabei als zutreffende und einzig geeignete Erklärung des beobachteten Tatbestandes, so erhält sie den Wert einer Theorie, die so lange fortbesteht, als die Notwendigkeit zu ihrer Weiterentwicklung oder Modifikation (vgl. Theoriendynamik) nicht gegeben ist. Da Theorien Gedankenkonstrukte sind, müssen sie grundsätzlich widerspruchsfrei begründbar und kommunikabel sein. Zu unterscheiden ist noch, ob eine Theorie maximale Geltung beanspruchen kann, wie das bei Gesetzmäßigkeiten der Fall ist, oder ob sie einen eingeschränkten Geltungsbereich voraussetzt, wie es beispielsweise für Aussagen mit Wahrscheinlichkeitscharakter oder geringerer Zahl von Nachweisen und Belegen zutrifft. Wenn theoretische Aussagen allgemeingültig sind, betreffen sie in vielen Fällen (nur) ausgewählte, besonders bedeutsame und isolierbare Faktoren eines Untersuchungsgegenstandes, die verifizierbar oder falsifizierbar sind. Dadurch wird ihre Anwendbarkeit und Verwertbarkeit für komplexe Wirklichkeitsbereiche beeinträchtigt.

Als Wissenschaft vom Unterrichten und Lernen in der Schule ist die Didaktik auf das komplizierte und komplexe Tätigkeitsfeld von Lehrern/Lehrerinnen und Schülern/Schülerinnen gerichtet und auf den Diskussionsstand der Pädagogik der jeweiligen Gegenwart verwiesen (Problembereich). Die Folge davon sind mehrere didaktische Theorien bzw. Teiltheorien, die vielfach nur den Anspruch erheben, Modelle oder Konzeptionen für das Zusammenwirken einzelner Unterrichtsfaktoren zu sein. Die Allgemeine Didaktik genügt den Anforderungen der Wissenschaftlichkeit, wenn sie den komplexen Zusammenhang von Unterrichten und Lernen in der Schule begrifflich klärt, zentrale Strukturfaktoren ermittelt, mit anerkannten Forschungsmethoden deren Interdependenz ermittelt, Lehr- und Lern-Bedingungen, -Formen und -Effekte eruiert und in den systematischen Denkzusammenhang passender didaktischer Theorien stellt sowie daraus logisch stimmige Konsequenzen für die Praxis ableitet.

3   Wissen als gesellschaftliche Ressource

Die modernen Gesellschaften sind auf dem Weg, sich zu Wissensgesellschaften zu verändern. Grund dafür ist unter anderem die Leistungsfähigkeit der globalen digitalen Datennetze. In der nachindustriellen, nachkapitalistischen Gesellschaft erfolgt die Produktion mehr und mehr wissensbasiert; Maschinen funktionieren (agieren und reagieren) wissensgetrieben, und Expertenwissen wird zum eigenständigen Produkt (wie z. B. in Beratungsfirmen). Immaterielles wird wichtiger als physische Ressourcen, virtuelle Netzwerke werden mehr und mehr eingesetzt, Wissen, vor allem Problemlösungswissen und das Humankapital insgesamt bekommen immer größere Bedeutung. Die Wissensarbeit gewinnt Oberhand gegenüber vielen Formen einfacherer Arbeitstätigkeit. Die Steuerungsressourcen der Gesellschaften sind infolgedessen Macht, Geld und Wissen, zu Lasten des Faktors Produktionsarbeit. Die Entwicklungsgeschwindigkeit bringt es mit sich, dass Wissen und Expertise hier kontinuierlich überprüft werden und die Gesellschaften sich permanent innovieren müssen.

> Für die Wissensgesellschaft ist die Suche nach neuem Wissen und die ständige Verbesserung des Wissens ihrer Mitglieder und ihrer Organisationen oberstes Prinzip.

Die Menschen in der Wissensgesellschaft müssen ständig weiterlernen und auch ihre sozialen Systeme müssen weiterlernen. Deshalb ist das kontinuierliche Lernen neben der Wissensbasierung ein Merkmal der Wissensgesellschaft. Der Mensch muss die Bereitschaft und Fähigkeit haben oder erlernen, dauerhaft zu lernen, bereits Gelerntes wieder zu ändern oder als nicht mehr relevant abzulegen (zu vergessen). Lernen wird eine zentrale Forderung an den Menschen und steht unter einem hohen Innovationsdruck. Denn in der Wissensgesellschaft erfolgt die gesellschaftliche Positionierung des Einzelnen über das Wissen, das er zu deren Modernisierung, Wettbewerb und Weiterentwicklung einbringen kann. Dieses Wissen erwirbt er zuallererst in der Schule, später auch im Betrieb/Unternehmen und in der Erwachsenenbildung. Zu großen Teilen ist es dann seinem Selbstmanagement anheimgestellt. Das Menschenbild der Wissensgesellschaft kennt das Individuum als Unternehmer seiner selbst, als selbstständigen, eigenverantwortlichen, kreativen, wahl- bzw. entscheidungsfreien „Lebenskönner", als Selbstunternehmer, der die eigene Einschätzung andauernd überprüft und sich selbst weiterbildet.

Von diesen gesellschaftlichen Entwicklungen ist die Schule unmittelbar betroffen; auf Grund ihrer gesellschaftlichen Funktionen muss sie ihnen in der Didaktik und der Pädagogik Rechnung tragen. Dazu rezipiert sie die Theorien und Modelle des personalen und organisationalen Wissensmanagements aus der Betriebswirtschaftslehre, aus Organisationspsychologie und Organisationssoziologie. Wissensmanagement ist mehr und anderes als die Nutzung von Informations- und Kommunikationstechnologien, von Internet, Intranet und Datenbanksystemen beim Lernen. Vielmehr bedeutet Wisssensmanagement

- auf der Ebene des Individuums: die Förderung von Kompetenzen und Qualifikationen zum Darstellen vorhandenen Wissens (Wissensrepräsentation), zum Weitergeben und Austauschen dieses Wissens (Wissenskommunikation), zum Aufbau von neuem Wissen und neuen Ideen (Wissensgenerierung) sowie zur Anwendung und praktischen Nutzung von Wissen (Wissensnutzung). Dass und wie diese Teilprozesse zusammengehören und zusammenwirken, darüber geben Modelle des Wissensmanagement (z. B. das Münchener Modell von G. Reinmann/H. Mandl) Auskunft. (vgl. Wiater 2007)

- auf der Ebene der Gruppe: die Schaffung von kommunikativen Räumen zur gemeinsamen Entwicklung kreativer Ideen und innovativer Problemlösungen (z. B. Storytelling, Best-practice-Modelle, Lessons-learnend-Modelle, Chatrooms usw.).
- auf der Ebene der Organisation: die Gestaltung von Regeln, Ordnungen, Strategien, Kulturen und Strukturen, die die Entwicklung, die Vernetzung und den Abruf von in der Organisation explizit und implizit vorhandenem Wissen permanent sicherstellen.

Die Didaktik stellt den Lehrerinnen und Lehrern Wissen für die Bewältigung ihrer Professionsaufgaben zur Verfügung. Dabei handelt es sich nicht um Daten, sondern um Wissen, d.h. genauer um Informationswissen und Handlungswissen. Im Unterschied zu Daten und Informationen ist Wissen das Ergebnis eines Verstehensprozesses, bei dem Informationen in den Kontext bisheriger individueller Erfahrungen eingeordnet werden. Träger des Wissens ist primär der Mensch. Sein Wissen ist entweder in seinem Kopf und Verstand („embrained knowledge"), dann spricht man von Informationswissen, oder in seinem Tun und in Aktion („embodied knowledge"), dann wird es Handlungswissen genannt. Im Informationswissen sind alle Wissensarten und Wissensformen zusammengefasst, die der Mensch durch Denken, Erkennen und Verstehen erworben hat bzw. erwerben kann. Informationswissen ist objektiv gegeben, liegt als Produkt in Büchern oder Programmen vor oder ist zumindest grundsätzlich objektivierbar (vgl. z. B. deklaratives Wissen/knowing what/Sachwissen, methodisches Wissen, episodisches Wissen, assertorisches Wissen, analogisches Wissen, reflexives/metakognitives Wissen). Demgegenüber ist Handlungswissen ein Wissen im Prozess des Handelns, eng verknüpft mit der Erfahrung, die jemand in einer bestimmten Situation gemacht hat, und mit dem Kontext, in dem er dieses Wissen erworben hat (vgl. z. B. prozedurales Wissen/knowing how, konditionales Wissen, Führungswissen, sozialkommunikatives Wissen, Milieuwissen usw.). Informationswissen und Handlungswissen lassen sich nicht immer trennscharf abgrenzen, die Übergänge sind eher fließend, die Abhängigkeit des einen vom anderen unbestritten. Beides, Informationswissen und Handlungswissen, kann beim Menschen als implizites und/oder explizites Wissen vorliegen und die Form von trägem Wissen haben. Implizites Wissen, auch „tacid knowledge" genannt, ist kontextspezifisches und personbezogenes Erfahrungswissen für praktische Problemlösungen, das schwer zu formalisieren und zu kommunizieren ist; explizites Wissen, auch als „externalized/declarative knowledge" bezeichnet, ist jederzeit abrufbares, präsentes, artikuliertes und kommunizierbares Expertenwissen; unter trägem Wissen (inert knowledge) versteht man ein Wissen, das der Einzelne in einer bestimmten Institution und für diese benötigt, nicht aber für andere und das er deshalb auch nicht transferieren kann. Die Didaktik muss diese Forschungen zum Wissen und zum Managen von Wissen beachten, wenn sie erfolgreich zur Professionalisierung der Lehrerinnen und Lehrer beitragen will.

V. Welche didaktischen Theorien und Konzeptionen sind zurzeit aktuell?

Theoretische Überlegungen zur Didaktik sind oft dem Vorwurf ausgesetzt, für die Unterrichtspraxis wenig nützlich zu sein. Dieser Auffassung liegt ein Missverständnis zugrunde:

> Der Begriff Theorie, vom griechisch-lateinischen Wort „theoria" abgeleitet, bedeutet nämlich so viel wie das Anschauen, die Gesamtschau, das Über- und Durchschauen einer Sache, die Betrachtung der Wahrheit durch reines Denken ohne Rücksicht auf deren Nutzbarmachung.

Theorien werden – wie dargelegt – gebildet auf Grund von Erfahrungen (Beobachtungen, Experimente, Betrachtungen, Vorinformationen) und Annahmen (Hypothesen) über Wirkungszusammenhänge in einem bestimmten Wirklichkeitsbereich, über die – unter Verwendung wissenschaftlicher Methoden – möglichst gesicherte, widerspruchsfreie und nachprüfbare Aussagen gemacht werden. Zur Theorie gehört es, dass sie einen distanzierten Blick auf die Praxis wirft, dass sie das Praxisfeld beschreibt und strukturiert, auf dessen zentrale Faktoren aufmerksam macht und das Zusammenwirken dieser Faktoren ermittelt. Da nicht alle theoretischen Überlegungen die gleiche Reichweite und Allgemeingültigkeit haben, hat sich in der Pädagogik seit Anfang des letzten Jahrhunderts (vgl. E. Weniger) eine Unterscheidung von drei Arten von Theorien durchgesetzt:

- Theorien 1. Grades: Vermutungstheorien, implizite Theorien, subjektive Theorien, Alltagstheorien. Hierzu zählen alle Praxishinweise und „Rezepte" von „erprobten" Lehrerinnen/Lehrern.
- Theorien 2. Grades: reflektierte persönliche Theorien, Leitbilder, ausgearbeitete Handlungsorientierungen und empirisch überprüfte Handlungsempfehlungen. Didaktische Konzeptionen entsprechen diesen Anforderungen.
- Theorien 3. Grades: wissenschaftlich gesicherte und verallgemeinerbare Gesamtaussagen über den analysierten und erforschten Wirklichkeitsbereich, Erkenntnisse und prinzipielle Aussagen darüber. Das sind die „eigentlichen" didaktischen Theorien.

Unter Berücksichtigung solcher Unterscheidungen werden im Folgenden „Didaktische Theorien" von „Didaktischen Konzeptionen" und „Didaktischen Praktiken" abgegrenzt.

1 Didaktische Theorien

> Eine Didaktische Theorie ist der Versuch, über den Unterricht als Lehr-Lern-Prozess eine Gesamtaussage zu machen, d.h. das Zusammenwirken möglichst aller wichtigen Faktoren zu beschreiben, zu strukturieren und zu analysieren, um Grundlagen für die didaktische Forschung, die didaktische Praxis und die Kritik der didaktischen Praxis zu bereiten.

Die in der Gegenwart meist diskutierten didaktischen Theorien sind die folgenden:

1.1 Die Bildungstheoretische/Kritisch-konstruktive Didaktik

Wolfgang Klafki (geb. 1927), als Schüler E. Wenigers und Th. Litts aus der Geisteswissenschaftlichen Pädagogik kommend, vertrat bis in die 1970er Jahre hinein eine eng an deren Bildungstheorie orientierte Didaktik. Er bezog Didaktik nur auf Fragen der Bildungsinhalte (Didaktik im engeren Sinne), hielt sie von Unterrichtsmethoden frei und konzentrierte sie auf die Struktur des Bildungsgeschehens. Mit Bildungsgeschehen meint Klafki eine Begegnung des Menschen mit der kulturellen Wirklichkeit. Das Bildungsgeschehen ist also weder nur material, noch nur formal zu bestimmen. Es ist vielmehr kategorial, insofern es Verstehenskategorien eröffnet. Denn im schulischen Bildungsprozess werden vom Schüler Inhalte aufgenommen und angeeignet (materiale Bildung), die zugleich seine körperlichen, seelischen und geistigen Kräfte entwickeln und formen (formale Bildung). Aufgabe der Didaktik ist es seiner Meinung nach nun, für diesen Bildungsprozess geeignete Inhalte herauszufinden, Inhalte, denen Schüler einen sie bildenden Gehalt entnehmen können. Bei der ungeheuren Menge alles Lern- und Wissbaren aus Natur und Gesellschaft und der begrenzten Lernzeit tut Auswahl not. W. Klafki löst dieses Problem durch seine Konzeption der *kategorialen Bildung*. Ihr zufolge müssen Bildungsinhalte so beschaffen sein, dass sie Grundprobleme, Grundverhältnisse, Grundmöglichkeiten, allgemeine Prinzipien, Gesetze, Werte, Methoden und Strukturen sichtbar machen, die den Menschen in die Lage versetzen, sich selbst und die Welt als ganze zu strukturieren und besser zu verstehen.

Beim *Bildungsvorgang* in der Schule erschließen sich dem Schüler durch geeignete Lerninhalte Welt und Wirklichkeit, und der Schüler wird durch die Beschäftigung mit den Inhalten offen für die Fragestellungen und Probleme dieser Welt und Wirklichkeit. Klafki nennt diesen Vorgang eine doppelseitige Erschließung. Angesichts der übergroßen Stofffülle solche Lerninhalte aufzufinden, hilft eine weitere Überlegung W. Klafkis. Denn die Geeignetheit zum Bildungsinhalt setzt seiner Meinung nach eine spezifische Gegenstandsstruktur voraus. Sie muss so geartet sein, dass der Schüler aus dem Lerninhalt etwas Allgemeines und damit eine Kategorie entnehmen kann. Dieses Erfordernis erfüllen nur exemplarische oder elementare Inhalte. Elementarformen von Inhalten sind: das Fundamentale (z. B. bei Formen des Erlebens, der Besinnung, der Erfahrungen), das Exemplarische i. e. S. (z. B. in den Naturwissenschaften), das Typische (z. B. in der Geographie), das Klassische (z. B. im literarisch-musischen Bereich), das Repräsentative (z. B. bei Ereignissen aus der Geschichte), das Symbolische (z. B. im Fach Religion), die einfachen Zweckformen (z. B. Lese- und Schreibfertigkeiten, Zeichnen, Leibeserziehung) und die einfachen ästhetischen Formen (z. B. in Kunst und Musik). Für das Gelingen der doppelseitigen Erschließung ist nun bedeutsam, dass die historische Relativität der Inhalte berücksichtigt wird. Was für bestimmte Kinder und Jugendliche in einer bestimmten geschichtlich-gesellschaftlichen und geistigen Situation zum Bildungsinhalt werden kann, lässt sich nicht allgemeingültig und überzeitlich festlegen, stellt Klafki fest. Als Hilfe für den Schulpraktiker hat W. Klafki dazu die *Didaktische Analyse* entworfen, einen Fragenkatalog, mit dem der Lehrer prüfen kann, ob ein von ihm ins Auge gefasster Unterrichtsinhalt für seine Schüler in kategorialer Hinsicht als Bildungsinhalt geeignet scheint. Zu fragen ist dabei nach der Gegenwartsbedeutung, der Zukunftsbedeutung, der Exemplarizität, der Struktur und der Zugänglichkeit eines Lerninhalts für die Schüler. Klafki hat seine Didaktikkonzeption von der Unterrichtswirklichkeit her entwickelt, sie mit dem Bildungsbegriff wissenschaftstheoretisch (und wissenschaftsgeschichtlich) legitimiert und schließlich für die Praxis nutzbar gemacht. Allerdings ist sein Didaktikbegriff anfangs auf die Inhaltsdimension des Unterrichtens und Lernens konzentriert und grenzt methodische Fragen aus der Didaktik aus. Diese Engführung hat er Mitte/Ende der 1970er Jahre in der seitdem *kritisch-konstruktiv* genannten Didaktik überwunden, ohne den Zentralbegriff Bildung aufzugeben. Mit dem Bildungsbegriff will er die Konzentration allen didaktischen Tuns auf das übergeordnete Ziel „Emanzipation" sichern. Wohl ersetzt er den Primat der Inhalte durch den der Lernzielsetzungen, berücksichtigt den Implikationszusammenhang von Methoden- und Inhaltsfragen, arbeitet die Lernzieldiskussion der 1970er Jahre ein und erweitert seine geisteswissenschaftliche Theoriebasis um „Bausteine" der Kritischen Theorie und der „Realistischen Wende" in der Pädagogik. Er integriert Hermeneutik, Empirie und Ideologiekritik, arbeitet die Forschungsergebnisse zur Interaktion und Kommunikation ein und nimmt neue Elemente der Unterrichtstheorie wie z. B. die Bedingungsanalyse auf. Das Ergebnis ist nicht nur eine Ausweitung des Gegenstandes didaktischer Theorie auf das gesamte Lehr-Lern-Geschehen, sondern auch die Ablösung der Didaktischen Analyse durch ein *(vorläufiges) Perspektivenschema* zur Unterrichtsplanung mit nunmehr sieben Grundfragen (Gegenwartsbedeutung des Lerninhalts, Zukunftsbedeutung, exemplarische Bedeutung hinsichtlich der allgemeinen Ziele, thematische Struktur und soziale Lernziele, Erweisbarkeit und Überprüfbarkeit, Zugänglichkeit bzw. Darstellbarkeit, Lehr-Lern-Prozessstruktur als variables Konzept der Organisation und des Vollzugs von Unterrichten und Lernen).

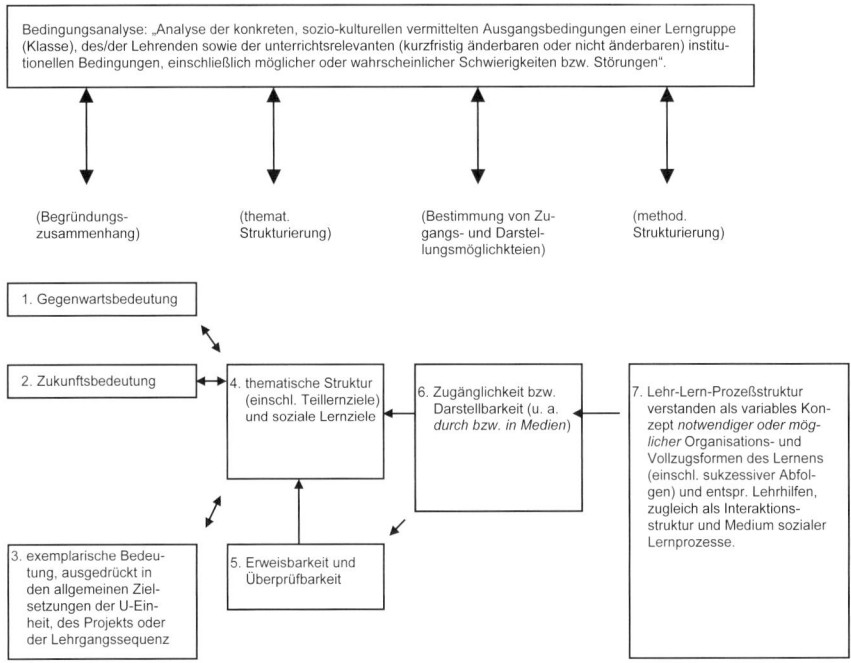

(aus Klafki 1996, S. 272)

Grundsätzlich gilt: Als Ziel und Thema ist für den Unterricht geeignet, was der Selbstbestimmung, Mitbestimmung und Solidarität

(= Emanzipation, = Bildung) dient. Lehren und Lernen versteht Klafki als Interaktionsprozess, in dessen Verlauf der Lernende mit Unterstützung des Lehrenden selbstständig Erkenntnisse gewinnt, der Lehrende seinerseits wichtige Erfahrungen über Schüler und deren Lernen macht. So verstandenes Lernen muss folglich (nach-)entdeckendes, sinnhaftes, verstehendes Lernen sein und kann nicht Reproduktion von Kenntnissen und Memorieren meinen. Die Schüler sollen deshalb den Unterricht mitplanen können und sachliche Unterrichtskritik einüben. Da Unterricht immer auch ein sozialer Prozess ist, bezieht Klafki soziales Lernen bewusst ein, sodass die Schule ihren Auftrag, zu einer demokratischen Sozialerziehung beizutragen, erfüllen kann. Infolgedessen kommt im Unterricht den Zielentscheidungen im Verhältnis zu allen anderen Unterrichtsentscheidungen (Gegenstand/Thematik, Methoden, Medien, anthropogene und institutionelle Bedingungen) der Primat zu. Sie sind allen anderen Überlegungen vorgeordnet, ohne dass diese von jenen einfach deduzierbar wären, die Ziele stehen vielmehr mit den anderen Entscheidungen/Faktoren des Unterrichts in (qualitativ unterschiedlicher) wechselseitiger Abhängigkeit („Interdependenz"). Allerdings sind die Inhalte der Natur und der Gesellschaft, die unter einer bestimmten Frageperspektive an die Schüler herangebracht oder von ihnen in den Unterricht eingebracht werden, d.h. zu Unterrichtsthemen werden, keineswegs neutrale Mittel des Lernens und der Bildung, sondern wert- und vorurteilsbesetzt bei allen Beteiligten vorhanden. Das hat zur Folge, dass die unterschiedlichen Sichtweisen an Beispielen aufgearbeitet werden müssen. Da jedes Unterrichtsthema entweder eine inhaltsbezogene Methode (z. B. mathematische Operationen, Diskussionsformen) oder das Ergebnis solcher Methoden ist, haftet ihm Methodisches an. Man kann von einem immanent-methodischen Charakter der Thematik sprechen. Unterricht und Lernen so zu organisieren, dass das Lehren beim Schüler einen ziel- und sachorientierten Lernprozess hervorruft, darin liegt nach Klafki die Bedeutung der Unterrichtsmethode. Für methodisches Handeln greift der Lehrer auf die Erkenntnisse der Lernpsychologie zurück, um sie variabel zum Zwecke innerer Differenzierung einzusetzen. Unterricht hat zwei unterschiedliche Arten von Themen: potentiell emanzipatorische Themen (wie etwa politische Konfliktanalysen, Biochemie, Drogenproblematik, Ängste usw.) und instrumentelle Themen (wie Lesen, Rechnen, historisches Wissen, naturwissenschaftliches Wissen), die für die Emanzipation unverzichtbar sind.

In den 1990er Jahren hat W. Klafki seine Didaktik noch einmal überarbeitet. Mit Blick auf die sich gegenwärtig vollziehende Vernetzung von Kontinenten, Kulturen, Gesellschaften und Staaten fordert er, der

Schulunterricht müsse sich mit *„epochaltypischen Schlüsselproblemen"* der Menschheit befassen und Themenbereiche wie „Krieg und Frieden", „Nationalität, Kulturspezifik, Interkulturalität", „Umweltfrage", „gesellschaftlich produzierte Ungleichheit", „Möglichkeiten und Gefahren der Informationsmedien", „Interpersonale Beziehungen" grundsätzlich in allen Schulformen thematisieren. Er hält sie für unverzichtbare Bestandteile heutiger Bildung. Diese von ihm als „Bildung im Medium des Allgemeinen" bezeichneten Problem- und Themenfelder sind ein Merkmal von Allgemeinbildung. Ein weiteres ist bei W. Klafki, dass Allgemeinbildung Bildung für alle sein muss, und ein drittes, dass sie in allen Dimensionen des Menschen erfolgen muss, also nicht nur in der kognitiven.

1.2 Die Lehrtheoretische Didaktik

Skepsis gegenüber dem geisteswissenschaftlich geprägten Bildungsbegriff, Kritik an einer Didaktik, die die Kluft zwischen Theorie und Alltagspraxis unüberbrückbar werden ließ, und Versuche, Unterricht durch den Einsatz von neuen Medien (Fernsehen, Lernprogramme) zu rationalisieren und zu perfektionieren, sind zu Beginn der 1960er Jahre für den Berliner Pädagogen Paul Heimann († 1967) Anlass, zusammen mit anderen Dozenten wie Gunter Otto und Wolfgang Schulz am Didaktikum der Pädagogischen Hochschule Berlin eine eigene Didaktiktheorie zu erarbeiten. Wenn die Autoren ihre Didaktiktheorie auch in beabsichtigter Distanz zur Bildungstheorie „lerntheoretisch" nennen, so handelt es sich doch nicht eigentlich um eine lernpsychologisch orientierte, sondern in Wirklichkeit um eine an den im Unterricht vorkommenden Erscheinungen und Faktoren orientierte Theorie des Unterrichts, die aus der Perspektive des Lehrers entworfen ist und dabei lernpsychologische Aspekte ebenso bedenkt wie entwicklungspsychologische, sozialpsychologische und politologische. Es geht Heimann um die Erfassung aller im Unterrichtsgeschehen wirksamen Faktoren mit Hilfe erfahrungswissenschaftlicher Methoden. Sein Ansatz ist kategorialanalytisch. Sein Mitarbeiter Schulz spricht deshalb auch von der Didaktik als einer angewandten Sozialwissenschaft. Das Ziel der rationalen Durchdringung jedweder Unterrichtspraxis ist es, formale Grundstrukturen, strukturelle Konstanten von Unterrichtsvorgängen zu ermitteln, die inhaltlich variiert im konkreten Unterricht aufzufinden sind. Das Ergebnis ist das von Schulz erstellte *Strukturschema von Unterricht* mit sechs Strukturmomenten, mit den zwei Bedingungsfeldern anthropogene (individuelle) Voraussetzungen und sozialkulturelle Voraussetzungen und den vier Entscheidungsfeldern Intentionen, Themen, Verfahren, Medien. Über letztere muss der Lehrer (oder eine vorgesetzte Instanz) nach Maßgabe der ersteren entscheiden, wobei er bedenken muss, dass alle Strukturmomente miteinander in einer spannungsreichen Wechselwirkung (Interdependenz) stehen. Die *Intentionen* (pädagogische Absichten, Unterrichtsziele) lassen sich in kognitive, emotionale oder pragmatische einteilen und jeweils noch nach Qualitätsstufen (die „Höhenlagen": Anbahnung, Entfaltung, Gestaltung) unterscheiden. So kann sich der Lehrer oder die Lehrerin genaue Rechenschaft darüber geben, auf welchem Niveau sich die von ihm bzw. ihr gesteckten Ziele bewegen. Die *Inhalte*, nicht Bildungsinhalte, sondern Lernpotenzial genannt, sollen exemplarisch sein hinsichtlich der anthropogenen und sozialkulturellen Voraussetzungen, aber auch hinsichtlich der Struktur der Sache und des Themenbereichs. Grundsätzlich präsentieren sich Inhalte als Wissenschaften, Techniken oder Pragmata. Wie aus ihnen Unterrichtsthemen werden, wer sie auswählt und aus welchen Motiven, diese Frage klammert Heimann allerdings aus der Didaktik aus. Die *Methoden* des Unterrichts werden zunächst in fünf grundlegende, den Unterrichtsverlauf determinierende Formen unterteilt: erstens das Projektverfahren und das fachgruppenspezifische Verfahren, zweitens die sogenannten Artikulationsschemata (vgl. Herbart, Roth), drittens die einzusetzenden Sozialformen (Frontal-, Gruppen-, Einzelunterricht), viertens die Aktionsformen des Lehrens wie Vortrag, Gespräch, Frage, Experiment, also direkte oder indirekte Aktionen des Lehrenden, und fünftens schließlich die Urteilsformen, mit denen der Lehrer den Schülern gegenübertritt, d.h. das zustimmende oder ablehnende Verhältnis des Lehrers zum Schüler. Das Zusammenwirken dieser fünf Ebenen der Methodik lässt sich nach Meinung von Heimann nur insoweit normieren, als die Wahl auf der einen Ebene bestimmte Wahlen auf der anderen ausschließt (z. B. Projektverfahren/ Frontalunterricht).

Dass die *Medien* ein eigenes Entscheidungsfeld sind, geht auf die Erfahrung Heimanns mit Rundfunk, Schulfernsehen und Telekolleg zurück. Alle Lehrerentscheidungen sind nach Maßgabe der beiden Bedingungsfelder zu treffen. Dabei wird unter den *anthropogenen Voraussetzungen* die Vorgeprägtheit von Schüler und Lehrer durch ihre Anlagen und ihre Erfahrungen (wie z. B. Lehrkapazität/Lernkapazität, Geschlecht, Alter, Milieu, lndividuallage) verstanden und unter den *sozialkulturellen Voraussetzungen* die Schulklasse als soziales Feld, die jeweilige Schulform, die Schulordnung, gesetzliche Grundlagen, Lehrplan, Kollegium und Ausstattung, die Schülerauslese sowie die Trends und Tendenzen in der Gesellschaft gegenüber Schule und Unterricht.

Die Didaktik Heimanns, Ottos und Schulz' aus den 1960er Jahren unterscheidet zwei Reflexionsstufen. Die *1. Reflexionsstufe* führte die Autoren zu ihrem 6-Faktoren-Schema. Sie ist eine deskriptive, formale und heuristische Analyse der konstanten Faktoren jeglichen Unterrichts, eine Strukturanalyse der Unterrichtswirklichkeit, ein wertneutrales Ordnungsraster für Unterricht, ganz gleich in welcher Institution er stattfindet (vgl. Tanzschule, Segelschule, Fahrschule, Volkshochschule allgemeinbildende Schule usw.). Diese Strukturanalyse hilft, „Einseitigkeiten" oder „Stilbrüche" bei den unterschiedlichen Entscheidungen aufzudecken, den Unterricht gedanklich zu ordnen und seine Probleme bewusst zu machen. Was guter oder schlechter Unterricht ist, darüber lässt sie keine Aussage zu. In aktualisierter Form sieht das Schema wie folgt aus:

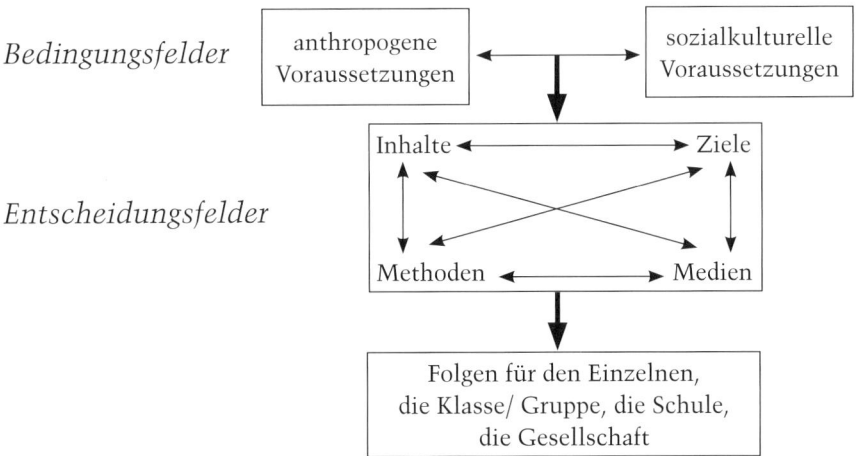

Dieses Strukturschema ist rein beschreibend und enthält keine normativen Angaben oder Hinweise für Lehrer/Lehrerinnen, wie sie denn gut oder erfolgreich unterrichten sollten. Die Autoren verzichten bewusst darauf. Doch ist ihnen klar, dass in die Bedingungs- und Entscheidungsfelder Wertüberzeugungen, psychologisches, soziologisches, philosophisches Wissen und auch historisch Überkommenes und praktisch Überprüfbares einfließt. Deshalb umfasst ihre Unterrichtsanalyse noch eine *2. Reflexionsstufe*, die sogenannte Faktorenanalyse (Heimann) oder Bedingungsprüfung (Schulz), die drei kritische Anfragen an den Unterricht stellt. Es handelt sich erstens um die Normenkritik. Bei ihr geht es darum, dass der Lehrer die „Ideologie", die Wert- und Zielsetzungen in der Gesellschaft und seine eigenen kennt und sich distanziert damit auseinandersetzt, um sie beim Unterrichten nicht unkontrolliert einfließen zu lassen. Bei der Faktenbeurteilung nimmt der Lehrer zweitens in den Blick, welche den Unterricht tangierenden Forschungsergebnisse („Tatsachen") aus den Human- und Sozialwissenschaften zu berücksichtigen wären bzw. tatsächlich berücksichtigt werden. Und drittens wendet er sich bei der Formenanalyse den Gestaltungsformen des Unterrichts zu und überprüft deren „Geschichtlichkeit" und praktische oder empirisch gesicherte Bewährung.

Für die Unterrichtsplanung liefert die an den Unterricht anschließende *Unterrichtsanalyse* nach Meinung von Heimann, Otto und Schulz wichtige Hilfestellung, da sie den Lehrer zur Reflexion der sechs Faktoren und zur Berücksichtigung von drei formalen Planungsprinzipien anhält, nämlich dem Prinzip der Interdependenz (d.h. der widerspruchsfreien Wechselwirkung der Planungsmomente), dem Prinzip der Variabilität (d.h. der Bereitstellung von Alternativen und Varianten sowie der flexiblen, auf Schülerbeiträge eingehenden Lehrtätigkeit) und dem Prinzip der Kontrollierbarkeit (d.h. der Transparenz und der grundsätzlich möglichen Erfolgskontrolle aller Aktivitäten des Lehrers und der Lehrerin). Kritisch anzumerken ist, dass Heimann seine Didaktik wertfrei hält, die wichtigen Zielentscheidungen also der eher privat zu nennenden Praxis des Lehrers zuweist - eine Folge seiner Orientierung an der positivistisch-analytischen Wissenschaftstheorie. Als Ordnungs- und Strukturhilfe von Unterricht aus der Perspektive des Lehrenden hat sich die Berliner Didaktik bis heute als geeignet erwiesen.

Einer der Mitbegründer der Berliner Didaktik, Wolfgang Schulz (†1993), hat Ende der 1970er Jahre diese Didaktiktheorie weiterentwickelt und damalige politologische, soziologische, kommunikations- und handlungstheoretische Forschungsergebnisse eingearbeitet. In seinem „Hamburger Modell" setzt er Didaktik mit didaktisch theoriegeleitetem Handeln gleich und versteht didaktisches Handeln als Teil des gesellschaftlichen Handelns. Als Bedingung und Voraussetzung für sein neues Didaktikmodell nennt Schulz eine komplexe, dynamische und freiheitlich-demokratische *Gesellschaft* mit dem Anspruch aller Gesellschaftsmitglieder auf freie Persönlichkeitsentfaltung, auf Chancengerechtigkeit und auf Schutz in dieser Gemeinschaft. Das bedeutet für die pädagogische Interaktion: Die Schüler/Schülerinnen müssen die Intentionen des didaktischen Handelns (des Lehrers) verstehen und annehmen, damit sie Unterricht und Schule mittragen können. Um die Schüler zu handlungsfähigen Gesellschaftsmitgliedern werden zu lassen, ist nicht nur die *Verständigung* mit ihnen nötig, sondern auch ihre Mitbestimmung (Selbstproduktion). Didaktisches Handeln versucht demnach, eine Verständigung zwischen Lehrer (auch Lehrern untereinander) und Schülern (auch Schülern untereinander) über die Handlungsmomente des Unterrichts (Strukturmomente) herzustellen: über die *Unterrichtsziele,* d.h. Intentionen mit Themen, über die *Ausgangslage* der Lehrenden und Lernenden, über die *Vermittlungsvariablen,* d.h. Methoden, Medien und die Organisationsform der Schule sowie über die *Erfolgskontrollen,* gedacht als Selbstkontrollmöglichkeiten. Die Verständigung über diese vier Strukturmomente zwischen den Unterrichtspartnern Lehrer und Schüler ist allerdings von den institutionellen Bedingungen des Unterrichts abhängig, die Handlungsspielräume eröffnen, aber auch ausschließen können. Hinzu kommt, dass die Produktions- und Herrschaftsverhältnisse, das Selbst- und Weltverständnis der Zeit und die Kultur ständig über die beteiligten Personen und die institutionellen Bedingungen Einfluss auf Schule und Unterricht ausüben. Dazu erstellt Schulz ein *neues Strukturmodell,* das das der Berliner Didaktik erweitert:

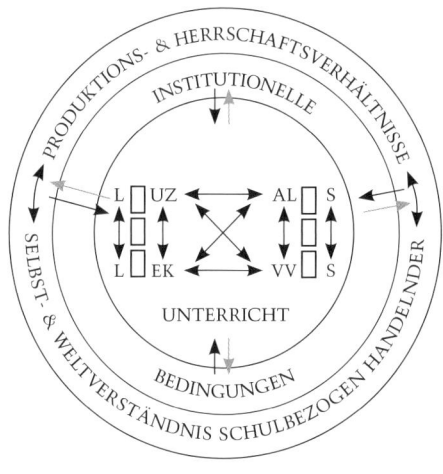

L = Lehrer als Partner unter-
S = Schüler richtsbezogener Planung

UZ = Unterrichtsziele: Intentionen und Themen

AL = Ausgangslage der Lernenden und Lehrenden

VV = Vermittlungsvariablen wie Methoden, Medien, schulorganisatorische Hilfen

EK = Erfolgskontrolle: Selbstkontrolle der Schüler und Lehrer

(aus: Schulz 1980, S. 32.)

Didaktisches Handeln besteht nach Schulz aus einer Reihe aufeinander bezogener komplexer Tätigkeiten: Analysieren, Planen und Realisieren von Unterricht, Beraten der Unterrichtsteilnehmer und Beurteilung ihres Lehr- bzw. Lernfortschritts, Verwalten der Institution und kooperatives Handeln bei der Schülervertretung, bei Elterninitiativen und bei Lehrerverbänden. Für alle genannten Tätigkeiten sind einige prinzipielle Überlegungen anzustellen. Sie betreffen zunächst die Intention. Denn in Unterricht und Schule sollen - so Schulz - die zur individuellen und gesellschaftlichen Reproduktion erforderlich erachteten Kenntnisse, Fertigkeiten und Einstellungen immer zugleich mit Autonomie, Selbstbestimmung, Selbstverfügbarkeit und Solidarität vermittelt werden. Sodann ist bei der Thematik des Unterrichts zu bedenken, dass zur Sacherfahrung Sozialerfahrung und Gefühlserfahrung gehören. Weiter ist zu überlegen, dass und wie der intentionale mit dem thematischen Aspekt zusammenhängen, werden doch Absichten immer anhand von Gegenstandsbereichen verfolgt und Gegenstände erst unter intentionalen Gesichtspunkten zu Themen. Schließlich sollte bei der Art und Weise, wie Unterricht analysiert, geplant und realisiert wird, bedacht werden, dass die pädagogische Verantwortung den Lehrer darauf verpflichtet, den Schüler zur Mündigkeit kommen zu lassen und ihn nicht zum Lehrobjekt zu funktionalisieren.

Als zentralen Bestandteil des didaktischen Handelns nennt Schulz das Planungshandeln in der Form der Perspektivplanung, der Umrissplanung, der Prozessplanung und der Planungskorrektur. Gemeinsames Merkmal dieser *vier Planungsebenen* ist, dass die Lehrer sie kooperativ mit den Schülern sach- und beziehungsorientiert planen und initiieren sollen. Die Rahmenpläne und zugelassenen Unterrichtsmedien belassen den Lehrerinnen und Lehrern Planungsfreiheiten bei der Perspektivplanung eines Unterrichtsfaches oder einer Fächergruppe, die über einen längeren Zeitraum vorzusehen ist. Um den Interpretationsspielraum auszuschöpfen, müssen Lehrer wie Schüler sich zunächst des eigenen Vorverständnisses bewusst sein und über Fachkenntnisse verfügen. Sie sollen die Rahmenpläne oder Medien im Schulunterricht vorstellen und in themenzentrierter Interaktion besprechen. Dabei können die Vorschläge des Lehrers von den Schülern auch abgelehnt werden. Bei der Umrissplanung der einzelnen Unterrichtseinheiten sind die Implikationszusammenhänge zwischen Unterrichtszielen, Ausgangslage, Vermittlungsvariablen und Erfolgskontrollen zu beachten. Die planerischen Handlungsmomente lassen sich noch differenzieren: Bei den *Unterrichtszielen* können drei Schwerpunkte gesetzt werden: die psychomotorische Dimension (Fähigkeiten, Fertigkeiten, Gewohnheiten), die kognitive Dimension (Kenntnisse, Erkenntnisse, Überzeugungen) und die affektive Dimension (Anmutungen, Erlebnisse, Gesinnungen). Im Blick auf die Handlungsfähigkeit der Schüler ergeben sich somit die Entfaltungsstufen Anbahnung, Differenzierung und Habitualisierung. Die *Thematik* beinhaltet fachspezifische bzw. lernbereichsspezifische Sach-, Sozial- und Gefühlserfahrungen. Exemplarische Lebenssituationen bieten sich - nach Schulz - zur Analyse besonders an. Wenn man mit der Strukturierung komplexer Lebenssituationen beginnt, wird man die Fragestellungen, Ergebnisse und Methoden der Wissenschaftsdisziplinen zur Korrektur hinzuziehen müssen, weil man sonst hinter den bereits erreichten Reflexionsstand zurückfallen würde. Fängt man mit der Struktur der Disziplinen an, muss man verstärkt auf kritische Handlungsorientierung des Lernstoffs drängen, sonst nützt er nichts für eine emanzipatorische Lebensführung. Die *Ausgangslage* unterteilt sich in allgemeine und aufgabenspezifische Lern- und Lehrvoraussetzungen. Wichtig sind hierfür die Erkenntnisse über angeborene/erworbene Lernbehinderungen, über klassen- und schichtenspezifische Denkweisen, Erfahrungshintergründe, Motivationen und Anspruchsniveaus sowie über Mängel einer sich mittelständisch verstehenden Schule. Die Orientierung an diesen Voraussetzungen genügt im Allgemeinen noch nicht, um die Ausgangslage genau zu erfassen. Es müssen zusätzlich die aufgabenspezifischen Voraussetzungen, d.h. unterrichtsbedingten oder durch Unterricht ausgleichbaren Voraussetzungen, erörtert werden. Das kann durch den Einsatz zusätzlicher Lehrer, durch Schülertutoren, programmierte Lernmaterialien sowie durch Sich-Einbringen aller Mitglieder der Lehr-Lern-Gruppe geschehen. Die *Vermittlungsvariablen* gliedern sich in Methoden und Medien. Unter den Methoden versteht Schulz die Umgangsformen (Interaktionsformen) und die Organisationsformen (unterschieden nach Zeit, Lernort und sozialer Organisation) des Unterrichts. Die Medien sind Hilfsmittel der didaktischen Kommunikation wie z. B. Sprache, Mimik, Gestik, Buch, Tafelbild, Overheadfolie und Schulfernsehsendungen, Rechtschreibprogramme, Testprogramme. Die *Erfolgskontrolle* ist sowohl als Selbstkontrolle des Schülers wie auch als Selbstkontrolle des Lehrers notwendig. Ihre Daten zur Fremdkontrolle, d.h. zur Steuerung von Schüler- und Lehrerkarrieren zu nutzen, erscheint W. Schulz äußerst fragwürdig.

Zur Prozessplanung und zur laufenden Planungskorrektur bemerkt Schulz, der Lehrer gelange aus Zeitmangel meist nur zu einer Umrissplanung. Infolgedessen bringe die Erörterung des Planes mit den Schülern ein umrisshaftes Vorverständnis der Lehr-Lern-Aufgaben, was in jedem Fall einem „scheingenauen" Verlauf vorzuziehen sei. *Prozessplanung* definiert er als Anordnung von Planungsentscheidungen in der Zeit, als einen von Schülern und Lehrern entwickelten Plan im Zusammenhang eines projektorientierten Unterrichts. Bemühen sich Schüler und Lehrer gemeinsam um eine Verständigung über die Vorgehensweise, so ist die laufende *Planungskorrektur* gegeben. Treten neue Gesichtspunkte auf, sei es Unerwartetes an der Thematik des Unterrichts (ES), an der eigenen Befindlichkeit der Lehr-Lern-Gruppe (ICH) oder am Verlauf des Gruppenprozesses (WIR), so wird die Planung neu in Frage gestellt und korrigiert.

1.3 Die Kybernetisch-informationstheoretische Didaktik

Den Vermittlungs- und Methodenaspekt stellt die Mitte der 1960er-Jahre erarbeite Kybernetisch-informationstheoretische Didaktik von H. Frank, F. von Cube (geb. 1927) u. a. in den Mittelpunkt. Sie unterscheidet sich von der geisteswissenschaftlichen/bildungstheoretischen Didaktik durch ihren Wissenschaftsbegriff, der dem kritischen Rationalismus entlehnt ist. Ihr Interesse gilt den Möglichkeiten, in den Lehr- und Lernvorgang einzugreifen, um ihn zu optimieren. Felix von Cube hat Didaktik entsprechend als die Wissenschaft von den möglichen *Eingriffen in Lernprozesse* definiert und als ihren Gegenstand die Präzisierung und Optimierung von Lehrstrategien bezeichnet. Solche Eingriffe bauen sich – wie er sagt – aus Informationen auf. Bestandteil bzw. Merkmal der Information ist die Redundanz. Leere Redundanz liegt vor, wenn dasselbe nur mit anderen Worten gesagt wird, fördernde Redundanz, wenn es gelingt, einen komplexen oder umfangreichen Sachverhalt verkürzt und verdichtet darzustellen, ohne dass Informationsverlust auftritt. Ziel jeglichen redundanten Lernens ist es, objektive Sachverhalte allmählich und vollständig in den subjektiven Besitz des Lernenden zu überführen. Ist die Information vollständig subjektiv geworden, so ist der Lernende von objektiven Außeninformationen unabhängig geworden. Die Redundanz einer Information kann so weit betrieben, die Information derart verdichtet werden, dass sie sich als Zeichen mit außerordentlich angereicherten Aussagen zu erken-

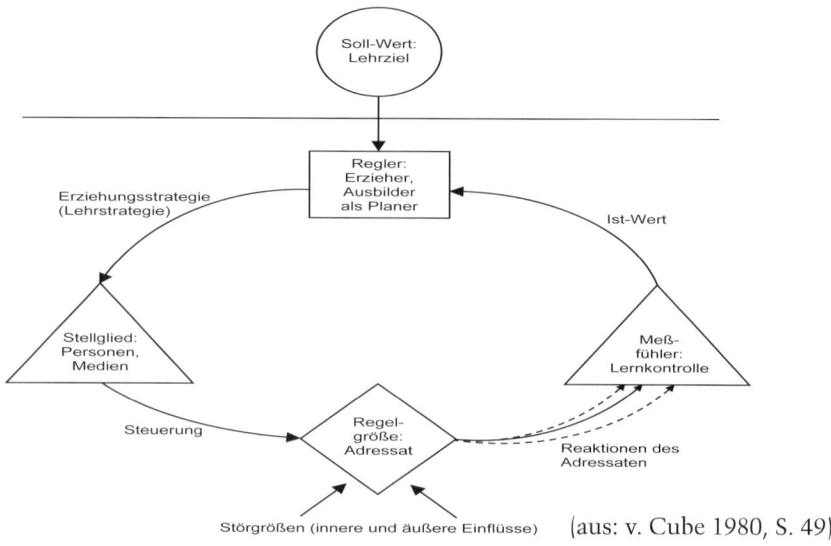

(aus: v. Cube 1980, S. 49)

nen gibt, ein sogenanntes „Superzeichen" ist. Für die Denkerziehung hat das große Bedeutung, denn ein Superzeichen okkupiert nur einen verschwindend geringen Teil der Denk- und Leistungskapazität, setzt also Denkkapazitäten für andere Bereiche, Probleme und Lösungsforderungen frei. Erziehung und Ausbildung bezeichnen in der Kybernetisch-informationstheoretischen Didaktik v. Cubes einen Prozess, bei dem Adressaten unter ständiger Korrektur zu einem vorgegebenen Erziehungs- oder Ausbildungsziel gesteuert werden. Ein solcher zielgerichteter, ständig zu korrigierender Steuerungsprozess heißt „Regelung". Der Erziehungs- oder Ausbildungsprozess ist also ein *Regelungsvorgang* und kann als Regelkreis dargestellt werden.

Der Sollwert wird Erziehungs-, Ausbildungs- oder Lehrziel genannt. Von Erziehung spricht v. Cube, wenn es sich beim Soll-Wert um affektive Werthaltungen handelt, von Ausbildung, wenn es kognitive oder pragmatische Ziele sind. Lehrziel ist der Oberbegriff für affektive, kognitive und pragmatische Ziele. Der Regler ist der Erzieher oder Ausbilder als Stratege. Unter einer Strategie versteht man den Verlaufsplan zur Erreichung eines gegebenen Zieles, unter einer Lehrstrategie entsprechend einen Plan zur Erreichung eines Lehrzieles. Die Stellglieder sind personale oder apersonale Medien, die zur Durchführung der Lehrstrategien dienen. Die Messfühler dienen der Lernkontrolle, haben also die Aufgabe, den Lernzustand des Adressaten schnell und exakt festzustellen. Stimmen Ist- und Soll-Wert nicht überein, beginnt ein neuer Regelungsprozess. Dieses Regelkreisschema ist ein Funktions- und kein Personenschema, da die Funktion des Lehrers nicht auf die Rolle des Reglers beschränkt ist. *Lehrziele*, subjektive Aussagen im Stile von „Ich will", „Ich fordere", müssen überprüfbar sein. Zusätzlich können sie auch bewertet werden als wünschenswert oder emanzipiert. Unter dem Operationalisieren eines Lehrzieles versteht v. Cube die Ausschöpfung des Entscheidungsspielraumes (des Reglers), wenn Lehrziele nicht eindeutig formuliert sind. Ist der Entscheidungsspielraum nicht mehr vorhanden, ist das Lehrziel operationalisiert. Teilziele sind die Bedingungen oder Voraussetzungen, die der Adressat erfüllen muss, damit das operationalisierte Ziel erreicht werden kann. *Inhalte* sind Gegen-standsbereiche, die als solche nichts mit der Erziehung oder Ausbildung zu tun haben. Eine Lehrstrategie besteht in einer Abfolge geplanter Maßnahmen, die zur Erreichung eines bestimmten Lehrzieles dienen. *Methode* heißt die festgelegte Abfolge von Steuerungsmaßnahmen wie Rollenspiel oder Gruppenarbeit. Ist sie auf ein bestimmtes Lehrziel gerichtet, so handelt es sich um eine Lehrstrategie. Einige Beispiele helfen klären, was mit den Strategien gemeint ist: Kenntnisse werden effektiv vermittelt durch das vorherige Ordnen der zu erkennenden Informationen und durch wiederholte Darbietung. Erkenntnis ist die Erfassung von Zusammenhängen, Strukturen, Regeln usw., Verstehen das Einordnen von Einzelinformationen in einen bekannten Zusammenhang. Fertigkeiten bestehen in einem gesicherten, stets wiederholbaren, abrufbaren Verhalten, das durch Vormachen und Korrektur erzeugt wird. Die verschiedenen Strategien sind für Erzieher bzw. Ausbilder als „Instrumentenkasten" zur flexiblen Anwendung anzusehen, da die anzustrebenden Lehrziele in der Regel komplex sind. *Medien* sind im Sinne der Kybernetisch-informationstheoretischen Didaktik Zeichen oder Zeichensysteme zur Codierung von Nachrichten. Zu unterscheiden sind analoge und digitale, personale und technische Medien, Ikonen, Symbole, Schemata usw. Als curriculare Medien bezeichnet man fertig codierte Steuerungseinheiten wie Bücher, Filme usw.

Liegt das Lehrziel in operationalisierter Form vor, lässt sich die *Planung des Unterrichts* in drei Schritten vollziehen:

- Entwicklung einer Lehrstrategie entsprechend den allgemeinen Strategien zur Erlangung von Kenntnissen, Erkenntnissen, Fertigkeiten usw.,
- Planung des adäquaten Medieneinsatzes und der optimalen Codierung,
- Festlegung didaktischer Kontrollstationen (Rückkopplungen, Feststellung des Ist-Wertes des Adressaten).

Kennzeichnend für die Kybernetisch-informationstheoretische Didaktik ist der Verzicht auf die Festlegung von Lehrzielen, da die Setzung von Zielen außerhalb wissenschaftlicher Aussagemöglichkeiten liege. Ihren spezifischen Forschungsbeitrag sehen F. v. Cube und andere Vertreter dieser Didaktik zum einen in der Entwicklung und Präzisierung allgemeiner Sätze und Theorien wie der Codierungstheorie oder der Mediendidaktik und zum anderen in der Unterrichtsplanung nach dem Regelkreismodell und mit Hilfe programmierter Lehrsysteme.

1.4 Die Curriculare Didaktik

Die bundesrepublikanischen Reformen am Schulsystem Anfang der 1960er Jahre, die zur Verselbstständigung der Volksschuloberstufe als Hauptschule, zur Einführung der Orientierungsstufe/Förderstufe in den Klassen 5 und 6, zur Reform der gymnasialen Oberstufe/Sekundarstufe II, zum Ausbau des Sonderschulwesens und zur Etablierung von Gesamtschulen führten, beinhalteten auch eine radikale Kritik an den Lehrplänen. Kritisiert wurde: die Lehrpläne seien stofflich überladen, veraltet und lebensfern in ihren Lehrinhalten, diffus und leerformelhaft in ihren Bildungszielen, hinter der wissenschaftlichen Entwicklung zurückgeblieben; ihr Zustandekommen sei legalistisch, nicht aber demokratisch legitimiert. Die technologische Umrüstung der deutschen Industrie, die Rezeption von Forschungsergebnissen der aufstrebenden Sozial- und Humanwissenschaften über die Lernbarkeit von Intelligenz und Begabung, der Ruf nach „mehr Demokratie" und die Parole vom „Bildungsnotstand" bereiteten den Boden für die Schulreformen und für die Übernahme von Ideen der amerikanischen Unterrichtstechnologieforschung. Ausgelöst durch den Sputnik-Schock vom 03.10.1957 war in den USA ein umfangreiches Programm der Bildungsförderung (vor allem im naturwissenschaftlichen Bereich) unter Verwendung der Lehrstrategien des Behaviorismus (vgl. programmiertes Lernen, instruktionspsychologische Methoden aus der amerikanischen Militärtrainingsforschung, „task analysis") entwickelt worden, das auf Grund seiner Wissenschaftlichkeit schnelle Erfolge versprach. Vor allem die Naturwissenschaftler hatten sich mit der Forderung durchgesetzt, zwecks Lernoptimierung die Systematik der Fachwissenschaft zum Prinzip für die Auswahl und Gliederung von Lernzielen und Lerninhalten zu machen (vgl. dazu J. S. Bruners didaktisches Prinzip „structure of the discipline").

In Schulpädagogik, Didaktik und Bildungspolitik hatte das 1967 erschienene Buch mit dem Titel „Bildungsreform als Revision des Curriculum" von Saul B. Robinsohn († 1972), dem Direktor am Max-Planck-Institut für Bildungsforschung in Berlin, eine Initialwirkung. Der curriculare Ansatz in der Didaktik, auch Curriculare Didaktik oder curriculare Bewegung genannt, war kreiert und fand rasch Befürwortung. „Curriculum" wurde der Leitbegriff der Schulpädagogik zwischen 1965 und 1980. Im 16./17. Jh. Ersatzbegriff für „Studium", „ordo" oder „institutio" als Bezeichnung für den Bildungsweg eines Jahres und im 18. Jh. im deutschen Sprachraum durch Schul-, Unterrichts- und Lehrplan ersetzt, beinhaltet der Begriff Curriculum ursprünglich die Vorstellung von Lauf, Kreislauf und Rennbahn. Als angelsächsisches Wort eignet es sich durchaus, den didaktischen Neuansatz zu charakterisieren. Denn im Unterschied zum Lehrplan drückt Curriculum das Fortschreiten des Lehrens und Lernens auf einem präzise vorgeschriebenen Weg aus. Das Besondere des curricularen Didaktikansatzes liegt deshalb zunächst in der Betonung des Zielaspekts. Bevor überhaupt Fragen der Inhaltsauswahl gestellt werden können, muss wissenschaftlich erforscht sein, welche Qualifikationen Kinder und Jugendliche erwerben sollen, um ihre späteren Lebens- und Berufssituationen bewältigen zu können. Danach erst kann entschieden werden, wann und wie diese Qualifikationen während der Schullaufbahn erworben werden sollen. Schließlich ist daraufhin konkret und präzise auszuarbeiten, wie die Qualifikationen in jedem einzelnen Unterrichtsfach der jeweiligen Schulform durch eine wissenschaftlich begründete Koordination von Lernzielen, Lerninhalten, Vermittlungsformen, Medien und Lernkontrollen (Curriculumelemente) sicher und nachprüfbar erlernt werden können. Didaktik wird hier als Theorie der Lehr- und Lernplanung verstanden und auf die Lehrplanfrage und die Zielfrage konzentriert.

Die Curriculumtheorie im Verständnis von Robinsohn ist ein Satzsystem über Methoden und Verfahren zur Erstellung neuer Curricula und über die Ermittlung von Bedingungen und Kriterien für curriculare Entscheidungen. Robinsohn stellt sich den dazu notwendigen Forschungsprozess in drei Schritten vor:

- Schritt 1: Festlegung der Kriterien für die Auswahl der Inhalte,
- Schritt 2: Entwicklung von Verfahren zur Messung der Inhalte an den Kriterien,
- Schritt 3: Befragung der von den Verfahren betroffenen Instanzen.

Diese Schritte stehen unter einigen Prämissen: Die Curriculumforschung soll sich erstens auf die gesamte Schulzeit erstrecken, wobei den Fachwissenschaften bei der Ermittlung von Inhalten Vorrang vor den anthropologischen Wissenschaften, Künsten, Techniken und der Philosophie zukomme. Zweitens sollen Erziehung und Schule über Lehrinhalte solche Qualifikationen vermitteln, die Lernende zur Bewältigung zukünftiger Lebenssituationen benötigen. Dazu müsse der Forschungsprozess zunächst diese Situationen ermitteln und die erforderlichen Qualifikationen identifizieren, bevor er zur Festlegung der Inhalte komme. Die curriculare Didaktiktheorie, die eine grundsätzliche und *permanente Revision aller Inhalte, Schulfächer und Schulformen* mit sich bringt, geht also von den zukünftigen Lebenssituationen aus, auf die die Schule die nachwachsende Generation vorzubereiten habe. Sind diese zukünftigen Lebenssituationen von Experten, Fachwissenschaftlern, Abnehmerinstitutionen, Vertretern der Human- und Sozialwissenschaften herausgefunden, so können kognitive, affektive und psychomotorische Qualifikationen oder Dispositionen (d.h. eine Art Gesamtverfassung des Menschen) erschlossen werden, die für die intendierte spätere Bewährung in den Lebenssituationen erforderlich sind. Nun erst kann überlegt werden, an welchen konkreten Lehrinhalten und in welchen Lernsituationen diese Qualifikationen am besten erworben werden können, d.h. es werden Curriculumelemente abgeleitet. Aus den Elementen wird dann ein Curriculum erstellt. In der von D. Knab - mit J. Zimmer Mitarbeiter von Robinsohn und neben J. Rascher,. K. Huhse, F. Achtenhagen, K. Frey,

K. Flechsig, H. D. Haller und Ch. Möller maßgebliche Repräsentantin dieses Didaktikansatzes in Deutschland - vereinfachten Form stellt sich die als permanent gedachte Curriculumreform wie folgt dar:

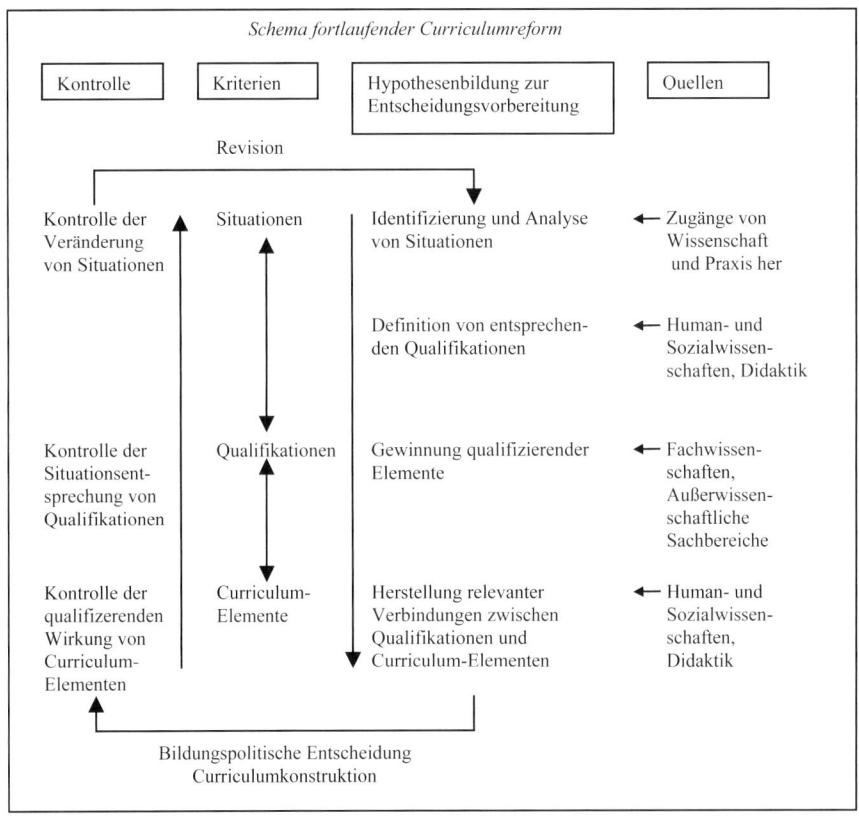

Schema fortlaufender Curriculumreform

(aus: Knab 1971, S. 161)

Die Ideen der Curricularen Didaktik ließen sich kurzfristig nicht realisieren. Zu schwierig war die Identifikation der zukünftigen Lebenssituationen, zu wenig wissenschaftlich abgesichert, wie die Strukturen der Lehrinhalte den Strukturen der Lernenden angepasst werden könnten, zu ambivalent die Ableitung (Deduktion) von verbindlichen Lehrinhalten aus übergeordneten Qualifikationszielen. Die Folge davon waren Ansätze mittelfristiger Curriculumforschung, die sich im „Denkhorizont" Robinsohns bewegten und meist fachbezogen/didaktisch arbeiteten (vgl. das didaktische Strukturgitter oder die pragmatische Curriculumentwicklung von sogenannten Curricularen Lehrplänen). Bei der tatsächlichen Revision der Lehrpläne Ende der 1960er/Anfang der

1970er Jahre fiel dann die Entscheidung zugunsten offener Curricula, d.h. zugunsten von rahmenhaften Festlegungen mit Lernzielkatalogen. Aus pädagogischen, didaktischen und berufspolitischen Gründen wurden geschlossene Curricula, d.h. bis in alle Details vorgefertigte Unterrichtsvorgaben, abgelehnt.

Von zentraler Bedeutung sind in der Curricularen Didaktik die Lernziele. Ein *Lernziel* ist nach dem amerikanischen Behavioristen Robert F. Mager die Beschreibung eines Verhaltens, das der Lernende nach erfolgreicher Lernerfahrung nachweisbar erworben hat. Dieses Verhalten muss in Form einer genau bestimmten beobachtbaren Leistung angegeben werden können, damit es rational und rationell für den Unterricht geplant und hernach geprüft werden kann. Es muss operational definiert sein, d.h. so spezifiziert werden, dass das beobachtbare Verhalten des Lernenden, die Bedingungen, unter denen es ausgeführt, und der Maßstab, mit dem es beurteilt werden soll, angegeben sind. Jedes Lernziel besteht aus einem Inhaltsteil und einem Verhaltensteil. Der Verhaltensteil, die formale Komponente eines jeden Lernziels, drückt sich in einem bestimmten beobachtbaren Tun aus wie z. B. schreiben, messen, benennen, vergleichen, aufzählen, auswendig aufsagen, identifizieren. Um getestet werden zu können, muss das Tun so eindeutig formuliert sein, dass es möglichst keine Interpretationen zulässt. Verben wie erkennen, wissen, verstehen, erfassen, umgehen mit usw. verbieten sich infolgedessen bei der Lernzielbeschreibung. Die inhaltliche Komponente des Lernziels gibt an, an welchem Unterrichtsinhalt das Verhalten erworben werden kann. Grundsätzlich kann das zu lernende Verhalten, können die Fertigkeiten und Kenntnisse mit verschiedenen Inhalten kombiniert werden. Der Inhalt gilt als Variable, während das angestrebte Verhalten die Konstante ist.

Auch die Psychologieprofessorin Christine Möller (geb. 1934) sah als wichtigste Aufgabe der Lernplanung die Lernzielerstellung an. Deren Hauptprobleme sind ihrer Meinung nach die Lernzielbeschreibung, die Lernzielsammlung, die Entscheidung über Lernziele und die Lernzielordnung. Möller sieht Magers Forderung nach Operationalisierung differenzierter. Sie unterscheidet drei Lernzielarten:

- Richtziele, d.h. allgemeine, übergreifende Ziele mit einem hohen Abstraktionsniveau (z. B. Jahrgangs-, Kurs- und Schulziele),
- Grobziele oder Teilziele, d.h. konkretere Ziele (z. B. für eine Unterrichtseinheit) mit einem mittleren Abstraktionsniveau,
- Feinziele, d.h. konkrete, operationalisierte Ziele für Unterrichtsstunden und Teile von Unterrichtsstunden.

Möller nimmt zwischen den drei Lernzielarten einen Deduktionszusammenhang an, gegen den sich allerdings schwerwiegende Einwände erheben (Dezision statt Deduktion). Ferner wurden Ordnungsschemata (Taxonomien, Klassifikationen) für Lernziele entworfen (vgl. bes. die von B. S. Bloom, D. R. Krathwohl, H. R. Dave u.a.). Bloom und seine Mitarbeiter nahmen dazu zunächst eine Einteilung nach den drei wichtigsten Fähigkeitsbereichen des Menschen vor und unterschieden:
- kognitive Lernziele (geistige Tätigkeiten),
- pragmatische Lernziele (prozessorientierte Tätigkeiten),
- affektive Lernziele (emotionale Tätigkeiten).

Dazu entwickelten sie hierarchisch aufgebaute Lernzieltaxonomien, die unterschiedliche Komplexitäts-, Koordinations- oder Internalisierungsniveaus erfassen helfen:

Stufe	Taxonomie kognitiver Lernziele (Bloom u. a.)	Taxonomie affektiver Lernziele (Krathwohl u. a.)	Taxonomie psycho-motorischer Lernziele (Dave u. a.)
1	Wissen	Aufnehmen/Beachten	Imitation
2	Verstehen	Beantworten von Reizen	Manipulation als differenzierte Nachahmung
3	Anwendung	Werten	Präzision
4	Analyse	Aufbau einer Werthierarchie	Strukturierung
5	Synthese	Wertrichtung im Verhalten/Entwicklung einer Weltanschauung	Naturalisierung als mechanische Handlungssicherheit
6	Beurteilung/ Bewertung		

Die Bloomsche Taxonomie wurde vor kurzem von D. R. Krathwohl (2002; S. 215) wie folgt überarbeitet:

Structure of the Cognitive Process
1.0 Remember
1.1 Recognizing
1.2 Recalling
2.0 Understand
2.1 Interpreting
2.2 Exemplifying
2.3 Classifying

2.4 Summarizing
2.5 Inferring
2.6 Comparing
2.7 Explaining
3.0 Apply
3.1 Executing
3.2 Implementing
4.0 Analyze
4.1 Differentiating
4.2 Organizing
4.3 Attributing
5.0 Evaluate
5.1 Checking
5.2 Critiquing
6.0 Create
6.1 Generating
6.2 Planning
6.3 Producing

Die intensive Erforschung der Zieldimension des Unterrichts führte in der Didaktik zu einem *Primat der Ziele* vor den Inhalten und allen anderen Unterrichtsentscheidungen. Dagegen erhob sich nach kurzer Zeit Widerspruch, der insbesondere drei Argumente beibrachte: Erstens werde von den Verfechtern der Curricularen Didaktik übersehen, dass Unterrichtsinhalte eigenständige und nicht planbare Auswirkungen auf die Persönlichkeitsentwicklung von Schülern haben können; zweitens sei die Operationalisierung und Klassifikation für emotionale und soziale Lernziele weder sinnvoll noch möglich, und drittens ergebe sich die Gefahr einer „Verkopfung" des Unterrichts und einer „lehrersicheren" Unterrichtsplanung. Allgemein akzeptiert ist seitdem, dass der Lehrer und die Lehrerin Unterrichtseinheiten und Unterrichtsstunden zielorientiert planen müssen, dass sie aber zugleich beim Stundenverlauf Phasen der Zielverständigung mit den Schülerinnen und Schülern und mögliche Alternativen vorzusehen haben.

1.5 Die Kritisch-kommunikative Didaktik

Die Unterrichtstheorie der Kritisch-kommunikativen Didaktik orientiert sich an den Forschungsergebnissen der Humanistischen Psychologie, der Motivationspsychologie, der Kommunikationstheorie, an den Theorien zur Interaktion im sozialen Kontext und zum Symbolischen

Interaktionismus. Rainer Winkel (geb. 1943) gilt als führender Vertreter dieser Didaktiktheorie. Zwar hat Didaktik auch seiner Meinung nach die Aufgabe, eine systematische, nachprüfbare, helfende Analyse und Planung unterrichtlicher Lehr- und Lernprozesse zu leisten, ihre Theorie ist aber die Theorie eines gesellschaftlichen Handelns im Bereich von Unterricht, Schule und Bildungssystem, das den Prinzipien der Kommunikation und der Kritik gesamtgesellschaftlicher Zustände folgt. Kritisch ist die Theorie, insofern sie mit emanzipatorischem Interesse die „Ist-Werte" der Gesellschaft (und nicht nur der Schule) auf ihre „Soll-Werte" (Demokratisierung und Humanisierung) überprüft, im Unterricht zur Sprache bringt und die konkrete Unterrichtspraxis unter der emanzipatorischen Zielsetzung verändert. Kommunikativ ist die Theorie, insofern sie Unterricht als kommunikativen Interaktionsprozess definiert und zugleich mit der Forderung ernst macht, Unterrichten und Lernen kommunikativer, d.h. schülerorientierter, kooperativer, transparenter, mit- und selbstbestimmter sowie störungsärmer zu machen. Die Kritisch-kommunikative Didaktik hat sich an den „Fehlern" der anderen Didaktiken entzündet und geht auf diese ein. Am nächsten kommt sie der Bildungstheoretischen und der Lehrtheoretischen Didaktik, am weitesten entfernt ist sie von der Kybernetisch-informationstheoretischen und der Curricularen Didaktik.

Winkel geht es darum, beim Unterricht die Ist-Werte der Wirklichkeit wahrzunehmen und, wenn diese defekt sind, sie so ins Bewusstsein zu rücken, dass die Notwendigkeit eines neuen Soll-Wertes einsichtig wird. Das kann aber erst gelingen, wenn der reale Unterricht empirisch analysiert worden ist. Erst nach der Analyse lässt sich in Schritten planen, wie über verschiedene Lernziele Emanzipation erreicht werden soll. Je kleiner, ungeübter, uneinsichtiger die Mitagierenden (Schüler) sind, desto mehr stellvertretende Entscheidungen (Lehrer) und behutsame Partizipationen (Teilhaben) sind notwendig. Diese reichen von regressiv-komplementärem Agieren (Zurücknahme autoritärer Verhaltensweisen) bis zum Versuch, möglichst oft symmetrisches (gleichwertiges) Handeln in Schule und Erziehung zu erreichen. Die Kritisch-kommunikative Didaktik will also zuerst Unterricht erfassen und dann Planungsschritte erarbeiten.

Beim Unterrichtsprozess lassen sich - so Winkel - in Form einer didaktischen Analyse vier Aspekte unterscheiden:
- der Vermittlungsaspekt
- der Inhaltsaspekt
- der Beziehungsaspekt
- der störfaktoriale Aspekt

Zum *Vermittlungsaspekt*, d.h. zu den Verfahren der Sachauseinandersetzung auf Seiten des Lehrers und des Schülers, gehören Lerngriffe und Lernakte (z. B. darbieten, antworten, Impulse geben), Medien (Lehr- und Übungsmittel), Unterrichtsmethoden (von der Einzelarbeit über das Lehrgespräch bis hin zum Team-Teaching), Unterrichtsstufung (stufig oder kommunikativ) und die Unterrichtsorganisation (innere und äußere Umstände).

Der *Inhaltsaspekt*, das, was im Unterricht verhandelt wird, erscheint zunächst als Lehrplanvorgabe in der Form idealer, offizieller oder geheimer Curriculumstrategien, sodann in den Niveaustufen der Sacherfahrung Bezugnahme - Erschließung - Integration. Die *Beziehungsstrukturen* konstituieren sich während des Lernens. Winkel unterscheidet hier Elemente der sozialen Interaktion wie personale Stellungnahme, Anweisungen oder Hilfeleistungen, schüler- oder lehrergerichtete Interaktionen („Richtungen") und Beziehungsformen, die ungebunden, einseitig dirigiert oder kommunikativ sein können. Besonders wichtig ist ihm der *störfaktoriale Aspekt* des Unterrichts, den er ausführlich durchstrukturiert hat. Er unterscheidet dabei Störungsarten (Disziplinstörungen, Provokationen, akustische/visuelle Störungen, Störungen aus dem Außenbereich des Unterrichts, Lernverweigerung/Passivität, neurotisch bedingte Störungen), Störungsfestlegungen (vom Lehrer, vom Schüler, vom Lehr-Lern-Prozess her), Störungsrichtungen (personale Schüler-Schüler-Lehrer-Richtungen, objektive oder normative Richtungen), Störungsfolgen (Stockung, Unterbrechung, Blockade, Verstimmung, organische/psychisch-soziale Verletzungen, Rückwirkungen) und Störungsursachen (im gesellschaftlich-schulisch-unterrichtlichen oder im psychisch-sozialen Kontext).

Was den *Evaluationsaspekt* in seiner Didaktik anbetrifft, so lehnt Winkel alle Formen der formellen Leistungsüberprüfung und Notengebung ab, die sich allein aus der Reproduktionsfunktion der Schule, aus ihrer Qualifikations-, Selektions- und Legitimationsfunktion, ergeben. Auf K. Schaller rekurrierend spricht er sich für eine angstfreie Überprüfung des in der Schule erworbenen Wissens und Könnens aus, möchte dabei aber die Beziehung zwischen Lehrern und Schülern und die in der Beziehung praktizierten gesellschaftlichen Verkehrsformen nicht ausschließen. Als Form solcher Evaluation schlägt er rationale Diskurse darüber vor, ob und inwieweit der Lernprozess der Schüler dem Ziel näher gekommen ist, an der Verbesserung der menschlichen Zustände mitzuwirken.

Zur Kritisch-kommunikativen Didaktik passt kein starres Schema für Unterrichtsplanungen, dagegen spricht ihr Prinzip der Offenheit des Unterrichts, der Unplanbarkeit seiner Kommunikation und Metakommunikation. Will man jedoch Unterrichten lernen (und lehren), braucht man zumindest Hinweise auf eine mögliche Planungsform. Das sieht auch R. Winkel ein. Er gibt deshalb fünf praxisorientierende Empfehlungen:

- Unterricht lässt sich in Arrangement - Vermittlungshilfen - Lösungssituationen rhythmisieren.
- Die einzelne Unterrichtsstunde als Teil eines größeren Lehr-Lernprozesses soll flexibel und mit Alternativen geplant sein.
- Ziele können allgemeiner, fachspezifischer und fächerübergreifender Art sein.
- Hinsichtlich ihrer Lösungen sind geschlossene Ziele (z. B. „2 + 3 = 5"), halb offene Ziele (z. B. „Angst in bestimmten Situationen") und offene Ziele (z. B. „freiwillig in Gruppen arbeiten") zu unterscheiden.

Unterrichtsplanung lässt sich nur lernen und optimieren durch eine kritische Analyse des in die Praxis umgesetzten Plans.

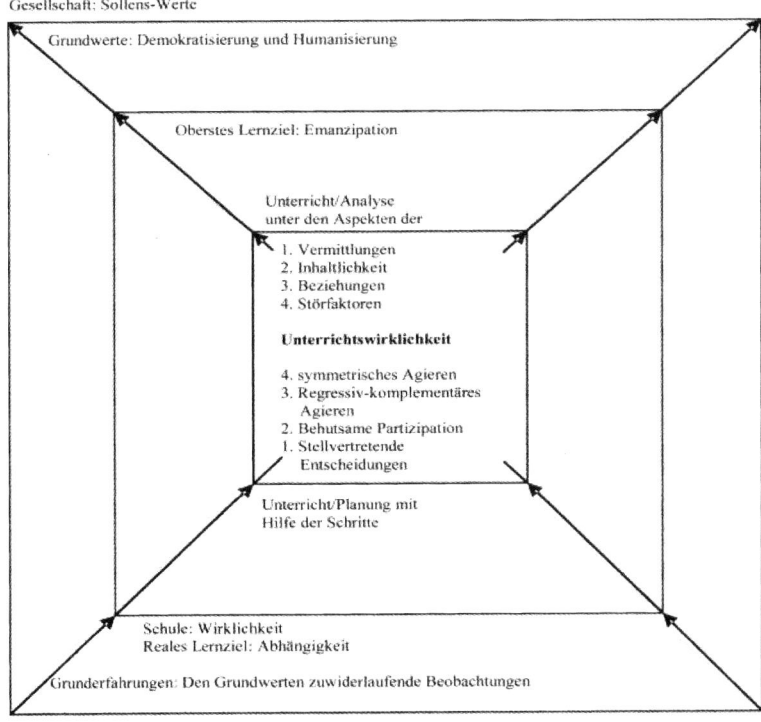

(aus: Winkel 1980, S. 84)

1.6 Die Konstruktivistische Didaktik

Die Konstruktivistische Didaktik wurde in den 1980er Jahren von dem Freiburger Schulpädagogen und Gruppendynamiker E. Kösel (geb. 1935) als „Subjektive Didaktik" vorbereitet, dann durch die breite Rezeption der Systemtheorie und des Konstruktivismus in der deutschen Pädagogik (vgl. H. Maturana, F. Varela, K. Reich, H.-E. Renk, R. Voß, H. Siebert, R. Huschke-Rhein u. a.) differenzierter elaboriert und schließlich um die Theorien zum Lernen mit multimedialen Lernumgebungen und zum situierten Lernen (vgl. H. Mandl) erweitert.

Der *Konstruktivismus* ist - wie die Systemtheorie - seit einigen Jahren eine der meistthematisierten wissenschaftlichen Positionen. Er lässt sich in verschiedene Richtungen einteilen (radikaler, neurobiologischer, kulturalistischer, sozialer, systemischer Konstruktivismus) und hat Vorläufer im Skeptizismus, im symbolischen Interaktionismus, in der Psychoanalyse und in der Wissenssoziologie. In der Schulpädagogik interessiert vornehmlich der erkenntnistheoretische Ansatz im Konstruktivismus. Dabei handelt es sich um eine Theorie der Persönlichkeit, die der aktiven kognitiven Konstruktion der Welt durch den Menschen besondere Aufmerksamkeit widmet. Sie stellt die Frage: „Wie wissen wir, was wir wissen?", eine Frage, die für Didaktik und Lerntheorie höchst bedeutsam ist. Ihr zufolge werden Wahrnehmen und Erkennen auf Konstruktionsleistungen des menschlichen Subjekts, des personalen Systems Mensch, zurückgeführt. Dabei konstruiert im kommunikativen Prozess jeder seine eigenen Bedeutungen. Jede Beobachtung ist vom Beobachter abhängig, die Wirklichkeit „an sich" ist unzugänglich, man nimmt sie mithilfe der Perzeptionssysteme wahr, die ihre Grundlage in der Gehirnstruktur haben und an deren Entfaltung individuelle Lebenserfahrungen wesentlich beteiligt sind. Jeder hat daher eine eigene Logik, jeder kann nur aufgrund seiner subjektiven Struktur Wissen hervorbringen, aus Erfahrungen konstruieren und zu neuen Erkenntnissen gelangen. Die Wirklichkeit ist ein Produkt des individuellen Subjekts. Bedeutungen werden nicht von einem Kopf in den anderen „übermittelt", sondern konstituieren sich aus den Operationen (Denken, Fühlen, Handeln) des Einzelnen.

Deshalb gilt: Die didaktische Theorie im Sinne des Konstruktivismus ist eine Didaktik der Verständigung, eine Vereinbarungsdidaktik. Aufgabe des didaktischen Handelns ist das Konstruieren und Modellieren einer Lernanreizstruktur für Schüler/Schülerinnen.

Die Grundgedanken dieses Didaktikmodells sind:

- Die herkömmliche Didaktik ist eine „objektive Didaktik". Sie ist aus der Lehrerperspektive entworfen und macht den Schüler zum Objekt der Belehrung in einem allenfalls schüleradaptiven Unterricht. Ihr ist eine subjektive Didaktik entgegenzustellen, die Lernen konsequent aus der Perspektive des Schülers denkt und daraus eine Didaktik konzipiert.
- Im Sinne der Systemtheorie ist jeder Mensch, jede Gruppe und jede Institution (erstens) ein komplexes Ganzes mit Elementen, die zueinander und zum ganzen System in Beziehung stehen, hat (zweitens) bestimmte Funktionen der Selbsterhaltung und Selbstentfaltung, unterscheidet sich (drittens) durch seine Typik von anderen Systemen und steht (viertens) mit anderen Systemen in Beziehung, ohne von ihnen direkt beeinflusst werden zu können (vgl. Luhmann: „mitlaufende Selbstreferenz"). Systeme sind hochkomplex, haben eine innere Selbstorganisation, sind operational geschlossen, grenzen sich zwar nach außen ab, sind aber energetisch nach außen offen. Ihr Organisationsprinzip ist nicht Ordnung, sondern eine Kombination von Unordnung. Auch sind sie nicht immer eindeutig, an kritischen Punkten verhalten sie sich sogar chaotisch und entwickeln ein radikal neues, unerwartetes Verhalten. Daran erkennt man ihre Wesensmerkmale: ihre Autopoiesis (d.h. Selbstbildung und Selbstorganisation), ihre Autokatalyse (d.h. Selbstverstärkung), ihre Autoreflexivität (d.h. Selbstthematisierung und Selbstreferenz), ihre Homöostase (d.h. Selbststabilisierung) sowie ihre Interferenz (d.h. ständige Wechselbeziehung in ihrem Inneren und zu ihrer Außenwelt). So ist es auch beim Menschen zu erklären, dass er immer eine sinnhafte Orientierung in der Welt und für sich selbst sucht. Als sich selbst steuerndes System ist er von außen nicht unmittelbar beeinflussbar, vielmehr wird er angeregt, in bestimmter Weise zu denken oder zu handeln. Ob er die Anregung annimmt, hängt davon ab, wie er sie autoreflexiv und selbstbezüglich bewertet und wie sie mit seinem Interesse an Identität und Kontinuität im Lebenslauf zusammenpasst. Dabei ist allerdings zu bedenken, dass die Erfahrungen, die ihm die Systeme um ihn herum anbieten, seine eigenen Systemverhaltensweisen strukturieren. Dies geschieht umso direkter, je jünger er ist und je basaler die Struktur seines Denkens zu diesem Zeitpunkt ist. Als Umweltsysteme haben diese also eine große Bedeutung für seine Entwicklung; sie sind die Grundlage für seine Identitätsbildung und seine Systemprozesse.
- Unterricht regt beim Lernenden individuelle Prozesse des Wahrnehmens, Annehmens und Zurückweisens von Informationen an, in

deren Verlauf sich beim „Ich" in Verbindung mit dem „Wir" der Mit-
lernenden bei der Auseinandersetzung um die „Sache" Modelle der
Wirklichkeit („individuelle Landkarten") aufbauen.

- Im Sinne des Konstruktivismus ist dieser Lernvorgang ein aktiver Prozess individueller Selbstorganisation. Jeder Schüler/jede Schülerin ist
ein personales Handlungssystem, das sein Wissen, Fühlen, Wollen und
Können auf individuelle Weise konstruiert. Dabei geht der Schüler/die
Schülerin subjektiv-biografisch vor, d.h. er konstruiert sein Wissen,
Fühlen und Können auf der Basis vorangegangener Lernerfahrungen
und mittels seiner je spezifischen Bedingungen, die bei ihm bereits
zur Ausprägung von individuellen Strukturen des Denkens, Fühlens,
Handelns und Wollens geführt haben. Lernen ist ein Akt der Konstruktion, wenn der Schüler/die Schülerin selbsttätig und aus sich heraus
neue Bedeutungen aufbaut, ein Akt der Rekonstruktion, wenn er/sie
die Bedeutungen in sich aufbaut, die andere einem Sachverhalt gegeben haben (z. B. der Sinnentnahme aus einem Text), oder ein Akt der
Dekonstruktion, wenn er sich veranlasst sieht, sein bisheriges Wissen,
seine bisherigen Einstellungen und sein bisheriges Können zu revi-
dieren und sich kritisch/selbstkritisch zu Überkommenem verhält.
Die individuelle Konstruktion des Selbst-, Fremd- und Weltbildes des
Schülers hängt wesentlich von den Angeboten (d.h. von Lernumgebungen, Lernumwelten) ab, die die Außenwelt ihm zur Verfügung
stellt. Traditionelle Lernumgebungen bringen oft nur ein „träges Wissen" (z. B. auswendig gelerntes Faktenwissen) aber kein intelligentes
und produktives Wissen hervor, über das er verfügt, um es z. B. auf
lebenspraktische Problemstellungen anwenden zu können. Anders
die neuen multimedialen *Lernumgebungen*. Sie sind ein vielperspek-
tivisches Arrangement von unterschiedlichen Methoden, Techniken,
Materialien und Medien. Sie bieten im Sinne des Konstruktivismus
Gelegenheiten zum individuellen, konstruktiven und kontextgebun-
denen Lernen.

- Beim Lernen geht es nicht um Wahres oder Falsches, Richtiges oder
Wirkliches, sondern um die Viabilität des Lerninhalts, d.h.: Was vom
Schüler akzeptiert wird, sich für ihn als brauchbar, nützlich und trag-
fähig (zumindest im jeweiligen Moment) erweist, ist „richtig".

Für die Planung und Gestaltung des Unterrichts hat dieser Theorieansatz weitreichende Konsequenzen. Die Konstruktivistische Didaktik
führt zu einer völlig neuen Sicht von Unterrichten und Lernen in der
Schule. Unter Berücksichtigung der Subjektivität eines jeden Lerners
kann Unterricht nicht mehr für alle Schüler gleich organisiert werden;
denn er soll Anlass für die je eigene Bildung von Modellen der Wirk-

lichkeit beim einzelnen Schüler bieten. Lehren ist nicht die Vermittlung von Wissen und Können an Schüler, und Lernen ist auch nicht die Aneignung dessen, was dem Schüler vermittelt wurde. Vielmehr ist *Lehren* die Anregung an den Schüler, seine bisherigen Konstruktionen von Wirklichkeit zu aktivieren, zu überprüfen und weiterzuentwickeln. Es gilt deshalb, im Unterricht didaktische Landschaften, Lernwelten zu modellieren, und zwar als Veranlassung für einen ständig ablaufenden Verstehens- und Interpretationsprozess, bei dem jeder Einzelne seine „individuelle Landkarte" der Realität herausbildet. Didaktisches Handeln heißt in diesem Sinne, dass Lehrer und Lehrerin sich als Konstrukteure und Modellierer einer Anreizstruktur für Schüler/Schülerinnen verstehen und die Selbstreflexivität der Lernenden in Gang setzen. Statt einer eingleisigen Unterrichtsplanung und Leistungskontrolle muss es deshalb einen multiplen, modellierungsfähigen, flexiblen Unterricht mit vieldimensionaler Lernleistungskontrolle geben. Da es um eine *Modellierung von Wissen* beim Schüler geht, kann der Lehrer nicht mehr seine Vorgehensweise als einzig mögliche vertreten, sondern er muss sich fragen, ob sie vom Lernenden als viable Anreizstruktur angenommen werden kann. Er muss seine eigenen Zugangsstrategien zum Unterrichtsstoff offen legen, damit der Schüler von sich aus seine Zugangsmöglichkeiten einbringen kann. Denn Wissen ist nichts Objektives (vgl. Postmoderne), sondern eine mentale Konstruktion, die in der Lerngemeinschaft mit anderen kommuniziert und verifiziert wird. Solcherart „Modellierung von Wissen als viable Anreizstrukturen" macht nach Kösel die professionelle Kompetenz des Lehrers aus. All dies spricht für offenen, mehrdimensionalen Unterricht mit didaktischer Mitwirkung von Schülerinnen und Schülern. Das macht allerdings die Unterrichtsplanung und die Unterrichtsgestaltung für den Lehrer/die Lehrerin angesichts von 25 – 30 individuell lernenden Schülern/Schülerinnen sehr schwierig.

Unter teilweisem Verzicht auf den hohen theoretischen Anspruch dieses Didaktik-Modells lassen sich daraus Forderungen für die Unterrichtsgestaltung ableiten:
- Schüler/Schülerinnen ihren eigenen Lernprozess durchschauen und selbst gestalten lassen!
- Veranschaulichung, Versprachlichung, Tätigkeiten/Handlungen und eine angenehme/angepasste Lernumgebung zum Zwecke einer Mehrfachcodierung der Lerninhalte im Gehirn beachten!
- Während des Unterrichts die Methoden, das Lernmaterial, das Lerntempo, die Medien und das Anspruchsniveau der Aufgaben wechseln, um verschiedene „Schüler-Lerntypen" besser zu berücksichtigen!

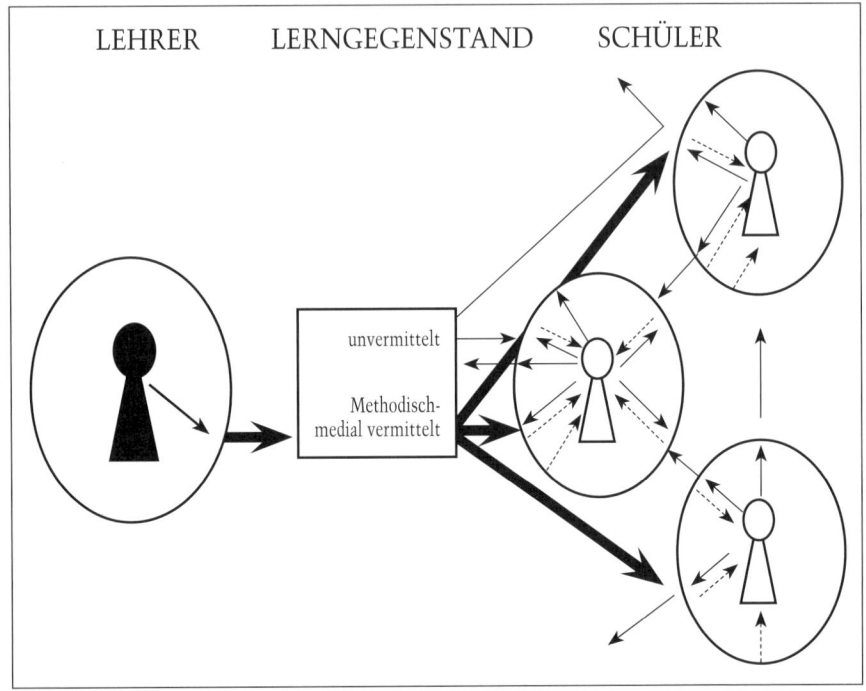

LEHRER   LERNGEGENSTAND   SCHÜLER

unvermittelt

Methodisch-
medial vermittelt

- Lernsituationen stress-, angst- und repressionsfrei halten!
- Schülern/Schülerinnen Gelegenheit geben, eigene Assoziationen zwischen dem neuen Lernstoff und ihren bereits aufgebauten Wissens-, Fühlens- und Könnensstrukturen herzustellen und diese sprachlich auszuformulieren!
- Die Schülerinnen/Schüler Sinn, Zweck, Bedeutung/Bedeutsamkeit des Lernstoffs erfahren lassen!
- Fehler der Schülerinnen/Schüler nicht verteufeln, sondern durch sie selbst entdecken und analysieren lassen!

Mit der Konstruktivistischen Didaktik wird nach längerer Zeit ein tatsächlich neues Theoriemodell präsentiert. Es trägt dem veränderten Begriff von Lernen Rechnung, berücksichtigt den Anspruch des individualisierenden Lehrens und reagiert auf die veränderte Lernsituation heutiger Schülerinnen und Schüler; schließlich fasst dieses Modell auch die Diskrepanz theoretisch, die zwischen dem Unterrichten des Lehrers und dem Lernen der Schüler besteht. Dennoch hat diese Didaktiktheorie auch Schwachstellen. Es gelingt ihr nicht, den Sachanspruch von Lerninhalten, deren Exemplarizität oder Repräsentativität, wie sie in einem verpflichtenden Lehrkanon gefasst ist, gegen Beliebigkeit abzusichern. Auch ergeben sich Schwierigkeiten, die Verbindlichkeit von Lerninhalten zu begründen sowie die Lern- und Leistungsprodukte der Schüler zu bewerten.

1.7   Die Neurodidaktik

Innerhalb der didaktischen Theoriebildung etabliert sich seit einigen Jahren eine neue Teildisziplin, die Neurodidaktik (als Begriff 1988 von G. Preiß erstmals ins wissenschaftliche Gespräch gebracht). Sie forscht nach den neurologischen Bedingungen des Menschen und seiner Lernfähigkeit, um sie für die Didaktik theoretisch und praktisch nutzbar zu machen. Vorliegende Ergebnisse erweisen das Lernen modelltheoretisch als einen Vorgang, bei dem ein externes Signal, z. B. auf Grund eines Lehrakts oder einer Lernumgebung, durch Koppelung mit im Neuronennetz befindlichen Bausteinen und unter Kontrolle einer zentralen Steuerungsinstanz zu einer „Verhaltensänderung" des gesamten Netzes führt, die bei mehreren „Lerndurchgängen" multiplikativ (nicht additiv) ist. In Verbänden von Nervenzellen werden Informationen übertragen und verarbeitet. Ob es tatsächlich zum Lernen kommt, hängt davon ab, ob die im Netz befindlichen Bausteine Signale mit positiven Kopplungskoeffizienten in Richtung auf das externe Signal „entsenden". Die im Gehirn ablaufenden Prozesse erweisen sich dadurch als didaktisch relevant. Unterrichten und Lernen werden demzufolge umso effektiver sein, als die neuronalen Abläufe mitbedacht werden. Denn das Gehirn bildet die Grundlage für das Lernen, das mit Denken, Fühlen, Wollen und Können zu tun hat. Lernerfahrungen führen zu dauerhaften Veränderungen bzw. Erweiterungen der physischen Struktur des Gehirns auf Grund von Neuronenverbindungen bzw. neuronalen Netzwerken; umgekehrt erfordern sie aber auch Gehirnaktivitäten.
Man geht davon aus, dass das menschliche Gehirn mehr als 100 Milliarden Neuronen aufweist (= Informationsverarbeitungselemente) und etwa 1 Billion Gliazellen (sogenannte Stützzellen). Beim Lernen kommt es zu Synapsenverbindungen, wie sie das folgende Schema aus Vester (1999, S. 35) veranschaulicht.

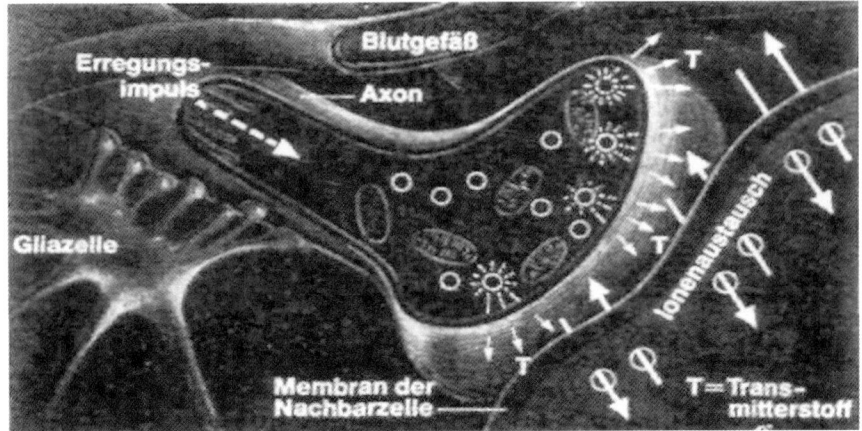

Wie Synapsen funktionieren: Eine über das Axon ankommende Erregung lässt die synaptischen Bläschen zur Membran wandern und bringt sie zum Platzen. Der in den Spalt zwischen Synapse und Nachbarzelle ausgeschüttete Transmitterstoff (IT) macht die Membran der Nachbarzelle für bestimmte Ionen (zum Beispiel Kalium, Natrium und Chlor) durchlässiger. Dadurch werden Ionenverschiebungen und somit auch elektrische Impulse in der Nachbarzelle ausgelöst. „Fördernde" Transmitterstoffe (wie Acetylcholin) bewirken beispielsweise Natrium-Einstrom und Kalium-Ausstrom. „Hemmende" Transmitterstoffe (zum Beispiel Noradrenalin) dagegen die umgekehrte Ionenwanderung.

Nach dem neurowissenschaftlich argumentierenden amerikanischen Psychologen D. O. Hebb sind die neurologischen Funktionen im Gehirn in Zellverbänden und Phasensequenzen organisiert, bei denen für das Lernen und Erinnern die Anzahl und die Komplexität der synaptischen Verknüpfungen entscheidend sind. Wenn zwischen zwei Nervenzellen wiederholt und dauerhaft Impulse übertragen werden, wird die Synapsenverbindung zwischen ihnen stärker. Um den Verlauf von Lehr-Lern-Prozessen und deren erwartbare Effekte besser verstehen und planen zu können, ist es für Lehrer/Lehrerinnen deshalb unabdingbar nötig, über die Funktionsweise des Gehirns Bescheid zu wissen. In stark vereinfachter Form zeigt das menschliche Gehirn den folgenden Aufbau (zusammengestellt aus Lefrancois 2006, S. 140/143):

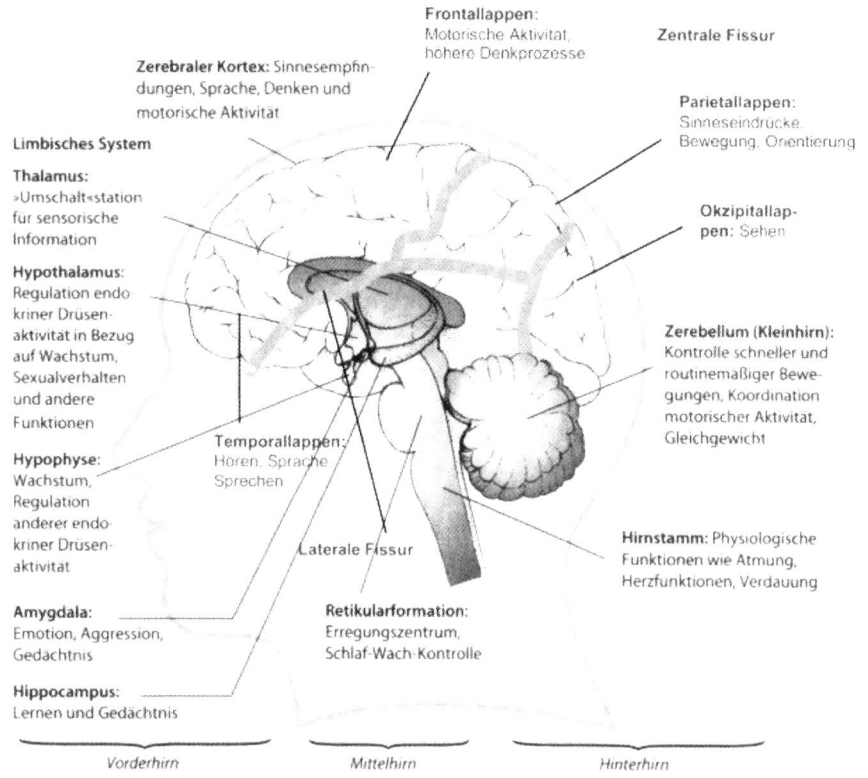

Frontallappen:
Motorische Aktivität,
höhere Denkprozesse

Zentrale Fissur

Zerebraler Kortex: Sinnesempfin-
dungen, Sprache, Denken und
motorische Aktivität

Parietallappen:
Sinneseindrücke,
Bewegung, Orientierung

Limbisches System

Thalamus:
»Umschalt«station
für sensorische
Information

Okzipitallap-
pen: Sehen

Hypothalamus:
Regulation endo-
kriner Drüsen-
aktivität in Bezug
auf Wachstum,
Sexualverhalten
und andere
Funktionen

Zerebellum (Kleinhirn):
Kontrolle schneller und
routinemäßiger Bewe-
gungen, Koordination
motorischer Aktivität,
Gleichgewicht

Temporallappen:
Hören, Sprache,
Sprechen

Hypophyse:
Wachstum,
Regulation
anderer endo-
kriner Drüsen-
aktivität

Laterale Fissur

Hirnstamm: Physiologische
Funktionen wie Atmung,
Herzfunktionen, Verdauung

Amygdala:
Emotion, Aggression,
Gedächtnis

Retikularformation:
Erregungszentrum,
Schlaf-Wach-Kontrolle

Hippocampus:
Lernen und Gedächtnis

Vorderhirn   Mittelhirn   Hinterhirn

Jeder Gehirnbereich ist Teil eines größeren neuronalen Netzwerks; jeder Lernimpuls wird komplex verarbeitet und das gesamte Gehirn ist daran beteiligt, nicht nur einzelne Hirnareale. Die Koordination der Bereiche des Gehirns erfolgt über den präfrontalen Kortex. Hirnstamm und Basalganglien verarbeiten Instinkte, einfache Emotionen, Bewegungspläne, Routinen und sind für die Aufrechterhaltung der Lebensfunktionen zuständig. Thalamus, Hypothalamus, Hypocampus und Amygdala haben mit (sozial bedingten) Emotionen, mit Werten und mit den Körperfunktionen zu tun. Denken, Planen, Koordination von Verhalten und Bewertungen erfolgen in Neokortex und Großhirnrinde. (vgl. Goldberg 2002; Fuster 2003) Die Nervenzellen, die untereinander synaptisch verbunden sind („cognit": Netzwerk aus Zellen), sind unterschiedlich stark und dauerhaft verbunden. Die Stärke der Verbindungen im Netzwerk hängt von der zeitlichen und räumlichen Kontiguität der Perzeptionen, von Übung und Wiederholung sowie von emotionalen und motivationalen Konnotationen ab. Die beiden Hälften des zere-

101

bralen Kortex sind mit unterschiedlichen Funktionen beteiligt. Man hat Hinweise dafür gefunden, dass die linke Hemisphäre stärker logisch, mathematisch und verbal, die rechte Hemisphäre mehr künstlerisch, räumlich, musikalisch und emotional bestimmt ist. Allerdings gibt es nachgewiesene Überlappungen bei den zerebralen Funktionen der beiden Hirnhälften.

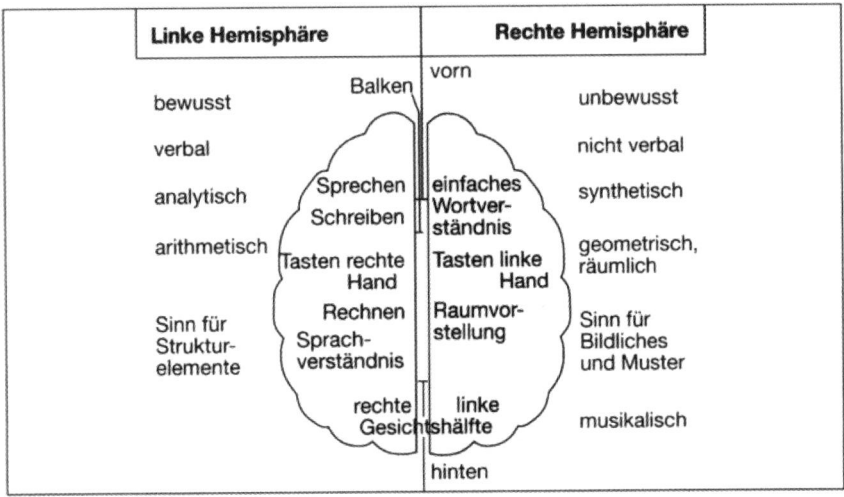

Die Hemisphären des Großhirns

Im jeweils vorderen Bereich der Hälfte ist der Ort der Aktivitäten, im hinteren werden Wahrnehmungen verarbeitet, wobei offenbar im Gehirn immer Körperempfindungen, Emotionen, Gedanken und Handlungen zusammenwirken.

Der präfrontale Kortex hat – wie erwähnt – koordinierende und exekutive Funktionen; er steht mit allen sensorischen und motorischen Bereichen des Gehirns in Verbindung. Seine exekutiven Funktionen umfassen z. B. emotionale Kontrolle, Motorik, Intelligenz, Planung, Einschätzung, Entscheidung, Problemlösung, Urteil, Vorstellungen, Sprache, Motivation, Verhaltenskontrolle, Ausdauer. Im präfrontalen Kortex fallen Entscheidungen und werden Handlungsziele generiert. Dabei hängen die Entscheidungen, die der Mensch trifft, nicht nur vom jeweiligen Situationskontext, sondern zugleich auch von seiner Persönlichkeit, seinen individuellen Zielen, seiner Biografie und seinem Selbstbild ab. Alle Entscheidungen und Problemlösungen sind personenbezogen. Im menschlichen Gehirn gibt es ferner sogenannte Spiegelneuronen (mirror neurons). Diese versetzen den Menschen in die

Lage, die Handlungen und Emotionen eines anderen durch aufmerksame Beobachtungen mitzuvollziehen und nachzuvollziehen. Aus den bei anderen Menschen beobachteten Muskelkonstellationen kann das Gehirn die dahinter liegenden Gefühle und Intentionen gewissermaßen rekonstruieren. Die Spiegelneuronen bilden die Grundlage der emotionalen und sozialen Intelligenz des Menschen, für ein Verstehen ohne Worte und für sein soziales Engagement.

 Zusammenfassend lässt sich über den Lehr-Lern-Prozess aus neurowissenschaftlicher Sicht der folgende Verlauf rekonstruieren:

- Input: Informationen erreichen als sensorische Eindrücke den dafür zuständigen hinteren Gehirnbereich, wo sie vor allem durch die Koordination des präfrontalen Kortex in Handlungen des Denkens, Planens und Entscheidens verarbeitet werden.
- Verarbeitungsprozess:
  - Neue Informationen werden mit vorhandenen Informationen sensorisch-motorischer, kognitiver, emotionaler Art, die in verschiedenen Gehirnbereichen lokalisiert sind, zu Netzwerken verbunden, die sich über das ganze Gehirn verteilen.
  - Daraus ergibt sich eine persönliche Konfrontation, die z. B. zu einer kognitiven oder emotionalen Stellungnahme veranlasst und den Menschen seiner diesbezüglichen Kenntnis oder Unkenntnis, Emotion oder Einstellung vergewissert.
  - Je nach Art dieser Selbstvergewisserung entsteht die Absicht, der „Sache" weiter nachzugehen; der Mensch entwickelt dazu Handlungspläne, wodurch die Perspektive geweitet und eine Zielpräzisierung durchgeführt wird.
  - Durch die sprachliche Umsetzung dieser Zielsperspektive kommt es zu einer Klärung der Bedeutung der „Sache" für den Menschen und zum Erfassen der dahinter liegenden Idee.
  - Ist es zu einer begründeten und gesicherten Position angesichts „der Sache" gekommen, ist der Mensch in der Lage, das so Gelernte zu transferieren und divergent zu verwenden. (nach Fuster 2003)

Nach G. Friedrich (2005), einem der führenden Vertreter dieses Theoriemodells, stellt sich die Neurodidaktik die Aufgabe, Erkenntnisse der Hirnforschung für die Didaktik zu erschließen und auf ihre Nutzbarmachung zu überprüfen. Theoretisch orientiert sie sich an der neurobiologisch akzentuierten Kognitionswissenschaft mit ihrem konnektionistischen Paradigma, d.h. der internen Repräsentation und der empirisch erfassbaren neuronalen Verbindungen beim Lernen. G. Friedrich schließt dabei nicht aus, dass das naturwissenschaftlich geprägte Bild vom Menschen pädagogisch-didaktisch mit einem geisteswissenschaftlichen (hermeneutisch-phänomenologisch akzentuierten) zusammengeführt werden kann.

Beim Lernen durch Wahrnehmen, Denken, Fühlen, Sprechen und Handeln sind neuronale Netzwerke aktiv. Die Verzweigungen der Axone, von denen Signale an die synaptischen Kontaktstellen anderer (Ziel-)Neuronen ausgehen, machen die für das Lernen so wichtigen Netze möglich. Am Anfang des Lebens verfügt der Mensch über genetisch vorgegebene Verschaltungen im Gehirn, auf deren Basis er durch Umweltinteraktionen Verbindungen zwischen den Neuronen herstellt oder auch löst. Neue synaptische Verbindungen können auf der Basis vorhandener immer wieder (lebenslang) hergestellt werden, bestehende synaptische Verbindungen werden dadurch ggf. noch verstärkt. Sie können aber auch geschwächt oder aufgelöst werden, wenn sie zum Beispiel lange Zeit nicht mehr aktiviert werden. Aktivität fördert demnach den Aufbau und die Stabilisierung der Neuronennetze, Passivität führt zu deren Abbau. Alle Gedächtnisinhalte sind als Netzstruktur angelegt, bei der konkrete Situationen, Erlebnisse, Orte und olfaktorische Wahrnehmungen als Zusammenhang und räumlich, zeitlich oder logisch geordnet im Gehirn vorliegen. Abgespeichert wird das jeweils Wesentliche komprimiert. Deshalb kann ein ganzer Sachverhalt erinnert werden, wenn ein einziger „Schlüsselbegriff" dazu abgerufen wird. Die „Spuren" im Gedächtnis sind umso ausgeprägter, je mehr beim Gelernten persönliche Bedürfnisse, Emotionen, Aufmerksamkeit, bestimmte Erwartungen, Interessen und Übung mitspielen.

Die neurobiologischen Forschungsergebnisse zum Lernen werden von der Neurodidaktik in den wissenschaftstheoretischen Kontext der Gestalt- und Ganzheitlichkeitspsychologie und der Humanistischen Psychologie/Pädagogik gestellt. Sie belegen die Bedeutung der Mustererkennung und größtmöglichen Ordnung bei den Vorgängen der Wahrnehmung, des Denkens, des Fühlens und des Handelns und verstehen diese als aktive Sach- und Konstruktionsprozesse. Neurowissenschaftliche Untersuchungen stellen ferner heraus, wie wichtig Kompetenzorientierung statt Defizitorientierung beim lernenden Menschen ist. (Friedrich 2005; Friedrich/Preiß 2003)

Grafisch veranschaulicht G. Friedrich (2005, S. 255) das Theoriemodell der Neurodidaktik in Form eines (gegenüber dem traditionellen Schema Reiz→Lernen→Verhalten) erweiterten Modells des Lernens:

Erweitertes Modell des Lernens

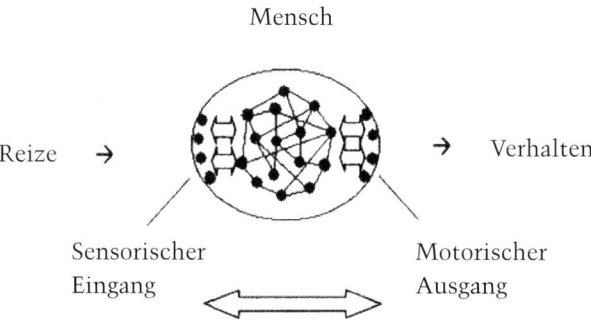

Individuelle Ziele bestimmen Erleben und Verhalten

Lernen wird hier als Änderung der Konnektivität neuronaler Netze dargestellt, die durch eine bewusst gewordene sensorische Erregung veranlasst wird, wobei das Gehirn von Anfang an die eingehende Information in Merkmale zerlegt, diese parallel und vernetzt verarbeitet und dann zu einer Ganzheit zusammenfügt, wobei individuelle Ziele und Sinnzusammenhänge für die Wahrnehmung, die Verarbeitung und das Verhalten maßgeblich sind. Dabei handelt es sich um einen zirkulären Zusammenhang zwischen Lernumgebung und lernendem Individuum (Subjekt).

Aus der neurodidaktisch fundierten Netzvorstellung vom Lernen ergeben sich Konsequenzen für die Didaktik, die bisherige Grundsätze z. T. bestätigen und vertiefen, z. T. korrigieren und z. T. durch neue ergänzen und ersetzen. Als Beispiel dafür lassen sich die folgenden Anforderungen an den Lehrer/die Lehrerin und ihre Lehr-Lern-Prozess-Gestaltung verstehen:

- Alles kommt auf das Vorwissen an, da das Gehirn aktiv-selektiv an die wahrzunehmende Umwelt herangeht und sie intern bewertet. Circa 99,9 Prozent aller Neuronen erhalten nämlich ihren Input von anderen Neuronen im Gehirn und senden ihren Output an andere Neuronen im Gehirn. (Spitzer 1996, S. 146 f.)
- Selbermachen, Aktivität ist entscheidend für optimal verlaufende Lehr-Lern-Prozesse.
- Durch Training/Üben wird die strukturelle Komplexität der neuronalen Architektur maßgeblich gesteigert.

- Die sensiblen Phasen für die Ausbildung verschiedener Hirnfunktionen während der Kindheit verlangen danach, das Richtige zur richtigen Zeit durch eine hinreichend anregende Umwelt zur Verfügung zu stellen; die Neugier und Wissbegierde der Kinder geben Aufschluss über deren sensible Phasen, man muss sie deshalb ernst nehmen.
- Wichtig ist es, Kindern und Jugendlichen vielfältige Kommunikationsmöglichkeiten (rationale Sprache sowie bildnerische, musikalische, mimische, gestische und tänzerische Ausdrucksformen) zur Verfügung zu stellen, um ihre Kommunikationsfähigkeit entstehen zu lassen.
- Der Lernprozess ist erst dann vollständig, wenn der Schüler in der Lage ist, die Anforderungen einer Lernaufgabe zu verstehen, einen Entwurf für ihre Lösung zu erstellen, den Lösungsweg zu planen und zielorientiert umzusetzen (vgl. die Funktionen des präfrontalen Kortex); er muss das mögliche Ergebnis voraussehen können, sich Ziele setzen und diese planen, seine Emotionen kontrollieren, flexibel an die Umsetzung des Plans gehen und sich dabei selbst steuern. Dazu benötigt er Vorwissen/Fachwissen, Eigenständigkeit beim Denken und Handeln, Lern- und Arbeitstechniken, strategisches Wissen und Können, selbstreflexives Vergewissern und soziale Kompetenz beim Ausführen des selbstgesetzten Ziels. (Caine u.a. 2004) Dementsprechend sollten Lehr-Lern-Prozesse an sinnliche und emotional positiv besetzte Erfahrungen der Schüler anknüpfen, in soziale Interaktionen eingebettet sein, ihre eigenen Ideen und Interessen berücksichtigen, an ihre vorhandenen Denk-, Gefühls- und Handlungsmuster angeschlossen werden können. Es sollte ein anregender und herausfordernder Lern-Kontext vorhanden sein, und man soll ihnen zur Reflexion über ihr Tun und ihren Lernweg Zeit geben. Generell gilt: Ihre individuelle Lernweise muss beim Lehr-Lern-Prozess Berücksichtigung finden.
- Beim Lehren ist auf drei Aspekte besonders zu achten: Das Lehren muss (1) in einem für die Schülerinnen/Schüler emotional möglichst optimalen Klima erfolgen, damit sie eine „entspannte Aufmerksamkeit" (R. Caine) entwickeln können, (2) an Schülererfahrungen anknüpfen und ihnen Möglichkeiten eröffnen, Fragen zu stellen und deren Beantwortung selbst zu realisieren, und (3) den Schülern ermöglichen, dadurch aktives Wissen aufzubauen, dass ihnen dessen Bedeutung klar wird, dass sie es konsolidieren und für neues Fragenstellen heranziehen.

2 Didaktische Konzeptionen

Didaktische Konzeptionen, auch Unterrichtskonzeptionen genannt, sind von Unterrichtstheorien einerseits und Unterrichtsmethoden andererseits abzugrenzen.

> Unterrichtskonzeptionen werden als markante Gestaltungsformen, Stilformen, Profilierungen, Orientierungen oder Inszenierungsmuster von Unterricht definiert, die einen geringeren Anspruch auf Allgemeingültigkeit haben als Theorien und einen umfassenderen als Unterrichtsmethoden. Man könnte sie als Theorien 2. Grades bezeichnen.

Die in der Fachliteratur zu findenden Unterrichtskonzeptionen haben teilweise einen weiteren, teilweise einen engeren Geltungsbereich. Aus diesem Grund werden didaktische Konzeptionen auch als Grundformen des Unterrichts bezeichnet.

2.1 Lehren als direkte Steuerung: der Lehrergesteuerte Unterricht

Die Grundform des „Lehrergesteuerten Unterrichts" wird auch als direkte Instruktion bezeichnet. Mit der Bezeichnung „Lehrergesteuerter Unterricht" wird zum Ausdruck gebracht, dass Planung, Organisation und Evaluierung des Lehr-Lern-Prozesses in der Regie des Lehrers/der Lehrerin stehen. Unter direkter Instruktion ist weder Paukunterricht noch Drill in Form des lehrerzentrierten Frontalunterrichts zu verstehen, sondern eine Lehrform, bei der die Lerner aktiv und konstruktiv, allein, mit Tutoren oder in Gruppen arbeiten, bei denen sie aber zum Erreichen maximaler Lern- und Leistungsfortschritte der Expertise und didaktischen Leitung eines Lehrers bedürfen. Aufgabe des Lehrers als „Instrukteur" ist es dabei, für die Schüler angemessene Lehrziele festzulegen, den Lernstoff in fachlich sinnvolle Lerneinheiten zu zerlegen, anhand von geeigneten Fragen und Problemstellungen das notwendige Wissen zu vermitteln bzw. von ihnen hervorbringen zu lassen, es durch ausreichende Übung und Lernzeit zu sichern, bei Lernschwierigkeiten Hilfe anzubieten und den Lernfortschritt jedes Einzelnen zu kontrollieren. „Lehrergesteuertes Lernen" ist also eine Lehrform, die vom Lehrer schülerorientiert vorgeplant ist und so das Verstehen des Lernstoffs fördert. Wissensdefizite oder Verständnisprobleme werden durch sachlogischen Aufbau, systematisches Vorgehen und engen Inhaltsbezug ausgeschlossen, unproduktive Lernumwege vermieden. Wird in dieser Weise vorgegangen, hat die direkte Instruktion – wie empirische Untersuchungen belegen – bei größeren Lerngruppen die größten Leistungszuwächse und besten individuellen Lernergebnisse (auch bei schwächeren Lernenden) im Bereich sogenannten intelligenten Wissens vorzuweisen. Mit intelligentem Wissen sind nicht mechanische Kenntnisse oder die passive Verfügbarkeit von Fakten gemeint; intelligentes Wissen ist vielmehr „ein wohlorganisiertes, disziplinär, interdisziplinär und lebenspraktisch vernetztes System von flexibel nutzbaren Fähigkeiten, Fertigkeiten, Kenntnissen und metakognitiven Kompetenzen", kurz: verfügbares Wissen (Weinert 1998, S. 115). Dieses ist nicht durch formale Techniken des Lernenlernens, auch nicht durch Schlüsselqualifikationen oder selbstbestimmte intrinsische Lernmotivation der Lernenden zu erreichen.

> Unterrichten als direkte Steuerung des Lernprozesses:
> – Der Lehrer plant, gestaltet und überprüft den Lehr-Lern-Prozess, agiert als Experte für die Lernziele und Lerninhalte und für deren Vermittlung an Schüler, führt „Regie", nutzt dabei aber vielfältige Methoden und Medien aus.
> – Ziel ist der Erwerb intelligenten Wissens durch die Schüler.

Lehrergesteuerter Unterricht beinhaltet zwar die Lenkung der Informationsvermittlung durch den Lehrer, ist aber in methodischer Hinsicht schülerorientiert. Aufgabe des Lehrers ist es hier, dafür zu sorgen, dass sich die Schüler trotz ihrer unterschiedlichen Lernbedingungen auf aktive Weise die für den Aufbau ihrer Kompetenzen notwendigen Lerninhalte aneignen können. Das setzt natürlich voraus, dass er die Lern- und Leistungsunterschiede seiner Schüler genau kennt und berücksichtigt. Er muss also seinen Unterricht gründlich unter Berücksichtigung von Differenzierung und Schülerselbstständigkeit planen und während des Unterrichts mit großem pädagogisch-didaktischen Geschick vorgehen.

Beispiele für diese Unterrichtskonzeption sind:

Der lehrgangsorientierte Unterricht
Unter einem Lehrgang versteht man eine kontinuierlich aufbauende Unterrichtseinheit, bei der Unterrichtsziele und Unterrichtsinhalte für

die ganze Lerngruppe, aber differenziert, geplant und aufbereitet werden. Lehrgänge sollen den Schülerinnen/Schülern zu einer systematisch geordneten Sach- und Methodenkompetenz verhelfen und entsprechen sowohl den fachwissenschaftlichen Anforderungen der Unterrichtsfächer und Lerninhalte als auch den Aufgaben, die die Schule für die Gesellschaft erfüllt (vgl. bes. Qualifikation und Enkulturation). Denn das Aktivieren der Schemata des Vorwissens bei den Schülern und die direkte Lenkung ihrer Wahrnehmungsaktivitäten sind in vielen Fällen entscheidend für erfolgreiches Lernen und Problemlösen.

Der lernziel- oder kompetenzorientierte Unterricht
Geplante Lehr-Lern-Prozesse brauchen Ziele, das ist unstrittig. Der lernzielorientierte Unterricht geht darüber aber hinaus. Er ordnet alle didaktischen Überlegungen bei der Unterrichtsplanung und der Unterrichtsgestaltung den Zielen unter; Unterricht soll zweckrational, kontrolliert und mit höchst möglicher, überprüfbarer Effektivität verlaufen. Der Unterricht wird in seiner Qualität danach beurteilt, ob er beobachtbare und überprüfbare Ziele erreicht. Dazu werden die Lernziele (besser: Lehrziele) eindeutig, nach Lernzielarten und Lernzielhierarchien unterschieden, ausformuliert (Lernzielbeschreibung), in ihrem Anspruchsniveau festgelegt (Lernzieltaxonomie) und in ihrer Überprüfbarkeit vorab geklärt (Lernzieloperationalisierung) – dies alles ganz im Sinne der „Curricularen Didaktik". Vorteile für diese Unterrichtskonzeption liegen in der konsequenten Zielerreichung, in der Transparenz des Unterrichtsverlaufs und in der Evaluationsmöglichkeit für Lehrer, Schüler und Eltern. Kritisiert wird am lernzielorientierten Unterricht das Vorverständnis von Unterricht, dass er völlig planbar sei und dass dessen Erfolge kausal herbeiführbar sind; auch wird die Gefahr gesehen, dass sich der Unterricht auf kognitive (und allenfalls noch pragmatische) Ziele reduziert, weil diese hier präzise zu beschreiben und leichter zu überprüfen sind.
Veranlasst durch internationale Vergleichsstudien wie TIMSS, PISA, IGLU u. a. ist es in den letzten Jahren zu neuen Anforderungen an den Unterricht gekommen: Unterricht soll konsequent auf den Kompetenzerwerb der Schülerinnen/Schüler ausgerichtet werden. Dabei sind mit Kompetenzen lern- und trainierbare Verhaltensweisen gemeint, die aus einer Kombination von Wissen, Verstehen und Können mit Fähigkeiten, Fertigkeiten und Bereitschaften entstehen und die situationsentsprechend angewendet werden können. Kompetenz ist demnach das Potenzial des Menschen, in einem bestimmten Bereich Probleme zu lösen und Anforderungen zu entsprechen. Nachgewiesen wird die

Kompetenz in Tests mit spezifisch konstruierten, ausgewählten Aufgaben. Kompetenz und Lernergebnisse hängen also eng zusammen; Kompetenz wird durch Leistungen nachgewiesen. Zur Beschreibung und Bewertung der Lernergebnisse werden fünf bis sechs Kompetenzniveaus definiert, auf die hin die Aufgaben der regelmäßig stattfindenden Tests (Orientierungsarbeiten, Jahrgangsstufentests) ausgerichtet werden.

Dem Konzept der Kompetenzorientierung liegen zu Kerncurricula weiterentwickelte Lehrpläne zugrunde, die in den einzelnen Fächern/ Lernbereichen nationale Bildungsstandards (Minimalstandards, Regelstandards, Maximalstandards für Kompetenzen) formulieren. Die Bildungsstandards geben Art und Anforderungsgrad der Kompetenzen an, die die Schüler in Lehr-Lern-Prozessen während der dafür vorgesehenen Schul- und Unterrichtzeit schrittweise und abgestuft aufbauen sollen. Zugleich sind sie die Orientierungsgrundlage für die Erstellung von zugeordneten Aufgabenpools, die in Feldtests zur Überprüfung der Schülerleistungen eingesetzt werden. Dies geschieht unter Berücksichtigung allgemeindidaktischer, fachdidaktischer und pädagogisch-psychologischer Erkenntnisse über das Lehren und das Lernen sowie der Anforderungen an eine empirische Bildungsforschung.

Kompetenzorientierter Unterricht ist selbstverständlich an Lehr- bzw -Lernzielen orientiert, fasst diese aber als Kompetenzen auf und akzentuiert sie entsprechend um.

Der wissenschaftsorientierte Unterricht

Wissenschaftsorientierter Unterricht ist ein Unterricht, der sich an den Inhalten, Zielen und Methoden der Wissenschaften ausrichtet. Schüler/ Schülerinnen lernen dabei den Weg und die Haltung systematischer, methodisch geleiteter Erkenntnisgewinnung.

Wissenschaftsorientierung wirkt sich bei der Unterrichtsplanung und Unterrichtsgestaltung dadurch aus, dass der Wissensaufbau in den Schulfächern von Jahrgangsstufe zu Jahrgangsstufe kontinuierlich zum Wissenschaftswissen hingeführt werden soll. Spiralcurricula und Kerncurricula sind die Folge. Als Gefahr der Konzeption des wissenschaftsorientierten Unterrichts wird gesehen, dass die Erziehungsaufgabe des Schulunterrichts vernachlässigt wird, dass wissenschaftliche Aussagen allzu stark (unzulässig) vereinfacht werden müssen und dass „nichtrationale" Unterrichtsmethoden (z. B. Spiel, Übung, Versuch-Irrtum-Lernen usw.) und ästhetisch-sozial-pragmatische Unterrichtsfächer ausgegrenzt werden.

2.2 Lehren als indirekte Steuerung: der Offene Unterricht

„Offener Unterricht" ist ein Sammelbegriff für unterschiedliche Reformansätze, die eine pädagogische, inhaltliche, methodische und organisatorische Öffnung des Lehr-Lern-Prozesses zugunsten von Selbstständigkeit, Eigenverantwortlichkeit, Innovation und Kreativität beim Lernen der Schüler beinhalten.

Im Offenen Unterricht erwerben Schüler/Schülerinnen vor allem Selbstständigkeit, Eigenverantwortlichkeit und metakognitive Kompetenzen. Aus bereitgestellten Lernmaterialien, die mit spezifischen Aufgabenstellungen versehen sind, können die Schüler/Schülerinnen auswählen, bestimmen ihr Arbeitstempo und die Wahl ihrer Lernpartner selbst, können mit allen Sinnen und mit dem Körper lernen, überprüfen ihren Lernweg und ihre Lernergebnisse selbst und finden so zu einer realistischen Selbsteinschätzung ihres Leistungsvermögens, zu einer größeren Kompetenz in Lern- und Arbeitstechniken, zu mehr Freude am Unterricht und zu mehr Konzentration beim Lernen.

Das Lernen der Schülerinnen/Schüler wird hier indirekt über Materialien mit Arbeitsaufgaben, also Lernumgebungen, gesteuert. Eine Lernumgebung besteht aus einem Arrangement von Unterrichtsmethoden, Lern- und Arbeitstechniken, Lernmaterialen und Medien mit Bezug zu schulischen und außerschulischen Verwendungssituationen. Die Schüler lernen an authentischen Problemen, in multiplen Kontexten, mit multiplen Perspektiven und im sozialen Austausch.

> Unterrichten als indirekte Steuerung des Lernprozesses:
> - Der Lehrer plant den Unterricht durch die Auswahl von Materialien mit differenzierten Arbeitsaufträgen (Lernumgebung), führt in die Lernumgebung ein, lässt die Schüler dann selbstständig daran arbeiten und das Gelernte kontrollieren; er diagnostiziert währenddessen deren Lernverhalten, steht als Lernberater zur Verfügung und erfasst ihre Lernergebnisse.
> - Ziel ist das selbstständige, eigenverantwortliche und selbstkontrollierte Lernen der Schüler sowie deren Erwerb von metakognitiven Kompetenzen und Handlungsorientierungen.

Charakteristische Merkmale des Offenen Unterrichts im Unterschied zu anderen Unterrichtskonzeptionen sind, dass er

- sich den Fragen und Interessen der Beteiligten öffnet,
- die Verschiedenheit (Heterogenität) der Schüler und Schülerinnen ernst nimmt,
- Alltagserfahrungen beachtet und das Lernen an außerschulischen Lernorten vorsieht,
- sich um eine Schüler aktivierende und handlungsorientierte Methodenvielfalt bemüht,
- die Mündigkeit der Schüler/Schülerinnen durch Selbstständigkeit und Selbstverantwortung fördert,
- Lernen über Fächergrenzen hinaus praktiziert,
- die Bedeutsamkeit des Lernens erfahren lässt,
- aus Lehrenden Lernberater und Lernhelfer macht,
- ein mehrdimensionales Verständnis von Leistung hat: Leistung als fachliches Wissen und Können, als sozialkommunikatives Verhalten, als Kompetenz in Lernmethoden/Arbeitstechniken/Lernstrategien sowie als Ichkompetenz (Selbsterfahrung und Selbstbeurteilung),
- neue Formen der Leistungskontrolle einsetzt wie z. B. Portfolio, Lerntagebuch, Gruppenleistung usw.

Durch das selbstständige und selbstkontrollierte Lernen entwickelt der Schüler Neugier und Interesse, Experimentierlust, Kreativität und Fantasie. Auch lernt er, sich besser zu konzentrieren und mit anderen zusammenzuarbeiten.

Entgegen anfänglicher Erwartungen hat sich seit einigen Jahren unter dem Druck empirischer Untersuchungen (vgl. Jürgens 1996; Jürgens 1997) die Meinung durchgesetzt, dass Offener Unterricht seine positiven Lern- und Verhaltenseffekte nur in Verbindung mit Lehrergesteuertem Unterricht entfalten kann. Bezogen auf die Lernzeit erreichen die Schüler hier weniger Inhaltswissen als in Lehrergesteuertem Unterricht. Ferner wurde eine Überforderung von Schülern mit Lernproblemen bei dieser Unterrichtskonzeption festgestellt.

Beispiele für diese Unterrichtskonzeption sind:

Materialgeleitetes Lernen/Freie Arbeit

Beim materialgeleiteten Lernen verbinden sich Ideen von M. Montessori zur „vorbereiteten Umgebung", zum „(Arbeits-)Material" und zur „Freien Wahl der Arbeit (Freiarbeit)" mit solchen von C. Freinet, speziell seiner Einrichtung von „Arbeitsateliers" und seinen „Techniken" (Freier Ausdruck des Kindes in Texten und Bildern, Schuldruckereiarbeit, Karteikartenarbeit, selbstständige Informationsbeschaffung mit Hilfe der Arbeitsbibliothek, Experimentieren, manuelles Arbeiten usw.).

In speziellen Ecken des Klassenzimmers sind beispielsweise in Regalen, Schränken und auf Tischen lehrplanbezogene, differenzierte Arbeitsmaterialien bereitgestellt, mit denen sich die Schülerinnen und Schüler die Lerninhalte selbsttätig erarbeiten können. Die Schülerinnen und Schüler haben im regulären Schulunterricht günstigstenfalls 1-2 Stunden pro Tag die Möglichkeit auszuwählen, mit welchen Materialien sie sich beschäftigen wollen, wie lange sie das tun möchten, welchen Schwierigkeitsgrad sie bevorzugen, ob sie allein oder mit anderen zusammen arbeiten. Ordnungsverhalten, Konzentration, Selbsttätigkeit, Neugier und Freude am Lernen sind die erwartbaren Folgen dieser wahlfreien Lerntätigkeit bei den Kindern und Jugendlichen. Lehrplankonform einsetzbar ist das materialgeleitete Lernen in allen Schulfächern aller Jahrgangsstufen und Schulformen, insbesondere zu Übungs-, Transfer- und Anwendungszwecken.

Werkstattunterricht
Eine Werkstatt in der Schule besteht aus einer Anzahl von Aufträgen, die von den Schülern/Schülerinnen selbstständig bearbeitet werden können, mit dazugehörigem Material und Handwerkszeug. Aufträge und Material sind vom Lehrer vorbereitet und strukturiert. Dafür können die Schüler/Schülerinnen selbst bestimmen, welche Aufträge sie erledigen wollen und in welcher Reihenfolge. Dazu ist das Klassenzimmer zu einem Raum mit Arbeitsbereichen umgestaltet, in denen Lernangebote, bestehend aus Selbstlernmaterialien mit Arbeitsaufgaben, für die Schüler frei zugänglich und motivierend offeriert werden. Bei der Werkstatt im Rahmen des regulären Schulunterrichts unterscheidet man zwei Grundformen: die themen- und zielorientierte Werkstatt und die offene Werkstatt. Themen- und zielorientierte Werkstätten orientieren sich in der Regel am Lehrplan und stehen in Zusammenhang mit dem Lernstoff der Hauptfächer des Schulunterrichts. Solche Werkstätten können als Lernbuffet/Lerntheke, als Lernzirkel oder Stationen-Modell und als Arbeitsplan-Modell gestaltet sein. Offene Werkstattangebote richten sich nicht nach curricularen Vorgaben, sondern machen freie Lernangebote, die die Wahrnehmung, den ästhetischen Ausdruck und die Gestaltung bei Schülern fördern können. Der Prozess des Tuns, der Arbeit selber, ist wesentlicher Sinn dieser Werkstattangebote. (Blömeke/Bosse/Görlich 1999, S. 14)
Bei der Auswahl der Lernstationen kann der Lehrer/die Lehrerin durch die Angabe von Pflichtaufgaben, Wahlpflichtaufgaben und Wahlaufgaben im Sinne der Sicherung von Mindestwissen für alle und zum Zwecke der Differenzierung steuernd eingreifen.

Gemeinwesenorientierter Unterricht

Gemeinwesenorientierung, ein Begriff aus der Sozial- und Jugendarbeit mit Tradition in der Erziehungsphilosophie J. Deweys, in C. Freinets Pädagogik, englischen und amerikanischen Educational-Priority-Areas oder City-as-school-Projekten, meint die Öffnung der Schule gegenüber dem kommunalen und regionalen Umfeld, heißt „learning by doing" im Austausch zwischen Schule und Stadtteil oder Nachbarschaft, bedeutet die Auflösung der Distanz zwischen der Schule und ihrem Umfeld und die Rückführung des Lernens in die Lebenswelt. (Hölin 1983) Das heißt in der Praxis, schulexterne Personen am Unterricht und am Schulleben zu beteiligen sowie Lernorte aus dem lokalen Umfeld für schulische Bildungszwecke zu nutzen. (Manke 1989) Gemeinwesen und Schule sollen miteinander vernetzt werden, institutionalisiertes Lernen und gesellschaftliche Praxis zusammenkommen. Gemeinwesenorientiertes Unterrichten verbindet nicht nur in pädagogisch sinnvoller Weise Lernen und Leben, sondern leistet auch einen sozialpolitischen Beitrag, erweist sich als Teil des soziokulturellen Wirkungssystems eines Dorfes, einer Stadt oder eines Stadtteils. Durch eine solche Verknüpfung der Bildungs-, Sozial- und Kulturarbeit können in der Schule konkrete, lokal begrenzbare und lebensweltlich bedeutsame soziale Problemlagen bearbeitet und den Schülern als etwas, das sie unmittelbar angeht, nahegebracht werden.

2.3 Lehren als kooperative Steuerung: der Lehrer- und Schülergesteuerte Unterricht

Außer intelligentes Wissen, Selbstständigkeit und Metakognitionen zu erwerben, müssen Schüler/Schülerinnen auch Gelegenheit bekommen, das Gelernte und Erfahrene richtig, aktiv und kreativ einsetzen zu können. Dafür geeignet ist der von Lehrer und Schülern gemeinsam gesteuerte Unterricht als eine Form der kooperativen Instruktion. Formen sind Projektarbeit, Lernen in Lernteams, lebenspraktische Recherchen, Entdeckendes Lernen, Erfindendes Lernen usw. Hier kann von einer kooperativen Instruktion gesprochen werden, weil der Lerninhalt und die Lernziele nicht vom Lehrer allein für die Schüler vorentschieden sind; vielmehr wirken auch die Schüler mit eigenen Ideen - und mit vom Lehrer nicht vorhersehbarem Effekt - bei der Zielfindung und Inhaltsbestimmung mit. Zwar muss der Lehrer die Schüler auf diese Vorgehensweise vorbereiten (Vorabinformation, Einüben der Methoden z. B. des Beobachtens, Experimentierens, der Arbeit in Gruppen usw.,

Abstecken des inhaltlichen „Terrains"), dennoch ist es für das Gelingen solchen Unterrichts unabdingbar, dass die Schüler aus Forscherdrang, Neugier, Interesse und auch aus dem Flow-Erlebnis der selbstinitiativen Problembearbeitung heraus eigenständige und vom Lehrer nicht kalkulierbare Beiträge liefern und erarbeiten. Der Erfolg dieser Instruktionsstrategie hängt aber entscheidend davon ab, ob bei den Lernenden kognitive und metakognitive Kompetenzen (Vorwissen, Kenntnis des Wissensaufbaus und des eigenen Lernens usw.) in ausreichendem Maße vorhanden sind, ob bei ihnen die erforderlichen motivationalen und volitionalen Voraussetzungen gegeben sind sowie ob sie über die notwendigen „Techniken" der Handlungsvollzüge und der Selbstmanipulation von Gefühlen, Einstellungen und Aufmerksamkeitsverteilungen verfügen. (vgl. Weinert 1996)

> Unterrichten als kooperative Steuerung des Lernprozesses
> – Der/die Lehrende plant Unterrichtseinheiten als Projekte, Recherchen oder Untersuchungen vor, beteiligt dann aber die Schüler mit ihren Ideen und Vorschlägen an der Gesamtplanung, Durchführung und Ergebnissicherung.
> – Ziel ist der Erwerb von Strategien der Wissensnutzung, der lebensnahen/realitätsnahen Wissensgenerierung und der Entwicklung einer eigenständigen Frage- und Analysekompetenz.

Beispiele für diese Unterrichtskonzeption sind:

Der Projektorientierte Unterricht

Der Projektbegriff (lat. proiectum = das Vorentworfene) basiert auf den Gedanken des amerikanischen Philosophen und Pädagogen John Dewey († 1952). Als Anhänger des Pragmatismus und als überzeugter Demokrat vertrat er das Prinzip „learning by doing", damit Kinder und Jugendliche lernen, (gesellschaftliche) Probleme zu sehen, aufzugreifen und zu lösen, und damit sie ihr Recht wahrnehmen, kooperativ mit anderen ihre kulturellen, sozialen, politischen und ökonomischen Verhältnisse selber zu regeln. Sie sollten „denkende Erfahrungen" machen können. Erkennen und Tun sind nämlich nach der Meinung J. Deweys zusammen die spezifisch menschliche Weise der Auseinandersetzung mit der Welt. Neuere Projektforscher sehen im Projekt einen gemeinsamen Versuch von Lehrern und Schülern, Leben, Lernen und Arbeiten zur Lösung eines gesellschaftlich wichtigen oder interessanten Problems zu verbinden.

Folgende Merkmale kennzeichnen ein Projekt: Situationsbezug, Orientierung an den Schülerinteressen, -bedürfnissen und –fragen, ein Gegenstandsbereich mit gesellschaftlicher Praxisrelevanz, gemeinsame zielgerichtete Planung. Selbstorganisation und Selbstverantwortung der Schüler, Einbeziehen vieler Sinne, soziales Lernen, Produktorientierung und Interdisziplinarität. (H. Gudjons)

Forschendes und entdeckendes Lernen

Beim forschenden und entdeckenden Lernen müssen Schülerinnen/ Schüler ihr vorhandenes Wissen aktivieren, um einen fremden Gegenstand, ein unerklärliches Phänomen, ein vermeintlich unlösbares Problem, eine spannende Beobachtung oder eine irritierende Erfahrung genau zu untersuchen und für sich selbst zu klären. Unmittelbar oder didaktisch vermittelt wird die reale Wirklichkeit dem Schüler plötzlich fragwürdig und fordert seine Problemlösekompetenz heraus. Er muss sich nun dazu Aufgaben stellen, ein Forschungsprogramm oder Erkundungsdesign entwerfen und vielfältige Aktivitäten entwickeln (wie systematisch beobachten, experimentieren, untersuchen, analysieren, ausprobieren, recherchieren, befragen, herstellen, erfinden, darstellen usw.), um durch reflektiertes Selbertun zur Lösung zu kommen. Forschendes und entdeckendes Lernen ist infolgedessen ein exploratives, reflexives, konstruktives und erfahrungsgestütztes (formatives) Lernen (Hameyer 2000).

Das Wesen des forschenden und entdeckenden Lernens ist die selbstständige Lerntätigkeit des Schülers. Dennoch geht es auch dabei nicht ohne das didaktische Arrangement des Lehrers. Von seiner Vorplanung und Mitwirkung hängt der Erfolg dieser Unterrichtskonzeption ab. Auch das forschende und entdeckende Lernen ist folglich teilweise gelenktes Lernen. Denn um didaktisch erfolgreich zu verlaufen, müssen Themen, Medien und Erfahrungsmöglichkeiten vom Lehrer geplant und vorbereitet werden. (Hameyer 2000)

Der wertorientierte Unterricht

Werte sind einerseits subjektive Wertzuordnungen und Wertsetzungen (etwas ist für jemanden von besonderem Wert), andererseits sind Werte auch etwas Objektives, etwas transsubjektiv Verbindliches, das die Grundlagen des menschlichen Lebens absichert. Die Wertorientierung des Unterrichts besagt, dass das schulische Lehren und Lernen auf Werte auszurichten ist, da der Mensch von seinem Wesen her auf Werte hin denkt und handelt (Transzendenz). Dabei soll der wertorientierte Unterricht nicht nur Informationen über Werte geben, sondern auch

Einsichten darüber vermitteln, inwiefern sich bei den Lerninhalten Wertfragen stellen, welche Werte durch einen Lerninhalt repräsentiert werden, wie sich die im Lerninhalt enthaltenen Werte auf die Lebensgestaltung heute auswirken und welche Handlungskonsequenzen sich daraus für den Einzelnen in einer demokratischen Gesellschaft ergeben. Dass die Schülerinnen und Schüler sich ihrer eigenen Werte bewusst werden, ist im wertorientierten Unterricht ein erster wichtiger Schritt. Doch ist die Werteerziehung damit nicht schon erledigt; zu ihr gehört auch eine Orientierung über Werte, die heute vertreten werden müssen. Denn Wertungen sind nicht eine Angelegenheit des individuellen Beliebens; überindividuelle Verbindlichkeiten müssen zur Sprache gebracht werden, an die sich im demokratischen Staat alle zu halten haben.

Allerdings ist zu bedenken, dass die Schule bei der Wertorientierung der Schülerinnen/Schüler in großer Konkurrenz zur wertepluralistischen Verhaltenspraxis in der derzeitigen Risiko-, Erlebnis- und Konsumgesellschaft steht; auch muss sie sich von jeder ideologischen Indienstnahme freihalten. Bei aller notwendigen Vorplanung des Unterrichts ist dessen Erfolg zutiefst davon abhängig, ob und wie sich der Schüler auf die Wertorientierung einlässt und sich selbst in seinem Denken und Handeln davon verpflichten lässt.

3 Didaktische Praktiken

> Auf der Ebene der Theorien 1. Grades sind die zahlreichen Handlungsanweisungen und Praxishinweise anzusiedeln, die Lehrerinnen und Lehrer aus persönlichen Erfahrungen mit dem Unterrichten und Lernen in der Schule im Laufe ihrer Dienstjahre formulieren.

Das didaktische Handlungsrepertoire von Lehrerinnen und Lehrern wird in der Tat durch eine Fülle von Rezepten aus dem Schulalltag und für diesen angereichert. Sie sollen als Dompteursregeln die Gefährdung der Machtbalance zwischen Lehrern und Schülern verringern oder als Ökonomieregeln einen zügigen und (meist lehrer-)sicheren Unterrichtsfortgang gewährleisten. Ihr Praxisbezug ist unmittelbar gegeben, ihr Grad an Reflexion oft ungeklärt, manchmal minimal. Dennoch konzentrieren und tradieren sich in den Unterrichtsrezepten bedeutsame Elemente des praktischen Berufswissens, das Lehrerinnen und Lehrer im konkreten Schulalltag erworben haben. Da es sich um Empfehlungen von Praxiserfahrenen an (meist jüngere) Lehrerkollegen handelt, spiegelt sich in ihnen sowohl reflektiertes Expertenwissen als auch unreflektiertes Routine- und resignatives Gewohnheitsverhalten wider. Im ersten Falle dient es als lokales Praxiswissen der didaktischen Theoriebildung im Sinne eines Forschungsimpulses; im zweiten Falle bedarf es der Infragestellung und Korrektur durch die Theorie. Beispiele für beide Arten von Unterrichtskonzepten sind Praxishinweise wie die folgenden:

- Die Zügel am Anfang straff halten, damit man sie später lockern kann!
- Immer die ganze Klasse im Auge behalten und Blickkontakt wahren!
- Einem auffälligen Schüler soll man die Möglichkeit zur positiven Bestätigung geben, ihm z.B. ehrenvolle Sonderaufgaben stellen oder ihn zum „Fachmann" für ein bestimmtes Thema erklären!
- Was der Lehrer einmal gesagt hat, gilt!
- Wenn die Klasse unruhig ist, leiser reden oder ganz schweigen!
- Wenn Unruhe herrscht, die Schüler irgendetwas von der Tafel abschreiben lassen!
- Bei Unruhe in der Klasse nicht alle Schüler gemeinsam ermahnen, sondern einzelne Störer beim Namen nennen!
- So viel Tempo in den Unterricht bringen, dass die Schüler keine Zeit haben, Schwierigkeiten zu machen!
- Wenn man den Schülern zu Beginn der Stunde sagt, dass sie nicht erledigte Dinge zusätzlich als Hausaufgabe aufbekommen werden, arbeiten sie schneller!
- Schülerfragen nicht übergehen, sondern in den Unterrichtsablauf einbauen!
- Hausaufgaben immer überprüfen; sonst reißt es ganz schnell ein, dass sie nicht gemacht werden!
- Nicht in die Pause hinein unterrichten! usw.

4   Besonderheiten didaktischer Theorien

Die Schwierigkeiten didaktischer Theoriebildung erwachsen in erster Linie aus den Besonderheiten ihres Gegenstandsfeldes bzw. Wirklichkeitsbereichs.

Im Unterschied zu mathematischen, logischen oder naturwissenschaftlichen Theorien weist die Didaktiktheorie nämlich einige Spezifika auf:

a. Didaktisches Tun ist immer interpersonales Handeln und Verhalten.

Die Unterrichtsziele, die der Lehrer nach Maßgabe des Lehrplans anstrebt, müssen von den Schülern zu Zielen ihres eigenen Lernens gemacht werden. Die Unterrichtsinhalte, von denen nicht nur eine instruierende, sondern auch eine bildende Wirkung ausgehen soll, treffen beim einzelnen Schüler auf eine je verschiedene psychische, physische und intellektuelle Disposition, sodass in vielen Fällen der intendierte Effekt nicht vollständig planbar und prognostizierbar ist. Infolgedessen kommt es bei der didaktischen Theorie auch auf die kommunikativ-interaktiven Vollzüge zwischen Lehrer und Schüler an, auf die Einbeziehung ihrer Personalität. Eine Handlung des Lehrers (oder Schülers), die ein sichtbares oder erkennbares Ergebnis (Produkt) hat, produziert oder provoziert eine sinnliche Rückmeldung auf Seiten des Interaktionspartners, die Ausdruck seiner inneren Erfahrung bzw. seines inneren Erfahrungszuwachses ist, wobei diese innere Erfahrung wiederum neue Handlungen ermöglicht oder veranlasst. Dabei laufen sachbezogene Subjekt-Objekt-Interaktionen und soziale Subjekt-Subjekt-Interaktionen im Unterricht immer gleichzeitig und miteinander verbunden ab.

b. Als Theorie einer Praxis muss die Theorie praxisfähig sein und die Praxis theoriefähig.

Es gibt zwischen dem Wissenschaftswissen der Didaktik und dem Erfahrungswissen der Praktiker (Lehrer, Erzieher) keine Identität, allenfalls eine Schnittmenge. Die Theorie gilt auf Grund ihres Allgemeingültigkeitsanspruchs prinzipiell, sie hat angesichts der konkreten, situativen und komplexen Unterrichtspraxis „im Prinzip" recht. Sie leistet Strukturierungshilfe für die Praxis, macht auf Zusammenhänge aufmerksam, gibt dem Lehrer und der Lehrerin Hinweise über den erwartbaren Erfolg bestimmter Aktionen und Reaktionen. Die didaktische Theorie ist eine Orientierungshilfe für die didaktische Praxis. Lehrer und Lehrerin sollen theoriegeleitet unterrichten und erziehen. Angesichts der unplanbaren, komplexen Unterrichtssituation muss allerdings eine experimentelle Einstellung hinzukommen, ein Ausprobieren, wieweit die Theorie zur Praxisbewältigung im konkreten Fall hilft. Denn längst nicht alle Bedingungs-Folge-Zusammenhänge, die der Lehrer tagtäglich beobachtet, sind wissenschaftlich erforscht und als Hypothese verifiziert. Deshalb ist sein Professionswissen für das Wissenschaftswissen der Didaktik von großer Bedeutung.

c. Von der didaktischen Theorie werden qualitative Aussagen über den Unterricht erwartet.

Weder das Professionswissen/Erfahrungswissen noch das Wissenschaftswissen kann die existentielle Frage nach dem Sinn und Gehalt des didaktischen Tuns klären. Didaktische Theorie darf sich aber der Frage nicht verschließen, warum Kinder und Jugendliche einer bestimmten Altersstufe mit diesem oder jenem Lerninhalt befasst werden, warum sie dieses oder jenes Lernziel erreichen sollen, welchen Sinn diese oder jene unterrichtliche Maßnahme hat oder in welchem inneren Sinn- und Zielzusammenhang sie mit anderen Maßnahmen steht. Für eine didaktische Theorie, die im Begründungszusammenhang der Leitnorm „Mündigkeit" steht und im Rahmen demokratischer Gesellschaftsstrukturen praktisch werden soll, muss das letzte apriorische Prinzip der einzelne Schüler mit seinen individuellen Möglichkeiten und seiner durch die Würde als Mensch qualifizierten Personalität sein. Seine Humanität, seine Menschwerdung auf dem Weg über das Lernen der kulturellen Lebensweise seiner Zeit und seines Lebensraumes, ist das maßgebende normative Kriterium für didaktisches Handeln, ist die Bedingung der Möglichkeit, Situationen als pädagogische Herausforderung zu verstehen.

d. Die Basistheorie der Didaktik gilt nur unter Vorbehalt

Wird die Didaktik wissenschaftlich betrieben, so muss sie von folgender Hypothese ausgehen: Das Unterrichten des Lehrers/der Lehrerin in der Schule führt auf Seiten des Schülers/der Schülerin zu intendierten person- und sachbezogenen Lernfortschritten. Oder zu einer Theorie verkürzt:

Unterrichten bewirkt Lernen.

Diese theoretische Aussage fordert zur wissenschaftlichen Überprüfung heraus, unter welchen Voraussetzungen sie Gültigkeit beanspruchen kann. Nach dem derzeitigen Forschungsstand lässt sich sagen: Sie hat nur dann Aussicht auf Verifikation, wenn bestimmte Bedingungen erfüllt sind:

- Das Unterrichten muss zugleich sach-, adressaten- und handlungsorientiert sein.
- Die Sinnhaftigkeit von Unterrichtszielen und Unterrichtsinhalten muss aus den zu lernenden Sachverhalten und durch den Einsatz der Persönlichkeit des Lehrers erfahrbar sein.

- Die Struktur der Unterrichtsinhalte muss in die Denk-, Handlungs-, Gefühls- und Wollensstruktur der Schüler transformierbar und de facto transformiert sein; Sachlogik, Psychologik und Handlungslogik müssen zusammenpassen.
- Die Rahmenbedingungen des Unterrichtens (Schulstruktur, Schulklima, Verhaltensstile) müssen den Zielen und Inhalten förderlich sein.
- Das Lernen muss dem ziel- und inhaltsgerichteten Aktivitätsdrang des Schülers entspringen.
- Das Lernen muss für den Schüler einen Sinn machen.
- Das Lernen erfolgt als selbstständige Konstruktionsleistung des Schülers, als realitätsverarbeitender Aufbau seiner kognitiven Strukturen, seiner Bedürfnisse/Motive/Interessen/Willenshaltungen, seiner emotionalen Schemata, seiner Handlungsstrukturen (Können, Fertigkeiten), seiner physiologischen Reaktionsformen und seiner Überzeugungen/Werthaltungen.
- Es muss dem Schüler möglich sein, die Inhalte und die Intentionen des Unterrichts als notwendige und entscheidende Personalisations-, Sozialisations-, Enkulturations- und Qualifikationshilfe zu verstehen.

Nur in dem Maße, wie die genannten Bedingungen erfüllt sind, lässt sich erwarten, dass Unterrichten das intendierte Lernen initiiert, unterstützt und sichert. Dessen ungeachtet gehen vom Unterrichten grundsätzlich auch unbeabsichtigte und unplanbare Effekte auf das Lernen aus. Das hängt zunächst mit den Individualitäten und Biografien der Lehrer und der Schüler zusammen. Auch die Mehrperspektivität der Unterrichtsinhalte und der hermeneutische Spielraum bei den Unterrichtszielen sind hierfür maßgeblich.

e. Didaktische Theorien sind häufig nur Modelle.
Theoretische Aussagen zum Zusammenhang von Unterrichten und Lernen sind – wie gezeigt – vielfach gemacht worden. Sie enthalten aber unterschiedliche Theoriegültigkeit, was bei der Diskussion um die Didaktik als Wissenschaft und Praxis beachtet werden muss. Manchmal ist statt von Didaktischen Theorien von Didaktischen Modellen die Rede. Dabei wird in der schulpädagogischen Fachliteratur zwischen Theorien, Teiltheorien und Modellen nicht immer klar unterschieden. Verschiedene Gründe sind dafür maßgeblich. Wer den Modellbegriff bevorzugt, will damit in der Regel einen geringeren Grad an Abstraktheit und Allgemeingültigkeit seines Gedankenganges zum Ausdruck

bringen. In einem solchen Falle spricht man auch von „theoretischen Modellen", die für die Theoriebildung wichtige Vorarbeit leisten und der Theorieentwicklung entscheidende Impulse geben. Das Modell hat dann eine heuristische Funktion. Andererseits nutzen Didaktiker die Möglichkeit, ihren Theorieentwurf durch ein Modell (eine Struktur-skizze beispielsweise) zu veranschaulichen oder ausgewählte Faktoren der unterrichtlichen Gesamtwirklichkeit mit seiner Hilfe zu akzentu-ieren, in ihren Zusammenhängen transparent werden zu lassen und sie für die Unterrichtspraxis verfügbar zu machen. In diesen Fällen hat das Modell eine aufklärende und pragmatische Funktion. Hier wie dort fin-den sich die allgemeinen Merkmale des Modells wieder:

- Abbildung/Repräsentation eines Objektbereichs bzw. einer Wirklich-keit,
- Verkürzung/Reduktion der Wirklichkeit entsprechend der Wahrneh-mungsintention des Modellkonstrukteurs,
- Subjektivität/Perspektivität durch Weglassen von als nebensächlich erachteten Attributen oder Faktoren und auf Grund der Wahrneh-mungsfähigkeit dessen, der das Modell erstellt,
- Akzentuierung einzelner und entscheidender Aspekte und Zusam-menhänge,
- Transparenz eines ansonsten komplexen und komplizierten Zusam-menhangs,
- Verwendung als Verfahren der didaktischen Erkenntnisgewinnung oder als Hilfe bei der Unterrichtsplanung und Unterrichtsevaluation.

Die Absicht, differenziertere Einsichten über das Unterrichtsgesche-hen zu gewinnen und neue Erkenntnisse darüber zu fördern, bestimmt nahezu alle Modelle der Gegenwartsdidaktik. Viele von ihnen empfeh-len sich zugleich als (zumindest idealtypische) Planungshilfe für den Unterricht (vgl. W. Klafki, W. Schulz, R. Winkel u. a.).

VI. Auf welchen Prämissen baut die Didaktik auf?

Durch das Unterrichten und Lernen in der Schule soll bei Kindern und Jugendlichen ein geregelter Aufbau ihres Wissens, Könnens, Fühlens und Wollens erfolgen bzw. maßgeblich unterstützt werden. Damit dies überhaupt gelingen kann, d.h. als Bedingung der Möglichkeit dafür, muss zweierlei vorausgesetzt werden: Zum einen muss die Persönlichkeitsentwicklung des Menschen durch bereitgestellte Lernangebote und Lernumwelten in der intendierten Weise zu beeinflussen sein. Zum anderen müssen Welt und Wirklichkeit so zu strukturieren und zu vermitteln sein, dass sie der systematischen Ordnung und Weiterentwicklung der menschlichen Persönlichkeitsfaktoren förderlich sind. Um diese Prämissen klären zu können, bedient sich die Didaktik einer Reihe von Grundannahmen.

1 Anthropologische Grundannahmen

> Die Didaktik geht davon aus, dass der Mensch von Geburt an Person ist und seine Personalität und Individualität durch Lernprozesse ausbildet.

Das Erlernen der dem Menschen eigenen Personalität, d.h. seines durch Wahlfreiheit, Kreativität, Selbstbestimmung und Eigenverantwortlichkeit charakterisierten, mit Würde und dem Recht auf Leben und Entfaltung ausgestatteten Personseins, erfolgt in der Schule über ausgewählte Unterrichtsinhalte, über Selbsttätigkeit und Eigenverantwortlichkeit fördernde Unterrichtsmethoden und Lernarrangements, über den Lehrer als Verhaltensmodell und über ungeplante Lernsituationen innerhalb und außerhalb der Schule. Absichtliche Lernhilfen und unbeabsichtigte Effekte tragen gleichermaßen zur „Genese der menschlichen Person" des Schülers und der Schülerin bei. „Person" (vom etruskisch „phersu": maskierter Unterweltgott oder von lat. persona: Theatermaske in der Antike) meint in diesem Zusammenhang im Sinne der mittelalterlichen Philosophie und seitdem „die geistbegabte Einzelexistenz". „Persönlichkeit" wird heute umgangssprachlich als „hochgestellte, einflussreiche Person", und/oder als Mensch mit bestimmten positiven Verhaltens- und Einstellungsmerkmalen wie moralisches

Engagement, Aufrichtigkeit, Menschlichkeit usw. verstanden. Wissenschaftlich betrachtet ist eine Persönlichkeit ein Mensch mit einem individuellen, relativ stabilen, habituellen und überdauernden Verhalten (Erleben, Handeln) auf der Basis psycho-physischer Merkmale (genetische Informationen, neuronale Strukturen, kognitive Struktur usw.)

1.1 Persönlichkeitsentwicklung als Ko-Konstruktion

Die Entwicklungspsychologie der Gegenwart kennt verschiedene, teils konträre Theoriemodelle:

- Das endogenistische Modell nimmt an, dass es im Menschen einen inneren Plan gebe, der von äußeren Faktoren wenig beeinflussbar (d.h. mehr oder weniger nur in sogenannten „sensiblen Phasen") die Entwicklung bestimmt (Erbtheorie).
- Das exogenistische Modell versteht Entwicklung als durch externe Reize verursacht (Milieutheorie).
- Das konstruktivistische Modell sieht im Menschen den Mitgestalter seiner eigenen Entwicklung, insofern er aktiv und initiativ mit seiner Umwelt umgeht.
- Das interaktionistische Modell besagt, dass sich Mensch und Umwelt permanent gegenseitig beeinflussen und verändern.

Heute spricht man unter Berücksichtigung der beiden letztgenannten Theoriemodelle von Entwicklung als einer Ko-Konstruktion.

Bei der Persönlichkeitsentwicklung des Menschen handelt es sich demnach um einen sich teilweise in Phasen aufbauenden Entfaltungsprozess, der sowohl von den jeweiligen Lebensumständen und Lebensumwelten abhängig ist als auch vom genetischen Programm des einzelnen Menschen sowie von seinen Selbststeuerungskräften. In dynamischer Weise und von Mensch zu Mensch verschieden wirken die drei anthropologischen Strukturfaktoren „Erbanlagen", „Umwelteinflüsse" und „bewusste/unbewusste Selbststeuerung" interagierend und integrierend zusammen. Unter den genetischen Faktoren fasst man die strukturelle Reifung (Altersreife) des Menschen und seine individuellen Anlagen zusammen. Die sozio-kulturellen Faktoren umfassen alle Umwelteinflüsse als Lernangebote des Kulturkreises, des Elternhauses, des Freundeskreises, der Schule, des Wohngebiets, des Nationalempfindens bzw. Nationalbewusstseins usw. Die selbststeuernden Faktoren sind teils bewusst vorhanden bzw. entwickeln sich wie z. B. Arbeitshaltungen, Motivationen, Lebensziele, Lebenspläne, Selbstdisziplin, Streben nach Selbstverwirklichung; sie weisen alle die Tendenz zur Bedürfnisbefriedigung, zur Anpassung an die Umwelt, zur schöpferischen Expansion oder zur Aufrechterhaltung der inneren Ordnung auf. Teils sind die selbststeuernden Faktoren auch dem Einzelnen unbewusst wie Leitbilder oder Leitlinien, Angst, Abwehrmechanismen, Neigung zu Verfestigungen oder das Triebleben in der Auseinandersetzung mit dem Ich und dem Über-Ich.

Die Persönlichkeitswerdung ist ein höchst komplexer, fortschreitender Prozess integrativer Wechselwirkungen zwischen diesen drei Faktoren, wobei jeder der Faktoren bei jedem Menschen anders wirksam ist bzw. sein kann. Infolgedessen ist tatsächlich jeder individuell von jedem anderen verschieden. Über das Verhältnis des ersten zum zweiten Strukturfaktor lässt sich aus heutiger Forschungssicht noch Genaueres sagen, vorausgesetzt man schließt psychophysische Defekte und anormale Umweltbedingungen aus. Denn als *weitgehend ererbt* und durch die Umwelt unbeeinflussbar gelten die körperliche Konstitution mit eventuellen Besonderheiten (z. B. die Sinnestüchtigkeit), die biologische Vitalität und die Temperamentsmerkmale (wie Reaktionszeit, psychisches Tempo, Introvertiertheit/Extrovertiertheit). Als *erbbedingt*, aber durch die *Umwelt beeinflussbar* werden vor allem der Emotionalbereich, die Anstrengungs- und Konzentrationsbereitschaft sowie die Lernfähigkeit angenommen. Während der generelle Intelligenzfaktor „g", nämlich die Fähigkeit zum abstrakten und problemlösenden Denken, stärker erbabhängig zu sein scheint, sind die spezifischen Intelligenzfaktoren, die für sprachliche, rechnerische oder praktische Aufgabenstellungen erforderlich sind, hingegen mehr milieuabhängig. Am größten sind die *Milieueinflüsse* offensichtlich bei psychischen und soziokulturellen Bedürfnissen und Interessen, bei Schulleistungen im Bereich des geübten Könnens und des Behaltens von Wissen, bei Motivationen, Werteinstellungen, Gewissensausprägungen und politischen oder religiösen Überzeugungen.

Zusammenfassend lässt sich sagen:

Für die Persönlichkeitswerdung des Menschen ist also erstens seine Interaktion und Kommunikation mit der ihm eigenen dinglichen und sozialen Umwelt maßgeblich (vgl. „Ko-") und zweitens die Art und Weise, wie er auf Grund subjektiver Akzentuierungen die äußere Realität in sich gewissermaßen konstruiert und sich daraus ein „internes Außenweltmodel" macht (vgl. „Konstruktion"). Dabei erfolgt die Ausbildung der eigenen Persönlichkeit weder statisch noch sequenziell automatisch, sondern dynamisch sowohl hinsichtlich der wechselnden Zustände als auch der veränderlichen Lebensformen und Lebensbewältigungen.

Daher gilt:

> Die Persönlichkeitswerdung des Menschen erfolgt als eine individuelle Konstruktion auf der Grundlage der ihm angebotenen Umweltbedingungen.

Der Mensch geht von früher Kindheit an konstruktiv, d.h. als ein produktiv realitätsverarbeitendes Subjekt, vor. Mit Wahrnehmungen, praktischem Tun und Denken wendet er sich der Außenwelt (Dingen, Personen, kulturellen Sachverhalten, Problemstellungen, Lernangeboten) zu, macht damit individuelle Erfahrungen und erwirbt sich neues Wissen, Fühlen, Wollen und Können. So macht er sich ein eigenes Bild von der Außenwelt. Seine individuellen Erfahrungen werden durch sein genetisches Programm gesteuert und mitbewirkt durch die Kontextbedingungen wie die unmittelbare Lebensumwelt, die Bezugspersonen, die von der Lebensumwelt bevorzugten Arten der Kommunikation, des Verhaltens, des Lernens und die von der Umwelt angebotenen Erfahrungsräume.

So ist die Individuation und Personalisation beim Menschen der Prozess und das zeitweilige Produkt einer wechselseitigen Beeinflussung zwischen gesellschaftlichen Außenanforderungen und persönlichen Aktionen oder Reaktionen darauf. Infolgedessen übernehmen Kinder und Jugendliche auch die ihnen angetragenen Mitgliedschaftsentwürfe der Familie, der Gleichaltrigengruppe, der Schulklasse, des Vereins usw. nicht einfach, sondern gehen strategisch-konstruktiv mit ihnen um. Der Störenfried und der Klassenkasper sind dafür ebenso Beleg wie das fleißige, bemühte Kind in derselben Schulklasse. Denn:

> Der Mensch ist ein intentionales, absichtsvoll handelndes Subjekt, das sich in allen Phasen seines Lebensweges mit seiner Umwelt auseinandersetzt, sei es, dass er sich von dieser beeinflussen lässt, sei es, dass er verändernd auf diese einwirkt. Immer rekonstruiert und konstruiert er dabei subjektive Sinngehalte.

Bei der Erziehung und der Bildung des Menschen durch Unterricht und Schulleben geht es um die Entfaltung des Menschen zur *reifen Persönlichkeit*. Zur Reife der Persönlichkeit gehört, dass der Mensch außer Grundbedürfnissen auch autonome Interessen hat, dass er liebes- und freundschaftsfähig ist und die Humanität wertschätzt, dass er über Selbstbeherrschung, Frustrationstoleranz und die Steuerungsfähigkeit

126

seiner Stimmungen verfügt, dass er eine realistische Auffassung seines Könnens erworben hat und sich an einer Aufgabe abarbeiten kann, dass er sich selbst auch distanziert-objektiv betrachten kann und dabei zu Einsicht und Humor fähig ist sowie dass er sich eine Weltanschauung (Wertorientierung, religiöse Gesinnung, Gewissen) erarbeitet hat (Ernst 1993). Das wiederum geschieht individuell, d.h. in Einmaligkeit und Unterschiedenheit. Dazu muss die Schule dem jungen Menschen Förderungshilfen anbieten. Diese lassen sich einteilen in solche, die sein Verhältnis zu sich selbst, sein Verhältnis zu den Mitmenschen und sein Verhältnis zur Welt (im Sinne von Kultur) betreffen. Denn der Mensch ist dem Grundkonzept zufolge ein individuelles Wesen, ein soziales Wesen und ein Kulturwesen zugleich.

1.2 Persönlichkeitsentwicklung als Abfolge von Strukturzuständen

Versteht man Persönlichkeitswerdung als einen Ko-Konstruktions-Prozess, so verwirft man das Kausaldenken der Reifungstheoretiker ebenso wie das der Milieutheoretiker. Zu erklären bleibt dennoch, wieso sich beim Menschen Eigenschaften wie Denken, Fühlen, Wollen und Können qualitativ abgestuft entwickeln. Denn Menschen gleichen Alters, vergleichbaren Ausbildungsstands und ähnlicher sozioökonomischer Schicht bzw. Lage stimmen – wenn auch nicht vollständig, so doch signifikant – im Aufbau dieser Dispositionen überein. Auf die bemerkenswerte Tatsache der qualitativ gestuften Veränderung menschlicher Dispositionen versucht die *Theorie der Strukturgenese* eine Antwort zu geben. Dieser Theorie zufolge gilt: Jedes Individuum macht eine Strukturgeschichte durch, eine durch seine eigenen Aktivitäten mitbewirkte, aber entwicklungsmäßig geregelte Abfolge von Sequenzen und Stufen.

Unter „Struktur" wird hier so etwas wie ein Gerüst, ein dispositionaler Kern für das Denken, Fühlen und Handeln, eine dem Organismus aneignende Handlungstendenz mit Handlungsbereitschaften, verstanden.

Strukturen beginnen mit den Handlungstendenzen und Handlungsmöglichkeiten, die jedem Menschen mit der Geburt genetisch gegeben sind. Ihnen ist ein Streben nach Aktivität, nach Veränderung und Erweiterung zu eigen, das sich auf die umgebende Wirklichkeit richtet, um sie zu erkennen, zu erleben und zu repräsentieren - um sich also mit ihr auseinanderzusetzen.

Die Theorie der Strukturgenese ist sowohl eine Entwicklungs- und Sozialisationstheorie als auch eine evolutionäre oder genetische Erkenntnistheorie. Sie führt Erkenntnis nicht auf eine abstrakte Geistigkeit oder Vernunftausstattung beim Menschen zurück, sondern auf die Dynamik der Strukturen, mit denen der Mensch sich mit seiner Umgebung auseinandersetzt. Beim Aufnehmen (d.h. beim „Erhandeln") von Informationen ist von Anfang an eine emotionale Bewertung im Spiel, das Gefühl des Angenehmen oder Unangenehmen, des Befriedigenden oder Abstoßenden, und dieses Gefühl beeinflusst die Stärke der Aktivitätstendenz. Strukturen verändern sich durch wiederholte Aktivation und bzw. oder durch die Verbindung mit anderen Strukturen und Teilstrukturen. Solche qualitativen Veränderungen und neuen Strukturen sind das Ergebnis einer kreativen Konstruktion des Subjekts, das sich mit seinen durch die jeweilige Struktur bestimmten Möglichkeiten erkennend, fühlend und handelnd auf innere und äußere Objekte bezieht. Neue Strukturen entstehen also dadurch, dass das Subjekt äußere Bedingungen und Einflüsse rekonstruiert, dass es Gegenstände, soziale Vorbilder und Problemstellungen mit seinen jeweils verfügbaren Strukturen aufnimmt und verarbeitet. Im Laufe dieser Verarbeitung kommt es zur Differenzierung und Integration neuer Teilstrukturen, die dann als neue Strukturzustände die Basis für weitere Transformationen sind. Wenn diese Kette von Strukturzuständen bei zwei Individuen auch nie gleich verläuft, so lässt sich dennoch bei beiden eine entwicklungsbedingte regelmäßige Abfolge erkennen.

Die Anfänge dieser Modellvorstellung zur Persönlichkeitsentwicklung liegen in den Untersuchungen des Schweizer Psychologen Jean Piaget (1896 - 1980). Er hatte nachweisen können, dass das Kind ein Weltbild hat, das hinsichtlich der Logik, der Zeitauffassung, der Kausalität, der Zahlauffassung, der Fantasie usw. vom Weltbild des Erwachsenen völlig verschieden ist. Durch diese Beobachtung sah er sich zur Untersuchung der Denkentwicklung beim Menschen veranlasst. Piaget versteht die Denkentwicklung des Menschen als einen Anpassungsprozess an die Umwelt, der in bestimmten, nicht umkehrbaren Phasen abläuft. Der Aufbau des kindlichen Verstehens erfolgt durch Aufnahme mittels der Sinnesorgane auf dem Weg über *Assimilation* und *Akkomodation*. „Assimilation" ist die Fähigkeit, die wahrgenommenen Umweltinformationen zu ordnen, zu deuten und in das jeweilige „Schema des Kindes" (d.h. den vorhandenen Informationsspeicher und die altersentsprechende Handlungsbereitschaft/Handlungsfähigkeit) einzupassen. Am Beispiel des Neugeborenen lässt sich das erläutern. Es besitzt bereits angeborene Schemata (Saugen, Greifen, Sehen, Hören usw.), deren Handlungskomponente es dazu treibt, Schemata immer wieder zu üben (z. B. Saugen/Lutschen, Spielzeug greifen, mit den Augen Bewegungen nachvollziehen usw.). Auf diese Weise macht das Kind Erfahrungen, die es assimilieren kann. Jedoch bleibt es nicht bei der Assimilation stehen; es kommt vielmehr zu einem geistigen Fortschritt durch „Akkomodation". Sobald das Kind beispielsweise Ungewohntes wahrnimmt, sobald ihm neue Reaktionsformen abverlangt werden oder es Erfahrungen macht, die es nicht mehr in sein kognitives Schema einpassen kann, fühlt es sich in intellektuellem *Ungleichgewicht*. Sein innerer Aktivitätsdrang bewegt das Kind dann, den mangelnden Gleichgewichtszustand zu überwinden und ein neues Gleichgewicht, d.h. Verständnis herzustellen („*Äquilibration*"). Es modifiziert dabei sein bisheriges kognitives Schema, gelangt also auf Grund der „Akkomodation" (Anpassung an die veränderte Umwelterfahrung) zur Weiterentwicklung seines Denkens (seines kognitiven Schemas). Ist der Gleichgewichtszustand erreicht, ist die Struktur wieder profiliert. Aber jeder Gleichgewichtszustand beinhaltet wieder die Möglichkeit zum Ungleichgewicht, insofern neue Erfahrungen die „alte" Struktur als ungenügend erweisen. Gleichgewichtszustände sind also nichts anderes als vorübergehende Endpunkte einer Entwicklung, die zu neuen Verhaltensweisen und Schemata drängt. Die nachfolgenden sind dabei gegenüber den vorangegangenen

- qualitativ verschieden; sie weisen eine andere Art des Verstehens auf und sind nicht nur neue Inhalte oder Formen,
- eine neue strukturierte Ganzheit; sie sind in sich stimmig,
- nicht umkehrbar, die Reihenfolge der Stufen ist nicht beliebig, und kulturelle Faktoren können ihre Entwicklung nur beschleunigen, verlangsamen oder anhalten, nicht jedoch die Abfolge ändern,
- differenzierter und integrierter; sie beziehen mehr Aspekte, Faktoren und Dimensionen ein und verknüpfen diese zu einer sach- oder personadäquaten Perspektive,
- immer sowohl von den Einflüssen der soziokulturellen Umwelt als auch von den Motivationen, Einstellungen und Eigenaktivitäten des Einzelnen abhängig; deshalb sind Altersangaben für die Akkomodation nur recht vage möglich.

Die Grenzen des Piagetschen Theorieansatzes sind oft diskutiert worden. Unzureichend bedacht ist zweifellos die Bedeutung des soziokulturellen Umweltangebots für die Erreichung der höheren bzw. höchsten Stufen der Denkentwicklung. Zu kurz kommt auch die Konstruktionsleistung des Subjekts bei der Auseinandersetzung mit seiner dinglichen und personalen Umgebung. Unberücksichtigt bleibt ferner, welche Rolle Emotion und Volition bei rationalen Vorgängen spielen, ob und wie sie das menschliche Handeln gemäß der intellektuell erreichten Stufe beeinflussen. In Frage gestellt wird auch, ob Piagets Konzeption für Jungen und Mädchen gleichermaßen zutrifft sowie ob kulturelle Unterschiede tatsächlich vernachlässigt werden dürfen. Schließlich wird auf Untersuchungen verwiesen, dass einzelne Teilkompetenzen des konkret-operativen Denkens bei Kindern bereits zwischen dem 2. und 4. Lebensjahr beobachtbar sind, die Piaget später ansetzt.

Denken im Sinne Piagets ist logisches Operieren, ist Kognition ohne inhärente affektive und soziale Elemente. Rationale Gewissheit und Überzeugtsein von der Richtigkeit oder Notwendigkeit eines Sachverhalts sind aber nicht dasselbe, weder hinsichtlich ihres Zustandekommens, noch hinsichtlich ihrer Aussagekraft oder ihrer handlungsleitenden Funktion. Das Zusammenwirken der beiden Gehirnhälften, der sprach- und logikprofilierten linken Seite mit der sinnlich-intuitiven, ganzheitlich profilierten rechten Seite des Gehirns, spricht allerdings eher für einen weiten Begriff von Denken und Erkennen.

Dennoch ist Piagets Theorie zur Erklärung der Strukturgenese menschlicher Dispositionen, betrachtet man sie allgemein unter kognitivem und weniger unter emotionalem, willensmäßigem, psychoanalytischem oder psychosozialem Gesichtspunkt, von unbestrittener Geltung. Nicht nur die Denkentwicklung, sondern auch die damit zusammenhängenden Paradigmata zur Entwicklung des moralischen Urteilens, des sozialen und religiösen Verstehens sind von Piaget maßgeblich beeinflusst. Die folgenden Übersichten machen das deutlich.

a. Die Denkentwicklung nach J. Piaget

Ebene I (0–2 Jahre): Sensomotorische Intelligenz
- Stufe 1: Reflexhandlungen.
- Stufe 2: Koordination der Reflexe und sensomotorische Wiederholung (primäre Kreisreaktion).
- Stufe 3: Handlungen, um interessante Ereignisse in der Umwelt wiederholt erscheinen zu lassen (sekundäre Kreisreaktion).
- Stufe 4: Verknüpfung von Mittel und Zweck und Suche nach versteckten Gegenständen.

- Stufe 5: Experimentierendes Suchen nach neuen Mitteln (tertiäre Kreisreaktion).
- Stufe 6: Einsatz bildlicher Vorstellungen beim zielorientierten Erfinden neuer Mittel und beim Erinnern an versteckte Gegenstände oder vergangene Ereignisse.

Ebene II (2-7 Jahre): Symbolisches, intuitives, vorlogisches oder präoperationales Denken
Schlussfolgerungen mittels bildlicher Vorstellungen und Symbolen, zwischen denen aber noch keine festen logischen Beziehungen bestehen und die noch nicht konstant sind. ‚Magisches Denken‘ im Sinne von:
(a) Verwechslung von scheinbar eintretenden oder vorgestellten Ereignissen mit echten Ereignissen und Gegenständen und
(b) Verwechslung von der sichtbaren Erscheinung qualitativer und quantitativer Veränderung mit wirklichen Veränderungen.

Ebene III (7-11/12 Jahre): Konkret-operatives Denken
Schlussfolgerungen mittels Systemen von Klassen, Beziehungen und Mengen, die logisch konstante Eigenschaften bewahren und die sich auf konkrete Gegenstände beziehen. Dazu gehören logische Prozesse wie:
(a) Einordnen von untergeordneten Klassen in übergeordnete Klassen;
(b) transitive Reihenbildung (Erkenntnis, wenn a > b und b > c, dann a > c);
(c) logische Addition und Multiplikation von Klassen und Mengen;
(d) Erkenntnis, dass Zahl, Klassenzugehörigkeit, Länge und Masse bei scheinbarer Veränderung konstant bleiben
Unterstufe 1: Bildung konstanter Kategorialklassen.
Unterstufe 2: Bildung quantitativer und numerischer Invarianzbeziehungen.

Ebene IV (nach dem 11./12. Lebensjahr): Formal-operatives Denken
Schlussfolgern durch logisches Operieren mit Aussagen oder ‚Operieren mit Operationen‘. Nachdenken über Gedankengänge. Konstruktion von Systemen aller grundsätzlich möglichen Beziehungen oder Folgerungen. Hypothetisch-deduktives Isolieren von Variablen und Prüfen von Hypothesen.

Unterstufe 1: Bildung inversreziproker Beziehungen. Fähigkeit, negative Klassen zu bilden (zum Beispiel bei Vögeln die Klasse aller Nicht-Krähen) und Wechselwirkungen zu erkennen (beispielsweise zu verstehen, dass die Flüssigkeit in den beiden Armen eines U-Rohres gleich hoch steht, weil sich der Druck ausgleicht).

Unterstufe 2: Fähigkeit, dreigliedrige Aussagen oder Beziehungen zu ordnen (zum Beispiel zu verstehen, dass, wenn Bob größer ist als Joe und Joe kleiner ist als Dick, Joe der Kleinste von den dreien ist).

Unterstufe 3: Das eigentlich formale Denken, Konstruktion aller grundsätzlich möglichen Kombinationen von Beziehungen, systematisches Isolieren von Variablen und deduktives Hypothesenprüfen.

(Aus: Kegan, R.: Die Entwicklungsstufen des Selbst. München 1986, S. 58)

b. Die Entwicklung des moralischen Urteilens nach L. Kohlberg

Die Stufe 0 (vormoralische Stufe): 0 bis 6 Jahre
Das Kind versteht keine Regeln und unterscheidet nicht nach gut und böse gemäß Regeln und Autoritäten. Was Spaß macht und spannend ist, ist gut; was mit Schmerz oder Angst verbunden ist, ist böse. Es hat keine Vorstellung von Verpflichtung (Sollen, Müssen), auch nicht vermittelt durch externe Autoritäten. Es lässt sich ganz von Können und Wollen leiten.

Die vorkonventionelle Phase: 6 bis 10 Jahre
In dieser Phase nimmt das Kind kulturelle Regeln ebenso auf wie Etikettierungen nach gut/böse und richtig/falsch, interpretiert diese Etiketten aber entweder aufgrund der physischen oder hedonistischen Konsequenzen seiner Handlung (Bestrafung, Belohnung, Zuwendung) oder gemäß der physischen Macht derer, die die Regeln und Etiketten aufstellen. Diese Phase teilt sich in zwei Stufen:

• Stufe 1: Die Orientierung an Bestrafung und Gehorsam
Ob eine Handlung gut oder böse ist, hängt ab von ihren physischen Konsequenzen und nicht von der sozialen Bedeutung bzw. Bewertung dieser Konsequenzen. Vermeidung von Strafe und nicht hinterfragte Unterordnung unter Macht gelten als Werte an sich, nicht vermittelt durch eine tiefer liegende, durch Strafe und Autorität gestützte Moralordnung (Letzteres entspricht Stufe 4).

- Stufe 2: Die instrumentell-relativistische Orientierung

Eine richtige Handlung zeichnet sich dadurch aus, dass sie die eigenen Bedürfnisse – bisweilen auch die Bedürfnisse anderer – instrumentell befriedigt. Zwischenmenschliche Beziehungen erscheinen als Markt-Beziehungen. Grundzüge von Fairness, Gegenseitigkeit, Sinn für gerechte Verteilung sind zwar vorhanden, werden aber stets physisch oder pragmatisch interpretiert. Gegenseitig ist eine Frage von „eine Hand wäscht die andere", nicht von Loyalität, Dankbarkeit oder Gerechtigkeit.

Die konventionelle Phase: 11 bis 13 Jahre

In dieser Phase gilt es als Wert an sich, ungeachtet unmittelbarer und offensichtlicher Konsequenzen, den Erwartungen der Familie, der Gruppe oder der Nation zu entsprechen. Diese Einstellung bedeutet nicht nur Konformität, sondern auch Loyalität gegenüber der sozialen Ordnung und den Erwartungen einzelner Personen; man rechtfertigt die bestehende Ordnung, tritt aktiv für sie ein und identifiziert sich mit den sie tragenden Personen oder Gruppen. In dieser Phase lassen sich zwei Stufen unterscheiden:

- Stufe 3: Orientierung an personengebundener Zustimmung oder „guter Junge/nettes Mädchen"-Modell

Richtiges Verhalten ist, was anderen gefällt oder hilft und ihre Zustimmung findet. Diese Stufe ist gekennzeichnet durch ein hohes Maß an Konformität gegenüber stereotypen Vorstellungen von mehrheitlich für richtig befundenem oder „natürlichem" Verhalten. Häufig wird Verhalten nach der Absicht beurteilt: „Er meint es gut." Man findet Zustimmung, wenn man „nett" ist.

- Stufe 4: Orientierung an Recht und Ordnung

Autorität, festgelegte Regeln und die Aufrechterhaltung der sozialen Ordnung bilden den Orientierungsrahmen. Richtiges Verhalten heißt, seine Pflicht tun, Autorität respektieren, und für die gegebene soziale Ordnung um ihrer selbst willen eintreten.

Die postkonventionelle, autonome oder prinzipiengeleitete Phase: Jugendalter/ Adoleszenz

Diese Phase zeichnet sich aus durch ein erkennbares Bemühen, moralische Werte und Prinzipien zu definieren, die unabhängig von der Autorität der diese Prinzipien vertretenden Gruppen oder Personen und unabhängig von der eigenen Identifizierung mit diesen Gruppen gültig und anwendbar sind. Diese Phase teilt sich in zwei Stufen:

- Stufe 5: Die legalistische oder Sozialvertrags-Orientierung
Sie ist im Allgemeinen mit utilitaristischen Zügen verbunden. Die Richtigkeit einer Handlung bemisst sich tendenziell nach allgemeinen individuellen Rechten und Standards, die nach kritischer Prüfung von der gesamten Gesellschaft getragen werden. Man ist sich der Relativität persönlicher Werthaltungen und Meinungen deutlich bewusst und legt dementsprechend Wert auf Verhaltensregeln zur Konsensfindung. Abgesehen von konstitutionellen und demokratischen Übereinkünften ist Recht eine Frage persönlicher Wertsetzungen und Meinungen.

Das Ergebnis ist eine Betonung des legalistischen Standpunktes, wobei jedoch die Möglichkeit von Gesetzesänderungen aufgrund rationaler Reflexion sozialen Nutzens nicht ausgeschlossen wird (im Gegensatz zur rigiden Aufrechterhaltung von Recht und Ordnung, wie sie für Stufe 4 charakteristisch ist). Außerhalb des gesetzlich festgelegten Bereichs basieren Verpflichtungen auf freier Übereinkunft und Verträgen.

- Stufe 6: Orientierung an allgemeingültigen ethischen Prinzipien
Das Recht wird definiert durch eine bewusste Entscheidung in Übereinstimmung mit selbst gewählten ethischen Prinzipien unter Berufung auf umfassende logische Extension, Universalität und Konsistenz. Diese Prinzipien sind abstrakt und ethischer Natur (die Goldene Regel, der Kategorische Imperativ), nicht konkrete Moralregeln wie etwa die Zehn Gebote. Im Kern handelt es sich um universelle Prinzipien der Gerechtigkeit, der Gegenseitigkeit und Gleichheit der Menschenrechte und des Respekts vor der Würde des Menschen als individueller Person.

c. Die Entwicklung des sozialen Verstehens nach R. L. Selman

Stufe 0
Das Individuum sieht sich und andere lediglich als physische Erscheinung.
Freundschaft ist das momentane physische Miteinandertun. Die Gleichaltrigengruppe ist nur eine physische Verbindung von Kindern.
Das Verhältnis zwischen Eltern und Kind wird als Verhältnis Herr-Diener gesehen.

Stufe 1

Das Individuum wird als intentionales Subjekt gesehen; die Motive, die jemand für sein Verhalten nennt, werden geglaubt. Freundschaft wird als Beziehung zu einer Person mit gleichen Interessen wie man selbst verstanden.

Gruppen sind Zusammenschlüsse von Kindern mit gleichen Absichten, Gruppendruck wird in hohem Maße hingenommen und sozial entgegenkommendes Verhalten gewürdigt.

Eltern und Kinder stehen im Verhältnis Beschützer - Helfer, ihr Verhalten zueinander ist entsprechend reziprok.

Stufe 2

Das Individuum wird als Subjekt mit einer inneren Realität und einem äußeren Erscheinungsbild gesehen, die sich nicht entsprechen müssen; es wird angenommen, dass Persönlichkeiten sich ändern können, wenn sie es wollen.

Enge Freundschaft ist am eigenen Vorteil orientiert, ist eine Art „Schönwetter-Kooperation", bei der man sich im Konfliktfall entschuldigen muss und die schnell endet, aber auch wieder schnell neu beginnen kann.

Für eine Gleichaltrigengruppe ist Voraussetzung: wechselseitige Freundschaftsgefühle, faire und gleiche Partnerschaft sowie ein gemeinsames Interesse an den Gruppenaktivitäten.

Die Eltern-Kind-Beziehung hat die Form eines Ratgeber-Wunscherfüller-Verhältnisses.

Stufe 3

Zum Verständnis von Individuum gehört, dass ein Mensch Persönlichkeit mit subjektiven und durchaus wechselnden Gedanken, Gefühlen, Einstellungen, Motiven ist.

Eine enge Freundschaft ist ein (intimes) Zusammensein über einen längeren Zeitraum um des gegenseitigen Interesses und Austauschs wegen. Die Gleichaltrigengruppe ist eine homogene Gemeinschaft mit gemeinsamen Interessen und Überzeugungen und einem starken Bewusstsein für den Wert des Gruppenkonsenses.

Die Eltern-Kind-Beziehung ist durch Toleranz auf der einen Seite und Respekt auf der anderen Seite geprägt.

Stufe 4
Das Individuum wird als komplexes psychologisches System mit bewussten und unbewussten Schichten, mit Eigenschaften und Werten betrachtet.
Freundschaften werden als offene Beziehungssysteme begriffen, die sich verändern und entwickeln können.
Die Gruppe ist ein pluralistisches kollektives System, in dem individuelle Differenzen nicht der Homogenität bestimmter Wertvorstellungen wegen unterdrückt werden dürfen.
Die Eltern-Kind-Beziehung nimmt die Form eines dauerhaften, sich verändernden Systems mit besonderem Stellenwert im menschlichen Leben ein.

d. Die Entwicklung des religiösen Verstehens nach F. Oser

Stufe 0: Perspektive der Innen-Außen-Dichotomie - eine vorreligiöse Haltung
Das Kind kennt nur, dass es selbst etwas tut oder dass es von anderen (Eltern, Gott) beeinflusst wird, ohne über die „Außenperspektive" zu verfügen.

Stufe 1: Perspektive des Deus ex machina
Das Kind trennt die Kräfte, von denen es beeinflusst wird, überträgt aber die Wirkweise, die es von den Eltern erfahren hat, auf Gott.

Stufe 2: Do ut des-Perspektive
Das Kind sieht nun Mittel, Gott sanktionsmildernd, begünstigend oder präventiv beruhigend zu beeinflussen und zwar durch Gebet, Verzicht, Opfer.

Stufe 3: Perspektive des Deismus
Die Person trennt den Bereich des eigenen, verantwortungsvollen Handelns und Entscheidens von dem eines höheren Wesens und ordnet ggf. unterschiedliche Kompetenzen zu.

Stufe 4: Perspektive der Korrelation und des Heilsplans
Zwischen der Entscheidungsautonomie des Subjekts und dem angenommenen Unbedingten besteht eine Vermitteltheit: Das Unbedingte (Gott) wird als Bedingung der Möglichkeit für alles Entscheiden und Handeln betrachtet.

> *Stufe 5: Perspektive religiöser Autonomie durch unbedingte Inter-subjektivität*
> Der Grund von Welt und Leben ist nicht ein determinierter Plan, son-dern Gott wird als Erfahrung von Heil oder Unheil unmittelbar in die Subjektivität des Menschen vermittelt.

e. Die psychosoziale Entwicklung nach E. Erikson

Es gibt lebensgeschichtlich bedingte Diskontinuitäten in der Entwick-lung beim Menschen, und unbestreitbar ist, dass das Denken auch von den emotional-sozialen Zuständen des Menschen abhängt. Diese Aspekte berücksichtigt der Theorieansatz des Psychoanalytikers E. Erikson. Eriksons Entwicklungsverständnis beinhaltet die Vorstellung, dass alle Entwicklungsprozesse nur im Rahmen der Lebensgeschichte des Menschen verstehbar sind, dass es aber acht aufeinander aufbau-ende überindividuelle „Wendepunkte" (Entwicklungskrisen) zwischen der frühen Kindheit und dem hohen Alter gibt. Sie stellen jedem Men-schen ganz bestimmte Entwicklungsaufgaben. Wie er sie löst, ist für seine weitere Entwicklung bedeutsam. Allerdings ist die angemessene Bewältigung der Krise einer Entwicklungsstufe nur die notwendige, nicht aber die hinreichende Voraussetzung für die erfolgreiche Bewäl-tigung der nächsten Krise, da das Leben eines jeden immer neue und unplanbare Herausforderungen mit sich bringt. Die Begriffspaare, mit denen die Krisen belegt sind, versteht Erikson nicht als Alternativen, sondern als Pole, zwischen denen der einzelne Mensch ein dynamisches Gleichgewicht für sich herstellen muss. Gelingt es ihm, das Verhältnis mehr zur positiven Seite herzustellen, kann er bei zukünftigen Krisen und Konflikten seine erlangten Grundkräfte aktivieren.
Die *ersten drei Phasen* vollziehen sich bis zum Schulpflichtalter. Urvertrauen oder Urmisstrauen hängen von der Qualität der Mutter-Kind-Beziehung ab. Neurotische Entwicklungen gründen darin, dass dem Kind Versagungen nicht erklärlich sind, nicht in den Versagungen selbst. Auf der Grundlage des Urvertrauens wendet sich das Kind der Umwelt zu. Erhält es keine Gelegenheit, in Autonomie selbst etwas zu wählen, wird es selbstbezogen und versucht, Macht auszuüben. Scham und Zweifel sind Formen der Verunsicherung, wenn die soziale Bezie-hung zum Betreuer nicht gelungen ist. In der dritten Phase (bei Freud die genitale Phase) macht sich das Kind „an etwas heran". Kommt es zu einem Kampf um die Vorrangstellung zwischen Mutter und Kind und verliert bei diesem Kampf das Kind, entstehen bei ihm Resigna-

tion, Schuldgefühle und Angst. In der *Latenzphase* ist das Kind – wie sonst nie in seiner Entwicklung – bereit, schnell und begierig zu lernen, Verpflichtungen zu übernehmen, Disziplin und Leistung zu zeigen. Es gibt in diesem Stadium keinen Umschwung von einem inneren Aufstand zu einer neuen Beherrschung.

In der *Pubertät* und Adoleszenz entwickelt der Jugendliche seine Identität. Er will seine Identität finden, ein verlässliches Ich werden, zu sich selbst kommen, eine von der Gemeinschaft angebotene Selbstdefinition akzeptieren. Dafür benötigt er ein Identifikationsobjekt und eine Ideologie, um sich selbstvergewissern zu können. Wo der Jugendliche ein Selbstkonzept konsequent vorgelebt bekommt, das auf sein Suchen eine Antwort zu geben scheint, übernimmt er es und hält treu (und rigoros) daran fest. Ein Überangebot an Identifikationsobjekten führt den Jugendlichen zur Rollen- und Identitätsverwirrung. Findet der Jugendliche aber bei seiner Identitätssuche keine Synthese, besteht die Gefahr, dass er in eine totale Alternative getrieben wird (Totalisierung). Er unterwirft sich dann den Führern, die eine Ideologie glaubwürdig vertreten, die in Konfrontation zur umgebenden Gemeinschaft steht (vgl. Beispiele: Rassismus. Fundamentalismus, Nationalismus, extreme religiöse Sekten usw.). An die genannten Phasen schließt sich das *frühe Erwachsenenalter* an, in dem der Mensch auf Grund eines einigermaßen sicheren Gefühls seiner Identität durch Intimität, Freundschaft und Liebe zu anderen Menschen seine Isolierung überwindet. Ihm folgt die Stufe des *Erwachsenenalters* mit dem Interesse an der Erzeugung und Erziehung der nächsten Generation und an anderen altruistischen Betätigungen und schöpferischen Tätigkeiten („Generativität"). Die letzte Stufe, das *hohe Alter*, kennzeichnet das Gelingen oder Misslingen der „Integrität"; damit meint Erikson die Bereitschaft, seinen eigenen, einmaligen Lebenszyklus zu akzeptieren.

Schematisch dargestellt ergibt sich die folgende Übersicht:

Stufen	A Psychosexuelle Stufen und Modalitäten	B Psychosoziale Krisen	C Radius signifikanter Beziehungen	D Grundkräfte	E grundlegende Antipathien (Pathologie)	F korrespondierende Prinzipien soz. Ordnung	G Bindende Ritualisierungen	H Ritualismus
I Säuglingsalter	oral	Grundvertrauen gegen Grundmißtrauen	mütterliche Person	Hoffnung	Rückzug	Kosmische Ordnung	Numinos	Idolismus
II Frühe Kindheit	anal	Autonomie gegen Scham und Zweifel	elterliche Personen	Wille	Zwanghaftigkeit	„Recht und Ordnung"	Richterlich	Legalismus
III Spielalter	infantil-genital	Initiative gegen Schuldgefühl	grundlegende Familie	Zielgerichtetheit	Hemmung	Ideale Leitbilder	Dramatisch	Moralismus
IV Schulalter	„Latenz"	Werksinn gegen Minderwertigkeitsgefühl	„Nachbarschaft", Schule	Kompetenz	Trägheit	Technologische Ordnung	Formal (Technisch)	Formalismus
V Adoleszenz	Pubertät	Identität gegen Identitäskonfusion	Gleichaltrigengruppen und andere Gruppen; Modelle der Führung	Treue	Ablehnung	Ideologisches Weltbild	Ideologisch	Totalitarismus
VI Frühes Erwachsenenalter	Genitalität	Intimität gegen Isolierung	Freunde, sexuelle Partner, Rivalen, Mitarbeiter	Liebe	Exklusivität	Formen der Zusammenarbeit und der Rivalität	Verbindend	Elitedenken

(Aus: Schweizer, F.: Lebensgeschichte und Religion. München 1987, S. 81)

139

f. Die Entwicklung von Emotionen

Durch Interaktionen und Umwelteinflüsse erwirbt der Mensch vom ersten Tag seines Lebens an Eindrücke und Erfahrungen, die er zu bestimmten emotionalen Reaktionstendenzen, also Schemata, integriert. Geschieht etwas, das seine Emotionalität auslöst, so reagiert er im Sinne seiner emotionalen Tendenz, wenn diese Reaktion seiner Momentanverfassung und dem jeweiligen Situationskontext entspricht. Emotionen werden also im Sozialisationsprozess erlernt, wobei Strukturen aufgebaut und Gefühle vorstellungsmäßig repräsentiert werden. Emotionale Entwicklung kann deshalb nicht als ein in Phasen ablaufender Reifungsprozess verstanden werden, bei dem sich aus den undifferenzierten unspezifischen Erregungszuständen und Schutzmechanismen des Säuglings Gefühle ausdifferenzieren. Allenfalls für die beiden ersten Lebensjahre lässt sich eine Differenzierung des Gefühlsausdrucks belegen, wie das folgende Schema zeigt:

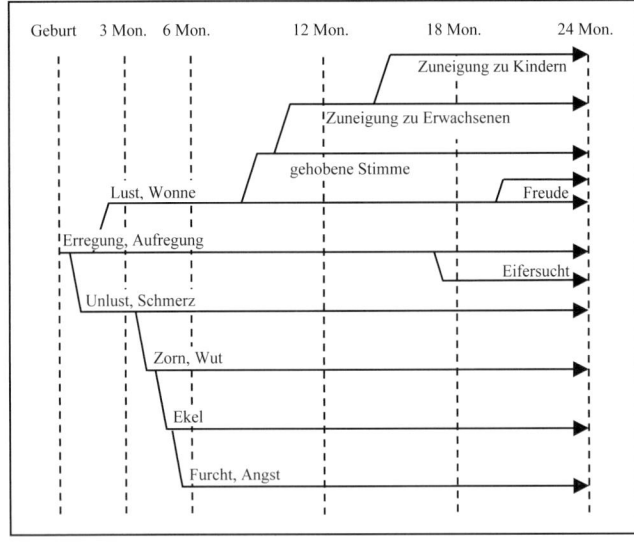

(aus: Oerter R./ Weber, E. (Hrsg.) Der Aspekt des Emotionalen in Unterricht und Erziehung. Donauwörth ²1975 S. 60.)

Die emotionale Entwicklung hat zwar unzweifelhaft mit den frühkindlichen Objektbeziehungen und der Bindungssicherheit zu tun, erschöpft sich darin aber nicht. Sie ist auch nicht identisch mit dem Erwerb kognitiver Kompetenzen oder der Übernahme kulturadäquater emotionaler Handlungs- oder Ausdrucksformen. Die lebenslauforientierte

140

Sichtweise der Entwicklungspsychologie korrigiert die Annahme, das erstmalige Auftreten eines Gefühls sei entscheidend, und widerlegt die Theorie, es gebe einen für alle Menschen gleichen sequenziellen Entwicklungsverlauf im Gefühlsleben.

Entwickeln und verändern sich Gefühle also nicht interindividuell „automatisch", werden sie vielmehr hervorgerufen, können sie konstante, aber auch variable Reaktionsweisen sein, dann muss angenommen werden, dass es beim Menschen ähnlich den kognitiven Strukturen auch emotionale Strukturen gibt. Zu beachten ist dabei erstens, dass die Strukturform einer Emotion (z. B. Trauer) von der aktualisierten Form (z. B. traurig über etwas ganz Bestimmtes sein) zu unterscheiden ist, und zweitens, dass Emotionen als generalisierte Erfahrungen im Gedächtnis schematisch abgespeichert werden. In der Ontogenese müssen demnach bestimmte emotionale Schemata, bestimmte „Mustervorlagen für die Vervielfältigung von Gefühlsregungen" (D. Ulich), entstehen. Am Zustandekommen und an der Entwicklung dieser Schemata sind dispositionale Strukturkomponenten (Temperamentsmerkmale, Vitalität, Selbststeuerungskräfte usw.) maßgeblich beteiligt. Sie erklären, warum ein bestimmtes Ereignis für das Kind, den Jugendlichen oder Erwachsenen emotional bedeutsam ist, warum es überhaupt gefühlsmäßig wahrgenommen wird, warum jemand von einem Ereignis oder einer Situation berührt wird, wieso es zu einer unwillkürlichen und nicht-bewussten emotionalen Stellungnahme bei ihm kommt. Neben den dispositionalen Komponenten müssen noch andere angenommen werden wie die physikalische Umwelt, das kulturelle Werte- und Überzeugungssystem mit seinen Mitgliedschaftsentwürfen, emotionsrelevante Interaktionsstrukturen (z. B. zwischen Bezugspersonen und Kindern) und emotionsrelevante Situationen.

Als Substrukturen emotionaler Schemata gelten:

- Gefühlstypen (d.h. wie sich Freude „anfühlt"),
- Gefühlsschablonen (d.h. was in der jeweiligen Kultur bestimmte Gefühle hervorruft und welche angemessen sind),
- emotionale Wertbindungen (d.h. was persönlich wichtig und wertvoll ist),
- emotionale Gewohnheitsstärken (d.h. die Bereitschaft, gefühlsmäßig zu reagieren).

Vom ersten Tag des Lebens an entstehen die emotionalen Schemata auf Grund externer Einflüsse und interner, eigenständiger Verarbeitungsprozesse. Durch interne Verarbeitungs- und Organisationsprozesse bilden sich im Menschen bestimmte Beziehungsrepräsentationen und Schemata heraus, die das weitere emotionale Erleben vorstrukturieren.

Bei einem auslösenden Ereignis oder Geschehen aktualisieren sich diese Repräsentationen oder Schemata wie ein Leerstellengefüge, das konkret ausgefüllt wird. Der Mensch hat ein Gefühlserlebnis, er reagiert oder agiert emotional. Diese Aktualisierung, gewissermaßen das Produkt der Schemaanwendung, bringt für den Einzelnen Erfahrungen mit sich, die Strukturkomponenten um- und neuzuorganisieren. So könnten sich beispielsweise die emotionalen Wertbindungen oder auch die Gewohnheitsstärken ändern.

Bei der Bildung der Schemata sind im Übrigen ähnliche Prinzipien am Werke wie bei der kognitiven Entwicklung: Assimilation und Akkomodation, Generalisierung und Spezialisierung, Selektion, Abstraktion, Interpretation.

Emotionen sind vielfältiger Art: Liebe, Sympathie, Bindungsgefühl, Mitgefühl, Stolz, Selbstwertgefühl, Hoffnung, Sehnsucht, Überraschung, Schreck, Ekel, Abscheu, Verachtung, Ärger, Wut, Zorn, Angst, Furcht, Hass, Eifersucht, Neid, Lustgefühl, Genusserleben, Freude, Zufriedenheit, Erleichterung, Entspanntheit, Glück, Niedergeschlagenheit, Missmut, Trauer, Kummer, Wehmut, Scham, Schuldgefühl, Langeweile, Müdigkeit, Leere, Anpassung, Nervosität, Unruhe, Stress, Einsamkeitsgefühl. Gemeinsam ist ihnen, dass sie

- leib-seelische Anteile haben,
- spontan und nicht-steuerbar auftreten können,
- von Antrieben und Temperamenten abhängen,
- nach Gehalt und Ausprägung kulturell übermittelt (also erlernt) sind,
- sowie Impuls und Motor für viele Handlungen und Verhaltensweisen des Menschen sind.

Infolgedessen stehen die Gefühle mit anderen psychischen Erscheinungen wie Motiven, Volitionen, Denken und Handeln in enger Verbindung. Was sie von diesen unterscheidet, ist zweierlei: Zum einen besteht bei Emotionen immer ein persönliches Betroffensein und Involviertsein angesichts eines Sachverhalts oder gegenüber einer Person; zum anderen erfolgt gleichzeitig immer eine persönliche Stellungnahme dazu und Reaktion darauf, entweder kognitiv als Urteil oder aktiv als Handlungsimpuls. So lässt sich definieren:

Emotionen sind subjektive, objektbezogene leib-seelische Zuständlichkeiten einer Person. An ihrem Zustandekommen sind in der Regel neurophysiologische Erregungen, Wahrnehmungen, Motive, Volitionen und Kognitionen beteiligt, und meist veranlassen sie zu Handlungen. Sie lassen sich in zwei Erlebnisqualitäten (angenehm/unangenehm) einteilen und weisen unterschiedliche Intensität auf.

Gefühle sind Erlebnisformen der Identität des Menschen. Anders als das Denken sind sie nicht intersubjektiv, sondern in unverwechselbarer Weise Selbsterlebnisse angesichts anderer Personen oder von Situationen. Da Gefühle spontan und in Verbindung mit Antrieben entstehen, ist ihre handlungsleitende Funktion groß. Sie wirken als lebenserhaltende Verhaltensregulatoren, konzentrieren das Interesse und veranlassen zu Aktionen oder Reaktionen. Als Handlungsimpulse eignet den Emotionen eine gewisse Ambivalenz an, da sie Handlungen hemmen oder fördern können. Als Ergebnis interner Bewertungen sind sie immer in der Gefahr des Fehl- und Vorurteilens. Denn Emotionen können die Rationalität des Menschen beeinflussen und beeinträchtigen. Sie vermögen das Denken zu aktivieren, sie haben eine „energetisierende Funktion" (Piaget) beim Denken, weil sie mitbestimmen, wie viel Anstrengung der Mensch zur Erreichung eines Ziels oder zur Lösung einer Aufgabe aufzuwenden bereit ist. Schließlich wirken sich Emotionen auch auf die Wertbildung beim Menschen aus und damit auf seine längerfristigen Handlungsziele. Unbestritten ist auch, dass positive Gefühle („Stimmungen") die Aufnahme und das Behalten von Informationen entscheidend verbessern (s. Neurodidaktik Kap. V). Gerade bei problemlösenden Aufgabenstellungen hat sich erwiesen: Liegt eine mittlere emotionale Spannung verbunden mit dem Vertrauen des Menschen auf seine eigene Kompetenz vor, dann erfolgt die Zielanalyse klarer, die Informationssammlung/Informationsprüfung aktiver und differenzierter, das Probehandeln methodisch elaborierter und die Metareflexion selbstkritischer. Eine Verknüpfung von Vorstellungsinhalten, Gefühlen/Wertungen und Handlungsbereitschaften weisen auch die Einstellungen eines Menschen auf.

Einstellungen (attitudes, Attitüden) nennt man die zur Gewohnheit (habit) gewordenen kognitiv-emotionalen Verhaltensbereitschaften eines Menschen gegenüber anderen Menschen, Ereignissen, Problemen, Sachverhalten, Gesetzen, Ideen, Begriffen und Entwicklungen.

Entstanden sind Einstellungen auf Grund von Interaktionen zwischen dem Bewusstsein des Individuums und seiner objektiven gesellschaftlichen Realität. Sie sind zum einen durch die soziale Umwelt oder Gruppe bewirkt, sind also soziokulturell vermittelte Orientierungsprozesse. Zum anderen hängen sie mit den Dispositionen und der Lern- und Lebensgeschichte jedes Einzelnen zusammen. Einstellungen werden durch die soziale Umwelt spezifiziert und wirken sich als realisierte Handlungen umgekehrt auf diese soziale Umwelt wiederum aus. Dafür, dass aus den Handlungsbereitschaften Handlungen werden, ist eine auslösende Situation nötig. Allerdings ist dabei weniger die objektive Gegebenheit der Situation ausschlaggebend als vielmehr die Situationsdeutung des Einzelnen. Wie die Reaktion dann ausfällt und ob Worten entsprechende Taten folgen, entscheidet sich auf Grund der Gefühlsreaktionen, die der Mensch der Person oder dem Sachverhalt gegenüber hat. Sie können konditioniert, durch Medien vermittelt oder durch Eigenerfahrungen begründet sein. Der kognitive Gehalt der Einstellung, also das Wissen um etwas, Überzeugungen, Erwartungen und Vorstellungen von etwas, ist bei Einstellungen immer sehr stark von der affektiven Zustimmung oder Ablehnung (d.h. von Vorlieben, Abneigungen, funktionalen Wertschätzungen, Sympathien, Antipathien, Kontaktinteressen usw.) abhängig. Beide, Kognitionen und Emotionen, sind entscheidend von der Beurteilungs- und Selbstbeurteilungsleistung des Menschen in der konkreten Situation mitbestimmt. Insofern ist eine Einstellung eine Prädisposition des Menschen für sein Verhalten in bestimmten sozialen Situationen, eine Bereitschaft, unter bestimmten situativen Bedingungen bestimmte Handlungen auszuführen. Ob und wie der Mensch sein Verhalten und Handeln dann tatsächlich organisiert, entscheidet er nach Maßgabe seiner subjektiven Situations- und Persondeutungen. Diese basieren meist auf Attributionen.

Attributionen sind ein kognitiver Prozess, bei dem jemand den beobachteten Verhaltensweisen eines anderen bestimmte Absichten, Motivationen, Persönlichkeitseigenschaften und Gefühle unterlegt bzw. unterstellt.

Bei Ursachenklärungen dieser Art geht der Beobachter in der Regel davon aus, dass das Verhalten oder Handeln eines anderen Indiz für dessen Dispositionen, für seine relativ stabilen persönlichen Eigenschaften, Fähigkeiten, Normen und Werte, Bedürfnisse usw. ist. Weniger oft zieht er in Betracht, dass die Situation, die Umstände oder die konkreten Bedingungen der Interaktion Grund für dieses spezifische

Handeln und Verhalten sind. So kann es leicht zu Attributionsfehlern und zu unangemessenen interpersonalen Reaktionsweisen kommen. Die sogenannte sich selbst erfüllende Prophezeiung („Pygmalioneffekt") belegt, dass die auf Attributionen beruhende Erwartung an den anderen dessen Verhalten und Selbstbild nach kurzer Zeit verändert.

1.3 Persönlichkeitsentwicklung als subjektive Verarbeitung des sozialen Umfelds

Der Mensch ist in seiner Entwicklung auf soziale Beziehungen angewiesen, er ist ein Gemeinschaftswesen, er braucht, um sich gesund entwickeln zu können, die Vergesellschaftung, die Sozialisation.

> Unter Sozialisation versteht man - allgemein gesprochen - die Einführung von Kindern und Jugendlichen in die soziokulturellen Ordnungen und Maßstäbe (Normen) der Gesellschaft, der sie angehören oder angehören wollen/sollen, damit das von der Sozietät gewünschte oder erlaubte Verhalten und Handeln möglichst gewährleistet ist.

Die Sozialisationstheorie versucht, diesen Vorgang genauer zu analysieren und zu beschreiben. In neuerer Zeit (vgl. Hurrelmann/Ulich 1995) bedient sie sich dazu des Begriffs „Mitgliedwerdung" und sieht im Menschen ein seine Realität produktiv verarbeitendes Subjekt. Im Laufe seiner Lebensgeschichte erlangt jeder Mensch durch die aktive Auseinandersetzung mit den ihn umgebenden Menschen und Dingen eine ganz persönliche Organisation von Verhaltensmerkmalen, Eigenschaften, Einstellungen, Handlungskompetenzen und Selbstkonzepten. Allerdings ist er dabei nicht völlig unvoreingenommen und voraussetzungslos. Denn die Umwelten, in denen er aufwächst und lebt, legen ihm spezifische Kommunikations-, Wahrnehmungs-, Deutungs- und Verhaltensmuster nahe. All seine *Sozialisationsumwelten* - die Kleingruppe und die sozialen Netzwerke (wie Familie und Freundeskreis), die organisierten Sozialisationsinstanzen (wie Kindergarten, Schule, Heim), die sozialen Organisationen der Gesellschaft (wie Ämter, Betriebe, Kirchen, Vereine) oder die politische und kulturelle Struktur der Gesellschaft - favorisieren jeweils bestimmte grundlegende Denk-, Gefühls- und Handlungsmuster, Sprach- und Interaktionsstile. Sie bieten ihm „Mitgliedschaftsentwürfe" an. Will er in ihnen leben, will er bei ihnen akzeptiert sein, also „Mitglied" sein, muss er sehen, wie er seine inneren Bedürfnisse mit den Erwartungen, die diese an ihn als Mitglied stellen, zusammen- und in Übereinstimmung bringt. Seine Möglichkeiten reichen hier von totaler Unterordnung bis zum Verzicht auf die Mitgliedschaft, dazwischen liegen Versuche, sich mit seinen Fähigkeiten einzubringen und die soziale Gruppe seinerseits zu beeinflussen. Es handelt sich also um eine persönliche Reaktion des Einzelnen gegenüber den angetragenen Mitgliedschaftsentwürfen, die aus Aneignungen, Distanzierungen, mitgestaltender Teilnahme und eigenen Initiativen besteht.

Aus der Perspektive der Gesellschaft und der den einzelnen Menschen umgebenden Personen handelt es sich bei der Sozialisation um die Vermittlung von relevanten Normen, Werthaltungen, Befähigungen und Fertigkeiten, also um eine intendierte und organisierte Verhaltenssteuerung bzw. versuchte Verhaltensänderung (*„Sozialmachung"*). Aus der Perspektive des Einzelnen betrachtet, ist die Sozialisation ein Aufbauen und kontinuierliches Sich-Verändern und Sich-Weiterentwickeln auf Grund von Anregungen seitens der Umwelt, ein Selbstorganisationsprozess mit teilweise spontan umorientierenden, unplanbaren Synergieeffekten (*„Sozialwerdung"*). Beide Perspektiven kommen da zusammen, wo der Frage nachgegangen wird, auf welche Weise die Selbstorganisationsprozesse in Gang gesetzt und in ihrem Ablauf von außen beeinflusst werden. Denn die Entwicklung von Einstellungen und Verhaltensweisen erfolgt als Erlernen spezifischer Deutungsmuster, Werthaltungen, Motivationen, Volitionen, Wissensständen, Fertigkeiten usw. Dabei kommen alle Formen des Lernens (Assoziation und Verknüpfung, Versuch und Irrtum, Verstärkung, Einsicht, Imitation, aktive kognitive Konstruktion und Problemlösung) in Frage. Allerdings machen sich entwicklungsbedingte Unterschiede bemerkbar. Kinder bis zum Alter von drei Jahren neigen dazu, egozentrisch und handlungsmäßig (enaktiv) vorzugehen, Kinder in der Vor- und Grundschulzeit realistisch und bildhaft anschaulich (= ikonisch) und Jugendliche eher begrifflich (symbolisch). Altersbedingt verschieden sind auch die bevorzugt wahr- und aufgenommenen Dinge und Personen der eigenen Umwelt.

1.4 Menschenbilder in der Pädagogik

Zentrales Kennzeichen des Menschenbilds der Moderne ist die individuelle Autonomie in den Grenzen der allgemeinen Vernunft. Für diesen Gedanken ist I. Kants Definition von „Aufklärung" aus dem Jahre 1784 (S. 516) programmatisch:

> „Aufklärung ist der Ausgang des Menschen aus seiner selbstverschuldeten Unmündigkeit. Unmündigkeit ist das Unvermögen, sich seines Verstandes ohne Leitung eines anderen zu bedienen. Selbstverschuldet ist diese Unmündigkeit, wenn die Ursache derselben nicht am Mangel des Verstandes, sondern der Entschließung und des Mutes liegt, sich seiner ohne Leitung eines anderen zu bedienen."

Heute stellen Biologie, Verhaltensforschung, Psychologie und Soziologie der Pädagogik eine Fülle von differenzierenden Menschenbildern zur Verfügung. Abwechselnd wird der Mensch als biologisches Mängelwesen mit artspezifischen Kompensationsmöglichkeiten (A. Gehlen) oder als physiologische Frühgeburt, weltoffen, geistbegabt und entscheidungsfrei (A. Portmann) bestimmt, als ein Wesen, das machbar und grenzenlos außensteuerbar ist (Behaviorismus) oder ein auf Gleichgewicht abzielendes System (Kybernetik). Es wird behauptet, Triebdynamik und sexuelle Antriebsenergie bestimmten sein Sein und Verhalten (Psychoanalyse) oder Ganzheitlichkeit, Wert- und Sinnorientierung, Kreativität, Fähigkeit zu Selbstverantwortung und Selbstregulierung machten sein Wesen aus (Humanistische Psychologie). Ferner gilt der Mensch als homo sociologicus (R. Dahrendorf), dessen Handlungsfreiraum durch die „Tatsache der Gesellschaft", durch seine Position, seine soziale Rolle und seine Erfahrungen in den verschiedenen Sozialisationsumfeldern beeinträchtigt wird. Die Hirnforschung wiederum stellt die Willensfreiheit des Menschen überhaupt in Frage. Deskriptive und normative Sichtweisen treffen dabei aufeinander. Dass der Mensch von nichts und niemandem zu fremden Zwecken gebraucht bzw. missbraucht werden darf, sondern selbstbestimmt und als Selbstzweck leben können soll, lässt sich mit einem weiteren Gedankengang des Königsberger Philosophen aus der „Grundlegung zur Metaphysik der Sitten" argumentativ absichern. Kant schreibt da: „Der Mensch und überhaupt jedes vernünftige Wesen existiert als Zweck an sich selbst, nicht bloß als Mittel zum beliebigen Gebrauche für diesen oder jenen Willen, sondern muss in allen seinen sowohl auf sich selbst, als auch auf andere vernünftige Wesen gerichteten Handlungen jederzeit zugleich als Zweck betrachtet werden."

a. Das Menschenbild der philosophischen Pädagogik
Die prinzipientheoretisch argumentierende Pädagogik setzt bei der Überlegung an, dass der Mensch als Exemplar seiner Gattung seine Zwecke selbst setzen kann und dass er Subjekt zurechenbarer Akte ist, die Geltung und Bedeutung manifestieren. Der Mensch ist autonom.

Spricht I. Kant im Zusammenhang seiner „Pädagogik" von der *Autonomie* des Menschen, so denkt er sie als schrittweise Entwicklung der Verfügungsmacht des Kindes über sich selbst. Das geht nicht ohne anfängliche Fremdbestimmung, nicht ohne Unterwerfung des Menschen unter die Vernunft des Erziehers und die Gesetze, die das humane Zusammenleben der Menschen regeln. Dabei sieht Kant diese Fremdbestimmung als eine vorläufige an, die in dem Maße an Berechtigung verliert, wie die eigenen Kompetenzen des Kindes und Jugendlichen wachsen. Ihr Ziel ist nämlich nicht die bloße Disziplin, sondern das Akzeptieren von Maximen, die universelle Geltung beanspruchen können. Die Kultivierung solcher Maximen und die Gehorsamsverpflichtung des Kindes auf sie werden als Aufgabe der Erzieher und Eltern eingefordert. Infolgedessen ist die Autonomie im Verständnis I. Kants grundverschieden von subjektiver Willkür, Zügellosigkeit, Ich-Hypertrophie und selbstherrlicher Verfügungsmacht des Menschen über sich, über andere und über die Dinge. In seiner Autonomiekonzeption sind beide Wortteile gleich bedeutsam: „autos" als das individuelle Selbst, das geachtet werden muss, das aus eigener Kraft und mit eigenen Mitteln sich entscheiden und verhalten lernen muss, und „nomos" als Orientierung des Individuums an verbindlichen Normen und Werten. Autonomie stellt sich beim Menschen weder wie ein Naturprodukt von allein ein, noch lässt sie sich durch erzieherische Einflussnahmen „technisch" herstellen. Vielmehr ist der Mensch bei der aktiven Selbstorganisation seiner Wirklichkeit auf den Bezug zu anderen Menschen und auf *moralstützende, haltgebende Lebenswelten* angewiesen. Sicherheit, Geborgenheit und äußerer Halt sind nicht eine Beeinträchtigung, sondern eine emotionale Grundlage für selbsttätige und eigenverantwortliche Autonomieerfahrungen von Kindern und Jugendlichen. Zuverlässige Orientierungen durch Personen, zu denen sie eine emotionale Beziehung aufbauen konnten, behindern die Entwicklung ihrer Autonomie nicht, sondern sind für sie eine Hilfe beim Zu-sich-selbst-Kommen und bei der Integration ihrer Erfahrungen mit Selbsttätigkeit und Selbstverantwortung, mit Freiräumen, eigenen Gefühlen und dem eigenen Willen, mit Unrecht und Gerechtigkeit, mit der Würde der eigenen Person und dem Sinn des Lebens. Zur Autonomie des Menschen gehört, dass er sich als Verursacher seiner Handlungen und Verhaltensweisen weiß und für deren Ziele und Folgen selbst aufzukommen hat. Er trägt dafür die *Verantwortung*, beantwortet gegenüber einer höheren Instanz, einer Gruppe, einem anderen oder sich selbst die Frage nach dem „Warum" seines Tuns oder Unterlassens. Pädagogische Dimension erhält die Verantwortung in zweifacher Hinsicht: als

Erziehungsziel, demzufolge jeder Schüler dazu angehalten werden soll, die Normen und Ziele seines Tuns mit transsubjektiv gültigen Gründen rechtfertigen zu können, und als Professionsmerkmal des Lehrers und Erziehers, der auf alle Handlungen und Verhaltensweisen verzichtet, die das Mündigwerden und das gelingende Leben von Kindern und Jugendlichen verhindern oder behindern könnten.

b. Das Menschenbild der empirischen Pädagogik

Die Fülle empirischen Datenmaterials zum Menschen und zu seiner Persönlichkeit macht es der empirischen Pädagogik schwer, ein geschlossenes Menschenbild zugrunde zu legen. Insofern sie kausal-analytische Forschungen mit objektiven Erkenntnissen über den Menschen anzielt, zeigt sie ihre Prämissen. Der Mensch wird hier „jenseits von Freiheit und Würde" (B. Skinner) als grundsätzlich steuer- und formbar betrachtet. Sein Verhalten hängt von der quantitativ und qualitativ erfassbaren Reiz-Reaktions-Ausprägung ab, die durch Verstärkung, d.h. durch erfolgsgesteuerte Erfahrung, bedingt ist. Innere Zustände wie Ziele, Absichten oder freie Willensentscheidungen fallen in die „black box" der Behavioristen und werden als nicht beweisbar zurückgewiesen. Was der Beobachter am Verhalten des Menschen erfasst, sind messbare, datenmäßig erfassbare, analysierbare und in Bezug auf größere Populationen auswertbare Reaktionen auf gegebene Reize. Angenommene Handlungs- und Entscheidungsgründe sind Konstrukte des Beobachters und müssen nicht mit denen übereinstimmen, die der Handelnde selbst angibt.

Kritisiert wird an diesem Menschenbild, dass vorrangig die externen Bedingungen zur Erfassung und Erklärung des menschlichen Verhaltens ins Auge gefasst werden, während komplexe Phänomene, interne kognitive Prozesse und persönliche Ziele aus methodologischen Gründen nicht in die Forschung einbezogen werden können.

c. Das Menschenbild der kritischen Pädagogik/Erziehungswissenschaft

Die Kritische Pädagogik geht von der Prämisse aus, dass menschliches Denken und Handeln grundsätzlich durch gesellschaftlich vermittelte Interessen, Abhängigkeiten, Herrschaftsverhältnisse, Zwänge oder auch Chancen bestimmt/mitbestimmt sind. Ihre Leitbegriffe wie Emanzipation, Selbstbestimmung, Demokratisierung versteht die Kritische Erziehungswissenschaft infolgedessen nicht als überzeitliche Ziele und Normen, sondern als Produkte von auf der Basis der europäischen Aufklärung konfligierenden Denkmodellen. Im Gegensatz zu den bisher dargestellten Menschenbildern sprechen sich Vertreter dieser pädagogischen Richtung für die Selbsterziehung des Menschen aus, für den Verzicht auf die Faszination des Machens und Formens zugunsten einer Reflexion über die jedem Menschen eigenen Möglichkeiten und ein daraus folgendes Handeln in der konkreten Situation.

Verzicht auf methodisch-organisierte Beeinflussung (auch und gerade in erzieherischer Absicht) setzt ein Menschenbild voraus, das Erziehung in naturwüchsigen Sozialisationsprozessen sich vollziehen lässt und statt äußerer Freiheit eine innere Freiheit postuliert. Ein solcher Naturbegriff entbehrt der empirischen Absicherung und scheitert an der Tatsache, dass der Mensch ein „Gesellschaftswesen" ist. Ursprüngliche Freiheit und Selbstbestimmung führt wohl eher zum Kampf aller gegen alle oder zerstört Subjektvität durch Anpassung an die aus dem Personbegriff ausgeklammerte Gesellschaft.

Kritisch verstehen sich auch alle Richtungen pädagogischer Theoriebildung, die in der rationalen Kommunikation das Wesenselement der menschlichen Existenz in einer demokratischen Gesellschaft sehen. Ihr Kerngedanke greift auf die Kritische Theorie der Frankfurter Schule und deren von Hegel ausgehenden Gedanken zurück, jedes Individuum müsse aus Interesse an der eigenen Entfaltung wollen, dass auch jeder andere sich frei entfalten könne. Gegenseitige Anerkennung schaffe erst Individualität und Einmaligkeit. Als ihr zentrales Merkmal gilt die „ideale Sprechsituation zurechnungsfähiger Subjekte" bei rationaler und symmetrischer Verteilung der Kommunikationschancen.

Das Menschenbild dieser Richtung der Pädagogik/Erziehungswissenschaft setzt entweder auf die radikale Selbstentfaltung des Kindes/Jugendlichen zu seiner Identität oder auf die Realisierung des Selbst durch Kommunikation. Dabei bleiben die Fragen nach dem Verhältnis der kommunikativ verhandelten Wirklichkeit zur gesellschaftlichen Macht und die Bedeutung der umgebenden Gesellschaft für die Entfaltung des Einzelnen ungeklärt.

d. Das Menschenbild der Neurowissenschaften

In den letzten 10 Jahren haben die Neurowissenschaften entscheidende Fortschritte gemacht bei der Generierung von Wissen über die Struktur und Arbeitsweise des menschlichen Gehirns und über die das Denken, Erleben und Handeln des Menschen bestimmenden Faktoren. Dabei hat sich herausgestellt, dass das Gehirn ein sich selbst organisierendes System ist, das durch die Art seiner Nutzung programmiert wird, wofür wiederum Anregungen von außen und sozial-emotionale Bindungen wichtig seien. Die neurowissenschaftliche Forschung geht vorwiegend davon aus, dass Geist aus Materie hervorgeht, die sich mit naturwissenschaftlichen Methoden analysieren lasse. Besondere Kontroversen unter Pädagogen löste die These mancher Hirnforscher aus, menschliches Wahrnehmen, Denken und Handeln sei durch neuronale Prozesse gesteuert; ob jemand etwas tun wolle, sei durch neuronale Aktivität, durch Verschaltungen im Gehirn vorbestimmt (G. Roth, W. Singer). Das bewusste Ich sei nicht Verursacher von Handlungen, sondern ein Konstrukt zur Planung und Ausführung komplexer Handlungen – was das Ende der Willens- und Entscheidungsfreiheit als Möglichkeit selbstbestimmten Handelns bedeuten würde.

G. Roth (2001) begründet seine These mit 4 Argumenten: (a) Es gibt keinen Geist ohne Gehirn; Geist und Bewusstsein vollziehen sich nach den bekannten physiologischen, physikalischen und chemischen Gesetzmäßigkeiten. (b) Vorstufen geistiger Fähigkeiten gibt es auch im Tierreich; Bewusstsein, Denken und Planen ist nicht typisch menschlich. (c) Was Persönlichkeit und Charakter genannt wird, entscheidet sich in den ersten Lebensjahren im limbischen System. (d) Wollen, Denken und Verhalten des Menschen werden von Teilen des limbischen Systems gesteuert. Daraus folgern Neurowissenschaftler, dass der Mensch sich als Verursacher empfinde, sei eine Täuschung; in Wirklichkeit habe er nur wenig Einsicht in das Zustandekommen seiner Handlungen. Vielmehr würden genetische Vorgaben und die individuellen Vorerfahrungen, die im limbischen System niedergelegt seien, in einer bestimmten Situation oder auch spontan sein Planen und Handeln lenken. Er bringe das dann nur für sich selbst mit sich selbst in Einklang. Jedenfalls würden neuronale Vorgänge ihn stärker determinieren als selbstentschiedene, freie Zielsetzungen.

Nach dem Menschenbild führender Neurowissenschaftler ist der Mensch durch seine Gehirnaktivität erklärbar. Alles Geistige wird auf Körperliches, Materielles zurückgeführt. Dabei fällt es schwer, ihm Verantwortlichkeit und Verpflichtbarkeit abzuverlangen. Andere Wissenschaftler aus dem Bereich der Geistes- und Kulturwissenschaften, der Humanistischen Psychologie und Soziologie fordern demgegenüber eine mehrperspektivische Sichtweise anstelle einer verallgemeinerten naturwissenschaftlich-materialistischen Sicht auf den Menschen. Schließlich sei bei aller Anerkennung der funktionellen Architektur des physischen Gehirns weder die philosophische Frage, was denn Willensfreiheit und Verantwortung seien, neurobiologisch klärbar, noch sei erklärt, wie neue Ideen von außen das Denken verändern könnten oder wie es möglich sei, dass der Mensch Wünsche suspendieren und durch sein Denken auch den neurobiologischen Determinierungsfluss unterbrechen könne.

2 Gesellschaftliche Grundannahmen

Die Schule führt im Auftrag der Gesellschaft einen Bildungs- und Erziehungsauftrag aus, der durch Unterricht und Schulleben verwirklicht wird. Gibt es einen Wandel im Gesamtsystem Gesellschaft, dann ist die Schule als gesellschaftliches Subsystem herausgefordert, darauf zu reagieren. Verändert sich die Gesellschaft, muss sich auch die Schule verändern, damit sie ihren gesellschaftlichen Auftrag weiterhin erfüllen kann. Schulrelevant sind dabei vor allem gesellschaftliche Veränderungen, die – erstens – die private Lebensführung der Gesellschaftsmitglieder betreffen, insbesondere wenn diese Erziehungsleistungen vollbringen, und die – zweitens – die Rahmenbedingungen des Berufs- und Alltagslebens, auf das Schülerinnen und Schüler pädagogisch vorbereitet werden sollen, modifizieren. Die Gesellschaft der Gegenwart wird in Fachpublikationen vorwiegend als postmoderne Gesellschaft, Wissensgesellschaft und Risikogesellschaft bezeichnet, oft kommen auch noch Benennungen wie Freizeitgesellschaft, Multikulturelle Gesellschaft, Erlebnisgesellschaft, Mediengesellschaft, Konsumgesellschaft oder Multioptionsgesellschaft vor. Gleichzeitig spricht man seit Mitte der 1980er Jahre davon, dass sich das Aufwachsen der Kinder und Jugendlichen in dieser Gesellschaft verändert hat, und verwendet Schlagworte wie Einkind-Kindheit, Medien-Kindheit, Konsum-Kindheit, verinselte Kindheit, Armuts-Kindheit, bedrohte/belastete Kindheit, verlorene Kindheit u.a. Das wirft die Frage nach Zeitsignaturen und Grundlagen der deutschen Gesellschaft auf.

2.1 Zehn Revolutionen

P. Dalin, einer der führenden Schulentwicklungsforscher, hat sich in einer Buchpublikation (1997) unter der leitenden Fragestellung der Schulreform Gedanken zur Zukunftsgesellschaft gemacht. Er fasst das Ergebnis seiner Überlegungen in einer Liste mit zehn Revolutionen zusammen. Dabei versteht er unter „Revolutionen" durchgreifende Veränderungen der Wahrnehmung, Reflexion und Erklärung der Wirklichkeit mit der Folge veränderter Haltungen, Machtverhältnisse und Strukturen. Die Revolutionen unterscheidet er wie folgt:

a. Die Wissens- und Informationsrevolution
Wir befinden uns in einer „Welt der Sofortinformationen rund um die Uhr" (Ch. Jenk), und die Zahl der Menschen, die mit der Produktion

und Verarbeitung von Informationen beschäftigt sind, nimmt permanent zu. Auf allen Gebieten expandiert und veraltet das Wissen ungeheuer schnell, in manchen Gebieten verdoppelt es sich im Zweijahresrhythmus, in anderen (wie z. B. der Bedienung von Maschinen) wird das Fachwissen innerhalb von fünf Jahren unbrauchbar. In Physik, Biologie, Chemie und Technik ist die Wissensexplosion besonders groß und hat Auswirkungen auf alle Wissenschaften (vgl. etwa die Erforschung von Systemen oder die Chaostheorie). Wissen und Know-how sind in Zukunft die entscheidenden Konkurrenzfaktoren unter den Staaten und Gesellschaften und Garant für wirtschaftliche Entwicklung. Dabei ist zu bedenken, dass Wissen und das Verfügen über Informationen ambivalent nutzbar sind, zur Besserung elender Situationen ebenso wie zur Manipulation und zur Verschärfung sozialer Gegensätze in einem Staat und in der Welt. Der ethische Aspekt der Wissensexplosion darf nicht aus dem Blick geraten.

b. Die Bevölkerungsrevolution
Prognosen sagen bis 2025 eine Bevölkerungszahl von etwa 9,4 Milliarden Menschen voraus, die zu 95 Prozent in den Entwicklungsländern leben werden – eine Entwicklung, die auch durch Maßnahmen, wenn sie heute eingesetzt würden, nicht wesentlich zu bremsen wäre. Heute schon ist die Situation für ca. 500 Millionen Menschen, die an Hunger und Unterernährung leiden, hoffnungslos und der Abstand zur reichen westlichen Welt dramatisch. Die biotechnische Nahrungsmittelproduktion wird deshalb eine wichtige Zukunftsaufgabe, die allerdings nur in dem Maße Erfolg hat, wie sie die Abhängigkeit der Entwicklungsländer von den reichen Industriestaaten nicht noch einmal mehr vergrößert. Auch wird es zu großen Bevölkerungsbewegungen kommen, auf die sich alle Menschen einstellen müssen.

c. Die globalisierende und regionalisierende Revolution
Im Unterschied zur Gesellschaft der Moderne, für die der ziemlich autonome, unabhängige Nationalstaat den Bezugsrahmen abgab, ist die heutige Gesellschaft durch eine übernationale, global wirksame Wirtschaft, Kultur und Politik gekennzeichnet. Die Folge davon sind eine Vermischung der Ethnien und Nationen, das Entstehen heterogener Gesellschaften, bestehend aus Angehörigen, die ansässig sind und von ein und derselben Ethnie und Kultur geprägt sind, und solchen, die aus mehreren verschiedenen Ethnien und Kulturen eingewandert sind. Bereits jetzt kommt es durch die berufliche Mobilität zur Gruppenbildung von Minoritäten in den einzelnen Staaten, zur Enklavenbildung,

Isolierung und Fragmentierung, was eine nationalstaatlich definierte Identität nicht nur erschwert, sondern größtenteils unmöglich macht. Die Assimilation und Integration zu einer neuen Homogenität gelingt dann nicht mehr. Ethnische Probleme, Konflikte und Spannungen sind unausweichlich, Aversionen gegen die Zuwanderer werden aus dem Gefühl der Bedrohung genährt. Zur gleichen Zeit haben überstaatliche integrierende Kräfte wie die Religion ihre verbindende Kraft verloren. Das Zusammenleben mit Menschen aus anderen Kulturen muss deshalb gestaltet werden, die Kenntnis ihrer Sprachen und ihrer Kulturen und Offenheit als Grundeinstellung werden unabdingbar.

d. Die Revolution der gesellschaftlichen Verhältnisse
Seit mehreren Jahrzehnten sind die Organisationsformen menschlicher Beziehungen in der Gesellschaft in die Diskussion geraten, Familie und Zugehörigkeit, das Generationenverhältnis, die Rolle der Jugendlichen und die der alten Menschen und vieles mehr. Die internationale Öffnung der Gesellschaft hat dazu ebenso beigetragen wie die Medien. Außer den neuen Lebensformen und Lebensstilen ist hier vor allem der Trend von der männerdominierten Gesellschaft weg zu neuen Rollen der Frau und zu neuen Beziehungen zwischen den Geschlechtern zu nennen.

e. Die wirtschaftliche Revolution
Sie ist durch zwei seit längerem erkennbare Tendenzen geprägt: erstens die Umorientierung von der Landwirtschaft und Industrie zur Dienstleistung und zweitens den Übergang vom nationalen zum globalen Wirtschaften. Besonders entwickeln werden sich persönliche Dienstleistungen, die mit Fürsorge zu tun haben, sowie bedürfnisorientierte Warenproduktion mit ästhetisch-künstlerischem Tun. Da ein Prozess der De-Industrialisierung im Gange ist, kommt es zu gravierenden Änderungen bei den Anstellungsverhätnissen der Arbeitnehmer (Zeiten selbstständiger, bezahlter und freiwillig unbezahlter Arbeit in unterschiedlichen Arbeitseinrichtungen und in unterschiedlichen Arbeitsverhältnissen).
Da die Wirtschaft heute global geworden ist, haben sich multinationale Konzerne gebildet, die weltweit interagieren und rund um die Uhr zum Wirtschaftswachstum auf der ganzen Welt beitragen. Dieses freie Handelssystem führt zwangsläufig zu einem offenen Markt mit freier Bewegung des Kapitals, freiem Austausch von Waren und Dienstleistungen, freier Wahl des Wohnsitzes für alle und freier Wahl des Arbeitsplatzes. Im Übrigen werden viele Arbeiten auf Grund der Vernetzung zu Hause

verrichtet werden können und auf individuelle Wünsche und Bedürfnisse besser zugeschnitten sein. Die Globalisierung führt in Europa zu einer Vereinheitlichung und Standardisierung der Lehrpläne und Lehrbücher sowie der Ausbildungsstandards.

f. Die technologische Revolution

Hier ist damit zu rechnen, dass Gentechnik und Informations- und Kommunikationstechnik weitere Fortschritte machen, erstere vor allem angetrieben durch den hohen Weltbedarf an Nahrungsmitteln und getragen von einigen wenigen multinationalen Konzernen. Dabei taucht das Problem auf, dass das Ungleichgewicht zwischen Entwicklungsländern und Hochtechnologieländern größer wird, woraus neue sozial motivierte Aufstände und Migrationen folgen. Bei dem Tempo der technologischen Innovationen fehlt es zudem an der Zeit und Möglichkeit, deren Folgen für den Menschen und seine Kultur abzuschätzen.

g. Die ökologische Revolution

Das Anwachsen der Weltbevölkerung, die Ausweitung der ressourcenintensiven Industrieproduktion und die allerorts versuchte Nachahmung des attraktiven, aber umweltbelastenden westlichen Lebensstils haben unübersehbare ökologische Folgen hervorgebracht: Luftverschmutzung, Erosion, Verunreinigung des Grundwassers, Vernichtung von Arten, Klimaveränderung, Reduzierung der schützenden Ozonschicht, Monokulturen. Das ökologische Gleichgewicht ist auf lange Zeit gestört, den nachfolgenden Generationen wird dadurch eine schwere und gefährliche Hypothek aufgebürdet. Eine Kurskorrektur im Denken und Handeln ist nötig, bei der die Lebensweise sich an die Grenzen hält, die die drohende ökologische Katastrophe verhindern können.

h. Die ästhetische Revolution

Bedingt durch mehr Freizeit finden in der westlichen Welt die visuellen Künste, Dichtung, Tanz, Theater, Musik, Architektur und Ausstellungen vermehrt Interesse. Dies kann als eine Art Reaktion auf die standardisierte Massen-Konsumgesellschaft verstanden werden und als ein Indiz dafür, dass ästhetische Werte und individuelle Ausdrucksformen neue Bedeutung erfahren, weil sie das Leben der Menschen bereichern können.

i. Die politische Revolution

Die moderne Demokratie mit Staatsautorität, Mehrheitsherrschaft und Repräsentation durch gewählte Volksvertreter wird in Frage gestellt und durch Bewegungen (ethnische Gruppen, Minoritäten, Anhänger alternativer Lebensstile, Atomgegner, Lebensschützer usw.) herausgefordert. Vom politischen System wird eine Umorganisation verlangt, die den Minoritätsinteressen direkte politische Einflussnahme garantiert. Auf der einen Seite deutet sich da eine Art direkter Demokratie an, die zu mehr Solidarität mit Randgruppen und zu globalem Denken führen kann; auf der anderen Seite droht der Verlust einer Politik mit Vernunft zugunsten von Gruppeninteressen und geschmacksbedingten oder populistischen Entscheidungen.

j. Die Revolution der Werte

In der westlichen Welt, deren Werte und Normen auf der Basis eines abendländisch-christlichen Bildes von Mensch und Welt als allgemeine Menschenrechte Geltung beanspruchen, ist es durch die Wissens- und Informationsrevolution und durch die Globalisierung zu einer Infragestellung der die Gesellschaft tragenden Wertüberzeugungen gekommen. Wertverwirrung gibt es nicht nur bei Kindern und Jugendlichen, sondern auch bei deren Erziehern und Ausbildern. Da Erwachsene kaum noch eindeutige Orientierungen zu geben vermögen, bleibt es den Jugendlichen selbst überlassen, für sich Werte und Normen zu finden. Auf der Suche nach tragfähigen Identifikationsangeboten suchen immer mehr Jugendliche Halt in fundamentalistischen, links- oder rechtsradikalen oder mystisch-spiritistischen Gruppen.

2.2 Demokratie und Marktwirtschaft

Im politisch-rechtlichen Bereich bieten die freiheitlich-demokratische Grundordnung, wie sie im Grundgesetz der Bundesrepublik Deutschland und in den Länderverfassungen verankert ist, und das Konzept der Leistungsgesellschaft die Basis für die Schule und den Unterricht. Was mit dem Begriff „freiheitlich-demokratische Grundordnung" gemeint ist, hat das Bundesverfassungsgericht Anfang der 1950er-Jahre wie folgt umschrieben:

„Die freiheitlich-demokratische Grundordnung lässt sich als eine Ordnung bestimmen, die unter Ausschluss jeglicher Gewalt- und Willkürherrschaft eine rechtsstaatliche Herrschaftsordnung auf der Grundlage der Selbstbestimmung des Volkes nach dem Willen der jeweiligen Mehrheit und der Freiheit und Gleichheit darstellt. Zu den grundlegenden Prinzipien dieser Ordnung sind mindestens zu rechnen: die Achtung vor den im Grundgesetz konkretisierten Menschenrechten, vor allem vor dem Recht der Persönlichkeit auf Leben und freie Entfaltung, die Volkssouveränität, die Gewaltenteilung, die Verantwortlichkeit der Regierung, die Gesetzmäßigkeit der Verwaltung, die Unabhängigkeit der Gerichte, das Mehrparteienprinzip und die Chancengleichheit für alle politischen Parteien mit dem Recht auf verfassungsmäßige Bildung und Ausübung einer Opposition."
(Müller-Armack 1956, S. 24)

Aus der freiheitlich-demokratischen Grundordnung und mit ihr legitimiert sich die Personalisations- und Sozialisationsaufgabe der Schule. Sie ist die Grundlage für die Schulorganisation (vgl. die Prinzipien der Differenzierung, der Durchlässigkeit des Schulsystems und der Herstellung von Chancengleichheit in der Schule); sie verlangt nach der Berücksichtigung von Selbsttätigkeit, Eigenverantwortlichkeit, nach demokratischen Umgangsformen und Handlungsweisen beim Unterrichten und Lernen. Der freiheitlich-demokratischen Grundordnung liegt bei allem *weltanschaulichen Pluralismus* in Deutschland ein *normativer Minimalkonsens* zugrunde. Dieses demokratische Ethos enthält, wie E. Weber (1999, S. 483 f.) zusammengefasst hat, folgende wichtige Elemente:

- Achtung vor der Würde des Menschen (der nicht als Mittel zum Zweck missbraucht werden darf) und Respektierung seiner Personalität,
- Anerkennung der Freiheit des Menschen als Recht auf eigene Lebensgestaltung und individuelle Selbstentfaltung (soweit dadurch die gleichen Rechte der anderen nicht beeinträchtigt werden) sowie Beschränkung der Fremdbestimmung und Herrschaft auf das notwendige Minimum,
- Gewährung von Gleichberechtigung, vor allem als Rechtsgleichheit und im Sinne gleicher Chancen in Bezug auf die Gestaltung des eigenen Lebens (gemäß den persönlichen Potenzen und Tendenzen),
- Einfühlungsfähigkeit und Mitgefühl (Empathie), Rücksichtnahme und Fairness, prosoziales Verhalten und Hilfsbereitschaft,

- Solidarität und Altruismus, Mitmenschlichkeit und Brüderlichkeit/ Schwesterlichkeit,
- Bemühen um Leidminderung sowie um Steigerung der materiellen und immateriellen Lebensqualität aus Interesse am Wohlergehen aller unter Einbeziehung der Zukunftsdimension, also Verpflichtung auf das Gemeinwohl,
- Kooperations- und Kommunikationsbereitschaft auf der Basis von freier und vernünftiger Diskussion unter Einbeziehung gegenseitiger, konstruktiver Kritik sowie der Bereitschaft zum Hinzu- und Umlernen,
- Wille zur fairen Konfliktregelung und zum guten Kompromiss,
- Friedensbereitschaft und Friedensfähigkeit,
- Respektierung des weltanschaulichen Pluralismus und der Toleranz unter Ausklammerung der Intoleranten und der Feinde der demokratischen Grundordnung,
- Unvoreingenommenheit und Vorurteilsfreiheit, Nüchternheit und Sachlichkeit,
- Zuverlässigkeit und Gewissenhaftigkeit, Aufrichtigkeit und Wahrhaftigkeit,
- Mut und Zivilcourage,
- Selbstkontrolle und Selbstdisziplin,
- Verantwortlichkeit als Selbst- und Mitverantwortung,
- Offenheit für die Sinnfrage.

Die moralischen Prinzipien des demokratischen Ethos sind, wie sich historisch belegen lässt, christlich begründet. Das Menschenbild des abendländischen Christentums verpflichtet den Staat und jeden Einzelnen auf Respekt vor den Mitmenschen, vor dem Leben und der gesamten Schöpfung. Im Bewusstsein der Gleichheit aller Menschen und der Verantwortlichkeit des Menschen vor seinem Schöpfergott legitimiert sich die Forderung nach Solidarität und Nächstenliebe. Diese Prinzipien sind vom Humanismus übernommen, insofern und da sie der innerweltlichen Vernunft einsehbar und durch sie legitimierbar sind.

Die deutsche Gesellschaft versteht sich als Leistungsgesellschaft, bei der jeder durch den Einsatz seiner Potenziale einen Beitrag zur Verbesserung der Lebensverhältnisse aller leistet und zu seiner eigenen gesellschaftlichen Positionierung beiträgt. Die Qualifikations- und die Selektionsaufgabe der Schule wird in besonderer Weise von diesem Denken beeinflusst. Nicht nur die Form der Leistungsorientierung und Leistungsmessung, sondern auch der Fächerkanon der Schule, die Auswahl der Lerninhalte innerhalb der einzelnen Schulfächer und die empfohlenen Lehr- und Lernmethoden haben damit zu tun. In Wirtschaft und Beschäftigung herrscht dementsprechend das Modell der sozialen Marktwirtschaft vor. Kennzeichen der Marktwirtschaft sind dezentrale Organisation, Mengen- und Preisregulierung durch Angebot und Nachfrage, Arbeitsteilung, Rationalprinzip, Wettbewerb und individuelle Leistung. Als *soziale Marktwirtschaft* verknüpft sie Leistung mit Solidarität, wie eine frühe Definition von A. Müller-Armack (1956, S. 24) erklärt:

> „Der Begriff der sozialen Marktwirtschaft kann als eine ordnungspolitische Idee definiert werden, deren Ziel es ist, auf der Basis der Wettbewerbswirtschaft die freie Initiative mit einem gerade durch die marktwirtschaftliche Leistung gesicherten sozialen Fortschritt zu verbinden."

Die soziale Marktwirtschaft wird in Deutschland im Rahmen einer fortgeschrittenen Industriegesellschaft praktiziert, die sich auf dem Weg zur globalisierten Wissensgesellschaft befindet. Mit dem Vordringen des Computers in alle Bereiche der Gesellschaft haben sich die Beschäftigungsformen, die Arbeitsbedingungen, die Art der Arbeit, ganze Berufsfelder, das Freizeitverhalten der Menschen, ihre Kommunikation untereinander, das Lernen, die Forschungsmethoden und die Forschungsbereiche – kurz: die gesamte Gesellschaft - in Richtung auf Dynamik, Komplexität, Mobilität und Innovation verändert. Selbstständigkeit, Eigenverantwortlichkeit, Selbstmanagement, Life-Balance-Planung und der Ausgleich von Geist und Körper werden in der Wissensgesellschaft ebenso wichtig wie die Bereitschaft zu lebenslangem Lernen, zu persönlichem Wissensmanagement und zur Beachtung von Schlüsselqualifikationen wie Teamfähigkeit, Kommunikationsfähigkeit, emotionale Selbststeuerung, Konfliktfähigkeit, Konsensfähigkeit usw.
Für die Didaktik ist diese Entwicklung in mehrfacher Hinsicht belangvoll: bei der Auswahl der Lerninhalte (vgl. Technikkenntnisse und Technikkritik), bei den Lernmethoden (vgl. z. B. Lernen lernen, Selbsttätigkeit, Kooperationsfähigkeit, Kommunikationsfähigkeit, Kreativität), bei der Wahl der Unterrichtsmedien (vgl. Internet), bei den Lernzielen und beim Lehrerverhalten. Handlungs- und problemorientiertes Lernen und ein Konzept ganzheitlicher Bildung treffen auf gesteigertes Interesse, die Förderung der kreativen Gesamtpersönlichkeit wird persönlich und betriebswirtschaftlich relevant, faktenorientiertes Detailwissen verliert an Bedeutung gegenüber Wissen, das verstanden ist und angewendet werden kann. Da längerfristige Prognosen über spezielle Anforderungsprofile im Beruf, im Privatleben und in der Gesellschaft schwerlich möglich

sind, werden als Schulabsolventen Einzelpersönlichkeiten erwartet, die allgemeine Handlungsfähigkeit mit den Merkmalen Selbstbestimmung, Mobilität, Kritikfähigkeit, Selbstständigkeit, kreatives, vernetztes Denken, verantwortliches Handeln und Mehrsprachigkeit aufweisen.

3 Erkenntnistheoretische Grundannahmen

Seit jeher ist die Schule eine Stätte der Vermittlung und Erarbeitung von Wissen, das zu Verstehen und Erkenntnis führt; nur das Verstandene und Erkannte ist anwendbar und für Problemlösungen verwendbar. Die Didaktik muss sich deshalb mit der Frage befassen, wie es – nach heutiger Epistomologie – zum Aufbau von Wissen und zum Erkennen kommen kann.

3.1 Wissen und Wissenserwerb

In den Wissenschaften, deren generelles Ziel die Generierung, Kommunikation und Anwendung von Wissen ist, unterscheidet man:
- die Träger des Wissens:
  - individuelles Wissen als Wissensbestand des Einzelnen;
  - kollektives Wissen als gesellschaftliches, kulturelles und medial vermitteltes Konstrukt einer Gesamtmenge des zu einer bestimmten Zeit in einem bestimmten geografischen Raum vorfindlichen Wissens;
  - organisationales Wissen als Erfahrungs- und Reflexionswissen, das Abläufe, Regeln, Gewohnheiten oder Strukturen von Organisationen und Institutionen zugrunde liegt, ohne dass die dort agierenden Individuen sich dessen bewusst sein müssten.

- die Arten des Wissens:
  - deklaratives Wissen („knowing what", „Sachwissen", „Informationswissen") als das „Was" des Wissens (Inhalte, Fakten, Prinzipien); hierunter wird manchmal auch terminologisches Wissen oder propositionales Wissen (als Wissen über die Bedeutung und den Gebrauch von Begriffen) gezählt;
  - prozedurales Wissen („knowing how", „Handlungswissen") als Wissen, wie man etwas macht (Fertigkeiten, Verfahren);
  - episodisches Wissen als Wissen über Ereignisse, die persönlich belangvoll sind, assertorisches Wissen als Behaupten von Sachverhalten sowie analogisches Wissen als eine Art bildhafter, metaphorischer Vorstellung;

- konditionales Wissen, als Wissen, wo und wie etwas angewendet/ verwendet werden kann (Bedingungen abschätzen, Strategien finden);
- reflexives Wissen („metakognitives Wissen") als Wissen um das eigene Wissen und dessen Einschätzung

- die Verfügbarkeit des Wissens
  - implizites Wissen („tacid knowledge"), d.h. personenbezogenes, kontextspezifisches, praktisches Problemlösewissen, das schwer zu kommunizieren ist,
  - explizites Wissen, d.h. abrufbares, leicht verbalisierbares, oft schriftlich vorliegendes Expertenwissen;
  - träges Wissen, d.h. ein Wissen, das in bestimmten Institutionen erworben wurde und nur dort nutzbar ist.

In der Pädagogik hat sich in einer gewissen Nähe zur Psychologie die Einteilung in die folgenden Wissensformen durchgesetzt: (1) Wissen über Sachverhalte oder Wissen über komplexe Gegebenheiten und Zusammenhänge (deklaratives Wissen), (2) Wissen, das psychomotorischen und kognitiven Fertigkeiten zugrunde liegt und den Ablauf komplexer Handlungsfolgen steuert (prozedurales Wissen), (3) Wissen über Strategien des Problemlösens sowohl bereichsspezifisch als auch allgemein (methodisches Wissen), und (4) metakognitives Wissen und metakognitive Kontrollprozesse als Wissen über das eigene (Nicht-)Wissen und Nachdenken über das eigene Denken.

Alle Formen des Wissens fasst man mit dem Begriff „Kognition" zusammen, und zwar sowohl in inhaltlicher Hinsicht (Begriffe, Fakten, Aussagen, Regeln, Erinnerbares allgemein) als auch in prozessualer Hinsicht (Wahrnehmung und Aufmerksamkeit, Denken und Problemlösen, Intelligenz, Sprache, Gedächtnis). Dabei wird Denken als Repräsentation und Verarbeitung von Wissen verstanden und eng mit der Gedächtnisforschung verknüpft.
Nach der kognitiven Psychologie steuert die Repräsentation von *deklarativem Wissen* im Langzeitgedächtnis die Wahrnehmung und das Denken, das Sprechen, das Verhalten des Menschen. Dabei sind Begriffe mit ihren Merkmalen als strukturelle symbolische Einheiten maßgeblich; sie bilden nämlich ein individuell zustande gekommenes semantisches Netz im Gehirn.

Begriffe repräsentieren ein Wissen, das vom Kontext seines Erwerbs losgelöst ist, wenngleich dieser oft rekonstruierbar bleibt (vgl. episodisches Gedächtnis). Sie sind nicht lediglich die abstrahierbare Abbildung der Realität, sie sind vielmehr Strukturen des Denkens, die der Einzelne aktiv gebildet hat. Man kann sie in Eigenschaftsbegriffe und Erklärungsbegriffe unterscheiden und nach ihrer sachlichen (logischen) und ihrer emotionalen (gefühlsmäßigen) Bedeutung einteilen. Kommt es beim Menschen zur Kombination von Begriffen, d.h. zur Bildung von Begriffsketten oder Regeln, dann ist das mit „Wissenserwerb" gleichzusetzen. *Prozedurales Wissen* ist gegenüber deklarativem Wissen das Ergebnis eines intensiven Trainings (vgl. motorische Fertigkeiten wie Schreiben, Radfahren, Reckturnen usw.; motorisches Gedächtnis). Das Training führt zu einem Verhaltensprogramm mit spezifischen Informationen, die im Gedächtnis gespeichert werden wie beispielsweise die Bewegungsfolge, die zeitlich-räumliche Struktur der Bewegung oder die Anpassung der Bewegung an wechselnde Bedingungen.

Beim *Wissenserwerb* ist das Gedächtnis nicht nur lnformationsspeicher, sondern es ist auch maßgeblich bei der Informationssuche beteiligt. Kognition und Motivation wirken dabei zusammen, die kognitiv verfügbaren Kräfte (vorhandenes Wissen) werden aktiviert und durch Prozesse in Form von reproduktivem Denken (epistemische Struktur) oder in Form von produktivem Denken (heuristische (Problemlöse-) Struktur) bauen die kognitive Struktur des Menschen auf. Infolgedessen besteht der Wissenserwerbsprozess aus
- dem Prozess der Aktivierung von Vorwissen aus Begriffsknoten des semantischen Netzwerks auf Grund einer Motivation,
- dem Prozess des Elaborierens, der Auseinandersetzung mit der neuen Information durch assoziative Verknüpfung mit dem Vorwissen und durch Herstellen von neuen Beziehungen im semantischen Netzwerk.

Der Erwerb von neuem Wissen kann daher auch als ein Erweitern, Modifizieren, Verdichten und Umstrukturieren des Vorwissens bezeichnet werden. Allerdings hängt der Wissenserwerb sowohl von geeignetem Vorwissen ab als auch vom direkten Zugriff des Einzelnen auf sein Vorwissen im Arbeitsgedächtnis und von seiner Fähigkeit, neue Beziehungen im semantischen Netzwerk herzustellen. Im Sinne der Kognitionspsychologie ist der Wissenserwerb ein *Prozess der Informationsaufnahme, Informationsverarbeitung und Informationsspeicherung*, dem ein Drei-Komponenten-Modell des Gedächtnisses zugrunde liegt. Dieses Modell, von Atkinson und Shiffrin 1968 erarbeitet (vgl. auch Baddeley 1997), lässt sich mit G. R. Lefrancrois (S. 259) schematisch wie folgt darstellen:

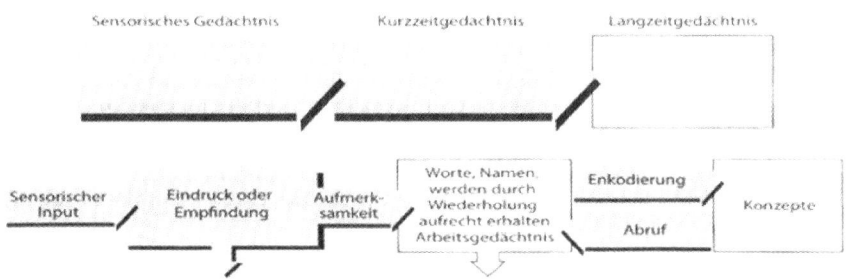

Die Grafik sieht den Informationsverarbeitungsprozess als Weg einer sinnenhaft wahrgenommenen Information (i. W. S. d. W.) über das sensorische Register (auch Ultrakurzzeitgedächtnis genannt) in das Kurzzeitgedächtnis (heute meist als Arbeitsgedächtnis bezeichnet) und in das Langzeitgedächtnis, das seinerseits sowohl im Arbeitsgedächtnis als auch beim späteren Abruf einer gespeicherten Information aktiv ist. Auf dem Weg der dauerhaften Kodierung (d.h. des Wissenserwerbs) ist die Information in der Gefahr, nicht behalten zu werden, wenn es an Aufmerksamkeit oder Verstehbarkeit fehlt. Das wird aus den folgenden Erläuterungen der Grafik ersichtlich:

Sensorisches Gedächtnis	Arbeitsgedächtnis/ Kurzzeitgedächtnis	Langzeitgedächtnis
Beschreibung: Input momentaner, unbewusster Eindrücke, Empfindungen oder Assoziationen bei einer Information; keine Verarbeitung der Information.	*Beschreibung:* in neuronalen Systemen kreisende Erregungen, temporäre elektrisch-chemische Veränderungen; Gedächtnisspuren; Verarbeitung der Information.	*Beschreibung:* Speicherung (Enkodierung) von Wissen und Erfahrungen in Form dauerhafter struktureller, chemischer Veränderungen im Gehirn (Engramme).
		Eigenschaften stabil reproduktiv und generativ durch Verständnis beeinflusst, besonders aufnahmebereit bei bedeutungsvollen, beeindruckenden und emotionalen Items; organisiert als neuronales Netzwerk.

163

Es unterteilt sich in:	Es unterteilt sich in:	Es unterteilt sich in:
- echoisches Gedächtnis (auditive Stimuli) - ikonisches Gedächtnis (visuelle Stimuli)	- das System der exekutiven Kontrolle zur Steuerung des Informationsstroms in das Arbeitsgedächtnis und zur Vermittlung mit dem Langzeitgedächtnis - die zwei Hilfssysteme „phonologische Schleife" (bei auditvem/sprachlichem Material) und „visuell-räumlicher Notizblock" (bei visuellem/räumlichem Material), auf die das exekutive System zurückgreifen kann in Form einer Kurzzeitspeicherung und Wiederholung	- das explizite (= deklarative) Gedächtnis mit bewussten, abrufbaren Informationen in Form (1) des semantischen Gedächtnisses für vielfältig assoziiertes abstraktes Wissen sowie (2) des episodischen autobiografischen Gedächtnisses für persönliches, episodisches Wissen - das implizite (= nicht deklarative) Gedächtnis mit unbewusstem, schwer verbalisierbarem, motorischem Wissen (= prozedurales Gedächtnis) und klassisch konditioniertem Wissen
		Manchmal wird zusätzlich noch ein autonomes Gedächtnis (für „Schockerlebnisse") und ein Priming-Gedächtnis (für Prägungen) unterschieden. Die Gedächtnisse sind im Gehirn an verschiedenen Stellen lokalisiert.
Kapazität: begrenzt	*Kapazität:* begrenzt auf 7 (+/-2) Items/chunks	*Kapazität:* unbegrenzt
Haltezeit: Millisekunden bis ca. 1 Sekunde	*Haltezeit:* ohne Wiederholung maximal 20 Sekunden	*Haltezeit:* unbegrenzt
Funktion: Auswahl von Merkmalseigenschaften der wahrgenommenen Informationen, um sie verfügbar zu machen, zu erkennen oder wiederzuerkennen.	*Funktion:* Aufnahme und Verfügbarmachung der Information als Name, Wort oder Bild und erste Verarbeitung der Information als Konzept/Idee durch Wiederholung und Verkettung von Symbolen oder Elementen zwecks Erkennen der Bedeutung der Information, „Notizblock" für das Denken; Verarbeitung von Informationen durch Analyse, Organisation und Bedeutungserfassung des Wahrgenommenen für die Langzeitspeicherung und Abruf von Wissen aus dem Langzeitgedächtnis.	*Funktion:* Bereitstellen von Konzepten/Begriffen/Ideen für einen Abruf ins Kurzzeitgedächtnis auf der Grundlage von mentalen Modellen / Repräsentationen (Kategorien, Schemata, Knoten, Kodiersystemen).

Die *Überprüfung des behaltenen Lerninhalts* beginnt in der Regel mit spezifischen Abruf-Hinweisreizen, bei denen die Kontextbedingungen zum Zeitpunkt der Einprägung ganz wichtig sind; sie sind nämlich mitgelernt. Umweltbezogene Kontextreize wie Raum und Zeit sowie die spezifischen kognitiven, emotionalen und zustandsbezogenen Bedingungen, die bei der Informationsverarbeitung bestanden, steigern die Erinnerungsleistung beim Informationsabruf. Sind thematisch zusammenhängende Wissensbereiche (z. B. eine ganze Geschichte o.Ä.) mit Handlungs- und Ereignisfolgen abzurufen, so erfolgt das Erinnern unter Zuhilfenahme sogenannter „Skripts". Das sind Schemata oder Strukturen eines bekannten Verhaltensbereichs mit konkret ausfüllbaren Leerstellen. Soll z. B. ein Ereignis bei einem Restaurantbesuch erinnert werden, so hilft die allgemein bekannte Ablaufstruktur des Restaurantbesuchs, um die Besonderheiten des zu erinnernden Ereignisses besser behalten zu können. Sollen Hinweisreize die Wiedergabe des Gelernten erleichtern, müssen sie gezielt mitgelernt worden sein. Strategien des Informationsabrufs gelingen deshalb erst mit zunehmendem Alter der Kinder; dann erst setzen Kinder die Gedächtnisstrategien selbstständig und absichtsvoll ein. Die Transfermöglichkeiten sind daher beim Lernen mit anzubahnen. Die Informationskontrolle bewirkt, dass der Lernende den Sinn und Wert einer gespeicherten Information an der Praxis überprüft. Je nachdem wie diese Überprüfung ausfällt, wird er die Information als wichtig oder unwichtig einstufen und später gedanklich entsprechend damit umgehen.

Zum *Vergessen* von Informationen und Wissen kommt es im Kurzzeitgedächtnis, weil Gedächtnisspuren schnell zerfallen, wenn sie nicht kontinuierlich wiederholt und tiefer verarbeitet werden, weil die Speicherkapazität relativ gering ist und neue Informationen alte verdrängen, weil es zu Interferenzen zwischen früher und später Aufgenommenem kommt, weil die Verarbeitung unangemessen war, weil Hinweise für den späteren Abruf nicht bedacht wurden sowie auf Grund von Krankheiten, Verletzungen oder Alterungsprozessen. Beim Vergessen im Kurzzeitspeicher gilt: In den ersten Stunden nach der Einprägung erfolgt der größte Gedächtnisverlust. Unstrukturiertes und sinnloses Lernmaterial wird schneller vergessen als sinnhaltiges; selbst erarbeitetes und audiovisuell aufgenommenes Lernmaterial behält man besser als nur gelesenes und nur gehörtes. Im Durchschnitt hat man 70 Prozent des neu Gelernten nach ca. fünf Tagen vergessen, wenn es nicht in der Zwischenzeit wiederholt oder verwendet worden ist. Die folgende Übersicht verdeutlicht den Zusammenhang:

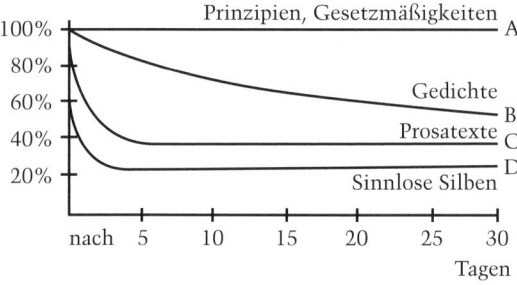

(*Aus: Rosenbusch, H.-S.: Aneignung elementarer Lerntechniken. In: Geppert, K./Preuß, E. (Hrsg.): Selbständiges Lernen. Bad Heilbrunn 1980, S. 146)*)

Beim Langzeitgedächtnis, das nicht einfache Reproduktion von Erinnerungen ist, sondern in Wirklichkeit aus Konstruktionsprozessen (= generativen Prozessen) auf der Grundlage vorgefasster Ansichten des Menschen (Schemata, Skripts) besteht, kann es dazu kommen, dass der Mensch sich an Dinge erinnert, die so gar nicht geschehen sind, dass er sich nur an das für ihn allgemein und biografisch Wichtige/Wesentliche erinnert und dass die Art der sensorischen Information mitentscheidet (z. B. werden Gerüche dauerhafter behalten). Der totale oder partielle Ausfall des Gedächtnisses kann unterschiedliche Ursachen haben:

- Verletzungen des Gehirns durch Krankheit, Traumata oder emotionale Störungen (Verdrängungstheorie),
- Zerfall der Spuren oder geringer gewordene „Konturen" des Gelernten im Gehirn infolge von lange zurückliegenden Abrufen (Fading-Theorie) und/oder durch nachlassende Effizienz von Gehirnfunktionen, durch Interferieren des neu Gelernten mit früher Gelerntem (retroaktive Interferenz, proaktive Interferenz),
- durch Versagen beim Abruf, insofern das Item, das früher einmal gelernt worden war, später nicht klar genug als Suchauftrag an das Gehirn ergeht,
- durch Fehlen geeigneter Hinweisreize beim Abruf (z. B. Hinweisreize zur Bedeutung eines Begriffs, den man erinnern will).

Als *didaktische Konsequenz* für den schulischen Wissenserwerb ergibt sich, dass der Unterricht darauf ausgerichtet sein muss, bei zentralen Lerninhalten Langzeiterinnerungen zu schaffen. Das kann durch systematische Wiederholungen (Rehearsal) über die Zeit, durch vielfältige Präsentationsmodi (Computer, Demonstrationen, Bücher, Filme usw.), durch Elaboration mittels geistiger Assoziationen oder Anwendungsaufgaben, durch systematische Organisation des Lernstoffs in Chunks (= Anordnung und Einteilung in verwandte Gruppen), durch Gliederung mit Überschriften und Untertiteln, durch Herausstellen von Gemeinsamkeiten und Unterschieden, mit Hilfe von Kategorisierungen und eigenerstellten Konzepten usw. geschehen. Besonders hilfreich zur Verbesserung der Gedächtnisleistungen sind deshalb Mnemotechniken wie Reime, Merksätze, visuelle Stimuli, Loci-Systeme/Verknüpfung von Lerninhalten mit bestimmten Raumvorstellungen usw.

Erkennen ist ein Vorgang, bei dem der Mensch kraft seines Verstandes und mit Unterstützung seiner Sinne die außer ihm liegende Wirklichkeit in sich aufnimmt. Von einer richtigen oder wahren Erkenntnis spricht man, wenn ein Sachverhalt in einer objektiv gegebenen Struktur erfasst wird oder auch bei subjektiver Evidenz, also unbezweifelbarer Einsichtigkeit (wie z. B. bei Erfahrungen). Begrifflich gefasst lassen sich Erkenntnisse mitteilen.
Unter methodischem Aspekt betrachtet lassen sich zwei Möglichkeiten der Erkenntnisgewinnung unterscheiden:
- die unmittelbare Erkenntnis, die keiner Vermittlungsmedien bedurfte, spontan und intuitiv erfolgte,
- die mittelbare Erkenntnis, für deren Zustandekommen logische Erkenntnismittel wie die Deduktion (vom Allgemeinen auf das Besondere schließend), die Induktion (vom Einzelfall auf die allgemeine Aussage schließend), symbolische (sprachliche), enaktive (Fertigkeiten anregende) und ikonische (anschauliche) Medien sowie Sprechen, Schreiben, Rechnen und praktisches Tun maßgeblich sind.
Unabhängig davon, ob sie unmittelbar oder mittelbar zustande kam, ist die Erkenntnis eine Konstruktionsleistung des Subjekts, die genetisch mitbestimmt ist. Denn alle neuen Inhalte des geistigen Lebens sind beim Menschen durch Konstruktion aus einfacheren Elementen hervorgegangen. *Verstehen* erfolgt über die Bildung von Vorstellungen zu einer Sache, über das Nachvollziehen von Bedeutungen und über die Zergliederung, Rekonstruktion und Konstruktion komplexer Zusammenhänge bei Gegenständen, Texten, Bildern und Aufgabenstellungen. Die Zergliederung und Präzisierung geschieht mit Hilfe des Repertoires an bisherigem Wissen und Können, ist ein aktiver Vorgang, eine Handlung des Subjekts. Mit seinen eigenen Mitteln, seinen kognitiven Instrumenten, seiner inneren Erlebniswelt, konstruiert der Mensch die Objekte und die Objektivität. Der Aufbauvorgang dieser Erkenntnis und Erfahrung, der neuen, höheren Struktur des Denkens, Fühlens, Wollens oder Könnens, ist genauso wichtig wie das fertige Produkt. Was von der Außenwelt,

von der sozialen Umwelt, der Familie oder der Schule dazu beigetragen werden kann, sind strukturierte Anstöße, Anregungen, Verhaltensvorbilder, Materialien und Situationen, die solche rekonstruierenden und konstruierenden Lernprozesse beim Kind und Jugendlichen auslösen und lenken.

Für den *Schulunterricht* ergeben sich daraus wichtige Folgen. Wird Lernen als konstruktive Tätigkeit der Schülerinnen und Schüler ernst genommen, dann dürfen Kinder und Jugendliche nicht wie Gefäße betrachtet werden, die mit dem Wissen der Erwachsenen „aufgefüllt" werden sollen. Sie sind vielmehr als Organismen zu sehen, die versuchen, ihren Erfahrungen Sinn zu geben, die Aufgaben interpretieren, um mit den vorhandenen Denkmöglichkeiten und mit Hilfsmitteln dafür Lösungen zu finden. Lehrerinnen und Lehrer können nur sehr bedingt, nur wenn sie die dem Kind verfügbaren Begriffsstrukturen und die Strukturen der Lerninhalte genau kennen, einen hypothetischen Lernweg für die Schüler formulieren. Dass Kinder eine eigene Art haben, die Außenwelt in sich abzubilden, belegen Zeichnungen von Kindern unterschiedlicher Altersgruppen, Geschichten, die sie schreiben, Fragen, die sie stellen, Antworten, die sie geben, Träume, die sie haben, Witze, über die sie lachen können, Skulpturen und Maschinen, die sie herstellen, Spiele, die sie erfinden, und Szenen, die sie spielen. Wirklichkeit liegt für sie nicht einfach objektiv gegeben vor, strukturiert oder zu strukturieren. Vielmehr ist sie als Umwelt das Feld leibhafter und sinnlicher Erfahrungen, subjektiver Geschichten, bildhafter Fantasien und gedanklicher Spiele und Versuche. Die Erkenntnistätigkeit der Kinder und Jugendlichen weist gegenüber jedem lehrerzentrierten und in linearen lernzielorientierten Schritten aufgebauten Unterricht eine andere Struktur auf, ist eine Art ästhetischer Wahrnehmung der Wirklichkeit mit Vor- und Rückgriffen beim Denken, mit Umwegen und spontanen Einfällen, mit Sammeln und Ordnen des Gefundenen.

Weitere Konsequenzen betreffen die Motivierung und die Verstärkung/Bekräftigung. Beide sind nur dann dauerhaft wirkungsvoll, wenn sie nicht von außen, von der Person des Lehrers abhängen, sondern innerhalb des Systems „Organismus" selbsterzeugt sind. Den Schüler stellt nur das zufrieden, es motiviert ihn nur das zu andauernder Anstrengung, was er selbst absichtsvoll und erfolgreich in eine Ordnung gebracht, fertig gebracht hat und nicht so sehr das aufmunternde oder belobigende Reden eines anderen.

All dies spricht für möglichst selbsttätiges Lernen und materialgeleitetes Unterrichten in der Schule.

3.2 Die Strukturierbarkeit des Wissens und der Wirklichkeit

Aus strukturgenetischer Sicht soll alles didaktische Tun dem Aufbau von Subjektstrukturen über sinnhaft ausgewählte Oberflächenstrukturen dienen. Die Bedingung der Möglichkeit dafür, dass das überhaupt gelingen kann, ist, dass es zwischen dem menschlichen Geist und der den Menschen umgebenden naturalen, technischen, künstlerischen, ideelen und sozialen Realität eine „morphologische Strukturverwandschaft" gibt (D. Lenzen) bzw. dass eine solche herstellbar ist. In Zeiten der Postmoderne und des Konstruktivismus wird bestritten, dass die Weltwirklichkeit eine rational erkennbare Struktur hat; ihre Struktur muss vielmehr von jedem selbst „erfunden" werden. Daher muss die Welt verstehbar gemacht und sinnhaft geordnet werden, damit der Mensch imstande ist, sie zu verstehen. Durch Lernen kann es dann zu einer individuellen Rezeption dieser Realität (Oberflächenstruktur) in der Tiefenstruktur des Bewussten oder Unbewussten beim Menschen kommen. Von der Art der Strukturierbarkeit hängt deshalb alles ab.

a. Die Strukturierung des Weltwissens durch Lehrpläne

Die Auswahl, Anordnung und Rechtfertigung von Lehrinhalten, die Lehrer zu unterrichten und Schüler zu lernen haben, erfolgt, seit es Schulen gibt, über verbindliche Lehrpläne. In ihnen wird das Gesamt alles Wiss- und Lernbaren auf Schulwissen und -können eingegrenzt, d.h. auf die Lerninhalte, die für Kinder und Jugendliche eines bestimmten Alters und Lern-Leistungsprofils in einer bestimmten Zeit und Gesellschaft aus bestimmten, vordefinierten Gründen für wissenswert und wissensnotwendig gehalten werden. *Kriterien und Determinanten* für diese Entscheidung sind seit dem 18./19. Jh. in unterschiedlicher Gewichtung:

- das Ziel des Lernens in der jeweiligen Schulform/Schulstufe (Schulziel, Bildungsideal) und die Frage, welche Lehrstoffe auf welche Weise dieses Ziel erreichen helfen,
- die Schüler/die Schülerinnen als Kinder und Jugendliche mit entwicklungs- und sozialisationsbedingten Möglichkeiten oder Grenzen bei der Aufnahme und Verarbeitung von Lehrstoffen,
- die Gesellschaft, in der und für die die Schule organisiert wird und
- die Kultur mit ihren Subsystemen Arbeit, Herrschaft, Sprache, Wissenschaft und Weltanschauung.

Bei der Determinante „Lehrstoff" spielen die Wissenschaften von jeher eine große Rolle. In ihnen ist nämlich das Wissen und das Kulturgut einer Zeit in Kategorien aufbereitet, mit deren Hilfe dem Menschen ein Zugang zur Lebenswirklichkeit eröffnet werden kann. Darüber hinaus ist jeder Lehrplan durch eine eigenartige Beziehung zur Geschichte und zur Gesellschaft bestimmt (vgl. J. Dolch). Er ist, obwohl Produkt seiner Zeit, stark durch überkommene Fächertraditionen bestimmt, zugleich von Autoritäts- und Interessensverhältnissen der jeweiligen Gegenwart abhängig und soll doch die Gegenwart in Richtung auf die Zukunft übersteigen. Zwar delegiert der Staat seit Beginn des 20. Jh. die vorbereitende Lehrplanerstellung an ministeriell einberufene Kommissionen, die mit Lehrerinnen/Lehrern, Sozial- und Fachwissenschaftlern, Fachdidaktikern und Schulverwaltungsbeamten besetzt sind, die letzte Entscheidung und Verbindlichmachung behält sich das länderhoheitliche Kultusministerium aber vor. So betrachtet, übt der Staat bei der Lehrplanerstellung die von E. Weniger bereits festgestellte Doppelfunktion aus. Zum einen ist er zusammen mit den anderen gesellschaftlichen Mächten Kunst, Wissenschaft, Recht, Sitte, Kirche, Gesellschaft eine Macht, die interessegeleitet um Einfluss im Schulunterricht ringt, zum anderen ist der Staat die Instanz, die den Ausgleich der Interessen dieser Mächte steuert. Auch ist zu bedenken, dass weder das Kind/der Jugendliche noch die Wissenschaft gesellschaftsunabhängige Variablen sind. Alle Versuche, das umfangreiche und komplexe Weltwissen und -können zu strukturieren und für den Schulunterricht zu reduzieren, stellen eine Antwort auf folgende, eng miteinander zusammenhängenden Fragen dar:

• Welche sachbezogenen und sozialen Erfahrungen brauchen Kinder und Jugendliche, um sich zu einer selbstbestimmten und selbstverantwortlichen Persönlichkeit entfalten zu können?
• Wie müssen Wissenschaft und Kultur Kindern und Jugendlichen dargeboten werden, damit sie Weltklärung und Handlungsorientierung leisten können?
• Welche Kenntnisse, Einstellungen und Verhaltensweisen müssen bei Kindern und Jugendlichen angebahnt werden, damit sie die Gesellschaft, deren Mitglied sie sind, zu mehr Humanität fortentwickeln können?

Historisch betrachtet ist folgende Theorieentwicklung bei der Entscheidung über die Strukturierung durch Lehrpläne festzustellen:

Da ist zunächst das von den Sophisten entworfene Bildungsprogramm der (in hellenistisch-römischer Zeit sogenannten) sieben freien Künste („septem artes liberales"), die bis in die Neuzeit Einfluss auf Bildungspläne und Schulorganisation hatten. Jedem damals Freigeborenen war die Beherrschung bestimmter „Künste" angemessen, sobald er über die instrumentellen Elementarkenntnisse verfügte, nämlich: Grammatik,

Dialektik, Rhetorik (das formale „Trivium" mit sprachlichem Schwerpunkt) und Arithmetik, Geometrie, Astronomie, Musik (das materiale „Quadrivium" mit bürgerkundlichem, mathematischem Schwerpunkt). In dieser Denktradition stehend entwarf in der jüngeren Didaktikgeschichte W. Flitner (1961) seinen Kanon auf der Basis von zwei symbolisierenden Geistestätigkeiten (Sprachen und Mathematik) und vier fundamentalen Inhalten (christliche Glaubenswelt, philosophisch-wissenschaftliches Problembewusstsein, exakt-naturwissenschaftliche Methode, politisch-geschichtliche Welt der Gegenwart). Dazu passt, dass seiner Meinung nach die abendländische Kultur vier Wurzeln hat: die moderne Naturwissenschaft, die Philosophie als Besinnung an antiken Texten, theologische Fragestellungen und der politisch-sozialkundliche Bereich. Wichtiger als die enge Festlegung von Unterrichtsfächern, Stundentafeln und konkreten Lehrinhalten ist Flitner die Ermöglichung gemeinsamer geistiger Grunderfahrungen. Ein Versuch dazu ist die in den 1970er Jahren in der gymnasialen Oberstufe vorgenommene Gruppierung der Unterrichtsfächer zu Aufgabenfeldern (sprachlich-literarisch-künsterlisches, mathematisch-naturwissenschaftlich-technisches, gesellschaftlich-geschichtliches Aufgabenfeld) mit vom Schüler individuell wählbaren Schwerpunkten. Knapp ein halbes Jahrhundert vorher schon hatte E. Weniger gefordert, der Lehrplan müsse bei der Inhaltsauswahl von den überzeitlichen geistigen Grundrichtungen des Menschen und von der Kunde über das geistig-geschichtliche Leben ausgehen. Geistige Grundrichtungen des Menschen sind für Weniger religiöses Verhalten, geschichtliches Verständnis, wissenschaftliche Einstellung und ästhetische Betrachtung. Einige Jahre vor Weniger hatte E. Spranger, eine Strukturidentität von Makrokosmos (Kultur) und Mikrokosmos (Mensch) voraussetzend, davon gesprochen, dass sich in der geistig-gesellschaftlichen Entwicklung spezifische Gebilde herausgearbeitet haben, die den kategorial unterschiedenen Lebensformen des Menschen genau entsprächen. Den kulturellen Subsystemen Wissenschaft, Wirtschaft, Gesellschaft, Staat, Kunst und Religion korrespondieren seiner Meinung nach der theoretische Mensch, der Wirtschaftsmensch, der soziale Mensch, der Machtmensch, der Fantasiemensch und der religiöse Mensch. Um den inneren Reichtum im Menschen zu fördern, um ihn Humanität erreichen zu lassen, genügt es nach Spranger nicht, dass jeder in seiner Lebensform sich perfektioniert. Vielmehr erlangt nur der Humanität, der über die einseitige Lebensform hinausgeht und danach strebt, zusätzlich andere Daseinsformen zu haben.

b. Die Strukturierung der Wirklichkeit durch die Wissenschaften

Von jeher haben die Wissenschaften die Wirklichkeit strukturiert. Am Beginn steht die Philosophie als Grundwissenschaft mit der Frage nach dem „Dass" (Erfahrung) und nach dem „Warum" (Logik, Analytik), die sich in Logik, Ontologie, Erkenntnistheorie, Ethik und Ästhetik ausdifferenzierte. Mit der Entstehung der Universitäten im 12. Jh. strukturierte sich die Wissenschaft in „facultates", näherhin die Medizin, die Rechtswissenschaft und die Theologie auf Grundlage der Artistischen Fakultät (vgl. Trivium und Quadrivium der septem artes liberales sowie Metaphysik, Naturphilosophie und Moralphilosophie, bei Anschluss der artes mechanicae), aus der im Laufe der Jahrhunderte die Philosophische Fakultät wurde. Im 19. Jh. entwickelten sich aus der Philosphischen Fakultät, besonders aus der Naturphilosophie, die Naturwissenschaften als eigene Fakultätsbereiche heraus (Zoologie/ Botanik, Chemie/Physik), aus der Praktischen Philosophie entstanden die Staatswissenschaften als eigene Fakultät, später kamen die Sprachen, die Geschichtswissenschaft und die Ökonomie hinzu; gegen Ende des 19. Jh. erfolgte schließlich auch der Aufstieg der technischen Wissenschaften – teilweise als Spezialisierungs- und Expansionsprozess aus der Mathematik und den Naturwissenschaften. Ab Mitte des 20. Jh. erweiterte sich die universitäre Disziplinstruktur noch um die Sozial- und Humanwissenschaften (vgl. Weber 2002).

Die Wissenschaftsdisziplinen von heute betrachten die Gesamtwirklichkeit unter je verschiedenen Perspektiven und wenden dabei disziplinspezifische Methoden an. Umgangssprachlich ausgedrückt sind sie „Fenster zur Welt", deren wissenschaftlicher Wert in methodisch gesicherten Erkenntnissen über Aspekte und Bereiche der Wirklichkeit liegt; eine Gesamtaussage treffen sie nicht.

Unter dem Einfluss der amerikanischen Curriculumdiskussion in den 1950er und 1960er Jahren empfiehlt J. S. Bruner, sich an den Wissenschaftsdisziplinen bei den Lerninhalten der Schule zu orientieren und die Wissensstruktur der einzelnen wissenschaftlichen Disziplinen (Gegenstandsbereiche) mit der Lernstruktur der Schüler in Beziehung zu setzen. Bruners Prämisse lautet: Man kann jedem Kind auf jeder Entwicklungsstufe jeden Lehrgegenstand in intellektuell ehrlicher Form mit Erfolg beibringen. Um den Unterricht in den Schulfächern dem Erkenntnisstand und der Wissensstruktur der Fachwissenschaften anzupassen, schlagen Bruner und mit ihm H. Taba vor, Strukturcurricula oder Spiralcurricula zu erstellen. Dabei soll auf der Unterstufe in Form eines orientierenden Überblicks anhand von konkreten Beispielfällen in die Grundprinzipien und Grundbegriffe der jeweiligen Wissenschaft eingeführt werden. Die Schülerinnen und Schüler machen auf diese Weise erste Erfahrungen mit dem Wissensbereich und gewinnen erste Einsichten. In der Mittelstufe soll dann auf diese Grundprinzipien und Grundbegriffe aufgebaut, sollen Präzisierungen und Differenzierungen vorgenommen werden, soll derselbe Wissensbereich also vertieft und erweitert behandelt werden. In der Oberstufe wird der Wissensbereich sodann systematisch erschlossen, es wird schließlich ein der sich permanent fortentwickelnden Fachwissenschaft entsprechendes Niveau in theoretischer, systematischer und methodischer Hinsicht erreicht werden. Offen bleibt dabei allerdings, ob außer bei Mathematik, Naturwissenschaft und Sprache bei allen anderen Fachwissenschaften überhaupt kognitive Strukturen identifizierbar sind, die die personale Strukturgenese detailliert fördern können. Die Wissenschaftsentwicklung, wie sie sich seit den 1960er Jahren abzeichnet, spricht eher gegen eine solche Annahme. Denn anders als der logische Empirismus annahm, entwickelten sich die Einzelwissenschaften nicht isoliert weiter, sondern beziehen mehr und mehr Ziel- und Wertvorstellungen in ihre Forschungen ein (vgl. Ethik und Technik, Verwendung technischer und naturwissenschaftlicher Erkenntnisse) und entwickeln sich aufeinander zu (vgl. Physik/Chemie/Biologie oder Soziologie/Psychologie/Politologie/Biologie). Von der Vernetzung der Einzelwissenschaften ist die Rede und von einem ökologischen Wissenschaftsbegriff.

c. Die Verständigung über grundlegende gemeinsame Lebensprobleme als Strukturierungsmöglichkeit

Nicht ein überhistorisch gültiger Kanon von Schulfächern mit festgelegten Lehrinhalten, nicht Funktionsziele mit ausgewählten Qualifikationen oder Spiralcurricula nach der Wissensstruktur geordnet taugen nach Meinung von H. v. Hentig als Kriterium für die Strukturierung der Wissens- und Lernbestände. Vielmehr sind alle Gelegenheiten, Ereignisse oder Gegenstände als Lerninhalte qualifiziert, an denen Schülerinnen und Schüler gleichsam wie an einem Erkenntnismodell Erfahrungen machen, die ihrer Verständigung mit anderen Menschen und über ihre Welt dienen. Ausgangspunkt für die Suche nach geeigneten Lernanlässen und Lernbereichen ist das Leben in der heutigen Gesellschaft, das wie folgt charakterisiert wird:

- das Leben in der sich beschleunigt verändernden Welt,
- das Leben in der arbeitsteiligen (spezialisierten) Welt,
- das Leben in der von Wissenschaft und Technik rationalisierten Welt,
- das Leben mit der Fülle der Mittel und der Vielfalt der Ziele,

- das Leben mit der Aisthesis,
- das Leben in der Demokratie, in der Politik, in der Öffentlichkeit,
- das Leben in der Konsumgesellschaft,
- das Leben in der säkularisierten Welt,
- das Leben mit einigen Entlastungstechniken,
- das Leben mit dem eigenen Körper, mit den Trieben, mit der eigenen Person,
- das Leben mit der anderen Generation,
- das Leben in der Einen Welt.

Ein unspezialisierter Pflichtbereich umfasst bei v. Hentig: erstens „Social studies", die das Zusammenleben der Menschen in der Gesellschaft unter ökonomischen, sozialen, politischen, historischen und geographischen Gesichtspunkten thematisieren, Religion beinhalten und zugleich Anlässe für Sprach-, Rhetorik- und Mathematikbetrachtungen, für medizinische Aufklärung und Berufsorientierung liefern; zweitens „Naturwissenschaften" nach Wahl Physik, Chemie, Biologie, Geowissenschaften, Technologie; drittens „Mathematik" als gemeinsamer Lehrgang, aber mit enger Verbindung zu ihren sachlichen Ursprüngen und Anwendungslagen; viertens „Sprache" als Mutter- und Fremdsprache zum Sprechen-, Lesen- und Schreibenkönnen, aber auch als allgemeiner Sprachunterricht, der Sprache als Erkenntnis-, Kommunikations- und Handlungsinstrument erfahrbar werden lässt und in Verbindung zu Mathematik, Politik, Modelldenken und Kunst stehen kann; fünftens „Wahrnehmen und Gestalten", dramatische oder filmische Darstellung; sechstens „Skills", beispielsweise zur Computernutzung und zu Haushaltstechniken. Daneben sind zahlreiche Wahl-Skills vorgesehen, von Kochen über Elektrotechnik bis zum Autofahrenlernen, von der Werkstatt über Holzarbeit bis zur Gärtnerei und zum Schultierpark, sowie freier Wahlunterricht, der sich auch an die Pflichtbereiche anschließen kann.

VII. Welche sozialwissenschaftlichen Theorien greift die Didaktik auf?

Die Didaktik als Wissenschaft und Praxis vom Zusammenhang zwischen Unterrichten und Lernen integriert grundlegende Theorieansätze der Geistes- und Sozialwissenschaften, die ihrerseits zahlreiche Subtheorien enthalten. Auf einige wichtige Theorieansätze soll im Folgenden im Überblick eingegangen werden.

1 Die Handlungstheorie

Handeln lässt sich als Vollzugsform vernünftiger Wesen bezeichnen und vom Verhalten und Bewegtwerden alles nur Naturhaften unterscheiden. Wird das Handeln des Menschen Verhalten genannt, dann liegt eine (eher behavioristische) Außensicht vor, der weder die Handlungsmotive noch die vor der Handlung liegende Reflexion unmittelbar zugänglich sind.

> Verhalten wird hier als ein Gesamt von Aktivitäten definiert, mit denen sich der Organismus seiner Umwelt anpasst. Handlungen müssen demgegenüber als theoretisches Konstrukt zugrunde gelegt und aus den beobachtbaren Aktionen oder Reaktionen gedeutet werden. Handeln kann nur der Mensch.

Handeln geschieht in der Form des Behandelns/Herstellens oder des Miteinanderhandelns, je nachdem ob es auf naturhafte Dinge oder auf vernünftige Wesen bezogen ist. Beim Miteinanderhandeln ereignet sich ein Austausch von Informationen, kommt es zu primärer und sekundärer Erfahrung. So hat die Handlungsforschung der 1970er Jahre (vgl. Lenk 1977) bereits erarbeitet: Das menschliche Handeln darf nicht nur „von außen" betrachtet werden, sondern muss auch auf seine subjektive Logik und immanente Kausalität befragt werden. Menschliches Handeln lässt sich infolgedessen weder durch Konzepte rationaler Entscheidung noch durch Aufdeckung soziologischer Verklammerungen gänzlich erklären. Handeln entsteht vielmehr aus der Integration von Motiven und Maximen, Wissen, Wollen, Emotion und Erfahrung aus Anlass einer wahrgenommenen Situation, die eine spontane oder reflektierte Entscheidung zum Tätigwerden impliziert. Inhaltliche Ausrichtung erhält das Handeln dabei sowohl aus dem sozio-kulturellen

Umfeld, das mit normativen Standards und Sinngebungen ausgestattet ist, als auch aus der psycho-physischen Konstitution und den Motiven und Volitionen des einzelnen Menschen.

Beim Handeln ist der *Mensch* in seiner Ganzheitlichkeit *als sich selbst regulierendes System* vorhanden. Um seine eigenen Präferenzen ausformen zu können, bedarf er gewisser Innentechniken, die ihm helfen, die seiner Meinung nach richtige Entscheidung zu ermitteln und den Gegensatz von Neigung und Vernunft auszugleichen. Diese Innentechniken bilanziert er dann wieder, wobei er Erwartung und Ertrag überprüft. Er fragt sich, wie er entsprechend seinen Zielvorstellungen, den geltenden Normen und den „Nutzen-Kosten-Aspekten" die konkrete Situation erfolgreich bewältigen kann. Handlungen sind deshalb nicht einfach das Ergebnis von Reiz und Reaktion, sondern die Realisierung interner Ziele eines Handlungssystems. Sie sind nicht nur reaktiv, sondern auch spontan gestaltend zu verstehen und verändern sowohl die Umgebung als auch das Handlungssystem selbst. Handlungen sind von Subjekten intendiert und müssen von anderen Subjekten in ihrer Bedeutung erfasst werden. Dabei kann es zu einer Differenz zwischen der Selbstdeutung des Handelnden und der *Deutung einer Handlung* durch einen Außenstehenden kommen, wenn beispielsweise der Beobachter am Handeln andere Kriterien erkennt als der Handelnde. Auch muss er bei seiner Deutung möglicherweise zwischen bewussten und unbewussten, offenen und verdeckten oder gewussten und nicht gewussten Gründen unterscheiden. Handelt der Mensch, so geschieht das aus eigenem Antrieb oder als Reaktion auf Veranlassungen aus seiner Umwelt. Er handelt in Entsprechung zu dem Bild, das er von seiner gesellschaftlichen Wirklichkeit hat, zu dem Bild, das er anderen gegenüber von sich vermitteln will und/oder entsprechend den Handlungsmaximen, die er durch Interaktion, Kommunikation und Sacherfahrung im Laufe seiner Sozialisation in sich aufgebaut hat.

Denn das Handeln, der handelnde Umgang mit den Menschen, Dingen und Situationen der eigenen Lebensumwelt ist für den Menschen eine Quelle der Erfahrungen und der Erkenntnisse. Im Unterschied zu irgendwelchen Aktivitäten und Aktionen meint eine Handlung oder Tätigkeit, dass der Mensch sich nicht nur die reale Welt zu eigen macht und die objektive Welt in subjektive Formen (in Vorstellungen, Bewusstsein, Sprache) umwandelt, sondern auch sich selbst kann der Mensch durch Tun begreifen und verändern (Gudjons 1994).

Grafisch lässt sich das wie folgt darstellen:

Der Mensch als Handlungssubjekt

Vor dem Hintergrund der allgemeinen Handlungstheorie lässt sich das Miteinandertun von Lehrern und Schülern als *didaktisches* Handeln präzisieren. Wie das Handeln allgemein ist das didaktische Handeln sowohl vom soziokulturellen Umfeld als auch von der psycho-physischen Konstitution, von Persönlichkeitsfaktoren, insbesondere vom persönlichen Motivsystem, den übergeordneten Maximen, den Erwartungen und Zielen sowie von vorangegangener Erfahrung in vergleichbaren Entscheidungssituationen abhängig. Wie sich Lehrer und Schüler in konkreten Situationen entscheiden, wie sie dann agieren oder reagieren, hat maßgeblich zu tun mit

- der Wahrnehmung und den subjektiven Empfindungen, die sie beim Einzelnen auslöst,
- der individuellen Informationsverarbeitung, die auf der Grundlage von Erfahrungen, Gewohnheitsverhaltensweisen und subjektiven Theorien über sich selbst und über andere Personen, Gegenstände oder Sachverhalte bewusst oder unbewusst zur Handlungsentscheidung führt,
- dem Repertoire des Lehrers/Schülers an alternativen Handlungsweisen.

Die allgemeine Handlungstheorie hilft auch, die Besonderheit des didaktischen Handelns herauszustellen: Didaktisches Handeln ist intentional auf das Wissen, Wollen, Fühlen und Können anderer Subjekte gerichtet. Es besteht wesentlich aus kommunikativen Prozessen, die auf Grund von direkten Einwirkungen oder indirekten Einwirkungen (durch Lerninhalte, arrangierte Situationen und Verhaltensweisen der beteiligten Personen) ausgelöst und unterstützt werden. Es ist legitimiert durch den staatlichen Auftrag und die Erfordernisse, Kindern und Jugendlichen zu Selbstbestimmung, Mündigkeit und Solidaritätsbewusstsein zu verhelfen. Es ist nur zum Teil als professionelles Handeln trainierbar, grundverschieden von technischem Tun und nur ohne Gewalt- oder Zwangsanwendung zu vollziehen.

2 Die Systemtheorie

Der moderne Systembegriff, herkommend von der Autopoiesis-Theorie H. R. Maturanas („Selbstorganisation biologischer Systeme") und von N. Luhmann für soziologische und erziehungswissenschaftliche Sachverhalte weiterentwickelt („soziale Systeme als abgrenzbare, sinnhaft aufeinander bezogene Handlungen von Personen"), hat im letzten Jahrzehnt Eingang in alle Wissenschaftsdisziplinen gefunden.

> Ein System - so lässt sich allgemein definieren - ist ein komplexes Ganzes mit Elementen, die zueinander und zum System selbst in Beziehung stehen und bestimmte Funktionen der Selbsterhaltung und der Weiterentwicklung haben, die durch externe und interne Beziehungen realisiert werden.

Gegen alles positivistische Denken von Eindeutigkeit und Widerspruchslosigkeit muss bei Systemen mit autopoietischen (selbstbildenden), autokatalytischen (selbstverstärkenden) und autoreflexiven (d.h. sich selbst thematisierenden) Prozessen gerechnet werden. Lässt man einmal ansonsten gebotene Differenzierungen der strukturellen, funktionalen oder hierarchischen Systemtheoriekonzepte beiseite und übergeht die Divergenzen zwischen mehr technisch und mehr handlungs-/ sozialwissenschaftlich orientierten Ansätzen, so ergeben sich als allgemeine Kennzeichen von Systemen:

- die Ganzheit (Übersummation) als organisierte und vernetzte Einheit von Elementen,
- die Abgrenzbarkeit eines Systems von anderen Systemen und die Unterscheidung von Untersystemen (Mikrosysteme, Mesosysteme, Exosysteme und das Makrosystem),

- die Konstanz von Funktionen bei Varianz der Struktur (Systemfunktionalismus),
- die Unterscheidbarkeit von Elementfunktionen in funktionale, dysfunktionale, manifeste und latente Funktionen,
- die Autopoiesis, die eigenständige Organisation und Reproduktion der Elemente des Systems und ihrer Funktionen,
- die Selbstreferenz (Rückkopplung, Homöostasis), die Einheit, die ein Element oder ein System für sich selbst ist, indem es sich auf sich selbst bezieht und sich selbst stabilisiert,
- die mögliche Offenheit (soziale Systeme) oder Geschlossenheit (kybernetische Systeme).

Bei Sozialsystemen kommt hinzu, dass sie auf der Basis von Sinn organisiert sind, d.h. dass zu ihren inneren Prozessen die sinnhafte Orientierung in der Welt zwecks Ordnung der Welt und der subjektiven Einstellung wesentlich dazugehört, was über verstehbare Symbolsysteme wie Sprache, Rollen, Normen, Werte, Ideologien, Geld, Macht, Vertrauen, Wissen, Glaube erfolgt.

Was die Autopoiesis sozialer Systeme, also die eigenständige Organisation und Reproduktion der Elemente des Systems, anbetrifft, so ist anzumerken, dass selbststeuernde Systeme von außen nur zu eigenen Operationen angeregt werden können. Natürlich ist reine Selbstreferenz nicht möglich, wohl aber gewissermaßen eine „mitlaufende Selbstreferenz", wie Luhmann (1987) sagt, dass es also eine Kombination selbstreferentieller Geschlossenheit und fremdreferentieller Offenheit gibt, vergleichbar der Redeweise von der „relativen Autonomie". Das soziale System ist „unabhängig von seiner Umwelt hinsichtlich der Tiefenstruktur seiner Selbststeuerung und seiner daraus folgenden rekursiven Operationsweise. Es ist abhängig von seiner Umwelt hinsichtlich der Konstellationen und Ereignisse, aus denen es Informationen und Bedeutungen ableiten kann, welche die Selbstbezüglichkeit seiner Operationen interpunktieren und anreichern".

Das systemtheoretische Gedankenmodell erlaubt eine detaillierte Beschreibung und Analyse abgrenzbarer Institutionen, Organisationsformen und Problembereiche. Die Schule als gesellschaftliche Institution lässt sich infolgedessen systemtheoretisch betrachten und als autopoietisches, autokatalytisches und autoreflexives (Sub-)System der Gesellschaft sehen, dessen Typik durch den Bildungs- und Erziehungsauftrag definiert wird, ein soziales System ebenfalls, dessen Elemente (Lehrer, Schüler, Eltern, Personen der Schulaufsicht) jeweils wiederum personale Systeme darstellen. Das systemtheoretische Wissen um die

Schule als Subsystem der Gesellschaft und die Personen in ihr als personale Systeme macht zweierlei deutlich: Erstens hebt sich die Schule von den anderen gesellschaftlichen Subsystemen (Recht, Politik, Wirtschaft, Wissenschaft, Kunst, Religion) durch ihren spezifischen pädagogischen Auftrag ab, steht aber umgekehrt auch wieder mit ihnen in mehr oder weniger enger Beziehung. Zweitens hat die Schule es in ihrem Innenraum mit Personen zu tun, von denen jede im Sinne eines personalen Systems über eigene Persönlichkeitsstrukturen, Erfahrungen, Bedürfnisse und Dispositionen verfügt. Jedes beteiligte Individuum hat dabei ein Interesse an Identität und Kontinuität im Lebenslauf.

Die systemische Sicht des Kindes/Jugendlichen

• Kind/Jugendlicher als personales System (Mikrosystem),
• Familie, Schule, Gleichaltrige, Medien als Mesosysteme,
• die Gesellschaft mit ihren Subsystemen als Makrosystem,

3 Theorien der Einstellungs- und Verhaltensmodifikation

Theorien zur Modifikation von Einstellungen und Verhalten befinden sich in enger Verwandtschaft zur Lernpsychologie oder Verhaltenstherapie. Auf letztere soll hier nicht eingegangen werden, da sie eher in den klinischen Bereich fällt. Für den Zusammenhang von Unterrichten und Lernen kommen vorrangig Lernkonzepte der Sozialisationsforschung zum Tragen. Dort stehen sich zwei unterschiedliche Theorieansätze gegenüber, die auf ein je verschiedenes Menschenbild rekurrieren: Das „behaviorale Subjektmodell" sieht den Menschen unter der Kontrolle von Umweltreizen stehen. Was in ihm zwischen Reiz und Reaktion abläuft, wird entweder als „black box" vernachlässigt (Klassische Konditionierung) oder quasi als Epiphänomen des beobachteten Verhaltens ebenfalls von Reizen abhängig erklärt (Neobehaviorismus). Anders das „epistemologische Subjektmodell" des Kognitivismus. Diesem Modell nach dürfen der Sinn einer Handlung, die Ziele, die der Mensch damit anstrebt, die subjektive Theorie, von der die Handlung ausgeht, die Autonomie und die Reflexivität, die den Menschen sein Handeln logisch konstruieren lässt, nicht unberücksichtigt bleiben. Beide Modelle kommen da zusammen, wo der Frage nachgegangen wird, auf welche Weise die Selbstorganisationsprozesse in Gang gesetzt und in ihrem Ablauf von außen beeinflusst werden. Denn:

> Die Entwicklung von Einstellungen und Verhaltensweisen erfolgt durch Lernen, und zwar als Aneignung spezifischer Deutungsmuster, Werthaltungen, Fertigkeiten usw. über Assoziation und Verknüpfung, Einsicht, Verstärkung sowie durch aktive kognitive Konstruktion und Organisation.

Verhaltensmodifikation – im heute dominierenden sozialpsychologischen Verständnis – besteht allerdings vorwiegend aus Techniken der operanten Konditionierung und des Modell-Lernens. Dabei soll unerwünschtes Verhalten gelöscht oder unterdrückt und erwünschtes gefördert werden.
Einstellungen oder Verhaltensweisen eines Menschen zu ändern, ist schwierig. Nach den Forschungen von F. Heider oder L. Festinger ändert der Mensch nämlich nur dann seine Einstellungen, Vorurteile und Gewohnheiten, wenn er in seinen sozialen Beziehungen zu einer anderen Person oder im Bezug auf einen bestimmten Sachverhalt eine Spannung erfährt oder verspürt, wenn eine Unstimmigkeit ihm ein Unbehagen, eine kognitiv-emotionale Dissonanz verursacht, die er nicht ausbalancieren kann (Balancetheorie Heiders, Dissonanztheorie Festingers). Wenn eine Person durch eine mit ihr emotional verbundene andere Person in einer Voreinstellung gegenüber einem als wichtig gewerteten Sachverhalt bzw. einer als wichtig gewerteten Person oder Personengruppe verunsichert wird, ist die Änderung der Einstellung und damit auch die des Verhaltens wahrscheinlich. Jede Einstellungs-

oder Verhaltensänderung ist also nicht allein eine Frage kognitiver Prozesse im Menschen. Sie ist vielmehr wesentlich durch die Sympathie gegenüber einer „Reizperson", durch die Qualität der in Aussicht stehenden Verstärkung (z. B. Erhalt der Freundschaft) und den Grad der eigenen Antriebsstärke (z. B. Triebe, Ehrgeiz usw.) bedingt. Ist es eine hochgeschätzte Person, die die Inkongruenz bei einem für bedeutsam erachteten Problem verursacht, ist eher mit einer Verhaltensänderung zu rechnen. In anderen Fällen kann die Änderung auch die Beziehung zu der Person betreffen, auf die die Verunsicherung zurückzuführen ist. Bemerkenswert ist ferner, dass die Einstellungsänderung nachweislich stärker durch eine Einflussnahme von Person zu Person bestimmt wird als durch medial aufgenommene Informationen. Der persönliche Bezug ist also für die Änderung von Einstellungen, Vorurteilen, Denk-, Handlungs- und Gefühlsgewohnheiten von ausschlaggebender Bedeutung. In jedem Falle werden Wissen, Fertigkeiten, Erlebnis- und Einstellungsbereitschaften durch Übung oder Erfahrung neu erworben bzw. verändert. Ihr Erwerb oder ihre Modifikation kann erfolgen über

- bewusst vollzogene Übung,
- Assoziationen nach dem Reiz-Reaktions-Schema,
- Lob oder Belohnungen als positive Verstärkung,
- Tadel oder Bestrafung (mit der Gefahr unbeabsichtigter Nebenwirkungen),
- Versuch-und-Irrtum-Verhalten,
- Erfahrung mit den Folgen der Fehlverhaltensweisen und Wiedergutmachungen,
- Imitation von Modellverhaltensweisen.

Bestimmte Lernweisen haben allerdings „domänenspezifische Dominanz". So wirken Reiz-Reaktions-Theorien insbesondere beim Aufbau oder bei der Extinktion von emotionalen Einstellungen und Verhaltensweisen, von Gewohnheiten und allgemein von Handlungsweisen, für deren Zustandekommen die interaktive Rückkoppelung mit der Umwelt entscheidend ist. Andererseits eignen sich die kognitiven Strategien beim Erwerb und Erhalt von Wissensstrukuren, von bewusstem Lernenwollen, von einsichtigem und selbstgesteuertem, selbstinitiiertem Lernen. Pläne zur eigenen Impuls- und Verhaltenskontrolle von innen oder zum prosozialen Verhalten (z. B. jemanden trösten, retten, jemanden vor einem Schaden bewahren, sich für jemanden einsetzen, mit jemandem teilen), also zum Aufbau eines kognitiven Systems von Vorstellungen, Erwartungen, Einsichten und Einstellungen, können auf Belohnungen und Bestrafungen, Verstärkungen, verbale Verhaltenssteuerungen und Modellverhaltensweisen anderer Personen in der Regel nicht verzichten. „Vorwissen", umfassende kognitive Strukturen, strukturierte Ablaufpläne des Denkens, Fühlens, Wollens und Tuns, handlungsleitende „scripts" (als gespeichertes, schematisches Verstehensgerüst für alltägliche, immer ähnlich ablaufende Ereignisse und Alltagssituationen) sind nicht allein durch Verknüpfung einzelner Elemente erklärbar. Sie entstehen vielmehr auf der Grundlage eines erlernten bzw. erfahrenen Bezugsrahmens.

Insofern der Schulunterricht auf das Wissen, Können, Fühlen, Wollen und Tun des Schülers abzielt, hat er auch mit dem Aufbau von Einstellungen und Verhaltensweisen beim Schüler zu tun, die diesen der Selbstbestimmung und Solidarität näher bringen. Wo der Aufbau von Autonomie und Sozialverhalten beim Schüler behindert oder beeinträchtigt wird, sind Maßnahmen der Extinktion erforderlich.

Jede Veränderung des Verhaltens macht eine Veranlassung nötig. Der Einzelne, der sein Verhalten verändern soll, muss dazu angehalten, aktiviert, motiviert werden. In der Schule geschieht dies als extrinsische Motivation (seltener als intrinsische) und meist über einen Unterrichtsgegenstand bzw. -inhalt. Zweckdienlich für eine dauerhafte Verhaltensänderung erweist sich eine Verstärkung und Bestätigung der als richtig oder erwünscht angesehenen Reaktionen des Lernenden. Reinforcement erhöht die Auftretenswahrscheinlichkeit eines erwünschten Verhaltens; Nichtverstärken verringert sie. Da es um Verhaltensänderungen einzelner Schüler geht, ist die Sachlage in der Schule äußerst kompliziert. Als ein Ort institutionalisierter Planung und Organisation von Lernprozessen übt die Schule zwar unbestritten sozialisatorische Wirkungen aus. Sie verstärkt aber im Wesentlichen nur die Wirkungen, die in der Form gezeigter Kenntnisse, Fertigkeiten, Empfindungen und Wollensbekundungen in Prüfungssituationen abrufbar sind. Sollen Lehrerinnen und Lehrer mittels Schulunterricht bei Schülern absichts- und planvoll Einstellungs- und Verhaltensänderungen bewirken, müssen sie

- den einzelnen Schüler/die einzelne Schülerin und das sozialisatorische Umfeld, in dem diese leben, sehr gut kennen (Kind-Umfeld-Analyse),
- mit dem betreffenden Schüler oder der Schülerin in einem beiderseitig für wertvoll erachteten Vertrauensverhältnis stehen,
- genaue Kenntnis von verhaltenswissenschaftlichen und humantechnologischen Strategien haben.

Im Schulalltag werden bei Schülereinstellungen oder –verhaltensweisen, die der Korrektur bedürfen, meist Appelle an die Vernunft und Einsicht, seltener Verhaltenstraining oder Einzelberatungen und Gruppentherapien eingesetzt. Für eine strukturierte Verhaltensmodifikation, bei der zuerst die Normproblematik geklärt wird, dann eine genaue Verhaltensanalyse vorgenommen wird, die Erfolg versprechende Technik ermittelt und nach einem detaillierten Versuchsplan durchgeführt wird, fehlt in der Schule meist die Zeit und Sachkenntnis. Um Disziplinverstöße, Vandalismus, unkontrollierte Gewalt, fehlende Selbstdisziplin abzustellen oder zu verhindern, werden am häufigsten Disziplinarstrafen, Kontrollen, psychischer und physischer Druck, Amtsautorität und der Entzug von Vergünstigungen eingesetzt. Zweifellos ist im Schulunterricht ein Minimum an äußerer Ordnung nötig, da der gemeinschaftliche Lernprozess ohne sie nicht möglich ist. Ohne Zweifel ist das Einhalten einer Disziplinarordnung auch die Voraussetzung für den Schüler, Selbstdisziplin, Selbstbestimmung und letztlich auch Mündigkeit überhaupt erst zu erlernen. Als häufig eingesetztes Mittel der Verhaltensänderung erweist sich diese Strategie der Fremd- und Außensteuerung jedoch als problematisch. Denn sie führt in der Regel nur zu einem kurzfristigen Abstellen der unerwünschten Verhaltensweise des Schülers, die vielfach um den Preis zahlreicher Nebenwirkungen und Umweg- oder Ausweichverhaltensweisen (z. B. Aggression gegen Schwächere, Anwendung von Taktiken und Strategien der Vertuschung und Vermeidung des Entdecktwerdens, vorgetäuschte Anpassung usw.) erlangt wird.

Zusammenfassend ergeben sich für den Lehrer/die Lehrerin folgende Strategien, mit denen sie versuchen können, Einfluss auf das Verhalten der Schüler zu nehmen.
- die beratende Verhaltensmodifikation („Gesprächstherapie") mit den Verfahrensschritten: Kontaktphase, Zielsetzungsphase, Analysephase, Handlungsstrategie-Entwicklungsphase und Entscheidungsphase, Umsetzungsphase, Bewertungs- und Evaluationsphase, Beratungsende, ggf. neuer Beratungskreislauf,
- die kooperative Verhaltensmodifikation in Gruppen mit ähnlichen Problemen, wobei die zu modifizierenden Verhaltensweisen des Schülers vor der Gruppe offen dargelegt werden, Erfahrungen mit dem Verhalten innerhalb der Gruppe besprochen und gemeinsam soziales Lernen aufgebaut und ausprobiert werden kann,
- die Verhaltensmodifikation durch Konditionierung, bei der zunächst eine differenzierte Verhaltensanalyse des defizitären Schülerverhal-

tens gemacht werden muss und dann mit Hilfe von Maßnahmen der Verstärkung, der systematischen Desensibilisierung und der Habitualisierung von Selbstkontrolltechniken das negative Verhalten verlernt werden soll,

- die Verhaltensmodifikation durch kognitive Strategien, bei der den Gedanken und Einstellungen der betroffenen Schüler und ihres sozialen Umfelds und deren Einfluss auf ihre Motivation und ihre Verhaltensweisen besondere Aufmerksamkeit geschenkt wird; belastende irrationale Überzeugungen und Handlungsweisen werden dann bewusst gemacht, kognitiv restrukturiert und durch Selbstinstruktionstrainings und Problemlösetrainings zu überwinden versucht. (Krapp/Weidenmann 2001; Zimbardo/Gering 2004)

Bei solcher Verhaltensmodifikation durch den Lehrer oder die Lehrerin ist zu beachten: (1) Nur Wissen anwenden, um ein erwünschtes soziales Ziel zu erreichen, scheint zum Misserfolg verurteilt. Rationalität allein genügt nicht. Denn das Wissen über etwas führt nicht automatisch zu einsichtigem Handeln. Vielmehr benötigt einsichtiges Handeln „scripts", d.h. mentale Modellstrukturen und Ablaufpläne. Sie beim einzelnen Schüler zu fördern, geht aber nicht „nebenbei". Rollenspiele und Gruppenarbeit sind nur ein erster Schritt in diese Richtung. (2) Ohne maximales Vertrauen und Freiwilligkeit von Seiten des Schülers und größtmögliche Kooperationsbereitschaft auf Seiten des Lehrers kann Verhaltensmodifikation nicht gelingen. Einstellungen und Verhaltensweisen einer individuellen Persönlichkeit zu ändern, stößt bei dem Betroffenen nämlich zunächst auf emotionalen Widerstand. (3) Verhaltensänderung ist auch ein moralisches Problem. Denn jedem Versuch, das Verhalten eines anderen zu verändern, liegen Ziel- und Wertentscheidungen desjenigen zugrunde, der ihn unternimmt. Legitimiert sind solche Eingriffe in die Persönlichkeitsentwicklung von Kindern und Jugendlichen nur, wenn sie vom Lehrer in stellvertretender Verantwortung für deren gesunde und gelingende Entwicklung vorgenommen werden.

4 Die Theorie des Selbst

Im Verständnis der neueren kognitivistischen, systemischen und humanistischen Persönlichkeitstheorie gilt:

> Das Selbst des Menschen ist zum einen die psychische Instanz, die nach Kohärenz und Integration in einer sozialen Umgebung strebt und sich prozesshaft weiterentwickelt, zum anderen ist das Selbst der Motor und die Energiebasis für die Aktualisierung der Verhaltens- und Erlebensmöglichkeiten des einzelnen Menschen. Es ist der Kern seiner Persönlichkeitsstruktur; in ihm wirken angeborene Bedürfnisse, Schemata, Erfahrungen, Ziele und Vornahmen zusammen und schaffen sein Identitätsbewusstsein.

Das Selbst ist ein selbstreferentielles und autopoietisches System, das sich strukturell weiterentwickelt. Es entwickelt sich in der präverbalen Kindheitsphase aus dem aktiven, körperbezogenen und ganzheitlichen Erleben/Empfinden (auftauchendes Selbst, Kern-Selbst) hin zum relationalen Selbst-Ich der verbalen Kindheitsphase, dessen Konstituierung im 2./3. Lebensjahr liegt. Es lässt sich beim Selbst des Menschen eine Es-Funktion (Wünsche, Bedürfnisse) und eine Ich-Funktion (Handlungen, Entscheidungen, Kontaktzentrum zu Es und Persönlichkeit, Assimilation von Erfahrungen) unterscheiden, wobei das Ich als aktionales, reflektierendes und entscheidendes Zentrum verstanden werden muss (vgl. Macha 1989, Stern 1994, Macha 1996, Schneider 2001 u. a.).

Will man die Bezüge zwischen Persönlichkeit und Selbst genauer darstellen, muss man zuerst das theoretische Konstrukt „Selbst" betrachten. Die Zahl von Definitionen des Selbst ist bis in die Gegenwart groß und uneinheitlich. Sie schwanken zwischen Selbst als seelisch-organischem Ganzen (Ph. Lersch), als Art wie das Individuum sich selbst innerhalb eines sozialen Bezugssystems wahrnimmt (H. Thomae), als Bewusstsein des Menschen für seine persönliche Existenz (D. Hamatchek) oder als Gesamt der Gefühle, die eine Person bezüglich ihrer Gedanken, Gefühle und Empfindungen hat (R. F. Baumeister). Dazu wird eine Reihe von Konstrukten genannt, die das Selbst strukturieren und präzisieren. Deren Definition und Anzahl sind jedoch strittig. Zu den bedeutendsten und forschungsmäßig am besten gesicherten zählen:

a. Das Selbstkonzept

Mit dem Selbstkonzept des Menschen meint man das Wissen und Urteilen des Menschen über die eigene Person, alle Kognitionen und Rückschlüsse bezüglich seiner Persönlichkeitsmerkmale (traits), seiner kognitiven Schemata, seiner sozialen Rollen und seiner Beziehungen. Wie das Selbstkonzept zustande kommt, wird häufig mit Hilfe des Symbolischen Interaktionismus (G. H. Mead) erklärt.

In jedem Falle sind das soziale Feedback und die Art, wie der Einzelne es bewertet und damit umgeht, bei der Entwicklung des Selbstkonzepts bedeutsam. Verknüpft mit dem Wissen um die eigene Person („aktuelles Selbst") ist es auch das Wissen des Individuums darüber, wie es idealerweise sein könnte oder sollte („mögliches Selbst", „Idealselbst"), das motivierend oder psychisch belastend wirkt. Das allgemeine Selbstkonzept des Menschen strukturiert sich in ein physisches Selbstkonzept, ein soziales Selbstkonzept, ein emotionales Selbstkonzept und ein intellektuelles Selbstkonzept, ist also bereichsspezifisch bestimmt.

In der gegenwärtigen Persönlichkeitspsychologie wird das Selbstkonzept häufig als Oberbegriff für Identität und Selbstwert betrachtet.

b. Die Identität

Die Identität eines Menschen, verstanden als seine Sicht von sich selbst auf Grund von subjektiv für wichtig gehaltenen Aspekten des eigenen Lebens, differenziert sich in eine soziale Identität und eine persönliche Identität. Die soziale Identität entwickelt der Mensch aus seinem Wissen um seine sozioökonomische Position (Gruppenzugehörigkeit), indem er Ähnlichkeiten und Unterschiede zwischen sich und der Gruppe/Gruppierung wahrnimmt. Die persönliche Identität betrifft das, was eine Person einzigartig und von anderen unterscheidbar macht.

c. Der Selbstwert

Die Bewertung, die das Individuum sich selbst gegenüber vornimmt und in der Regel über einen längeren Zeitraum beibehält, wird als sein Selbstwert bezeichnet. Der Beginn für Selbstwertzuschreibungen (gut – böse) liegt bereits im 2. Lebensjahr und ergibt sich einerseits aus bewertenden Feedbacks, die das Kind erfährt (= kontingenter Selbstwert), und andererseits aus direkten Erfolgs- oder Versagens-Erfahrungen (= wahrer Selbstwert); hinzukommen positive oder negative Affekte bei ihm und die Einordnung der Wahrnehmungen in das Real- und Idealselbst des Kindes (Menschen). Die Struktur des Selbstwerts weist ein intellektuelles Selbstwertgefühl, ein soziales Selbstwertgefühl, ein emotionales Selbstwertgefühl und ein physisches Selbstwertgefühl auf.

Bedeutung hat das Selbstwertgefühl für die Vorstellungen, die der/die Einzelne über die eigene Person hat, wobei Personen mit hohem Selbstwertgefühl in der Regel klare, konsistente und stabile Vorstellungen von sich selbst haben, während Personen mit geringem Selbstwertgefühl widersprüchliche, instabile und unsichere diesbezügliche Vorstellungen aufweisen. Misserfolgserlebnisse, die Leistung, das Sozialverhalten und das Umgehen mit Angst sind Bereiche, in denen das Selbstwertgefühl von Belang ist.

d. Andere Selbstkonstrukte

Mit dem Selbstwert verwandte Selbst-Konstrukte sind als Erfahrung/ Nichterfahrung eines ausdauernden Bewältigens und Transferierens schwieriger Aufgabenstellungen zu verstehen wie

- die Selbstwirksamkeit (self-efficacy),
- die Selbstakzeptanz (self-acceptance) als Vertrauen in die eigenen Fähigkeiten und in die Verlässlichkeit eigener Werte und Normen,
- die Selbstaufmerksamkeit (self-awareness, self-consciousness) als Fokussierung der Aufmerksamkeit einer Person auf das eigene Selbst, zu unterscheiden in eine private Selbstaufmerksamkeit (z. B. Glücksgefühle, Einstellungen usw.), eine öffentliche Selbstaufmerksamkeit (z. B. äußeres Erscheinungsbild, Sozialverhalten, Bewertung der eigenen Person durch andere usw.) und manchmal noch in die Komponenten der sozialen Ängstlichkeiten (z. B. die Sorge um den Eindruck, den man auf andere macht),
- die Selbstüberwachung (self-monitoring), bei der das Individuum einerseits sensibel Reaktionen auf das eigene Verhalten wahrnimmt und Letzteres danach ausrichtet (die ideale Person für jede Situation sein wollen oder aber authentisch bleiben) und andererseits ein großes Interesse daran hat, in einem positiven Licht zu erscheinen. Im Einzelnen handelt es sich um Fähigkeiten und Motivationen zu angemessenem interpersonalen Verhalten, zum Berücksichtigen von sozialen Vergleichsinformationen, zur kontrollierten Selbstpräsentation und zur Variation sozialen Verhaltens. Das self-monitoring hat große Bedeutung für das Sozialverhalten und das Erleben.

Wie das Selbst in der Persönlichkeit des Menschen wirkt, hat H. Stierlin (1994, S. 93ff.) in sechs Aspekten beschrieben:

- Das Selbst verbürgt die Identität des Menschen.
- Es konstituiert durch „Erzählungen" die Biographie des Menschen.
- Es nimmt Einfluss darauf, wie der Mensch erlebt, entscheidet, auswählt und sich motiviert.

- Es bildet so etwas wie ein „inneres Parlament" für die Sub-Selbste.
- Es macht dem Menschen sein Unbewusstes als Ressource verfügbar.
- Es stellt die Beziehung zum Tiefenselbst der Selbstachtung, des Selbstwerts, des Lebenssinns und des Lebenswillen beim Menschen her.

5 Rollentheorie, Symbolischer Interaktionismus und Transaktionstheorie

Bei der Sozialisation erlernt der Heranwachsende ein Verhalten und Erleben, das den üblichen und akzeptierten Normen und Werten der sozialen Gruppen und der Gesellschaft insgesamt entspricht, in der er lebt oder leben will. Zu diesem Prozess machen die Rollentheorie und die Interaktionstheorien bedeutsame Aussagen.

a. Die Rollentheorie

Seit dem 11. Jh. ist dem Begriff „Rolle" - ursprünglich die Bezeichnung für die Ausübung der Tätigkeit des Schauspielers oder für seine Textvorlage als beschriebenes gerolltes Blatt - der Bedeutungsinhalt „soziale Funktion, Beruf, Verhaltensweise, Haltung eines Individuums, Bedeutung eines Individuums im sozialen Zusammenhang" zugewachsen.

> Etwa seit 1940 ist „Rolle" ein sozialwissenschaftlicher Schlüsselbegriff, der den Status des Menschen, die soziale Position des Einzelnen in einem System und innerhalb einer Gruppe und die damit verbundenen Erwartungen gesellschaftlicher Bezugsgruppen umschreibt.

R. Dahrendorfs Rede vom „homo sociologicus" (1958), der, weder völlig frei noch völlig determiniert, sein Handeln nach dem Feld seiner sozialen Beziehungen ausrichtet, hat die Rollentheorie für die bundesrepublikanische Rezeption aufbereitet. Nach Dahrendorfs Theorie treten sich Menschen immer in gewissen Eigenschaften gegenüber, als Inhaber mehrerer bestimmter gesellschaftlicher Positionen. Jede dieser Positionen ist in der Gesellschaft durch ein Bündel von Verhaltenserwartungen relevanter Bezugsgruppen an den Träger der Position definiert. Zu jeder sozialen Position gehört daher eine soziale Rolle, ein Komplex von Verhaltensmustern. Die Einhaltung dieser sozialen Rolle unterliegt einer sozialen Kontrolle. Denn die Gesellschaft wendet bei Verfehlungen gestufte Sanktionen (vom Prestigeverlust bis zur Strafverfolgung) an, je nachdem ob es sich um das Nichteinhalten von Muss-,

Soll- oder Kann-Erwartungen handelt. Solcherart Begrenzung des individuellen Handlungsrepertoires durch die Gesellschaft wird keineswegs nur negativ als Möglichkeit bewertet, Herrschaft, Macht und asymmetrische Verhaltensregulierung zu institutionalisieren. Rollen dienen nämlich auch zur Stabilisierung der Gesellschaft, sie sichern die Erfüllung von Aufgaben, die für deren Bestand wesentlich sind, sie verteilen Zuständigkeiten und Verantwortlichkeiten, fördern die psychische Stabilität des Individuums in der Gesellschaft, befriedigen seine Bedürfnisse und entlasten das interaktive Verhalten der Gesellschaftsmitglieder, indem sie es verlässlich und vorhersehbar machen.

In der *Didaktik* hat sich Anfang der 1970er Jahre der Rollenbegriff etabliert und zu zahlreichen Untersuchungen über die Lehrerrolle, die Schülerrolle, die Elternrolle, die Rolle des Lehrerkollegiums und der Schulverwaltung geführt.

Bereits im ersten Jahrzehnt der bundesrepublikanischen Rezeption erfuhr die Rollentheorie aber auch vielfältige Kritik, die zu ihrer Revision führte. Im Wesentlichen stützt sich die Kritik auf folgende Argumente:

- Die differenzierte Industriegesellschaft macht eine eindeutige Rollendefinition auf Grund vielfältiger Positionen und wechselnder Bezugsgruppen mit variierenden Erwartungen nahezu unmöglich. Intra- und Interrollenkonflikte, Rollendiffusion und Rollenstress entstehen, Überangepasstheit oder Abweichungsverhalten sind die Folgen.
- Das erlernte Rollenrepertoire ist nicht gleichzusetzen mit der Persönlichkeit des Menschen. Es bleibt ein unkontrollierbarer individueller „Kern", der zur Selbstorganisation des Denkens, Fühlens und Handelns fähig ist.
- Das Rollenverhalten und die Rollenübernahme bedürfen beim Menschen der Vermittlung über signifikante Symbole. Sie sind eingebettet in die spezifisch menschliche Kommunikation durch Sprache und Gestik und daher immer auch eine Form aktiven Umgehens mit Erwartungen.

b. Der Symbolische Interaktionismus

Interaktionen sind verbale oder nonverbale Wechselbeziehungen zwischen Personen mit verhaltensbeeinflussender Wirkung; zugleich sind sie Gelegenheiten zur Identitätsartikulation der Beteiligten.

Über Interaktionen wird seit Anfang des 20. Jahrhunderts philoso-
phisch, soziologisch und pädagogisch gehandelt, vor allem als Reaktion
auf die „klassische Rollentheorie". Die theoretischen und praktischen
Probleme der „klassischen Rollentheorie" zu verhindern bzw. zu lösen,
versprach der am Beginn vornehmlich mit den Namen G. H. Mead, C.
S. Peirce, J. Dewey und H. Blumer verbundene Denkansatz des Symbolischen Interaktionismus. Für ihn ist der aktive Umgang des Menschen
mit den Rollenerwartungen entscheidend. Er sieht darin eine konstruktive und auch kreative Leistung der Person, die mit Deutungen, Erfahrungen und Intentionen allen Verhaltensanforderungen aus der Gesellschaft gegenübertritt. Im Lebensalltag interagieren einzelne Menschen,
unterstellen sich wechselseitig sinnhaftes und zielgerichtetes Tun und
deuten dieses Tun in Übereinstimmung miteinander bzw. durch Aushandeln oder Durchsetzen von einvernehmlichen Bedeutungen. Dazu
stehen den Menschen Symbole und Zeichen als Bedeutungsträger, als
Mittel zum Verständnis und zur Verständigung zur Verfügung. Symbole und Zeichen sind in der Gesellschaft signifikant, wenn sie für den,
der sie produziert, dasselbe bedeuten, wie für den, der sie rezipiert. Sie
machen die Kommunikation der Gesellschaftsmitglieder überhaupt erst
möglich und rufen bei allen Beteiligten gleiche Reaktionsbereitschaften
hervor. Sie ermöglichen es, das Verhalten anderer zu antizipieren und
das eigene Verhalten entsprechend zu regulieren. Zu den Zeichen und
Symbolen in der Gesellschaft gehören auch solche, die die Form von
objektbezogenen und/oder situationsbezogenen Verstehenskategorien
erhalten haben, zu Systemen signifikanter Symbole geworden sind
(vgl. Statussymbole, Normen, Sitten, Gebräuche, Positionen, Institutionen, Ideologien). Sie beeinflussen die Deutung von Situationen und
vermögen das Verhalten der Individuen gegenüber anderen Individuen
zu lenken. Ihre Zielrichtung ist die Verhaltensgeneralisierung in der
Gesellschaft. Im Verständnis des Symbolischen Interaktionismus entsteht und verändert sich somit die Identität der Gesellschaftsmitglieder
durch aktive und kreative Partizipation an der Gesellschaft. Es handelt sich um einen Prozess, bei dem der Mensch mit seinem Selbstbewusstsein die Interaktion beeinflusst und von dieser beeinflusst wird,
bei dem er sich selbst darstellt und die Darstellung anderer aus deren
Äußerungen und Handlungen erschließt. G. H. Mead verwendet in diesem Zusammenhang den Begriff „I" zur Bezeichnung der biologisch
bedingten Spontaneität, Kreativität und Triebausstattung des menschlichen Ichs, den Begriff „Me" bzw. „Mes" für die Vorstellungen, die
sich wichtige Bezugspersonen und Bezugsgruppen nach Meinung des
Individuums von ihm machen, und den Begriff „Self", wenn dem Indi-

viduum die Synthese aus „I" und „Mes" zu einem einheitlichen, aber für neue Selbstbewertungen und Handlungsorientierungen offenen Selbstbild gelingt. Ort der Entstehung dieses Selbst sind Situationen, in denen der Mensch mit seinen momentanen Einstellungen objektiv-materielle Randbedingungen deutet und willentlich bestimmte Handlungen auswählt. Richtet man den Blick auf den Prozess, der dabei in den Interaktionspartnern abläuft, so stellt er sich als ein Feilschen und ritualisiertes Aushandeln von akzeptierbaren Selbstbildern, Interessen, Bedürfnissen und Rollen der Individuen dar. Man spricht folgerichtig von einer „balancierenden Identität". Voraussetzung für den Bestand der Identität durch Ausbalancierung zwischen totaler Vereinzelung und totaler Vergesellschaftung sind die Grundqualifikationen Rollendistanz, Ambiguitätstoleranz (Handlungsfähigkeit trotz widersprüchlicher Rollenerwartungen), Empathie (Erkennen der Rollenerwartungen anderer und Eingehen auf sie) und Identitätsdarstellung (Darstellung des Menschen nach außen durch produktive Beteiligung an der Vereinbarung von Normen und durch kommentierende Kommunikation über die Geltung von Erwartungen oder Regeln). Diese Grundqualifikationen bilden sich im Verlauf der Entwicklungskrisen von Kindern und Jugendlichen aus.

Didaktische Bedeutung erhielt der Symbolische Interaktionismus in den 1970er Jahren. Der aktive Umgang mit Rollenerwartungen und die Ausbildung von Grundqualifikationen für einen reflektierenden Umgang mit ihnen, role-taking, role-making und Rollenkompetenz wurden zu Aufgaben des Schulunterrichts. Am Geflecht sozialer Beziehungen teilnehmen zu können, ohne seine personale Einzigartigkeit aufgeben zu müssen, wird zum kritischen Maßstab schulischer Erziehungs- und Lernprozesse. Rollenspiel- und Interaktionspädagogik als methodische Möglichkeiten im Unterricht legitimieren sich aus dieser Überlegung.

c. Die Transaktionstheorie

Die jüngere Interaktionsforschung sieht unter Berücksichtigung der Entwicklungspsychologie den Person-Umwelt-Bezug noch differenzierter. Sie beachtet, dass die Person selbst aktiv an ihrer eigenen Entwicklung beteiligt ist (also nicht nur passiv durch die Umwelt beeinflusst wird). Auch bedenkt sie, dass die Umwelt ihrerseits durch den Bezug zur Person verändert wird. Das lässt sich an Kindern und Jugendlichen leicht belegen. Kindliche Lebensäußerungen haben nachweislich Wirkungen auf Erwachsene, und nicht nur wie üblicherweise bedacht, Erwachsene auf Kinder. Kinder wirken nicht nur bei ihrer eigenen Sozialisation mit, sondern auch bei der Sozialisation und Individuation von Erwachsenen. Das gilt vor allem für die Bereiche des „richtigen" Handelns, der Handlungsantriebe, der interpersonalen Verständigung und im kognitiven Bereich. Reziproke Beziehungen zwischen Person und Umwelt, also ein kontextuell-vernetztes Entwicklungsparadigma, lässt sich auch für Jugendliche und ihre soziale Welt nachweisen (vgl. Lerner 1984). Das physische Erscheinungsbild, Temperamentsfaktoren und Verhaltensweisen, die in bestimmten Situationskontexten gezeigt werden, erhalten unterstützende oder positive Rückmeldungen der jeweiligen Umwelt, wenn sie deren Anforderungen in spezifischer Weise entsprechen. Zugleich verändern sich die Verhaltensweisen anderer in der Umgebung der Jugendlichen. Da jeder in mehreren Kontexten lebt, muss er auf die jeweilige Anforderungskonstellation reagieren, muss sie integrieren und so (An-)Passung herstellen. Um deshalb zu seiner eigenen Entwicklung beitragen zu können, wird er bemüht sein, auf die jeweilige Umgebung einzuwirken. Hier hat sich eine ökologisch-systemische Sichtweise von Interaktion ergeben.

Zwischen beteiligten Personen (Lehrer/Lehrerin, Schüler/Schülerinnen) kommt es zu ständigen Wechselwirkungsprozessen, während derer sich die Gesamtgruppe durch die individuelle Entwicklung jedes Einzelnen verändert. Es ergeben sich Konflikte, die immer wieder neu ausbalanciert werden müssen („Äquilibration") und in deren Folge neue Strukturen entstehen. H. Nickel nennt das den „transaktionalen Prozess der Lehrer-Schüler-Interaktion" (Nickel 1993), andere sprechen hier von reziproker oder retroaktiver Interaktion (Dollase 1985, Klewes 1992), wieder andere von Dialektik (Riegel 1978). Dabei geht es im Wesentlichen um denselben Sachverhalt.

> Im Unterschied zu dem, was traditionell unter Interaktion verstanden wurde, wird bei dem transaktional-ökologischen Verständnis von Interaktion nicht nur die Wechselwirkung, die bei jedem (Lehrer wie Schüler) Veränderungsprozesse auslöst, präzisiert, sondern Interaktion auch als eine systemisch vernetzte verstanden, die entscheidend mit dem verschachtelten System von Umweltkontexten jedes Einzelnen (Eltern-Kind-Beziehung/Lehrer-Kind-Beziehung, Elternhäuser untereinander, Kommune, Arbeitsplatz, Bekanntenkreis, Gesellschaft insgesamt) zu tun hat.

Alle Interaktionen sind eingebettet in konzentrisch sich ausbreitende Umweltbereiche, in denen der Einzelne lebt, denkt und fühlt und die den Bedeutungskontext ausmachen, mit dessen Hilfe er die Interaktion versteht und bewertet (= ökologisch). Umgekehrt wirkt sich dieselbe Interaktion aufgrund der subjektiv-aktiven Rezeption durch den einzelnen Menschen rückwirkend auf den aus, der sie in Gang gesetzt hatte (= transaktional).

Für die *Schule* hat das transaktional-ökologische Konzept tiefgreifende Folgen. Denn es verbietet anzunehmen, es gäbe bei der schulischen Interaktion leicht feststellbare, unabhängige Variablen und abhängige Variablen. Das Beziehungsgefüge, in dem Lehrer und ebenso Schüler, Eltern, Schulaufsicht usw. stehen, ist vielmehr äußerst komplex. Denn wie Lehrer und Schüler denken, fühlen und handeln, ist sowohl von intrapsychischen Bedingungsvariablen als auch vom soziokulturellen Bezugsrahmen abhängig. Subjektive Verzerrungen, Fehldeutungen aufgrund persönlicher Einstellungen und Erwartungen, implizite Persönlichkeitstheorien sowie eigene Wünsche, Maximen und Intentionen wirken unablässig mit.

Das hat Nickel (1993, S. 248) wie folgt veranschaulicht:

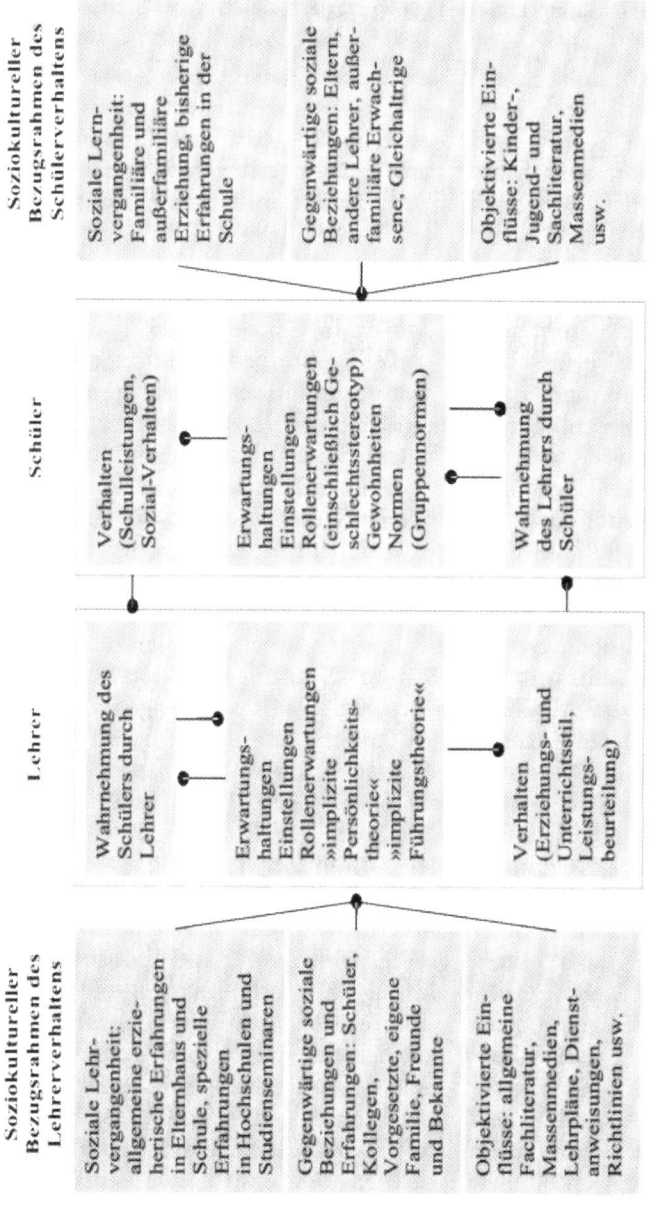

6 Die Kommunikationstheorie

Die Persönlichkeit des Menschen entwickelt sich vom Beginn seines Lebens an durch Kommunikation und Interaktion mit dem sozialen Umfeld. Der Lehrer/die Lehrerin, die Mitschüler und andere Personen sind Kommunikationspartner der Jungen und Mädchen in der Schule. Deshalb ist es angebracht, der Kommunikation theoretisch nachzugehen.

Die Kommunikation als Vermittlung und Austausch von Informationen zwischen Menschen ist in den 1960er und 1970er Jahren verstärkt theoretisch erforscht und auf die Schulpädagogik angewendet worden. Am Beginn stehen in der Kommunikationstheorie sprachwissenschaftlich orientierte, *eindimensionale Modelle*. Sie gehen entweder von den Komponenten Sprecher (Autor), Sache (das Bezeichnete), Sprache (Zeichen- und Regelsystem) und Hörer (Adressat) aus, die für jeden Text gesprochener oder geschriebener Sprache konstitutiv sind, oder sie richten den Blick auf den Prozess der Informationsvermittlung und unterscheiden die vier Komponenten: Sender (der Informationen semantisch und syntaktisch kodiert) - Nachricht - Kanal (akustisch, visuell, motorisch) - Empfänger (der die Informationen rezipiert und dekodiert). In der Regel entnimmt der Sender seine Informationen einer Quelle und passt sie der Art des Vermittlungskanals an. Umgekehrt überprüft der Empfänger die erhaltene Nachricht auf ihre Verwertbarkeit. Bei der Übertragung über einen „Kanal" kann es zu Störungen kommen, die absichtlich oder unabsichtlich erfolgen. Ein solches Minimalmodell erwies sich bald als unbrauchbar. Die Gründe: Erstens erfasst es den dialogischen Charakter der Kommunikation nicht, zweitens berücksichtigt es nicht die Anzahl der beteiligten Personen, drittens differenziert es nicht nach der Vermittlungsart (Sprache in Wort und Text, stehendes oder bewegtes Bild, Mimik, Gestik, Diktion, Sprachklang, Körperbewegung/Körperhaltung, Körperkontakt, Blickverhalten, Kleidung/Aufmachung usw.), viertens lässt es die Bedeutung der Information im sozialen und gesellschaftlichen Kontext der Beteiligten außer acht, fünftens übergeht es das „Herrschaftsverhältnis" zwischen den Kommunikanden, sechstens kann es gelingende oder gestörte Kommunikation allein „technisch" (als Anlass zu einer korrigierenden Rückkoppelung) erklären und siebtens verkennt es die Bedeutung auditiver und visueller Kommunikationskanäle (Musik, Film, Bildende Kunst, Fotografie, Mode, Werbung, Malerei usw.) für die gefühlsmäßige Aneignung eines Inhalts vor und neben dem reflexiven Zugriff.

Unter Berücksichtigung der Kritik an dem Minimalmodell lässt sich das folgende Kommunikationsmodell erstellen:

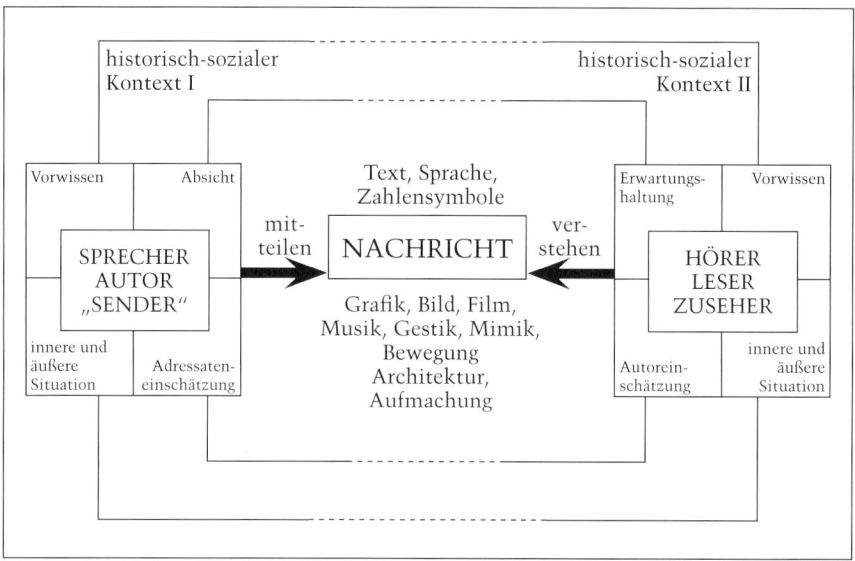

a. Der Theorieansatz von P. Watzlawick

Der Theorieansatz von P. Watzlawick (und seinen Mitarbeitern) bedeutet in dieser Diskussionslage einen Fortschritt, insofern er fünf Axiome für eine dialogisch-reziproke Kommunikation formulierte und den Ursachen gestörter Kommunikation nachging. Für menschliches Kommunikationsverhalten ist nämlich grundlegend:

- Man kann nicht nicht kommunizieren.
- Jede Kommunikation hat eine Inhalts- und eine Beziehungsebene.
- In einem Kommunikationsablauf ist das Verhalten des einzelnen Teilnehmers sowohl Reaktion auf das Verhalten des anderen, gleichzeitig aber auch Reiz und Verstärkung für das Verhalten des anderen.
- Menschliche Kommunikation bedient sich digitaler (= durch Worte) und analoger (= durch Ausdrucksverhalten) Modalitäten.
- Zwischenmenschliche Kommunikationsabläufe sind entweder symmetrisch oder komplementär.

Kommunikationsstörungen können nach Watzlawick unterschiedliche Ursachen haben. Auf der Inhaltsebene lassen sie sich auf linguistische und sachstrukturelle Dekodierungsprobleme zurückführen. Auf der Beziehungsebene entstehen sie, wenn die Stellungnahme des Kommunikationspartners unterdrückt oder entwertet wird, wenn die

Symmetrie eskaliert, wenn die Komplementarität zur Dequalifikation des Partners erstarrt oder wenn es Widersprüche und Verwirrung um die verbale und nonverbale Ausdrucksform gibt. Das von J. Habermas ins wissenschaftliche Gespräch gebrachte Idealkonstrukt einer transzendental gedachten Kommunikationsgemeinschaft mit herrschaftsfreier Kommunikation aller mit allen in idealen Sprechsituationen hat zur kritischen Analyse der Gesellschaft auf ihre Kommunikationsbedingungen beigetragen. Speziell ihre Institutionen und Organisationen sind daraufhin zu befragen, ob und wie sie kommunikative Kompetenz ermöglichen.

b. Der Theorieansatz von F. Schulz von Thun

Vor einigen Jahren hat der Hamburger Psychologieprofessor und Vertreter des Konstruktivismus F. Schulz von Thun den Ansatz von P. Watzlawick weiterentwickelt. Ihm zufolge sind in jeder Aussage, jedem kommunikativen Akt, „4 Botschaften" enthalten und jeder Kommunikationspartner hört den Worten eines anderen „mit 4 Ohren" zu. Deshalb:

Jede Botschaft ist das Machwerk des Empfängers!

Die 4 Botschaften sind: die Sachinformation, die Selbstoffenbarung des Sprechers, die Beziehungsklärung des Sprechers zum Zuhörer, der Appell des Sprechers an den Zuhörer.
Der Zuhörer empfängt die Botschaft des Sprechers entsprechend seinen erworbenen Zuhör- und Dechiffrierungsgewohnheiten. Er hört also heraus:
- mit dem Sach-Ohr: Worüber spricht er? Worüber informiert er mich? Wie ist der Sachverhalt zu verstehen?
- mit dem Selbstoffenbarungsohr: Was sagt er damit über sich selbst aus? Was ist das für einer? Was ist mit ihm?
- mit dem Beziehungsohr: Was hält der von mir, wenn er so mit mir spricht und so etwas zu mir sagt? Wie redet der mit mir? Was glaubt er, wen er da vor sich hat?
- mit dem Appell-Ohr: Wozu will der mich veranlassen? Was soll ich seiner Meinung nach jetzt tun? denken? empfinden?

Wenn der Adressat einer Nachricht (Zuhörer, Empfänger) vorwiegend mit nur einem der 4 Ohren zuhört, kommt es leicht zu Missverständnissen; denn er bestimmt durch seine Voreinstellungen, Übertragungs- und Gegenübertragungs- sowie Dekodierungspraktiken, worin die Botschaft besteht. Der Zuhörer glaubt, verstanden zu haben, was gesagt

198

wurde, zweifelt meist nicht daran, dass er „richtig gehört" hat, verzichtet aber darauf, im Gespräch zu überprüfen, ob seine Deutung tatsächlich gemeint war.

Schulz v. Thun hat seine Konzeption grafisch dargestellt und durch ein Beispiel veranschaulicht (1991; Kullmann 2000, S. 130 ff.):

Der vierohrige Empfänger

Was ist das für einer?
Was ist mit ihm?

Wie redet der eigentlich mit mir?
Wen glaubt er vor sich zu haben?

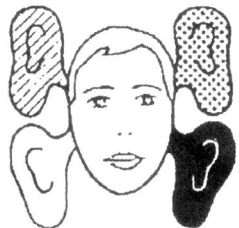

Wie ist der Sachverhalt zu verstehen?

Was soll ich tun, denken, fühlen auf Grund seiner Mitteilung?

Beispiel: Ein Beifahrer sagt zum Fahrer eines Autos: „Die Ampel ist eben gelb geworden!"

Die vier Seiten einer Nachricht: „Die Ampel ist eben gelb geworden"		
	Sprecher (Beifahrer)	Zuhörer (Fahrer)
Inhalt	Worüber ich informiere: Die Ampel hat auf Gelb umgeschaltet.	Die Ampel hat auf Gelb umgeschaltet.
Beziehung	Was ich von dir halte und wie wir zueinander stehen: Ich möchte dir helfen und dich unterstützen.	Du mischst dich ein und misstraust meinen Fahrkünsten.
Appell	Wozu ich dich veranlassen möchte: Lass dir Zeit.	Reagiere schneller. Brems doch schon!
Selbstoffenbarung	Was ich von mir selbst kundgebe: Auch als Beifahrer muss ich ständig mitdenken.	Der hat Angst, wenn ich fahre.

Watzlawick und Habermas haben die didaktische Theoriebildung maßgeblich beeinflusst, Schulz v. Thun die didaktische Praxis. Seitdem rückt die im *Unterricht* und in der Schule ablaufende Kommunikation verstärkt in den Blick. Sie wird vielfach als erzwungene, hierarchische, leistungs-, konkurrenz- und zweckorientierte Kommunikation definiert und kritisiert. In der Schule gebe es häufig eine verzerrte Kommunikation und kommunikative Inkompetenz. Die Gründe für solche Kommunikationsstörungen können in jedem Falle bei den beteiligten Subjekten gesucht werden, mitverursacht werden sie aber entscheidend durch die sozialen Bedingungen des Lehrerhandelns und die Institution Schule. Sachkompetenz und didaktische Kompetenz des Lehrers lassen keine vollkommen symmetrische Kommunikation zwischen Lehrer und Schüler zu, dennoch sollte der Lehrer aus erzieherischen und lernfördernden Gründen eine quasi-symmetrische Kommunikationsform anstreben, die den Schüler soweit möglich als komplementären Kommunikationspartner ernst nimmt. Um Missverständnissen vorzubeugen, sollte der Lehrer sich immer wieder kommunikativ rückversichern, ob und wie die Schüler seine Informationen verstanden haben. Dafür sind Repressionsfreiheit, Offenheit und das Bemühen um Akzeptieren eines Schülers als ernst zu nehmenden Gesprächspartner unerlässlich. Auch ist der Lehrer als Kommunikator verstärkt zum *Forschungsgegenstand der Didaktik* geworden. Da für den Unterricht Sprache konstitutiv ist, da die Sprache im Unterricht eine Form kultureller und gesellschaftlicher Kommunikation ist und da der Schulunterricht eine eigene „Bereichssprache" produziert, sind Ausmaß, Form und Art der Lehrersprache und des Lehrersprechens von großer Bedeutung für den Lernprozess und den Lernerfolg der Schüler. Die beruflichen und privaten Sozialisationserfahrungen von Lehrerinnen und Lehrern, ihre Erwartungen an das Verhalten und die Leistung der Schüler, die Verständlichkeit und die Schichtorientierung ihrer Sprache, die Fähigkeit zur nonverbalen Kommunikation, ihr Selbstkonzept bei Komplikationen und Konflikten im Beziehungsgespräch usw. sind seitdem in Theorien zur Mittelschichtorientierung des Unterrichts, zum Pygmalion-Effekt, zur Personwahrnehmung und Personenbeurteilung erfasst worden. Schließlich hat die Kommunikationstheorie noch die Ausarbeitung einer eigenständigen Didaktiktheorie, der Kommunikativen Didaktik von K.H. Schäfer und K. Schaller und der Kritisch-kommunikativen Didaktik von R. Winkel, zur Folge gehabt. Von nahezu allen anderen Theorien oder Modellen der Didaktik wurden Watzlawicks Gedanken rezipiert, Schulz v. Thuns Ansatz wirkt besonders intensiv in der Konstruktivistischen Didaktik.

7 Die Motivations- und Willenstheorie

Die Frage, warum ein Mensch so handelt und sich so verhält, wie er es tatsächlich tut, und warum er in augenscheinlich „gleichen" Situationen nicht auch gleich agiert oder reagiert, suchen die Motivationstheorie und die aus ihr weiterentwickelte Willenstheorie zu beantworten. In der psychologischen und sozialpsychologischen Forschung sind unterschiedliche Antworten auf diese Frage gefunden worden: Zum einen wird sie mit Personfaktoren wie Charakterzügen, Einstellungen, Überzeugungen, Interessen, Fähigkeiten und Temperamenten erklärt. Zum zweiten wird sie mit Verweis auf die Trieb-, Instinkt- und Bedürfnisausstattung des Menschen beantwortet. Homöostatische Antriebe wie Hunger und Durst und nichthomöostatische Antriebe wie Neugier, Betätigungsdrang oder der Sexualtrieb veranlassten den Menschen zum Handeln, sobald sie im Ungleichgewicht seien. Gedacht wird auch daran, dass nicht alle Bedürfnisse zur gleichen Zeit gleich starke Auswirkungen haben. A. H. Maslow beispielsweise nimmt an, es gebe eine Entwicklungshierarchie von Bedürfnissen. Sie beginne mit physiologischen Bedürfnissen/Überlebensbedürfnissen und gehe über zu Sicherheits- und Schutzbedürfnissen, Zugehörigkeits- und Liebesbedürfnissen, Bedürfnissen nach Geltung, Anerkennung, Selbst- und Fremdachtung bis zum Wissensbedürfnis, Verständnis-, Sinnbedürfnis, zu ästhetischen Bedürfnissen und zum Bedürfnis nach Selbstverwirklichung. Das jeweils nachfolgende Bedürfnis setzt seiner Meinung nach die Befriedigung (nicht Sättigung!) des vorangegangenen voraus. Andere Forscher sprechen lieber von einem Interdependenz- statt von einem Hierarchieverhältnis bei den Bedürfnissen. Sie gehen davon aus, dass auch die Tätigkeit selbst und die Möglichkeit zur Leistungserbringung oder zur persönlichen Weiterentwicklung motivierend wirken. Andere ziehen noch die subjektiv-individuellen, rational-emotionalen Bewertungen einer Handlungssituation in Betracht. Hiermit eng zusammen hängt die lerntheoretische Sicht. Sie macht geltend, dass Situationsumstände wie die verstärkende Wirkung erfolgreicher Handlungen oder die Modellwirkung des Verhaltens anderer, also erlernte Antriebe, das Motivsystem des einzelnen ebenso stark prägen können wie seine biologischen Antriebe (sekundäre Motivation - primäre Motivation).

a. Die Motivationstheorie

Trotz des anerkannt hohen Erkenntniswerts dieser Theorieansätze bleibt die Ausgangsfrage nach der individuellen Lage des Menschen in konkreten Entscheidungs- und Handlungssituationen ungeklärt.

Zu ihrer Lösung haben vor allem die Arbeiten von H. Heckhausen zur Motivation und von J. Kuhl zu den sogenannten Handlungskontroll-prozessen oder volitionalen Prozessen entscheidend beigetragen. Ihre Theorie besagt: Jeder Mensch macht vom Beginn seines Lebens an mit seinen primären Verhaltensmöglichkeiten (Freude an der Aktivität, Gewinnung von Lust, Vermeidung von Unlust, orientierendes Reflexhandeln, Neugier, Explorationsdrang) in bestimmten Grundsituationen (Kontaktbedürftigkeit/Abhängigkeit, Aggression, Macht, Hilfe, Leistung) individuelle Erfahrungen. Diese sind sowohl von inneren Faktoren abhängig (z. B. von der Temperamentsanlage oder dem kognitiven Entwicklungsstand) als auch von äußeren Faktoren (z. B. vom Erziehungsklima, von Interaktionsstilen, von Vorbildern oder von der kindlichen Sachumwelt des Kinderzimmers oder Spielraums). Auf diese Weise bildet sich beim Menschen nach und nach ein individuelles Motivsystem aus. Deshalb kann man sagen:

Motive sind wiederkehrende Anliegen eines Menschen, entstanden durch die aktive Auseinandersetzung mit seiner Umwelt; es sind angestrebte Zielzustände, die ihm nicht immer bewusst und im Lebenslauf grundsätzlich veränderbar sind.

Mit *Grundmotiven* wie Neugier [später: Interesse], Aktivität, Exploration, Sozialkontakt, Aggression, Hilfe, Leistung usw. hat jeder seit seiner Kindheit ein Erfahrungsrepertoire aufgebaut, mit dem er Situationen beurteilt, die ihn zum Handeln veranlassen („motivieren"). Daher lässt sich definieren:

Motivation ist ein Prozess, der durch Situationsanreize ein bestimmtes Motiv beim Menschen aktiviert und sein Handeln auf die Erreichung eines Zielzustandes richtet.

Dabei ist zu unterscheiden:
- zwischen primärer und sekundärer Motivation,
  wenn physiologisch bedingte/homöostatische Antriebe (wie Hunger und Durst) oder nichthomöostatische Antriebe (wie Neugier, Sexualtrieb, Betätigungsdrang und bestimmte Emotionen) unterschieden werden von psychosozialen Bedürfnissen (wie soziale Anerkennung) und von solchen Bedürfnissen, die der Mensch im Lauf der Sozialisation erlernt hat (z. B. Konsumbedürfnisse). Von primärer Motivation spricht man manchmal auch bei Tätigkeiten, die um ihrer selbst

willen vollzogen werden (z. B. Spiele), oder bei denen sich im Vollzug der Tätigkeit Spaß und ein selbstvergessener Erlebnisdrang einstellt (Flow-Erleben). Von sekundärer Motivation ist bisweilen auch die Rede, wenn die Tätigkeiten nur Mittel zum Zweck sind, also um etwas anderen willen (z. B. Verbesserung der sozialen Position in einer Gruppe) vollzogen werden.

• zwischen intrinsischer und extrinsischer Motivation,
wenn jemand aus Interesse, Neugier oder Freude an eine Lernsituation herangeht und Befriedigung aus der Lösung eines Problems/einer Aufgabe zieht, oder wenn er zum Lernen „von außen" veranlasst wird, beispielsweise um Lob zu bekommen oder Tadel/Strafe zu vermeiden, um eine bessere Note zu erhalten, aus Sympathie dem Lehrer gegenüber o. ä.

H. Heckhausen hat in einem Prozessmodell schematisch dargestellt, dass bei der Motivation außer den Motiven noch andere Einflüsse zu beachten sind:

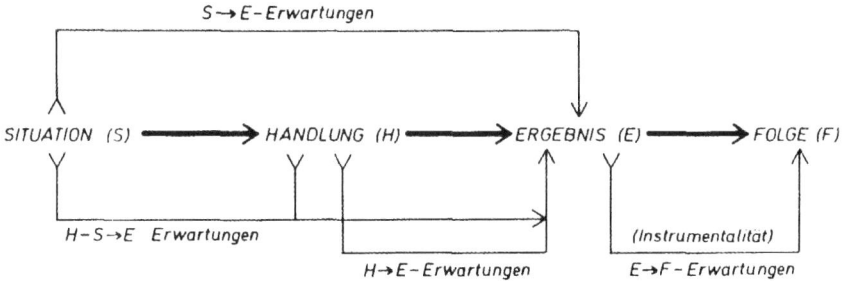

(Aus: Heckhausen, H.: Motivation und Handeln. Heidelberg 2/1989, S. 15)

Das Modell von Heckhausen unterscheidet *vier Ereignisstadien bei der Motivation*: die Situation (mit bestimmten Anreizwerten des Ergebnisses), die Handlung, das Ergebnis der Handlung und die vielfältigen Folgen, die das Handlungsergebnis nach sich zieht. Mit jeder Phase des Motivierungsprozesses verbinden sich beim Menschen *Erwartungen*. Diese sind durchaus von Ereignisstadium zu Ereignisstadium verschieden. Den Situations-Ergebnis-Erwartungen (S-E-Erwartungen) liegt das Erfahrungsurteil des Menschen darüber zugrunde, ob er am Ergebnis durch eigenes Tun überhaupt etwas ändern kann. Gleiches gilt für die Handlungs-bei-Situation-Ergebnis-Erwartung (H-S-E-Erwartungen), hier rechnet er ebenfalls damit, dass äußere und variable Umstände die Eintretenswahrscheinlichkeit des Handlungsergebnisses erhöhen oder verringern könnten. Anders die Handlungs-Ergebnis-Erwartungen

(H-E-Erwartungen); sie meinen den subjektiven Wahrscheinlichkeits-
grad, mit dem der Mensch die Situation durch eigene Handlungen zu
ändern hofft. Für die H-E-Erwartungen sind vor allem internale Ursachenfaktoren wie die eigenen Fähigkeiten oder Anstrengungsmög-
lichkeiten angesichts der angenommenen Aufgabenschwierigkeit
bedeutsam oder frühere Erfolge und Misserfolge. Ihnen liegt eine Art
„Anstrengungskalkulation" zugrunde. Für die Ergebnis-Folge-Erwar-
tungen (E-F-Erwartungen) ist von großer Bedeutung, wie der Einzelne
die Folgen seines Handlungsergebnisses einschätzt, ob es ihm beispielsweise voraussichtlich Bevorzugungen oder Nachteile einbringen kann.
Ist das Ergebnis für die Selbstbewertung relevant (vgl. Zeugnis, Titel,
Geld), dann werden Erfolg oder Misserfolg in der Regel auf die eigene
Fähigkeit und Anstrengung zurückgeführt und nicht auf Glück, Pech
oder die Aufgabenschwierigkeit. Handlungsergebnisse haben einen positiven oder negativen Anreizwert (Instrumentalitätstheorie), je nachdem
wie die Selbstbewertung, die Fremdbewertung, die Nebenwirkungen
oder die Annäherung des Individuums an eines seiner Oberziele es ihm
nahe legen. Dabei ist die Anreizstärke von Person zu Person verschieden. Im Vergleich zu Erfolgsmotivierten fühlen sich Misserfolgsmo-
tivierte nach einem Handlungserfolg zwar gleich motiviert, sind aber
nach einem Misserfolg stärker enttäuscht; auch sind sie empfänglicher
für Fremdbewertungen und extrinsische Bewertungsanreize.
Am Beispiel der *Leistungsmotivation* lässt sich dieses Motivationsmo-
dell, das ein Risikowahl-Modell ist, zusammenfassend erläutern:
In der Schule soll eine Klassenarbeit geschrieben werden. Der Schüler
weiß nicht, ob er sich darauf vorbereiten soll oder nicht. Um sich zu
entscheiden, beantwortet er für sich vier Fragen:
- „Steht das Ergebnis für mich in dieser Situation schon fest?" Wenn ja,
  dann ist er nicht motiviert, sich vorzubereiten.
- „Kann ich das angestrebte Ergebnis selbst zustande bringen?" Wenn
  nein, dann ist er nicht motiviert, sich vorzubereiten.
- „Sind mir die möglichen Folgen wichtig genug?" Wenn nein, dann ist
  er nicht motiviert, sich vorzubereiten.
- „Hat das Ergebnis auch die gewünschten Folgen?" Wenn nein, dann
  ist er nicht motiviert, sich vorzubereiten.
Ist bei der ersten Frage die Antwort „nein" und bei den drei anderen die
Antwort „ja", dann wird er sich entscheiden, Zeit und Kraft in die Vor-
bereitung der Klassenarbeit zu investieren.
Lern- und Leistungsanreize gehen - allgemein gesagt - von Aufgaben,
Themen und Problemen aus, die vom Schüler als interessant empfun-
den werden, die also seine Neugier und seinen Explorationsdrang her-

vorrufen. Im Schüler wird das Leistungsmotiv angeregt, wenn er von der Hoffnung auf Erfolg stärker bestimmt ist als von der Angst vor Misserfolg, und wenn es für ihn bei dieser Aufgabe positive Anreizwerte gibt, beispielsweise dass er etwas dazulernt, was er immer schon wissen wollte, dass es ihm Spaß macht, dass er mit sich selbst zufrieden sein wird oder dass er eine Belohnung (gute Note) bekommt. Kinder zwischen 4 und 6 Jahren halten die erfolgreiche Lösung einer Aufgabe für Leistung, 11- bis 12-Jährige dagegen bezeichnen die Anstrengung und nicht die Fähigkeit bei der Lösung einer Aufgabe als Leistung. Etwa ab dem 4. Lebensjahr sind Kinder überhaupt erst zu leistungsthematischem Erleben fähig; sie können einen Gütemaßstab unterscheiden und erleben sich selbst als Verursacher für eine Leistung. Die Motivierung führt zu dem Entschluss, die „Aufgabe" zu lösen, woraufhin die Ausführung erfolgt. Ist die Aufgabe gelöst, so überprüft der Schüler, ob er tatsächlich mit sich selbst zufrieden sein kann. Er vergleicht dabei das Ergebnis mit dem Wert, den es für ihn hat, und mit seinem eigenen Gütestandard. Er macht sich klar, ob er für das Ergebnis selbst verantwortlich ist (Kausalattribuierung) oder ob äußere Umstände mitgespielt haben (wie z. B. Pech, Glück, Müdigkeit, Störungen durch einen anderen usw.). Das Ergebnis seiner Selbstprüfung hat Folgen für zukünftige Lernsituationen.

Die Anreize für eine Tätigkeit liegen beim Menschen aber nicht nur in den Folgen einer Handlung, sondern auch in den unmittelbaren „Vollzugsgenüssen". Tätigkeiten, die man gerne ausführt und bei denen man sich gut fühlt, man in „tätigkeitsabsorbierender Selbstvergessenheit" „aktionsgenießend operiert", wirken ebenfalls motivierend. Im sogenannten *Flow-Erleben* (vgl. Rheinberg/Fries 1998; Decy/Ryan 1991; Csikszentmihaly 1987) tut der Mensch etwas um der Sache willen. Das Besondere an der Flow-Theorie ist, dass sie die Ursache für intrinsisch motivierte Tätigkeiten in einem ganzheitlichen Gefühl des völligen Aufgehens in dieser Tätigkeit sieht, wobei der Mensch dieses Gefühl als eine „Belohnung" (als ein reinforcement) empfindet. Das Ausführen der Tätigkeit, die Handlung ist „selbstkatalysierend", verursacht ein „autotelisches Erleben", das bestätigt, die Dinge selbst zu steuern und immer „weiter" zu kommen. Er ist mit fokussierter Aufmerksamkeit dabei, er agiert zeitvergessen und genießt den Zustand des Agierens. Ein solches Flow-Erleben ist seit langem vom Spiel, vom Tanz oder vom Bergsteigen her bekannt; es gibt es aber auch bei jeder Form von Arbeit. Voraussetzung dafür ist, dass es ein Gleichgewicht zwischen den Fähigkeiten und den Handlungsmöglichkeiten gibt, dass der Mensch ein

„autotelisches Selbst" entfalten kann und dass sich bei diesen Tätigkeiten seine Begabungen weiterentwickeln und immer größeren Anforderungen genügen können. Die *Theorie der kognitiven Dissonanz* (L. Festinger, B. Bossong) hat ebenfalls Bedeutung für die Begründung von Motivierungen. Sie besagt, dass jeder Lernende die Leistungsergebnisse erreichen möchte, die seiner Selbsteinschätzung entsprechen. Besteht zwischen beidem eine Spannung (Diskrepanz, Dissonanz), wird er versuchen, sie aufzuheben oder zu vermeiden. Voraussetzung dafür sind zwei Einschätzungen (Kognitionen): die Einschätzung der eigenen Fähigkeiten und die Einschätzung der Schwierigkeiten der Aufgabenstellung. Um der Selbstidentität willen wird der Lernende motiviert, sein Anspruchsniveau zu verändern – entweder an den negativen Lernerfahrungen nach unten zu korrigieren oder durch mehr Anstrengungen bessere Ergebnisse zu erzielen.

b. Die Willenstheorie

Die Ergänzung der Motivationstheorie um die Willenstheorie (Volitionstheorie, Theorie voluntativer Akte und Prozesse) ermöglicht die Berücksichtigung gedächtnis- und aufmerksamkeitspsychologischer Grundlagen bei der Motivation. Sie erklärt, wieso jemand nicht-verwirklichte Absichten oder nicht-erreichte Zielzustände über einen langen Zeitraum gegen den Vergessensmechanismus abschirmt und auf sie bei gebotener Gelegenheit ohne zusätzliche oder eigentliche Motivation zurückkommt. Sie bietet auch eine Erklärung dafür, warum jemand etwas tut, wozu er eigentlich keine Lust hat und wofür er im gegebenen Augenblick gar nicht motiviert wird. Umgangssprachlich wird hier von Willensstärke gesprochen. Offenbar handelt es sich bei solchen Willensprozessen um Informationsverarbeitungsprozesse spezifischer Art. Als eine Art Handlungskontrolle stabilisieren sie den Menschen gegenüber einer permanent vorhandenen Vielzahl von Wünschen, Neigungen und Handlungsimpulsen. Ferner hemmen oder fördern sie die Handlungsentscheidung und das Handeln, wie nach einem Handlungsplan, indem sie die spezifischen situativen Realisierungsaussichten abwägen und berücksichtigen. Auch schirmen sie handlungskontrollierend die zentralen Handlungsabsichten gegen konkurrierende Motivationstendenzen ab, indem sie die Aufmerksamkeit, die eigene Motivation, die eigene Gefühlslage beeinflussen, beeinträchtigende Umweltbedingungen verändern und übermäßig langes Abwägen von Handlungsalternativen unterbinden. Das leisten sie vor und nach der Entscheidung zum Handeln. Handlungsabsichten sind infolgedessen durch eine dynamische und eine aktionale Komponente bestimmt, ein dynamisches

Absichtsgedächtnis und einen die Aktivität bestimmenden Handlungs-plan. Beobachtungen an Kindern und Jugendlichen belegen dieses Phä-nomen schon für die 10-Jährigen.

Das Verhältnis, in dem Motivation und Volition zueinander ste-hen, haben H. Heckhausen und andere als das Verhältnis zwischen Wünschen/Wägen/Wählen und Entscheidung/Entschluss/Intention bestimmt. Grafisch lässt sich nach P. M. Gollwitzer dieser Zusammen-hang wie folgt darstellen:

Handlungspsychologische Phasen-Abfolge

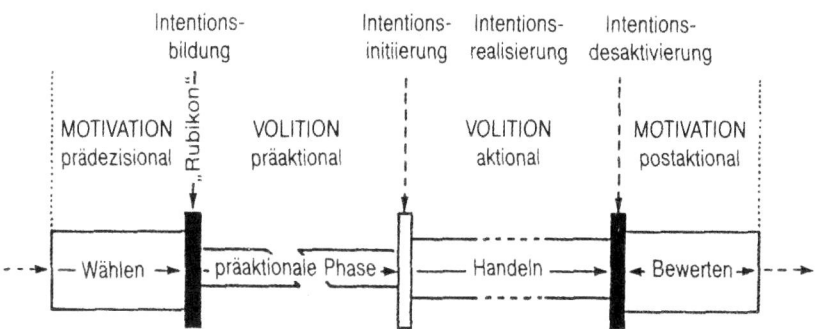

Sind Motivationsprozesse als vorintentionales Abwägen realitätsori-entiert, so sind Willensprozesse als nachintentionale Handlungsbe-reitschaft realisierungsorientiert und in Form von „unerledigten Ten-denzen lebensthematischer Art", gleichsam wie „Metamotivationen" oder „Vorsätze" bzw. „Vornahmen", handlungssteuernd. Gegen alle konkreten und akuten Handlungsziele vermögen sie sich wie über-geordnete Präferenzen geradezu automatisch durchzusetzen. Es sind vor allem Fragen des Selbst und der eigenen Identität, die in solchen übergeordneten Zielintentionen wirksam sind, Lebensthemen, die sich operant bemerkbar machen. Im Unterschied zur „klassischen" Moti-vationstheorie muss man daher davon ausgehen, dass das menschliche Handeln weniger durch eine immer neue Folge von Zielintentionen erklärt werden kann als durch die Initiierung vorhandener übergeord-neter und überdauernder Zielintentionen. Die Einzelmotivationen sind wie Anlässe, bei denen der Einzelne (ohne sich dessen immer bewusst zu sein) nur kurz prüft, ob die Handlung mit der übergeordneten Zielin-tention passend ist oder passend gemacht werden kann. Vollentfaltete Motivationsphasen laufen deshalb nur bei völlig neu auftauchenden Problemen auf. Noch nicht realisierte Zielintentionen haben eine sogenannte „Fiat-Tendenz", deren Durchsetzungskraft von der im entscheidenden Augenblick bestehenden Volitionsstärke abhängt. Über diese Art von „Willen" lässt sich deshalb sagen:

> Der Wille bewirkt das Intentionsmanagement, die Handlungsinitiierung und die Handlungsabwicklung. Er ist mental repräsentiert und wirkt wie eine „innere Stimme" mit determinierender Tendenz, sofern er nicht durch Unkonzentriertheit, Zerstreuung oder durch die Unüberschaubarkeit einer Situation am Wirksamwerden gehindert wird.

So betrachtet, ist das Wollen eine Art Handlungskontrolle, die von Mensch zu Mensch verschieden ausfällt. Menschen mit großer Handlungsorientierung haben starkes Interesse an der Aktivität, richten die Aufmerksamkeit auf konkrete, spezifische Zielsetzungen, analysieren Misserfolge präzise und detailliert, um daraus für zukünftige Handlungen zu lernen. Dagegen sind Menschen, die häufige Misserfolgserlebnisse und negative Erfahrungen mit Eigeninitiativen hatten, eher lageorientiert. Sie tragen Intentionen mit sich, die nicht oder längst nicht mehr durchführbar sind. Das macht sie unentschlossen und handlungsunfähig. Ständig grübeln sie über Unerreichtes nach, was eine systematische Selbstregulation behindert. Denn: Das Wollen steuert die Wahrnehmung, das Denken und das Handeln beim Menschen, es stabilisiert die Motivation und das Verhalten durch antizipierende Vorstellungen und Neubewertungen von Verhaltensweisen.

VIII. Was muss bei der Planung und Gestaltung von Lehr-Lern-Prozessen überlegt und entschieden werden?

Unterrichten ist ein theoriegeleitetes und situativ-quasiexperimentelles Handeln. Bei der Planung und Durchführung von Unterricht reflektiert der Lehrer/die Lehrerin über didaktische Situationen und Arrangements und trifft – teils überlegte, teils spontane – Entscheidungen. Dabei hilft die Didaktik mit Informations- und Handlungswissen.

1 Didaktische Prinzipien als Vorgaben

Die moderne Didaktik fordert, dass sich der Lehrer/die Lehrerin bei der Planung und Gestaltung von Lehr-Lern-Prozessen an bestimmten Unterrichtsprinzipien orientiert. Bei den Unterrichtsprinzipien handelt es sich um realanalytische und zum großen Teil auch empirisch überprüfte Aussagen.

> Unterrichtsprinzipien sind Grundsätze oder Handlungsregeln, die für alle Fächer, Schulformen und Schulstufen gelten und deren Beachtung die Effizienz und die didaktisch-pädagogische Qualität von Unterricht vergrößert.

In der Fachliteratur ist es üblich geworden, zwei Arten von Unterrichtsprinzipien zu unterscheiden:
* konstitutive oder fundierende Unterrichtsprinzipien, die formale, allgemein gültige Anforderungen an jedweden Unterricht stellen. Unterricht konstituiert sich als Unterricht, insofern es in ihm um die Vermittlung von Sachverhalten an eine bestimmte Zielgruppe (Schülerinnen/Schüler) und um aktiv betriebenes Lernen geht. Entsprechend gelten Sachorientierung, Schülerorientierung und Handlungsorientierung zu dieser Art von Unterrichtsprinzipien.
* regulierende Unterrichtsprinzipien oder Prinzipien der methodischen Gestaltung von Unterrichtseinheiten und Unterrichtsstunden, zu denen Aktivierung (Selbsttätigkeit), Differenzierung, Veranschaulichung, Motivierung, Ganzheit(lichkeit), Zielorientierung, Strukturierung und Ergebnissicherung zählen – wobei anzumerken ist, dass diese Liste in der Fachliteratur offen und uneinheitlich ist und dass

sie teilweise um Nennungen ergänzt wird, bei denen es sich eher um Unterrichtsmethoden handelt (z. B. das exemplarische Prinzip, das Prinzip der Einsprachigkeit im Fremdsprachenunterricht).

1.1 Konstitutive Prinzipien des Lehr-Lern-Prozesses

Man unterscheidet drei konstitutive oder fundierende Unterrichtsprinzipien:

a. Das Prinzip der Schülerorientierung
Es besagt, dass Lehr-Lern-Prozesse möglichst vom Schüler her, mit dem Schüler zusammen und auf den Schüler hin geplant und gestaltet werden sollen. Mit der Forderung nach Schülerorientierung im Unterricht wird die Tatsache berücksichtigt, dass jede Information (i. w. S. d. W.) adressatengerecht aufbereitet werden muss, wenn sie verstanden werden soll. Bei den Kindern, Jugendlichen und jungen Erwachsenen im Schulunterricht heißt das, sie als aktiv und konstruktiv lernende Subjekte eines bestimmten Entwicklungsstands mit einer individuellen Lebens- und Lerngeschichte zu betrachten. Ihr Lernen ist an vorausgegangene Erfahrungen und Erlebnisse, an Betroffenheit und Sinnhaftigkeit gebunden, es hängt eng mit ihren Bedürfnissen, Erwartungen und Interessen zusammen.

b. Das Prinzip der Sachorientierung
Es bedenkt, dass es im Unterricht nicht nur um die Beziehung zwischen Lehrenden und Lernenden, sondern um etwas Objektives, einen Sachverhalt, ein Problem, ein Thema, einen Lerninhalt, eine „Sache" geht. Diese „Sache" weist eine Struktur auf, bedarf einer angemessenen Sprache (Fachsprache), hat eine Geschichte und übt Wirkungen auf den aus, der sich mit ihr befasst bzw. befassen soll. Lerninhalte und Unterrichtsthemen müssen grundsätzlich sachgerecht behandelt werden sowie beim Schüler zu Sachverstand und zu einer sachlichen Einstellung führen.

c. Das Prinzip der Handlungsorientierung
Es nimmt den kognitivistisch-konstruktivistischen Lernbegriff ernst, der besagt, dass Lernen nicht einfach das Ergebnis von Belehrtwerden, sondern von selbstgesteuerten Aktivitäten des lernenden Subjekts „Schüler" ist, der dabei mit allen Sinnen beteiligt ist und neue Erfahrungen in seine bisherigen Denk-, Gefühls-, Könnens- und Wol-

lensstrukturen integriert. Der Unterricht muss deshalb Lernen als ein Handeln konzipieren, bei dem der Lernende vorhandene Kompetenzen aktiviert, erweitert und seine Strukturen verändert.

1.2 Prinzipien der methodischen Unterrichtsgestaltung

Die genannten Unterrichtsprinzipien dieser Art betreffen die Detailplanung des Unterrichts.

a. Das Unterrichtsprinzip Aktivierung/Selbsttätigkeit
Dieses Unterrichtsprinzip besagt, dass Schülerinnen/Schülern Gelegenheit gegeben werden soll, sich einen Sachverhalt zu erarbeiten, damit sie dabei ihre Selbstständigkeit, Selbstbestimmung und Selbstidentität entwickeln können. Durch das Prinzip der Selbstständigkeit/Aktivierung sollen die Schüler dazu kommen, sich möglichst aus eigenem Antrieb, mit eigenen Zielen, nach eigenen Methoden, mit selbst gewählten Lernpartnern und mit der Möglichkeit zur Lernselbstkontrolle mit einer schulischen Aufgabenstellung zu befassen. Unterrichtliche Möglichkeiten dazu gibt es sowohl im lehrergesteuerten Unterricht (z. B. durch Gruppenarbeit, Partnerarbeit, Einzelarbeit, Spiele, Referate, Lernen durch Lehren, Computernutzung usw.) als auch im Offenen Unterricht (vgl. Freiarbeit, Lernzirkel, Werkstattunterricht usw.). Auch produktiv-ästhetisches Gestalten, Hausaufgabenerledigung und unterrichtsbezogene Aktivitäten/Aktionen außerhalb der Schule (vgl. Schulleben) realisieren dieses Prinzip.

b. Das Unterrichtsprinzip Differenzierung
Das Unterrichtsprinzip Differenzierung verlangt, dass die Heterogenität der Schülerinnen/Schüler einer Lerngruppe oder Klasse schul- und unterrichtsorganisatorisch berücksichtigt werden soll. Wird die Heterogenität der Schülerinnen und Schüler schulorganisatorisch berücksichtigt (z. B. durch ein gegliedertes Schulsystem), spricht man von äußerer Differenzierung, wird ihr durch unterrichtsorganisatorische Maßnahmen innerhalb der Klasse/Lerngruppe Rechnung getragen, von innerer Differenzierung. Im Unterricht lässt sich die Differenzierung durch Gruppenarbeit, Partnerarbeit und Einzelarbeit realisieren. Weitere Möglichkeiten sind eine variantenreiche multimediale Lernumgebung, ein breites Angebot an wählbaren Arbeitsgemeinschaften sowie spezifische Fördermaßnahmen und Förderunterricht.

c. Das Unterrichtsprinzip Veranschaulichung

Dieses Unterrichtsprinzip fordert, Lerninhalte so aufzubereiten, dass sich Schülerinnen/Schüler über Sinneseindrücke davon eine genaue innere Vorstellung und eine sachgemäße Kenntnis verschaffen können. Im Unterricht hat der Lehrer/die Lehrerin vielfältige Möglichkeiten zur Veranschaulichung: Mimik, Gestik, Sprache, Bewegung (personales Medium), reale Objekte, Präparate, Modelle, Bilder, Tafelanschriften, Arbeitsblätter und Overheadfolien, Schulbücher, Dias, Videos, CDs, Kassetten, DVDs, Computerprogramme, Multimedia und Internet (nichtpersonale Medien).

d. Das Unterrichtsprinzip Motivierung

Dieses Unterrichtsprinzip drückt aus, dass im Unterricht die Lern- und Leistungsbedürfnisse der Schülerinnen und Schüler geweckt und erhalten werden sollen. Beim Unterricht in der Schule geht es um das Zusammenwirken einer motivierenden Lernsituation und eines motivierten Schülers. Durch Weckung der Motivation soll die Aufmerksamkeit der Schüler auf den Lerninhalt und die Lernziele gerichtet werden, wobei meist nicht ausschließlich sachbezogen und zielimmanent motiviert werden kann. Oft sind auch zielunabhängige und appellierende Motivationsformen erforderlich, vom effektvollen Einstieg über Rhythmisierungen bis hin zu Zielverständigung und Teilergebnissicherung mit den Schülern zusammen.

e. Das Unterrichtsprinzip Ganzheit

Im Kontext von Schule und Unterricht betrifft die Ganzheit/Ganzheitlichkeit drei Aspekte:

• die Ganzheit der Person des Schülers/der Schülerin als Leib-Seele-Geist-Einheit, als Einheit von Denken, Fühlen und Handeln („Lernen mit Kopf, Herz und Hand" sowie mit allen Sinnen), was eine Absage an Unterricht bedeutet, der sich nur an die Kognition (Wissen, Verstehen, Behalten) richtet,

• die Ganzheit des Unterrichtsinhalts, der stets Zugänge aus unterschiedlichen Perspektiven zulässt und, einmal losgelöst von seiner Genese, multivalente Wirkungen haben kann, der außerdem immer mit Menschen zu tun hatte, aus deren Lebenszusammenhängen erwachsen ist und meist über eine interessante Wirkungs- und Rezeptionsgeschichte verfügt,

• die Ganzheit der Erlebnis- und Auffassungsweise des Schülers, die das Lernen jedes Menschen jeden Alters prägt, insofern Lernen die individuellen kognitiven, emotionalen, motorischen und volitionalen Strukturen aktiviert.

Unterrichtspraktisch lässt sich dieses Prinzip im fächerübergreifenden Unterricht, im Konzentrationsunterricht und bei Projekten besonders gut realisieren. Möglich ist es natürlich auch im herkömmlichen Unterricht durch Erfahrungslernen, durch handelndes Lernen und durch ein Lernen, das alle Sinne und den Körper einbezieht.

2 Die ausführliche Planung

Unterricht planen heißt vorüberlegen, auf welchen Lernwegen die Schülerinnen/Schüler Lerninhalte möglichst gut erwerben und Lernziele möglichst sicher erreichen können.

Aus der Perspektive des Lehrers und der Lehrerin betrachtet ist die Unterrichtsplanung ein *Transformations- und Entscheidungsprozess.* Die Ziel-Inhalts-Vorgaben des Lehrplans müssen in einen Stoffverteilungsplan für das Schuljahr umgewandelt werden, dieser wiederum in abgrenzbare Unterrichtseinheiten, die aus mehreren Unterrichtsstunden bestehen. Der Lehrplaninhalt als „Programm" wird bei der Unterrichtsplanung zu einer „Idee" im Kopf des Lehrers und in der Unterrichtspraxis dann zu einer „Aktivität" des Lehrers. Das Planen ist ebenso ein Handeln wie das anschließende Umsetzen des Planes in konkreten Unterricht. Beide Transformationsleistungen sind von seinem didaktischen Wissen und Können abhängig sowie von seiner Berufserfahrung, seinen Gefühlen und seinen Handlungsplänen oder Handlungsmaximen. Beim Transformieren des Lehrplans in die Unterrichtsplanung fließen nämlich unweigerlich die mit der Person des Planenden zusammenhängenden Besonderheiten seiner Psyche, Physis und Biografie, seine Interessen, Einstellungen und Überzeugungen mit ein. So entsteht „vor dem geistigen Auge" des Planers aus den Planungsüberlegungen der Umriss der Unterrichtseinheit oder Unterrichtsstunde.

> Die Unterrichtsplanung ist der gedankliche Vorentwurf der Unterrichtspraxis.

Die Transformationsleistung des Lehrers liegt zunächst darin, dass er aus den Inhalten und Zielen des Lehrplans themenzentrierte Lehr- und Lern-Handlungen macht. Diese Lehr-Lern-Handlungen sollen fachinhaltlich korrekt, didaktisch geschickt und pädagogisch verantwortlich (d.h. dem obersten Erziehungsziel „Mündigkeit" dienlich) sein. Wie in einem Probehandeln überlegt der Lehrer dabei, welche Unterrichtsform am geeignetsten erscheint (Lehrergesteuerter Unterricht, Offener Unterricht, Kooperativer Unterricht), wie er die Schüleraktivität auf passende Materialien richten und den Unterrichtsablauf in geeigneten methodischen Vollzugsformen gestalten kann. Fixiert er anschließend seine Planungen in einem strukturierten Unterrichtsentwurf oder in der Form offener oder teiloffener Planungsschritte mit Lernstationen oder Lernumgebungen schriftlich, geschieht eine erneute Transformation. Denn das dazu herangezogene Raster oder Schema reduziert und konzentriert die Planungsüberlegungen ein weiteres Mal (vgl. Unterrichtsskizze). Auf diese Weise wird nämlich die gedankliche Antizipation von themenbezogenen Lehrer- und Schüleraktivitäten sprachlich in Kürzelform kodiert und schematisiert. Ein solcher ausgearbeiteter Unterrichtsentwurf ist so etwas wie ein Ordnungsschema für den vorüberlegten Unterricht, mit dem die prognostizierte Unterrichtswirklichkeit festgelegt und geregelt wird. Die Umsetzung des Unterrichtsentwurfs in praktischen Unterricht hat die Form einer „Rückübersetzung", einer Dekodierung der in ihm kodifizierten Handlungsmöglichkeiten. Eine erneute Transformation der Unterrichtsplanung erfolgt durch den Schüler. Er konstruiert, je nach Vorwissen, Interesse und Aufmerksamkeit unterschiedlich, eigene Bedeutungen zu den Unterrichtsthemen (= Inhalte mit Zielen) und versteht sie in Entsprechung zu seinen Strukturen des Denkens, Fühlens, Wollens und Könnens. Und auch wenn der Lehrer alle Schüler eine Zusammenfassung des Unterrichtsertrages ins Heft übertragen lässt, erweist sich diese wiederum als eine Transformation dessen, was er geplant und im Unterricht realisiert hatte.

2.1   Notwendigkeit und Grenzen der Unterrichtsplanung

Lehr-Lern-Prozesse sind nicht wirklich planbar; denn Lernen ist nicht im Ergebnis sicher herstellbar. Deshalb wird die Unterrichtspraxis nur zum Teil das Abbild des geplanten Unterrichts sein können. Beim Versuch, den Plan in die Praxis umzusetzen, wird klar, dass das Unterrichtsgeschehen auf Grund vieler Unwägbarkeiten nur sehr begrenzt planbar ist. Es ist nicht nur fachinhaltlich, sondern auch psychischsozial komplex, insofern mehrere Lernende und der Lehrer gleichzeitig zielorientiert und inhaltsbezogen (oder auch nicht) agieren, reagieren und interagieren. Ferner ist es offen und situativ, da jede Unterrichtsstunde durch unvorhersehbare Ereignisse, Stimmungslagen oder Störungen seitens der Beteiligten oder von außen im Ablauf beeinflusst werden kann. Schließlich ist das Unterrichtsgeschehen noch individuell wegen der beteiligten Personen und einmalig, weil grundsätzlich nicht auf die gleiche Weise wiederholbar. Daraus darf jedoch nicht der Schluss gezogen werden, die Vorplanung von Unterricht sei verzichtbar. Sinn und Zweck einer ausführlichen Unterrichtsplanung ist es

- die fachinhaltliche und organisatorische Komplexität von Unterricht zu reduzieren,
- das Unterrichten ökonomisch und effektiv durchzuführen,
- eine größere Transparenz der didaktischen Entscheidungen des Lehrers/der Lehrerin für die Schüler und deren Eltern herzustellen,
- den Lehrer/die Lehrerin bei der Unterrichtsgestaltung psychisch und physisch zu entlasten.

Die Folge der Planbarkeit und Nichtplanbarkeit ist:

> Die Unterrichtspraxis ereignet sich auf der Basis der Vorplanung, aber mit hohen Anteilen an Spontaneität, Intuition, Improvisation und Probehandeln.

Aus Verantwortung gegenüber den Funktionen der Schule und gegenüber den Schülern muss der Unterricht geplant werden, aus derselben Verantwortung heraus muss der Lehrer aber auch vom Geplanten abweichen, wenn dies pädagogisch sinnvoll und didaktisch geboten erscheint. Bei der Unterrichtsplanung sollte der Lehrer/die Lehrerin deshalb einige Grundsätze beachten:

- Die Unterrichtsplanung muss so angelegt sein, dass sie den systematischen und kontinuierlichen Aufbau der Schülerkompetenzen fördert.
- Die Unterrichtsplanung muss flexibel und revidierbar angelegt sein, damit unvorhersehbare Möglichkeiten oder Schwierigkeiten beim Lernverhalten der Schüler berücksichtigt werden können.
- Die Unterrichtsplanung muss in sich konsistent und stimmig sein, d.h. alle didaktischen Einzelentscheidungen müssen interdependent zueinander sein.
- Die Unterrichtsplanung muss theoretisch fundiert sein, sich also auf anerkannte didaktische Theorien zurückbeziehen und sich daraus legitimieren.

Besonders Studierende, Referendare, Berufsanfänger und Funktionsstellenbewerber haben in der Regel einen hohen Bedarf an theoretischer Vergewisserung und Legitimation bei der Unterrichtsplanung. Sie sehen sich nämlich mit Fragen zur Verlaufsplanung, zur Qualität des Unterrichts, zum Umgang mit disziplin- und schulschwierigen Kindern und zur Praxis der Schülerorientierung, Handlungsorientierung und Sachorientierung konfrontiert. Die Didaktik bietet hier Aufklärung, Verstehens- und Handlungshilfen an.

Sowohl bei der Planung von Unterrichtseinheiten als auch bei der Vorbereitung von Unterrichtsstunden sind Vorüberlegungen anzustellen zu den spezifischen Lehr-Lern-Bedingungen, zu den vorgegebenen Lernzielen und Lerninhalten sowie zu dazu passenden Unterrichtsmethoden und geeigneten Unterrichtsmedien. In Anlehnung an die Lehrtheoretische Didaktik (P. Heimann, G. Otto, W. Schulz, s. a. Kap. V) hat sich dafür die Einteilung in Bedingungsfelder der Unterrichtsplanung und Entscheidungsfelder der Unterrichtsplanung eingebürgert.

2.2 Bedingungsfelder der Unterrichtsplanung

Die Didaktik hat seit langem auf die Bedeutung der Rahmenbedingungen beim Unterrichten und Lernen in der Schule aufmerksam gemacht. Diese wirken oft unbemerkt oder unbedacht, haben aber doch unübersehbare Lern- und Sozialisationseffekte. Für den Lehrer und die Lehrerin kommt es daher bei der Unterrichtsplanung besonders darauf an, sich selbst in der Lehrerrolle richtig einzuschätzen, die Schüler als Kinder und Jugendliche mit ihren spezifischen Lernprofilen gut zu kennen und um die schulbedingten Besonderheiten beim Unterrichten und Lernen zu wissen. Daher ist es ihre Aufgabe, die anthropogenen und die soziokulturellen Bedingungen, unter denen ihr Unterricht abläuft, vorher ermittelt zu haben.

2.2.1 Die anthropogenen Bedingungen

> Unter anthropogenen oder anthropologisch-psychologischen Voraussetzungen des Unterrichts versteht man alle Bedingungen, die die am Unterricht beteiligten Personen in den Unterricht einbringen.

Auf Seiten des Schülers sind das: Geschlecht, Alter, Entwicklungsstand, Gesundheitszustand, Herkunfts- und Lebensmilieu der Familie, vor- und außerschulische Erfahrungen, Lerngeschichte, Sprachbeherrschung, allgemeine Vorkenntnisse, spezielle Interessen oder Neigungen, Lern- und Leistungsmotivation, Lerntempo, Lernstil, Lernfähigkeiten

(„Intelligenz"/„Begabung" in bestimmten Lernbereichen), Lebensperspektiven, Vornahmen oder persönliche Ziele usw.

Auf Seiten der Schülergruppe sind das: Entstehung und Geschichte der Gruppe, Gruppenatmosphäre, Gruppenstruktur, Gruppenziele, Grad der Toleranz gegenüber individuellen Eigenarten einzelner Gruppenmitglieder, Verhältnis zur Lehrerin/zum Lehrer, Einstellung zum Unterrichtsfach, zum Lernen, zur Schulform und Schulstufe usw.

Auf Seiten des Lehrers sind das: Geschlecht, Alter, Herkunfts- und Lebensmilieu, psycho-physischer Zustand, pädagogische Konzeption, Führungsstil, didaktische Fähigkeiten, fachwissenschaftliche Kompetenz, soziale Geschicklichkeit, Berufsauffassung, Berufserfahrungen, Berufsperspektiven, außerberufliche Erfahrungen, Erwartungen gegenüber den Schülern, Selbstbild als Lehrer und Erwachsener, Selbstwahrnehmungsgrad usw.

Ein besonderes Problem der anthropogenen/anthropologisch-psychologischen Bedingungen des Unterrichts sind die Unterrichtsstörungen und das abweichende Schülerverhalten (S. dazu u. Abschnitt 4.3).

Über die allgemeinen anthropogenen Bedingungen der Schülerinnen und Schüler eines bestimmten Alters informieren den Lehrer die lern-, entwicklungs- und sozialpsychologischen Forschungsergebnisse zur Genese der kognitiven, emotionalen und psychosozialen Strukturen beim Menschen. Um Kenntnisse spezieller Art zu erhalten (wie beispielsweise über die Lernweise des einzelnen Schülers oder seine soziale Position in der Klasse, seine subjektive Theorie zum Schulunterricht, zu den einzelnen Schulfächern und zu bestimmten Lerninhalten), müssen Lehrerinnen oder Lehrer andere Möglichkeiten der Recherche nützen wie z. B.:

- systematische Schülerbeobachtung,
- Fragebögen für Schüler zur Einschätzung des eigenen Lerntyps,
- soziometrische Verfahren wie das Soziogramm,
- Schultests beim Schuleintritt und zur Erfassung der Lernausgangslage, Tests zur Überprüfung der intellektuellen Leistungsfähigkeit, zur Erkennung von Teilleistungsschwächen im Lesen, Rechtschreiben oder Rechnen, Konzentrationstests, Schulleistungstests für einzelne Klassen, Interessenstests,
- Fragebögen zur Schulangst, zur Leistungsmotivation, zum Selbstkonzept oder zur Einstellung gegenüber der Schule,
- Gespräche mit den Eltern und Schülern auch außerhalb der Schule (Kind-Umfeld-Analyse),

- Schülerreferate und Texte, Zeichnungen oder Rollenspiele zu frei gewählten Themen,
- Unterrichtspsychogramme zu dem, was die Schüler während der Unterrichtsstunde gedacht oder empfunden haben, mit Hilfe der „Methode des nachträglichen lauten Denkens".

Sich selbst kennenzulernen, ist für Unterrichtende schwieriger. Die Selbstkontrolle erfolgt meist durch Selbstreflexion und Selbstevaluation sowie nachunterrichtliche Selbstkritik mit einer Selbstanalyse der eigenen Theorien, Einstellungen, Wertüberzeugungen und Routineverhaltensweisen. Ergänzt werden kann sie durch die Fremdkontrolle eines Kollegen, der am Unterricht hospitierend teilnimmt und den Führungsstil, das Kommunikations- und das Interaktions-Verhalten beobachtet („critical friend"). Weitere Möglichkeiten sind: Fragebögen zur Erfassung von Lehrereinstellungen, Befragungen der Schüler, Kollegenbefragungen oder die Mitwirkung bei handlungsorientierter Lehrerforschung.

2.2.2 Die sozialkulturellen Bedingungen

Die sozialkulturellen oder soziokulturellen Voraussetzungen des Unterrichts ergeben sich aus der Tatsache, dass Kinder und Jugendliche gemeinsam (d.h. als Klasse/Lerngruppe) in der gesellschaftlichen Institution Schule von beamteten (oder angestellten) Lehrerinnen/Lehrern mit ausgewählten Themen und Inhalten zum Zwecke der Erbringung von Leistungen befasst werden.

> Unter sozialkulturellen oder soziokulturellen Voraussetzungen des Unterrichts versteht man alle Bedingungsfaktoren aus dem sozialen, kulturellen und politischen Umfeld von Schule und Unterricht.

Man zählt dazu bei der *Schulklasse* die Zahl der Schüler, den Anteil der Jungen und Mädchen, das Verhältnis zwischen Schülern deutscher und nicht-deutscher Herkunft, ihre Konfessions- und ihre Altersunterschiede, aber auch ihr soziales Ranggefälle, die Art, wie sie miteinander kooperieren, rivalisieren oder sich zu Kleingruppen zusammenschließen. Ferner gehören Aspekte der *Institution Schule* dazu wie das Ansehen der jeweiligen Schulform in der Öffentlichkeit (vgl. Gymnasium, Realschule, Hauptschule, Mittelschule, Sekundarschule, Sonderschule, Berufsschule, Zweiter Bildungsweg usw.), der Unterschied zwischen Stadt- und Landschule, die Schulordnungen, der Lehrplan, die räumliche, sächliche und finanzielle Ausstattung der Schule, die Schulgröße, die Zusammensetzung des Kollegiums (Lehrer/Lehrerinnen, Alterspyramide, progressive/konservative Tendenzen) oder die Auswahl der Schüler (z. B. nach Leistungsnoten, Konfession, Elternwillen). Doch auch die *gesellschaftliche Gesamtsituation* nimmt Einfluss auf die unterrichtlichen Entscheidungen. Zu nennen sind aktuelle Trends der Bildungspolitik oder der veröffentlichten Meinung (vgl. Zweigliedrigkeit/Dreigliedrigkeit der Schule, Ganztagsschule, Gesamtschule, die Schulbesuchsdauer, die Bedeutung der Berufsbildung, Reformfreudigkeit/Reformmüdigkeit, Wertschätzung von Wissenschaft und der Technik, Interesse an der Tradition usw.) und gesamtgesellschaftliche Entwicklungen (vgl. Steigerung der Abiturientenquote, Arbeitslosigkeit, Veränderung der Arbeitsplätze in der globalisierten Wissensgesellschaft, Umweltproblematik usw.).

Dieses soziokulturelle Umfeld ist für die Unterrichtsplanung in zweifacher Hinsicht von Bedeutung: Es bestimmt erstens das Selbst- und Fremdbild des Lehrers oder der Lehrerin mit und beeinflusst zweitens die Selbsteinschätzung, das Lernen und das allgemeine Verhalten der Schülerinnen und Schüler.

2.3 Entscheidungsfelder der Unterrichtsplanung

Die Berliner Didaktik macht dem Lehrer klar, dass er zu den Unterrichtszielen, den Unterrichtsinhalten, den Unterrichtsmethoden und den Unterrichtsmedien begründete Entscheidungen fällen muss; sie verdeutlicht ihm, dass jede dieser (logisch trennbaren) Einzelentscheidungen mit allen anderen direkt zusammenhängt.

2.3.1 Die Ziele

> Die Ziele des Unterrichts orientieren sich am Bildungs- und Erziehungsauftrag der Schule, sind also didaktische und pädagogische Intentionen zum Kompetenzaufbau bei Schülern/Schülerinnen.

Die Curriculumtheoretische Didaktik (vgl. S. B. Robinsohn u. a.) hat die wichtigsten Aspekte des Lehr-Lernzielproblems thematisiert. Sie hat herausgearbeitet:

- Es reicht nicht aus, dass Lehrer sich Ziele für ihren Unterricht überlegen und Schüler dahin zu leiten versuchen. Wirksam sind Unterrichtsziele nur, wenn die Schüler sie zu Zielen ihres eigenen Lernenwollens machen. Zwischen Lehrziel und Lernziel besteht ein Unterschied, und deshalb ist die Zielverständigung zwischen Lehrern und Schülern nötig.
- Lernziele bestehen aus einem Inhalts- und einem Verhaltensteil. Die inhaltliche Komponente gibt an, um welchen Lerngegenstand es geht; die Verhaltenskomponente, ausformuliert als beobachtbares Schülerverhalten (z. B. schreiben, messen, benennen, vergleichen, aufzählen, identifizieren, Anteil nehmen an, gelten lassen, gutheißen, Konsequenzen ziehen usw.) benennt die zu erwerbende formale Kompetenz.
- Lernziele unterscheiden sich nach dem Grad ihrer Abstraktheit: Richtziele der Schule oder des Jahrgangs sind allgemein, Grob- oder Teilziele der Unterrichtseinheiten auf einem mittleren Abstraktionsniveau und Feinziele der Unterrichtsstunde so konkret wie eben möglich oder nötig. Sie sind nicht deduzierbar, sondern müssen begründet und transparent entschieden werden (Dezision).
- Lernzielformulierungen für die Unterrichtsstunde müssen so präzise und konkret wie möglich sein. Sie sollen genau die Anforderungsstufe (z. B. abfragbares Wissen, Verstehen, Anwendung oder Beurteilung) angeben und beobachtbare Tätigkeiten bzw., wo das nicht sinnvoll oder möglich ist, Schülerverhaltensweisen mit Symptom- oder Indikatorwert nennen, an denen das Erreichen des Lernziels erkennbar wird. Ferner müssen die Bedingungen/Hilfsmittel und die Kriterien benannt sein, die für die Ausführung vorgesehen und für die Beurteilung entscheidend sind. Dies sind die Kennzeichen einer zweckmäßigen Zielbeschreibung (Teiloperationalisierung).
- In der Unterrichtsstunde sollen Lernziele möglichst aller Fähigkeitsbereiche des Menschen (kognitives, affektives und pragmatisches Tun) berücksichtigt werden, damit eine ganzheitliche Bildung der Schüler erreicht werden kann.

 Bei der Aufgabe, Lernziele für den Unterricht auszuwählen und auszuformulieren, geht der Lehrer in folgenden Schritten vor: (1) Er entnimmt der Präambel der Lehrpläne/Richtlinien/Curricula die allgemeinen Schul- und Bildungsziele (Leitziele) und den Plänen der einzelnen Unterrichtsfächer die speziellen Ziele für das entsprechende Schuljahr bzw. die entsprechende Schulstufe (Richtziele). (2) Im Team mit den Fachkollegen teilt er die für das Schuljahr bzw. die Schulstufe vorgesehenen Richtziele und Unterrichtsinhalte im Sinne einer mittelfristigen Unterrichtsplanung in Unterrichtseinheiten, Monats- oder Wochenpläne sowie Epochen ein. Hierfür wählt und formuliert er Grobziele aus, die sowohl eine Teilmenge der Richtziele als auch identisch mit deren übergreifenden gleichbleibenden Zielsetzungen sind. Bei der Auswahl und Formulierung nimmt er die eingeführten Schulbücher, andere Unterrichtsmaterialien, Stundenbilder, Medien und die Fachliteratur zu Hilfe. Auswahl und Festlegung der Grobziele sollten in Absprache und unter Mitbeteiligung der betroffenen Schüler (eventuell auch deren Eltern) geschehen; zumindest sollte der Lehrer ihnen seine Grobplanung offen legen (Forderung nach Transparenz). (3) Der Lehrer plant, ggf. in Kooperation und Absprache mit den anderen in seiner Klasse unterrichtenden Lehrern, für die einzelnen Unterrichtsstunden kurzfristige Feinziele. Dabei berücksichtigt er grundsätzlich Feinziele der drei Kategorien: kognitive Lernziele, die sich auf Denken, Wissen, Verstehen, Problemlösen, Anwenden und Bewerten des Wissens beziehen, affektive (emotionale) und soziale Lernziele, die sich auf die Veränderung von Gefühlslagen, Interessen, Einstellungen und Werten beziehen und die sich an die Bereitschaft des Schülers richten, selbstständig und eigenverantwortlich zu denken und zu handeln, sowie psychomotorische (pragmatische) Lernziele, die sich auf die handwerklich/technischen, motorischen und manipulativen Fertigkeiten des Schülers beziehen. (4) Er unterwirft die Feinziele - soweit möglich - der Forderung nach Operationalisierung bzw. Teiloperationalisierung und gewichtet sie nach taxonomischen Gesichtspunkten. Letzteres ist bei kognitiven Lernzielen mit Hilfe der Teilkategorien Wissen, Verstehen/ Anwenden, Problemlösen/Beurteilen/ Bewerten und bei pragmatischen Lernzielen mit den Teilkategorien Nachmachen, eigenständige Ausführung, sichere/mechanische Fertigkeit möglich; bei emotionalen/sozialen Lernzielen sind solche hierarchischen Taxonomien weder sinnvoll noch sachlich richtig durchführbar. Fachinhaltliche Aspekte und die besonderen anthropologisch-psychologischen Bedingungen der Klasse/ Lerngruppe verbunden mit den übergeordneten Richtzielen (z. B. Mündigkeit, Toleranz, Fairness, Kommunikationsfähigkeit usw.) bilden die Grundlage für die Auswahl und die Formulierung der Feinziele.

Nach Ablauf der Unterrichtsstunde vergegenwärtigt sich der Lehrer in Zusammenarbeit mit den Schülern Grad und Ausmaß der erreichten Ziele (Unterrichtsevaluation). Das Resultat geht als Ist-Wert in die Planung des Soll-Werts der folgenden Stunde über.

2.3.2 Die Inhalte

Die Inhalte des Unterrichts bilden die materiale Grundlage für den zielgerichteten Lernprozess der Schüler, sie sind aber nicht völlig funktionalisierbar. Mit den Zielen zusammen bilden sie das Unterrichtsthema.

Den Fragen des Unterrichtsinhalts hat sich die Bildungstheoretische Didaktik (vgl. W. Klafki u. a.) in besonderer Weise gewidmet. Grundlage für die Unterrichtsplanung ist vorrangig die fundierte Fachkenntnis der in Frage kommenden Lerninhalte auf Lehrerseite. Daran schließen sich Entscheidungen des Lehrers und der Lehrerin in drei Bereichen an: die Auswahl der im Unterricht zu behandelnden Aspekte des Sachverhalts/Problems (Didaktische Analyse), dessen Reduzierung für den Verstehens- und Empfindungshorizont der Schüler (Didaktische Reduktion) sowie die Anordnung von Teilaspekten des Sachverhalts/Problems zu einer Sequenz von Lernschritten (Didaktische Sequenzierung).

Für die Unterrichtsplanung ist dabei zu beachten:

* Der sachliche Gegenstand der Unterrichtsstunde (Stoff, Inhalt, Thema) verlangt erstens aus sich selbst heraus (und nicht allein durch den Lehrer) einen sachgemäßen und sachgerechten Zugriff oder Umgang (vgl. Gedichte, Grammatik der Fremdsprache, das Experiment in den Naturwissenschaften, die Regel im Sportunterricht usw.). Er ist zweitens ohne verbale oder nonverbale bzw. mediale Verständigung nicht zugänglich. Drittens ist er immer mehrperspektivisch und multivalent, denn „die Sache an sich" gibt es nicht. Da er aus Wissensbeständen, Erfahrungen und Wertungen von Menschen besteht, die sich mit ihrer naturalen, dinglichen und personalen Umwelt auseinandergesetzt haben, ist er viertens angemessen nur über Sachverstand und Sinnverstehen zugleich zu erschließen.
* Alle Lehrstoffe sind Handlungen, Verhaltensweisen oder Operationen von Menschen bzw. sind Abstraktionen früherer menschlicher Handlungen, Verhaltensweisen oder Operationen. Diese fixierten Erkenntnisse, Ideen, Absichten und Empfindungen von Menschen aus Vergangenheit und Gegenwart sollen Schüler für sich rekonstruieren oder auch selbstständig (noch einmal) konstruieren, um an ihnen oder durch sie ihre Persönlichkeit aufzubauen. Aus Lehrplaninhalten sollten deshalb Lerninhalte der Schülerinnen und Schüler werden.
* Als Lerninhalt eignet sich nicht nur das, was der Lehrplan vorschreibt, sondern grundsätzlich taugen dazu alle Inhalte der Natur und der

Gesellschaft. Voraussetzung für die Auswahl als Unterrichtsinhalt ist allerdings die didaktische Qualifizierbarkeit: Der Inhalt muss altersangemessen die Entwicklung der Denk-, Gefühls- und Könnensstruktur der Kinder/Jugendlichen fördern; er muss einen konstruktiven Beitrag zum Weltverstehen und verantwortlichen Handeln in der Welt liefern; er muss der Bewältigung der konkreten gesellschaftlichen Wirklichkeit der Kinder/Jugendlichen dienlich sein; er muss auf Grund seiner Repräsentativität, Typik, Exemplarizität oder Konzentration/Verdichtung, seines elementaren, klassischen oder symbolischen Charakters für die Orientierung in der Kultur (Enkulturation) besonders geeignet sein.

- Die Aufgliederung des Unterrichtsinhalts in Lernschritte richtet sich zum einen nach den vom Sachverhalt vorgegebenen Zusammenhängen; diese sind eine logische Folge, eine kausale Folge, eine Wechselwirkung, ein Mittel-Zweck-Verhältnis, ein komplexer oder vernetzter Zusammenhang. Zum anderen berücksichtigt sie den spezifischen Lernweg der Schüler, der oft eine Verständigung über das Nach- oder Nebeneinander bestimmter Aspekte des Themas sinnvoll erscheinen lässt und bei Lernschwierigkeiten oder fruchtbaren Schülereinfällen flexible Alternativen notwendig macht.

Bei der Unterrichtsplanung muss der Lehrer zunächst über den zu unterrichtenden Sachverhalt auf hohem Anspruchsniveau selbst informiert sein. Denn er muss ihn im Unterricht dem jeweiligen Stand der wissenschaftlichen Forschung entsprechend abhandeln, alle seine Aspekte und Perspektiven kennen und um seine Bedeutung für die Menschen damals und heute wissen. Auch muss er die für das Verstehen unverzichtbaren Begriffe, Denkformen und Verfahren, Sinnbezüge und Anwendungsbereiche kennen. Im didaktischen Sprachgebrauch heißt diese fachwissenschaftliche oder fachliche Beschäftigung des Lehrers mit dem Unterrichtsgegenstand *Sachanalyse*. Trotz Zeitknappheit bei der Unterrichtsvorbereitung und grundsätzlicher Schülerorientierung hinsichtlich der Verwendbarkeit von Inhalten für den Unterricht in einer bestimmten Klasse (so W. Klafki), spricht vieles für einen didaktisch und pädagogisch unvoreingenommenen Blick auf die „Sache". Die rein didaktische Sichtweise des zu lehrenden Inhalts beschränkt nämlich allzu früh die Auswahl von Themenaspekten nach dem vermeintlichen Interesse und der angenommenen Leistungsfähigkeit der Schüler und lässt andere, möglicherweise innovative Aspekte außen vor. Deshalb:

Unter der Sachanalyse versteht man die fachwissenschaftlich-fachliche Beschäftigung des Lehrers/der Lehrerin mit dem zu unterrichtenden Sachverhalt. Dabei wird dieser noch nicht unter didaktischen oder pädagogischen Gesichtspunkten betrachtet, damit möglichst alle Perspektiven und Aspekte des Sachverhaltes bewusst und klar werden.

Dazu wird beispielsweise gefragt:
– Welche Wissenschaften beschäftigen sich mit diesem Sachverhalt/ Problem?
– Welche neueren Forschungen und Erkenntnisse gibt es dazu?
– Welche Informationsquellen sind hierfür zu nutzen?
– Welches sind die zentralen Aspekte dieses Sachverhaltes/Problems?
– Welche Bedeutung hat der Sachverhalt/das Problem für das Verständnis von Vorgängen und Denkweisen in Wissenschaft und Gesellschaft, im Arbeits- und Freizeitbereich, im öffentlichen und privaten Leben?
– In welchem Zusammenhang stehen die einzelnen Momente des Sachverhalts/Problems? In einem logisch „eindeutigen" Zusammenhang? (Meist in Mathematik und in Naturwissenschaften); in diesem Falle muss eine bestimmte Reihenfolge logischer Schritte eingehalten werden, oder in einem faktischen Wirkungszusammenhang, bei dem alle oder einige Momente in Wechselwirkung stehen, sodass die Reihenfolge ihrer Betrachtung nicht schon durch die Logik der Sache vorgezeichnet ist?
– Ist der betreffende Inhalt geschichtet? Hat er verschiedene Sinn- und Bedeutungsschichten? Können die Schichten relativ unabhängig voneinander verstanden werden oder setzt das Verständnis der einen Schicht das der anderen notwendig voraus?
– In welchem größeren sachlichen Zusammenhang steht dieser Inhalt? Was muss sachlich vorausgegangen sein?

In der anschließenden „Didaktischen Analyse" bringt der Lehrer dann den Sachverhalt mit der konkreten Lerngruppe zusammen. Um das Schülerinteresse oder –vorwissen nicht einfach anzunehmen oder zu unterstellen, empfiehlt es sich, vor Beginn der Detailplanung das Vorwissen, die Vormeinungen und das vorhandene Können der einzelnen Schülerinnen und Schüler zum Lerninhalt zu eruieren, ihre speziellen Erwartungen an den Unterrichtsstoff zu erfassen und mit ihnen Möglichkeiten der Umsetzung in einzelne Unterrichtsstunden zu besprechen. So lassen sich die Schüler aktiv in den Unterrichtsablauf einbeziehen.

Bei der Didaktischen Analyse stellt der Lehrer sich auf der einen Seite den Anforderungen der „Sache", auf der anderen Seite beachtet er die Anforderungen der „Zielgruppe". Die Lernausgangslage der einzelnen Kinder, ihre lebens- und lerngeschichtlichen Besonderheiten, ihre Leistungsmöglichkeiten, ihre Interessen usw. bestimmen nun seine Überlegungen zur Auswahl, Anordnung und Vermittlung des Lerninhalts, ohne dass auf ein sachgerechtes Lernen der Sachverhalte/Probleme verzichtet werden dürfte. Das heißt:

> Unter der Didaktischen Analyse versteht man alle Überlegungen der Lehrerin/des Lehrers, Unterrichtsinhalte mit Unterrichtszielen für die Schülerinnen und Schüler einer spezifischen Klasse/Lerngruppe so auszuwählen, anzuordnen, zu vermitteln und zu überprüfen, dass diese sie sich möglichst selbsttätig und bildend aneignen können.

Die Aufgaben der Lehrerin/des Lehrers bei der Didaktischen Analyse umfassen also:
- die Auswahl geeigneter Aspekte des Sachverhalts/Problems,
- die Wahl der passenden Unterrichtskonzeption,
- die Anordnung dieser Aspekte, d.h. wie sie nacheinander im Unterricht behandelt werden sollen,
- die methodische Vermittlung des Unterrichtsthemas, wobei wichtige Unterrichtsprinzipien wie Differenzierung, Selbsttätigkeit, Veranschaulichung, Ganzheitlichkeit und Strukturierung beachtet werden,
- die Überprüfung des Lernerfolgs.

Bei der Didaktischen Analyse für eine Unterrichtseinheit können einige Fragen hilfreich sein, wie sie ähnlich auch W. Klafki in seiner bildungstheoretischen Didaktik formuliert hat:
- Welche Bedeutung hat der Unterrichtsstoff bereits im gegenwärtigen Leben der Jugendlichen?
  Es ist dies die Frage nach den in ihrer Alltagswelt erfahrenen und praktizierten Sinnbeziehungen und Bedeutungssetzungen, Interessen, Ängsten, Glücksempfindungen, Sorgen, Wertungen oder Vorurteilen ihm gegenüber.
- Welche Bedeutung bekommt der Unterrichtsstoff zukünftig im Leben der Kinder und Jugendlichen?
  Hier ist zu reflektieren, ob und warum der Lehrinhalt für das zukünftige berufliche und private Leben in der Gesellschaft von Bedeutung ist bzw. wie er es in emanzipativer Hinsicht werden kann oder soll.

- An welchen ausgewählten Beispielen erschließt sich den Kindern und Jugendlichen der bildende Gehalt des Unterrichtsstoffs am besten? Aus der großen Menge alles Wiss- und Lernbaren sind solche Themen besonders geeignet, die exemplarische Bedeutung haben, d.h. dass an ihnen allgemeinere Zusammenhänge, Beziehungen, Gesetzmäßigkeiten, Strukturen, Widersprüche, Handlungsmöglichkeiten erarbeitet und schulische Kompetenzziele besonders gut verwirklicht werden können.
- Wie ist der Sachverhalt/Unterrichtsstoff strukturiert? In welchem Zusammenhang stehen seine Einzelaspekte? Welche Voraussetzungen auf Schülerseite müssen gegeben sein, damit er verstanden und erfasst werden kann? Welche Beziehungen hat er zu anderen Unterrichtsfächern?
- Mit welchen Methoden lässt sich der ausgewählte Lerninhalt den Schülerinnen/Schüler angemessen nahe bringen, sodass sie seinen Sinn und seine Bedeutung erfassen und ihn sich aneignen können?
- Welche Medien können den Schülerinnen/Schülern das Erlernen des Unterrichtsstoffs erleichtern?
- Wie lassen sich der Lernzuwachs und der Lernerfolg bei diesem Unterrichtsstoff überprüfen bzw. wie können die Schülerinnen/Schüler zeigen, dass sie ihn sich angeeignet haben?
- Welche speziellen Möglichkeiten eröffnet der Unterrichtsstoff, dass die Schülerinnen/Schüler ihre Sachkompetenz, ihre Sozialkompetenz, ihre Selbstkompetenz, ihre Methodenkompetenz und ihre Moralkompetenz vergrößern können?
- Welche Störungen im Unterricht könnten vom Unterrichtsinhalt und/oder von einzelnen Schülerinnen/Schülern ausgehen und wie ließe sich präventiv oder intervenierend auf sie reagieren?
- Was ist als notwendiger, festzuhaltenden Wissens- und Könnensbestand (Basiswissen, Mindeststandards) anzusehen, wenn der Inhalt als vom Schüler angeeignet betrachtet werden soll?

Die besondere Lernsituation der Klasse veranlasst die Lehrerin/den Lehrer, den Sachverhalt/das Problem didaktisch zu reduzieren.

> Unter der Didaktischen Reduktion versteht man alle Maßnahmen der Lehrerin/des Lehrers, komplexe, umfangreiche oder schwierige Unterrichtsinhalte so zu vereinfachen und zu elementarisieren, dass sie von Schülerinnen/Schülern einer Klasse aufgenommen und verstanden werden können.

Dazu hat der Lehrer zwei Möglichkeiten. Er kann

- vertikal reduzieren, indem er den Unterrichtsstoff an einem repräsentativen Beispiel vertieft behandelt und dann im Überblick die Schüler über den größeren Zusammenhang orientiert;
- horizontal reduzieren, indem er den Unterrichtsstoff verringert, veranschaulicht, sprachlich vereinfacht und in unterschiedlichen Darstellungsformen (visuell, akustisch, motorisch, spielerisch, handwerklich-praktisch usw.) bearbeiten lässt.

2.3.3   Die Methoden

Das Wort „Methode" ist eine gelehrte Entlehnung des griechisch-spätlateinischen „methodos/methodus" und bedeutet seitdem so viel wie „Weg oder Gang einer Untersuchung, die nach festen Regeln oder Grundsätzen geordnet ist". Ursprünglich hatte das griechische Grundwort die Bedeutung „das Nachgehen" oder „Der Weg zu etwas hin", was sich aus der Zusammensetzung von „meta" (griech.: hinterher, nach) und „hodos" (griech.: Weg) ergibt. Bedenkt man, dass Unterricht als Miteinander von Lehrern und Schülern „auf dem Weg" zu einem Lernziel zu verstehen ist, dann ergibt sich als Bedeutung von Unterrichtsmethode (oder Lehr-Lern-Verfahren) heute:

> Methoden sind Wege des Lehrens und Lernens, die vom Lehrer und von den Schülern beschritten werden, um Unterrichtsziele zu erreichen und Unterrichtsinhalte zu erarbeiten.

Diesen Weg gehen Schüler im Unterricht nach, wenn der Lehrer ihnen etwas vormacht (z. B. im darstellenden Unterricht), mit, wenn Lehrer und Schüler etwas gemeinsam herausarbeiten (z. B. im Unterrichtsgespräch) oder allein, wenn die Schüler etwas eigenständig herausfinden (z. B. im Schülerexperiment).

In der Didaktik umfasst „Methode" eine große Zahl ähnlich lautender Begriffe: Lehrtechnik, Lerntechnik, Lehrverfahren, Unterrichtsgestaltung, Organisation von Lernprozessen, Unterrichtsverlauf usw. Spricht man in Bezug auf Unterrichten und Lernen von Methoden, so ist damit sowohl das Handeln nach einer bestimmten Methode als auch das methodische Handeln des Lehrers bei der Unterrichtsgestaltung und des Schülers bei der Bewältigung von Aufgabenstellungen gemeint. Das führt zu folgenden Unterscheidungen:

1. Methoden als wissenschaftliche Vorgehensweise und als pädagogisches oder didaktisches Grundkonzept

Beispiele hierfür sind:

- Induktion und Deduktion: Bei der Induktion geht man von einem konkreten Beispielfall aus und formuliert dazu allgemeine oder prinzipielle Aussagen, die auf neue, unbekannte Fälle angewendet werden sollen (vgl. das exemplarische Prinzip). Umgekehrt nimmt die Deduktion ihren Ausgang bei allgemeinen Regeln, Gesetzmäßigkeiten, Prinzipien oder Begriffen und klärt damit den besonderen Einzelfall. Anwendbar sind diese Denkmethoden in allen Unterrichtsfächern.
- das ganzheitlich-analytische und das elementenhaft-synthetische Vorgehen: Im ersteren Falle steht am Anfang des Lernwegs ein ungegliederter Gesamteindruck des Schülers vom Lerninhalt, der dann sukzessive nach besonderen Aspekten, Perspektiven und Dimensionen aufgeschlüsselt wird, damit ein differenziertes Gesamtbild entsteht. Das elementenhaft-synthetische Vorgehen hingegen beruft sich auf die Assoziationspsychologie und geht davon aus, dass sich der Erkenntnisvorgang in Teilprozesse zergliedern lässt, die anschließend zusammengeführt werden müssen.
- Montessori-Methode: Schüler lernen in altersgemischten Klassen mit Hilfe von ausgewählten und besonders konzipierten Freiarbeitsmaterialien individuell, selbsttätig und selbstkontrollierend und in einer vorbereiteten Umgebung. Die Montessori-Methode basiert auf einer Anthropologie, die die Entwicklung des Menschen als Selbstentwicklung auf Grund eines inneren Bauplans annimmt.
- das Spiel: Als Lehr-Lern-Methode kommen im Unterricht vor allem Interaktionsspiele (z. B. im Sport), Simulationsspiele (Rollenspiel und Planspiel in allen Fächern) und szenisches Spiel (Theater, freies darstellendes Spiel vorwiegend in Deutsch und Fremdsprachen sowie bei Veranstaltungen des Schullebens) vor. Während bei allen Spielen die Freude an der freien gestalterischen Aktivität gegeben ist, haben Interaktionsspiele den zusätzlichen Effekt des Regellernens oder Denkenlernens. Simulationsspiele dienen der Selbsterfahrung und dem Entscheidungstraining, und szenische Spiele haben die Wirkung einer kreativen körperlichen Umsetzung von Ideen, Problemen und Aussagen. Allgemeine Merkmale des Spiels sind Zweckfreiheit, Agieren in einer symbolischen Wirklichkeit, spannungsgeladene Offenheit im Verlauf, Aktivität und handelnde Auseinandersetzung mit einer Sache und/oder mit Mitspielern, Regelhaftigkeit, Spaß und Freude (außer bei Spielleidenschaft).

- fächerspezifische Lehr-Lern-Verfahren wie z. B. die Leselernmethoden (z. B. Lesen durch Schreiben), das Prinzip der Einsprachigkeit oder die Mehrsprachigkeitsmethode im Fremdsprachenunterricht, das Schülerexperiment im naturwissenschaftlichen Unterricht, die Quellenanalyse im Geschichtsunterricht, die Werkanalyse im Literaturunterricht, das Zirkeltraining im Sportunterricht usw.

2. Methoden als Vorgehensweise des Lehrers bei der Unterrichtsgestaltung

Bei der Unterrichtsplanung und der Unterrichtsgestaltung kann der Lehrer/die Lehrerin zwischen einer Fülle von Methoden auswählen. Sie lassen sich wie folgt zusammenstellen:

a. Methoden im Lehrergesteuerten Unterricht
Hier lassen sich die Methoden nach vier Gesichtspunkten klassifizieren, nach den Sozialformen, den Kommunikationsformen, den Aktionsformen und den Artikulationsformen des Unterrichts. Jede dieser Gestaltungsformen belegt den engen komplexen Zusammenhang zwischen dem Lehrerhandeln und dem Schülerhandeln im Schulunterricht.

Sozialformen:

> Sozialformen sind Organisationsformen der Lehrer-Schüler- und der Schüler-Schüler-Beziehungen beim Lernen. Sie beschreiben, wie die sozialen Aktivitäten in einer Lerngruppe während des Unterrichts verteilt sind.

Je nachdem, ob jeder Schüler/jede Schülerin für sich allein arbeitet, mit dem Banknachbarn oder einem anderen Mitschüler, mit einer kleinen Auswahl von Mitschülern oder mit der ganzen Klasse gemeinsam, unterscheidet man: Lernen in Einzelarbeit, Lernen in Partnerarbeit/ Paararbeit, Lernen in Gruppenarbeit, Lernen im Klassenverband/Frontalunterricht.
Jede der genannten Sozialformen weist spezifische Möglichkeiten und Begrenzungen für einen schüler-, sach- und handlungsorientierten Unterricht auf. Ein generelles Urteil über die „richtigere" oder „bessere" Sozialform ist nicht möglich, da deren Wahl vom Unterrichtsinhalt ebenso abhängt wie von den Unterrichtszielen, den Unterrichtsmedien und von den anthropogenen/sozialkulturellen Bedingungen der

Lerngruppe. Die Vor- und Nachteile der Sozialformen müssen deshalb differenziert betrachtet werden.

- Lernen in Einzelarbeit

Unter Einzelarbeit fasst man alle Arbeitsformen zusammen, bei denen Schüler für die Erledigung zeitlich begrenzter Arbeitsaufträge (z. B. Anwendung, Übung, Erarbeitung eigener Beiträge usw.) ohne direkte Führung des Lehrers oder Mitwirkung anderer lernen.

Vorteile der Einzelarbeit (Stillarbeit) sind:
- der Schüler ist aktiv, muss selbstständig arbeiten, kann selbst entdeckend lernen,
- Einzelarbeit befreit vom Zwang des streng organisierten Lernens und berücksichtigt Unterschiede im Lern- und Arbeitsstil der Schüler (Individualisierung),
- der Lernfortschritt des einzelnen Schülers kann überprüft werden,
- Einzelarbeit dient der Methodenvariation und entlastet zeitweilig den Lehrer beim Unterrichten.

Nachteilig sind:
- das Fehlen sozialer Beziehungen beim Lernen
- die Möglichkeit der Überforderung oder des fehlenden Arbeitswillens

- Lernen in Partnerarbeit/Paararbeit

Im Allgemeinen wird zwischen „Paar" und „Partner" nicht unterschieden. Streng genommen bilden zwei zum Zwecke einer Aufgabenbewältigung zusammen agierende Personen ein Paar; Partner (vgl. Geschäftspartner, Lebenspartner) bringen sich dagegen meist auch persönlich in die gemeinsame Sache ein. Lernen in Partnerarbeit setzt also zwei Schüler voraus, die für eine kurze Zeit gleichrangig und auf der Basis von Gegenseitigkeit miteinander an der Lösung einer Aufgabenstellung arbeiten. Einsatzmöglichkeiten bieten sich vor allem bei Übungsaufgaben, Erfolgskontrollen und selbstentdeckendem Lernen mit Arbeitsmitteln an.

Vorteile der Partnerarbeit sind,
- dass die Schüler aktiv sind,
- dass die Schüler zeitweilig vom Zwang des streng organisierten Lernens befreit sind,
- dass eine Ich-Du-Beziehung aufgebaut und soziale Lernziele erreicht werden können.

Nachteile können sein, dass einzelne Schüler dominant sind und es zu einer Rollentypisierung bei den beiden Partnern kommt.

- Lernen in Gruppenarbeit

„Gruppe" (Kleingruppe im Sinne der Gruppendynamik) nennt man das Zusammensein/Zusammenarbeiten von drei bis sechs Personen, die
- interagieren und sich wechselseitig steuern,
- gemeinsam und meist dauerhaft in Kontakt und Kommunikation bleiben wollen,
- gemeinsame Ziele haben, die durch Kompromiss, durch individuelle oder durch kollektive Empfehlung zustande gekommen sind,
- einen Bestand an akzeptierten Normen (Beziehungsnormen, Kommunikationsnormen, Bedürfnisnormen, Gefühlsnormen, Sanktionsnormen) haben, die den Aktionsspielraum der Gruppenmitglieder abstecken,
- kontinuierlich Binnendistanzen abbauen, gleichzeitig aber Außendistanzen vergrößern,
- meist soziale Rollen in der Gruppe ausdifferenzieren, was zu problematischen Rollentypisierungen führen kann (vgl. Aggressor, Hemmender, Geltungssuchender, Selbstbekenner, Verspielter, Dominierender, Hilfesuchender, Interessenvertreter usw.),
- ein Mindestmaß an Arbeitsorganisation und sozialer Organisation aufweisen.

Vorteile der Gruppenarbeit sind
- die kooperative, freie und produktive Selbsttätigkeit von Schülergruppen,
- die Möglichkeit, das Sozialverhalten (Kooperation, Toleranz, Regeleinhaltung, kommunikative Kompetenz, Empathie usw.) der Schüler zu fördern,
- die Berücksichtigung der Unterschiede beim Lern- und Arbeitsstil der Schüler (Differenzierung).

Nachteilig ist,
- dass soziale Lernziele in ihr Gegenteil verkehrt werden, Vorurteile, Abneigungen, Ausgrenzungen usw. also in der Gruppe verstärkt werden können,
- dass die Rollenverteilung zur einseitigen Übernahme von „Lieblingsfunktionen" führen kann,
- dass sich oft Cliquen in der Klasse bilden und als Gruppe von den anderen abgrenzen,
- dass Ablenkung und Leerlauf entstehen, wenn die einzelnen Gruppen unterschiedlich viel Zeit für ihre Arbeit benötigen,

- dass nicht jeder Schüler im Gruppenunterricht gut lernen kann,
- dass der Vorbereitungsaufwand für gute Gruppenarbeit meist groß ist.

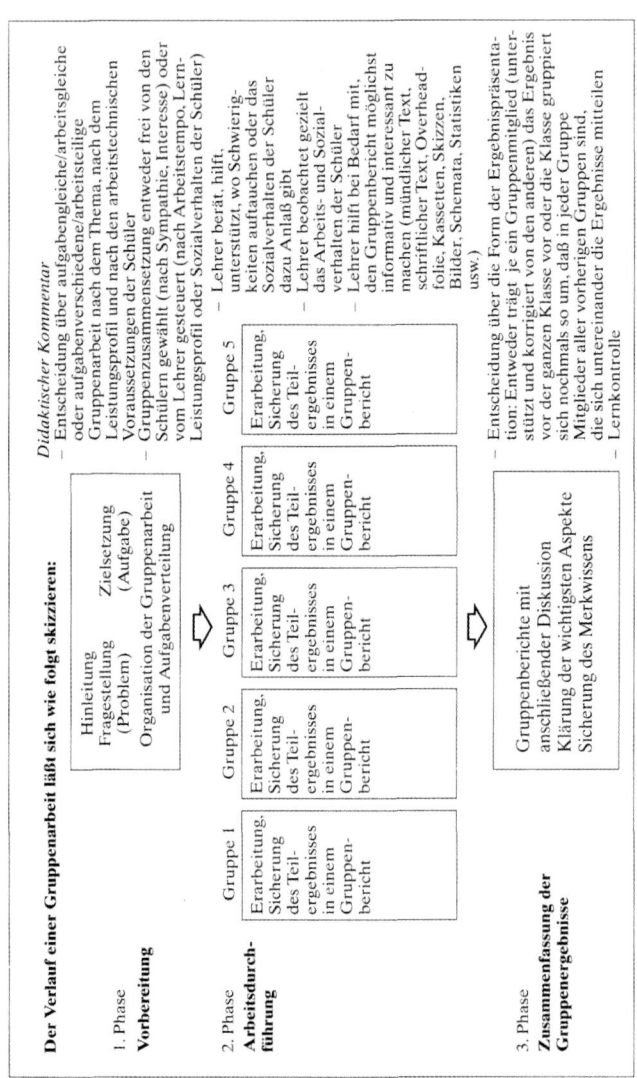

Neuerungen bei der Gruppenarbeit sind

– Das Gruppenpuzzle: Die Klasse wird in heterogene Vierergruppen (Stammgruppen) eingeteilt. Hier wählt sich jeder Schüler eine von vier Expertenarbeiten aus. Die Schüler mit denselben Expertenaufgaben setzen sich zur Bearbeitung zusammen und überlegen, wie sie anschließend ihren Stammgruppen ihre Kenntnisse möglichst effektiv vermitteln können. Die Experten gehen in ihre Stammgruppen zurück und berichten nacheinander, was sie in den Expertengruppen erarbeitet haben. Die Stammgruppen präsentieren ihr gemeinsames Arbeitsergebnis möglichst anschaulich.

– Die Gruppenrallye: Die gesamte Klasse löst zu einem bestimmten Thema einen Test, der Aufschluss über den individuellen Leistungsstand gibt. Die Klasse wird in Gruppen eingeteilt, die möglichst aus jeweils einem leistungsstarken, zwei mittleren und einem leistungsschwachen Schüler bestehen sollen. Es werden im Frontalunterricht alle bedeutsamen Informationen zum Unterrichtsthema erarbeitet. Die Gruppen üben, wiederholen, vertiefen und transferieren den Lernstoff mithilfe von Büchern, Arbeitsblättern und anderen didaktischen Materialien, die der Lehrer bereitstellt und die Schülerselbstkontrolle ermöglichen. Ein zweiter Leistungstest gibt Aufschluss über den individuellen Lernzuwachs jedes einzelnen Schülers. Der individuelle Lernzuwachs (in Punkten) wird zum Gesamtgruppenergebnis addiert und so der Gruppensieger bestimmt. In einer Reflexionsphase wird der Lernweg jeder Gruppe rekapituliert.

• Lernen im Klassenverband/Frontalunterricht

Beim Frontalunterricht sieht sich die Klasse als Kollektivperson, als homogene Schülergruppe dem Lehrer gegenübergestellt; das Unterrichtsgeschehen wird zentral gesteuert und läuft meist wie folgt ab: Stundeneröffnung - Unterrichtseinstieg – neuer Unterrichtsstoff – Arbeit der Schüler am neuen Stoff - Ergebniskontrolle – Hausaufgabenstellung. Der Frontalunterricht ist inhaltlich-thematisch fixiert, verläuft überwiegend sprachlich und als Lehrer-Einzelschüler-Kommunikation und verwendet als Medien hauptsächlich die Tafel, das Schulbuch und Arbeitshefte.

Vorteile des Frontalunterrichts sind:

– die schnelle und einheitliche Informationsweitergabe ohne großen Organisationsaufwand (= das Ökonomieargument),

– die Kontrolle des Lehrers über die Schüleraktivitäten (= das Disziplinierungsargument), die kontrollierende Vermittlung des Lehrstoffs bei geringerer Vorbereitungszeit für den Lehrer (= das Zufriedenheitsargument),

- die straffe und rational geplante Zielerreichung (= das Argument der Stofffülle),
- die Notwendigkeit der direkten Instruktion beim Aufbau von Basiswissen und Basiskönnen (= das instruktionstheoretische Argument).

Nachteile sind:
- der Heterogenität der Schulklasse in Bezug auf Arbeitstempo, Lernfähigkeit, Informationsaufnahmekapazität usw. wird nicht Rechnung getragen (= das Heterogenitätsargument),
- wichtige Lernziele der Schule wie Toleranz, Kooperationsbereitschaft, Aktivität, Produktivität, Kreativität, Selbstständigkeit, Entscheidungsfähigkeit, Kritikfähigkeit usw. lassen sich im Frontalunterricht kaum erreichen (= das Lernzielargument),
- rezeptives, isoliertes und abhängiges Lernverhalten wird bei den Schülern gefördert (= das lerntheoretische Argument).

Aufgrund der Vor- und Nachteile des Frontalunterrichts wird über eine *Weiterentwicklung* und Reform dieser „alten" Unterrichtsmethode nachgedacht. Die didaktische Verbesserung des Frontalunterrichts ist möglich, wenn die folgenden Forderungen berücksichtigt werden: Frontalunterricht als monokausaler, lehrerzentrierter Unterricht sollte methodische Möglichkeiten des schüler- und handlungsorientierten Lernens einbeziehen (Rollenspiele, Gruppenarbeit, Diskussion/Debatte, Arbeiten mit Selbstlernmaterialien, Schülerreferate, Schülerexperimente usw.), wenn Phasen eingeplant werden, bei denen die Schüler sich über die Lernziele und -inhalte mit dem Lehrer verständigen können, wenn der Lehrer überlegt, welche didaktischen Tätigkeiten von Schülern übernommen werden könnten und wie durch den Einsatz von Medien die dominante Rolle des Lehrers als Informant abgeschwächt wird.

Unter dem Begriff *Sozialformierung* versteht man die räumliche Anordnung der Sitzplätze im Klassenraum: Frontalausrichtung, Halbkreis, Gruppenanordnung, Einzelplatz, U-Form, Arbeitsecken, Nischen. Auch sie ist didaktisch bedeutsam, da sie Lernmöglichkeiten fördern oder hemmen kann.

Kommunikationsformen:

> Bei den Kommunikationsformen (lat.: communicatio = Mitteilung)
> betrachtet man Unterrichten und Lernen unter dem Gesichtspunkt
> des Austauschs von Informationen, der schriftsprachlichen, münd-
> lichen, visuellen, akustischen und körpersprachlichen Verständigung
> zwischen Lehrer und Schüler/Schulklasse sowie unter den Schülern.

Kommunikation ist auf Reziprozität angelegt und insofern eine Form
der unterrichtlichen Interaktion. Sie ist nicht identisch mit Interaktion,
da der Interaktionsbegriff außer der Kommunikation alle Formen des
zwischenmenschlichen Handelns (lat: „inter-agere") wie kooperative
Verfahren, Übungen, Spiele und Techniken mit umfasst.
Bei der Unterrichtsplanung berücksichtigen Lehrer und Lehrerinnen die
Erkenntnisse der Kommunikationstheorie, insbesondere die zur Notwendigkeit quasi-symmetrischer Kommunikation, zur Forderung nach
einfühlendem Verstehen und lernfördernden Lehrer-Schüler-Bezie-
hungen sowie zum Abbau der Überquantität des Lehrersprechens im
Unterricht (vgl. das sogenannte Zweidrittelgesetz, demzufolge 2/3 der
Unterrichtszeit geredet wird, davon 2/3 vom Lehrer selbst, wovon 1/3
Lehrervortrag und 2/3 Gesprächsführung sind).
Bei der Unterrichtsplanung müssen Lehrer die folgenden kommunikativen Aktivitäten vorüberlegen: Lehrervorträge, Impulse, Fragen, Unterrichtsgespräche.

• Der Lehrvortrag: etwas erzählen, vortragen oder vorlesen
Damit der Inhalt dessen, was der Lehrer vorträgt, beim Schüler
„ankommen" kann, muss bei der Vorbereitung Folgendes beachtet
werden: Da bei dem Schüler durch die Worte des Lehrers Bedeutungen
aufgebaut werden sollen, muss jeder Vortragende die Bedeutungen des
Inhalts, die Handlungen, Wahrnehmungen, Gefühlslagen, Vorstellungen zuallererst in sich selbst aufbauen, sich selbst davon ein inneres
Bild schaffen. Jeder Vortragende muss sich vorab auch über seine eigenen Gefühle und Wertungen angesichts des zu vermittelnden Inhalts
Klarheit verschafft haben. Er muss sodann die passenden Worte, die
passende Sprachmelodie, Mimik, Gestik, Körperhaltung, Bewegungen
usw. finden, mit deren Hilfe er seine Vorstellungen in den Verstehens-
, Gefühls- und Interessenhorizont der Schüler übersetzen kann. Denn
bei der Dekodierung des Inhalts ist für die Schüler die Sprache ebenso
wichtig wie der Sprechende. Beim Vortragen sollte der Lehrer in enger
Tuchfühlung (Blickkontakt) mit der Klasse bleiben, sich einfühlen, ob

sie den Inhalt beim Zuhören verstanden hat und die Klasse in den Vortrag einbeziehen (z. B. bei kritischen Stellen im Handlungsablauf oder bei Passagen, die zu Kommentaren oder zu abschließende Stellungnahmen Anlass geben).

- Der Impuls oder Denkanstoß
Eine enge Begriffsbestimmung versteht „Impuls" als eine sprachliche Aufforderung, die eine Erweiterung des Denk- und Sprachfeldes der Schüler zum Ziel hat. Eine weite Begriffsbestimmung sieht den „Impuls" allgemein als Mittel zur Aktivierung der Schüler. Man unterscheidet verbale Impulse (z. B. Fragen, Aufforderungen, weiterleitende Äußerungen, Aufträge, Arbeitsanweisungen) und nicht-verbale Impulse (z. B. Gestik, Mimik, Gebärden, Schweigen, Warten, Gegenstände, Bilder, Skizzen, Tafelanschriften), die direkt oder indirekt erfolgen können. Fragen und Aufforderungen gelten als Formen des direkten Impulses und werden auch verbale Impulse genannt. Indirekte Impulse erfolgen über Situationen, Gesten, Materialien und Medien (z. B. eine Skizze an der Tafel, bei der der Lehrer wortlos auf Schülerreaktionen wartet) und sind nonverbale Impulse oder Sachimpulse. Der Denkanstoß, ein speziell auf das Denken bezogener Hinweis, ist vielfach im Impuls enthalten. In jedem Fall hat der Impuls im Unterricht eine Antriebs-, Hilfs- und Steuerungsfunktion, die dem Schüler Gelegenheit zum eigenständigen Denken und Mitgestalten gibt.

- Die Frage
Die Lehrerfrage im Unterricht fordert den Schüler zu einer Reaktion (Antwort) auf. Sie kann grammatisch als Frage (vgl. W-Fragen, Sätze in Frageform) oder als Aufforderung, die sich in Frageform ausdrücken ließe, formuliert sein. Ihre besonderen Funktionen sind: die Lenkung des Unterrichtsgeschehens, die kognitive, emotionale, volitionale und praktische Stimulation der Schüler und die Überprüfung und Kontrolle des Unterrichteten. Man unterscheidet bei den Lehrerfragen folgende Arten:
- Wissensfragen
  Bei Wissensfragen sollen sich die Schüler an etwas erinnern, etwas wiedererkennen, etwas wiedergeben (reproduzieren, z. B. „Wie heißt dieses Zeichen %?").
- Denkfragen
  Bei Denkfragen sollen die Schüler sich an Wissen erinnern und es selbstständig so kombinieren und anwenden, dass sie damit ein neues Problem oder eine neue Situation bewältigen können; ihr Denken wird angeregt. Denkfragen können konvergent oder divergent sein.

Konvergente Fragen lösen Denkprozesse aus, die in einem relativ eng strukturierten Rahmen zu richtigen Schülerantworten führen (z. B. „Warum waren die Nürnberger Prozesse wichtig?" „Welcher Zusammenhang besteht zwischen dem Gegenstand, der Linse und dem Bild des Gegenstandes?"). *Divergente Fragen* verlangen vom Schüler, ohne Einschränkung oder Vorgaben durch den Lehrer kreative, originelle, eigene Ideen zu entwickeln, in eine neue Richtung zu denken, eine andere Perspektive einzunehmen. (z. B. „Stell dir vor, Amerika wäre nicht in den Zweiten Weltkrieg eingetreten. Wie hätte sich dann die politische Situation entwickelt?" „Was könnte man tun, um ausländische Mitbürger besser zu integrieren?").

– Gefühlsgerichtete Fragen
Gefühlsgerichtete Fragen wollen Schüler veranlassen, sich in die Gefühle anderer zu versetzen, Gefühle zu äußern oder ein Problem/ Thema gefühlsmäßig zu betrachten (z. B. „Wie fändest du es, wenn du ein Kopftuch tragen müsstest?" „Stell dir vor, du lebtest in Afrika und fühltest dich ganz fremd. Wie wäre das für dich?").

– Ablaufgerichtete Fragen
Ablaufgerichtete Fragen betreffen organisatorische Aspekte des Unterrichts (z. B. „Wer ist für den Tafeldienst zuständig?" „Habt ihr alle den Atlas dabei?").

– Rhetorische Fragen
Rhetorische Fragen sind keine echten Fragen, sie sollen vielmehr entweder die Meinung des Lehrers bestätigen oder haben disziplinarische Funktionen (z. B. „Glaubt ihr vielleicht, ich ließe mir das bieten?").

Bei der Unterrichtsplanung muss überprüft werden, welche Frageform dem Inhalt, dem Ziel und dem Lernentwicklungsstand der Schüler angemessen ist. Gegen diese Forderung wird in der Praxis häufig verstoßen. Nach statistischen Erhebungen ergehen nämlich in einer Unterrichtsstunde ca. 50 Befehle, werden 50 - 75 Fragen des Lehrers meist an alle Schüler der Klasse gerichtet sowie 15 - 20 Aufforderungen des Lehrers, von ihm angefangene Sätze zu Ende zu sprechen. Von den Lehrerfragen sind im Durchschnitt 60% Wissensfragen, 20% Denkfragen, 20% ablaufgerichtete Fragen - eine Beobachtung, die veranschaulicht, dass 68% der befragten Lehrer die Überprüfung der Lernleistung, 54% die Diagnose, 47% die Überprüfung des Erinnerns bestimmter Faktoren, aber nur 1% von ihnen die Ermittlung der Schülerinteressen als vorrangigen Zweck der Frage im Unterricht ansehen. Es ist zu bedenken, dass die Vielzahl der Wissensabfragen durch den Lehrer mit den Prinzipien eines effektiven und guten Unterrichts und mit den erziehlichen Aufgaben der Schule nicht vereinbar ist. Vorrang sollten aber Fragen haben, die das Denken und Mitdenken der Schülerinnen/Schüler anregen. Zu überlegen ist ferner, ob und wie der Lehrer sein Fragemonopol an Schüler abgeben könnte (z. B. beim Drannehmen der Schüler, bei der Wiederholung des Lernstoffs usw.). Schließlich ist noch empfehlenswert, Fragen, die für die Entfaltung der Sachstruktur des Lerninhalts besonders wichtig sind, vorher genau zu überlegen und ggf. schriftlich zu fixieren.

• Das Unterrichtsgespräch
Fragen und Impulse sind auch wesentliche Bestandteile der Kommunikationsform „Unterrichtsgespräch". Gespräche finden im Unterricht an vielen Stellen statt; sie sind sach- bzw. unterrichtsbezogen oder nicht, finden mit der ganzen Klasse gemeinsam oder in Partner- und Gruppenarbeit statt. Als Unterrichtsgespräche werden sie bezeichnet, wenn sie zum Zwecke des Lehrens und Lernens veranstaltet werden. Der Grad der Lenkung durch den Lehrer (oder auch Schüler) erlaubt eine Unterscheidung von gebundenen und freien (offenen) Unterrichtsgesprächen.
– Beim *gebundenen (oder geplanten) Unterrichtsgespräch* wird der Gesprächsverlauf vom Lehrer entscheidend vorgeplant. Es wird häufig auch als fragendentwickelndes Verfahren praktiziert, eine mäeutisch oder sokratisch genannte Methodenform, bei der der Lehrer im Dialog mit den Schülern durch zielstrebige Fragen neue Erkenntnisse aus den Schülern gewissermaßen „herauslockt". Diese Gesprächsform wird vom Lehrer im Wesentlichen vorweg festgelegt. Das trifft auch für das Lehrgespräch zu, das sich beispielsweise an einen Impuls, einen Lehrervortrag oder eine Motivationsphase mit Anschauungsmaterial anschließt. Zum didaktischen Geschick des Lehrers und der Lehrerin gehört es, den Fortgang des Gesprächs so an den Schülerbeiträgen zu orientieren, dass die Schüler möglichst selbstständig die wichtigsten Aspekte des Sachverhalts herausfinden. Allerdings wird der Lehrer beim Gesprächsverlauf thematische Abweichungen und ausufernde Schülerdiskussionen angemessen begrenzen sowie bei nachlassendem Schülerinteresse oder nach einer angemessenen Zeit die wichtigsten Aspekte des Themas zusammenfassen bzw. zusammenfassen lassen, um damit weiterarbeiten zu können. Das gelenkte Unterrichtsgespräch hat verschiedene Funktionen, die man mit Einklinkfunktion (Motivieren für das Thema der Stunde), Rückmeldefunktion (z. B. Informieren des Lehrers über die Vorkenntnisse der Schüler), Steuerungsfunktion (Steuerung der Denkprozesse der Schüler), und Übungsfunktion (Festigung und Wiederholung von Wissen) angibt.

- Beim *freien oder offenen Unterrichtsgespräch* sollen Schülerinnen und Schüler sich möglichst offen, kreativ und ideenreich zu einem Problem oder über einen Sachverhalt spontan äußern. Die didaktische Zielsetzung ist hier nicht auf bestimmte Aspekte vorher festgelegt, sondern intendiert eine am Schülerinteresse orientierte Behandlung des Themas. Die Redeanteile des Lehrers sind deutlich reduziert, er übernimmt – anders als beim gelenkten Unterrichtsgespräch – nicht die Rolle des überlegenen, wissenden Gesprächsführers, sondern die des Gesprächsteilnehmers. Im freien Unterrichtsgespräch werden Meinungen vertreten und gebildet, wird Betroffenheit geäußert und ausgelöst, werden Sachverhalte geklärt oder erst bewusst gemacht, kann das Miteinandersprechen selbst zum Gesprächsthema werden (Metakommunikation). Freie Unterrichtsgespräche haben eine große Bandbreite. Zu ihnen gehört als lockerste Form die Unterhaltung der Schüler (z. B. im Morgenkreis), das Schülergespräch, in dem die Schüler ihre eigenen Erfahrungen und Fantasien zu einem Thema offen legen, gemeinsam bearbeiten und bewerten, die Diskussion, das Streitgespräch mit Moderator, Befürworter, Gegner und Publikum, die Debatte und das Pro-Contra-Gespräch. Freie Unterrichtsgespräche sind für den Lehrer und die Lehrerin vielfach im Ergebnis unplanbar und dienen als Anregungen für die von Schülern und Lehrern gemeinsam verantwortete Planung von Unterrichtseinheiten, als Erweiterung der kommunikativen Kompetenz der Schüler und als Einübung von tolerantem Gesprächsverhalten.

Aktionsformen:

In einem weiten Sinne sind alle Tätigkeiten, Verhaltensweisen und Handlungen während einer Schulstunde Aktionsformen des Unterrichts.

> Versteht man „Aktionsform" in einem engeren Wortsinn, so wird darunter eine methodisch geplante Tätigkeit des Lehrers und der Lehrerin bei der Vermittlung von Lerninhalten und Lernzielen verstanden.

Solche Tätigkeiten erfolgen immer im Zusammenhang mit einer bestimmten Sozialform und einer bestimmten Kommunikationsform sowie einer bestimmten Unterrichtskonzeption. Sie systematisch darzustellen, fällt daher nicht leicht. Im Folgenden werden die Aktionsformen danach eingeteilt, wie Lehrer und Schüler am Unterricht handelnd beteiligt sind: (1) die Aktionsform der verbalen, nonverbalen oder medialen Darbietung durch den Lehrer, aber auch durch den Schüler – was auf der Adressatenseite Aufmerksamkeit und ein sinnhaftes Rezipieren zur Folge hat, (2) die Aktionsform der gemeinsamen Erarbeitung von Inhalten und Zielen durch Lehrer und Schüler – was bei den Beteiligten den Willen und die Fähigkeit zur Kooperation nötig macht, (3) die Aktionsform des selbstorganisierten, selbsttätigen und selbstkontrollierten Lernens der Schüler – was für den Schüler Methodenkompetenz erwerben und für den Lehrer Diagnostik betreiben und Lernhilfe geben bedeutet.

Dafür einige Beispiele:

- Aktionsform „Darbietung": etwas vormachen oder zeigen, wie etwas gemacht werden muss

Für Tätigkeiten und Lernvorgänge, die Schüler nicht von allein durchführen können, bedürfen sie der Anleitung und Hilfe durch den Lehrer. Er muss ihnen eine Handlung zeigen oder vormachen. Die Schüler sollen dabei aufmerksam beobachten, den Handlungsvorgang in seiner Abfolge verinnerlichen und wie ein Modell nachahmen (Imitationslernen). Zeigen und Vormachen sind in der Schule vor allem nötig, wenn Arbeitstechniken, Fertigkeiten oder motorische Befähigungen angestrebt werden (vgl. schreiben, zeichnen, singen, Instrumente spielen, turnen, handarbeiten, werken, bestimmte Laute in Fremdsprachen aussprechen usw.).

- Aktionsform „gemeinsame Erarbeitung": ein gebundenes Unterrichtsgespräch zu einem Text durchführen

Beim gebundenen Unterrichtsgespräch oder Lehrergespräch entwickelt der Lehrer mit den Schülern zusammen den Sinn und die Bedeutung eines Lehrinhalts. Er aktiviert dabei die Vorkenntnisse der Schüler, weckt ihre Neugier und regt sie dazu an, aus seinen Gesprächsbeiträgen heraus durch denkerisches Kombinieren und logisches Schlussfolgern sich den Lehrinhalt selbst zu erschließen. Die Fragefolgen des Lehrers können zwecks Klärung eines Problems eine Zeit lang auf dem gleichen kognitiven Niveau bleiben (= horizontale Fragenfolgen) und dann, wenn das Problem allen Schülern klar ist, immer differenzierter und komplizierter werden (= vertikale Fragenfolgen).

- Aktionsform „selbstorganisiertes Lernen in der Schule": Schüler erarbeiten sich Lerninhalte selbst und kontrollieren sie auch selbst

Bei dieser Aktionsform geht es darum, den Schülern/Schülerinnen etwas zum Bearbeiten (Beobachten, Ausführen, Lesen oder Schreiben) aufzugeben oder bereitzustellen. Die Einwirkung des Lehrers erfolgt auf indirekte Weise durch die Aufgabenstellung oder durch die Bereitstellung von Lernmaterialien. Ihr Ziel ist die selbstständige Ausführung oder die eigenmotivierte Beschäftigung der Schüler mit bestimmten Lerninhalten. Der didaktische Ort für diese Aktionsform kann sowohl die Einstiegsphase als auch die Erarbeitungs- oder die Ergebnissicherungsphase sein. Ihre konkrete Ausgestaltung und Zielsetzung hängt entscheidend mit den Lernvoraussetzungen und der Lernweise der Schülerinnen und Schüler, insbesondere mit ihrer Fähigkeit und ihrem Willen zu selbstorganisiertem und selbsttätigem Lernen zusammen. Im Offenen Unterricht gibt es viele Realisierungsmöglichkeiten dieser Aktionsform. Beim Lernen der Schüler/Schülerinnen mit den neuen Kommunikations- und Informationstechnologien erhält dieses Lernen die Form des moderierten problemorientierten Lernens in der Gruppe und der selbstorganisierten Lerngemeinschaft (virtuelle Lerngruppen bei E-Learning und Blended Learning).

Artikulationsformen:

Unter der Artikulation versteht man die allgemeine Gliederungsstruktur des Unterrichtsverlaufs (vgl. lat.: articulatio = Gliederung, Gegliedertheit). Begriffe wie „Zeitstruktur", „Lernstruktur", „Lern- und Unterrichtsschritte", „Strukturierung und Sequenzierung des Unterrichts", „Stufung des Unterrichts" oder „Formalstufen" sind in der didaktischen Literatur dafür ebenfalls zu finden.

> Die Artikulationsformen des Unterrichts versuchen auf unterschiedliche Weise, den Lehr-Lern-Prozess so aufzubauen, dass die Ziel-Inhalts-Aspekte der Stunde von den Schülerinnen und Schülern möglichst effektiv erlernt werden können.

Dabei geht es zum einen um die Verteilung des Lerninhalts auf die Zeiteinheit der 45- bzw. 90-Minuten-Stunde und um seine methodische Vermittlung, zum anderen geht es um den Lernweg der einzelnen Schüler, die sich mit dem Lerninhalt und mit dessen Vermittlung auseinandersetzen, um so ihr Denken, Fühlen, Wollen, Können und Handeln aufzubauen. J. H. Pestalozzi († 1827) gliederte den Unterrichtsverlauf in die Phasen Anschauen-Denken-Handeln (Anwenden): J. F. Herbart († 1841) teilte sie in Vertiefung (Klarheit bei der Einführung des Lernstoffs, Assoziation vorhandener Kenntnisse mit dem neuen Stoff) und Besinnung (System als Einordnung der neuen Erkenntnisse in die bisherigen Strukturen, Methoden als Absicherung des neu Gelernten durch Anwendung und Transfer). G. Kerschensteiner († 1932) unterschied Schwierigkeitsanalyse und -umgrenzung – Lösungsvermutung – Prüfung der Lösungskraft – Bestätigungsversuche, und H. Roth († 1986) unterteilte ähnlich in Stufe der Motiviation – Stufe der Schwierigkeiten – Stufe der Lösung – Stufe des Tuns und Ausführens – Stufe des Behaltens und Einübens – Stufe des Bereitstellens, der Übertragung und der Integration. Heute gilt als Grundrhythmus die Einteilung in die Phasen Einstieg, Erarbeitung, Ergebnissicherung.

In der *Einstiegsphase* sollen die Schülerinnen und Schüler über Ziele und Inhalte der Stunde orientiert werden und dafür ein Lernbedürfnis entwickeln; sie sollen ihr Vorwissen, ihre Vormeinungen und ihre Interessen einbringen können und sich auf die Beschäftigung mit dem Thema konzentrieren. Die Einstiegsphase wird auch als Hinführung, Motivation, Anknüpfung oder Stundenbeginn bezeichnet. Sie endet mit der Zielangabe als Problemstellung, Hypothese, Arbeitsplan o. Ä. In der *Erarbeitungsphase* sollen die Schüler möglichst selbsttätig an bereitgestellten oder selbst gewählten Materialien ihre Sachkompetenz, Selbstkompetenz und Sozialkompetenz zielstrebig vergrößern. Dazu werden Lösungsversuche durchgeführt, Texte bearbeitet, Informationen eingeholt, Beobachtungen gemacht usw. und das sowohl einzeln als auch zu zweit oder in der Gruppe. Bei der *Ergebnissicherung* geht es um die verbindliche Feststellung und Festigung dessen, was der Schüler nach der Unterrichtsstunde Neues weiß, fühlt oder kann, was er also tatsächlich dazugelernt hat. Sie kann als mündliche oder schriftliche Zusammenfassung oder Wiederholung der Arbeitsergebnisse gestaltet werden, aber auch als Übung, Anwendung, Transfer und Systematisierung des Gelernten sowie als schriftliche, mündliche oder praktische Lernerfolgskontrolle. Je nach Thema, Ziel, Schulklasse und Handlungsrepertoire des Lehrers sind diese drei Phasen methodisch unterschiedlich zu realisieren.

Bei der Gliederung der Unterrichtsstunde ist stets zweierlei zu beachten:

- Es gibt schulfachspezifische Stufungen, die mit der besonderen Struktur des Lerninhalts zusammenhängen und von den Fachdidaktiken erarbeitet werden (vgl. z. B. in der Literaturdidaktik: Textkonfrontation, Textanalyse, Textgestaltung).
- Im geplanten Unterrichtsverlauf müssen Gelenkstücke, Schaltstellen, Überlappungen, Neuanfänge, Schleifen, Rückkoppelungen vorgesehen sein, damit die Schüler/Schülerinnen ihre eigenen Möglichkeiten methodischen Handelns überhaupt einbringen können.

b. Methoden im Offenen Unterricht

Im Offenen Unterricht öffnen sich die Lehrerinnen und Lehrer für die Interessen und die Individualität des Schülers/der Schülerin beim Lernen, für ein neues Selbstverständnis als Lernberater und für innovative schüleraktive Methoden. Drei der in den letzten Jahren geradezu modelltypisch gewordenen Großformen des Offenen Unterrichts sind:

- *materialgeleitetes Lernen (Freie Arbeit),* für das in speziellen Ecken des Klassenzimmers in Regalen, Schränken und auf Tischen lehrplanbezogene, differenzierte Arbeitsmaterialien bereitgestellt werden, mit denen sich die Schüler die Lerninhalte anhand von Aufgabenstellungen unterschiedlicher Schwierigkeitsgrade selbst erarbeiten können. Sie sollen so beschaffen sein, dass Aufgaben teils in Alleinarbeit, teils in Partner- oder Gruppenarbeit vorgenommen werden können bzw. müssen; sie sind ästhetisch ansprechend gestaltet und fachinhaltlich durchstrukturiert; sie regen zum Tätigwerden an und ermöglichen grundsätzlich eine Fehlerselbstkontrolle durch die Lernenden.
- *Tagesplan- oder Wochenplanarbeit,* bei der jeder Schüler am Wochenbeginn einen differenzierten Plan mit Pflicht-, Wahlpflicht- und Wahlaufgaben aus dem Stoffpensum der Fächer zur selbstständigen Bearbeitung während der Woche erhält. In einer Rubrik müssen die Schüler vermerken, was sie erledigt haben. Verpflichtend sind im Plan bestimmte Kernaufgaben, die alle Schüler bewältigen müssen, der zeitliche Rahmen sowie die Form der (möglichst selbsttätigen) Lernkontrollen. Freigestellt sind den Schülern eine Fülle von Wahlpflicht- oder Wahlaufgaben, die Zeiteinteilung, die Sozialform beim Lernen und die Reihenfolge der Aufgabenbearbeitung.
- *Stationentraining/Lernzirkel/Werkstatt,* wobei ein Lerninhalt an mehreren Stationen möglichst vielfältig, aspekt- und abwechslungsreich bearbeitet werden soll. Beim gebundenen Stationentraining

gehen feste Schülergruppen nach einem festgelegten Zeitabschnitt von Station zu Station weiter, beim freien Stationentraining bilden sich die Klein- oder Partnergruppen nach Belieben. Die Kinder/Jugendlichen suchen sich die Stationen, mit denen sie sich nacheinander beschäftigen wollen, selbst aus.

Genauer betrachtet handelt es sich bei den Methoden des Offenen Unterrichts um Lehrformen, mit deren Hilfe neben der Vermittlung von Lerninhalten vor allem das Selbstkonzept, die Methodenkompetenz und die Metakognitionen des Schülers/der Schülerin verbessert werden sollen. Dies geschieht auf indirekte Weise durch das Arrangieren einer Lernumgebung. (vgl. Sacher 2006, Gräsel 2006)

> Eine Lernumgebung ist ein Arrangement von didaktisch aufbereiteten Lerninhalten mit bedeutungsvollen und interessanten Lernaufgaben und sozialen Lernerfahrungen, die Schülern zu selbstständigem, problemorientiertem und flexibel transferierbarem Wissen und Können verhelfen.

Lernumgebungen sind in der Regel adaptiv, interaktiv, multimedial, im Anforderungsprofil der Aufgaben differenziert und anwendungsorientiert gestaltet; sie sind geeignet, das Lernen der Schüler anzuregen und individuell zu fördern. Theoretisch geht der Gedanke der Lernumgebung auf die in den USA entwickelten Methoden Anchored Instruction und Advanced Organizers zurück.

c. Methoden im Lehrer- und Schülergesteuerten Unterricht

Wenn Schülerinnen und Schüler auf etwas stoßen, das sie wissen wollen, eine Beobachtung machen, die sie verunsichert und die sie sich erklären möchten, sind die Motivation und der erwartbare Lernerfolg am größten. Selber den Weg zur Lösung von etwas Auffallendem und Unerklärlichem suchen und finden, beansprucht den Schüler ganzheitlich mit seinem individuellen Denken, Fühlen, Können, mit seinen Lebens- und Welterfahrungen, mit seinem Willen, seinen sozialen Verhaltensweisen und mit seinen methodischen Kompetenzen der Beobachtung, der Induktion und der Deduktion sowie der Überführung von planlosem Versuch-und-Irrtum-Handeln über die Fehleranalyse zum reflektierten experimentellen Handeln. Beim selbstorganisierten und selbsttätigen Entdecken, Erkennen, Experimentieren und Konstruieren oder Gestalten können Schülerinnen und Schüler für sich selbst Lernwege herausfinden, erfinden und entstehen lassen. Sie entwerfen und realisieren Handlungspläne oder – wie H. Aebli es formuliert – eigene

„Drehbücher", die sie speichern, reproduzieren und auf andere Gegebenheiten übertragen können. Wenn Schüler selbstentdeckend oder genetisch lernen, hat das immer etwas Unplanbares und Unverfügbares an sich. Für den Lehrer kommt deshalb alles darauf an, die Bedingungen und Umstände, unter denen diese ihre Lernwege planen, förderlich und motivierend zu gestalten.

Dazu sollten die Lehrerinnen/Lehrer die folgenden Artikulationsschritte beachten:

- Präzisierung und Präsentation der Problem- und Aufgabenstellung,
- Sammeln von Informationen durch die Schüler,
- Entwickeln einer Zielfrage/These/Hypothese durch die Schüler und Erstellen eines differenzierten Plans zur Vorgehensweise,
- Ausführung, Zwischenevaluation und Korrektur des Plans,
- Präsentation der Resultate, der Entdeckungen, Erkundungen, Experimente, Werkaufgaben, Konstruktionen, Projekte vor dem Lehrer und den Mitschülern,
- Kontrollieren und Bewerten des Ergebnisses durch Lehrer und Schüler,
- Übungen, Anwendungen und Transfer zum Erkundeten, Entdeckten, Erforschten und experimentell Ermittelten, organisiert durch den Lehrer und die Schüler.

Um Fragen und Probleme erfolgreich bearbeiten zu können, brauchen die Schüler Kompetenz in Lernmethoden und Arbeitstechniken. Die wichtigsten sind (vgl. z. B. Horst/Ohly 2000):

- einen Arbeitsplan aufstellen,
- eine Forschung planen und durchführen (die Forschungsfrage finden, die Forschungsfrage präzisieren, Hypothesen dazu mit Variablen, Messgrößen und Messverfahren formulieren, die Untersuchung durchführen, die Untersuchung protokollieren, die Untersuchungsergebnisse auswerten, die Untersuchungsergebnisse darstellen und präsentieren),
- systematisch beobachten, die Beobachtungen protokollieren und auswerten,
- gezielte Informationsbeschaffung durch Nutzung aller Printmedien (bibliografieren, Archivbenutzung) und digitalen Medien (Formulierung von Suchbegriffen, Techniken der Stichwortsuche, Datenbankrecherchen,),
- Interviews planen und durchführen (Themeneingrenzung, Art des Interviews entscheiden und trainieren, Durchführung, Protokollierung und Auswertung des Interviews),

- Mitschriften anfertigen und archivieren,
- Filme protokollieren und analysieren (Einstellungen, Perspektiven, Kameraführung, Montage, Wirkungen, Klischees/Assoziationen usw.),
- Bilder beschreiben, analysieren und interpretieren (Art und Inhalt der Darstellung, Stilrichtung, künstlerische Technik, Größe, Kompositionen, Lichtführung, Farben, Proportion, Bezüge zum Betrachter),
- Texte bearbeiten und zusammenfassen (Hauptaussagen, Textsorte, Intention des Textes, Strukturieren des Textes, Definieren des Erkenntnis- und Nutzungsinteresses, Auswerten und Kommentieren),
- Musik beschreiben (Klang, Harmonie, Melodie, Rhythmus, Stil, Adressaten, beabsichtigte Wirkung/tatsächliche Wirkung),
- naturwissenschaftliche Versuche machen und protokollieren (Versuchstitel, Ziel des Versuchs und Problemstellung, Theoriehintergrund, Wahl der Methode und Angaben zum Material, Ergebnisse, Diskussion der Ergebnisse),
- historische Quellenarbeit (Fragestellung/Problemfragen an die Quelle, Beschreibung der Quelle, Struktur und Kernaussagen mit Detailanalysen, Fazit, externe Vertiefung und Quellenvergleich, Bestimmung des Erkenntniswerts),
- Darstellung von Ergebnissen durch ein Thesenpapier, eine schriftliche Arbeit oder einen Vortrag, durch eine Posterpräsentation oder eine Powerpoint-Präsentation,
- in Kleingruppen zusammenarbeiten, Rollenspiele durchführen,
- ein Projekt planen und durchführen mit Initiierungsphase, Planungsphase, Durchführungsphase, Präsentationsphase und Auswertungsphase.

d. Methoden im Sinne von kleineren lernsteuernden Maßnahmen

Kurze Steuerungsimpulse, kleine methodische Bausteine, Versatzstücke des Unterrichts oder auch schnell einsetzbare Techniken, so nennt die Fachliteratur eine Reihe von unterrichtsmethodischen Eingriffen begrenzter Reichweite zwecks Auslösung und Gestaltung einzelner Lernaktivitäten. Beispiele dafür sind:
- Blitzlicht: Zum Ermitteln und Auffangen von Befindlichkeiten, offenen Fragen, Erwartungen, Ansichten, Interessen, Gründen für Desinteresse, Störungen oder unangemessenes Lernverhalten kann der Lehrer an jeder Stelle des Unterrichtsprozesses für einige Minuten diese Methode vornehmen: Er befragt Schüler konkret zu ihren Einstellungen und Verhaltensweisen. Die Äußerungen werden nicht kommentiert oder diskutiert, sondern daraus werden Folgerungen für den weiteren Unterricht gezogen.

- Kugellager: Geeignet für die Kommunikationsförderung, den Einstieg in ein neues Thema, das Ermitteln von Vorkenntnissen und für die Wiederholung von Lernstoffen durch gegenseitiges Abfragen ist das Kugellager. Dabei teilt sich die Klasse in zwei Hälften, die sich zu einem Innen- und einem Außenkreis gegenübersetzen. Die sich zugewandten Schüler besprechen das Thema, nach kurzer Zeit (ca. 5 Minuten) rücken die Kreise in entgegengesetzter Richtung weiter und die neuen Partner setzen die Aufgabe fort.
- Vier-Ecken-Methode: Zu einem bestimmten Problem werden die vier am häufigsten genannten Lösungsmöglichkeiten auf einen Karton geschrieben und jeweils in einer Ecke des Raumes angebracht. Die Schülerinnen/Schüler stellen sich dort für einige Minuten zusammen und formulieren ihre wichtigsten Argumente stichwortartig. Anschließend wird im Plenum diskutiert.
- Methode 365: Die Klasse teilt sich in sechs Gruppen. Jeder Schüler/jede Schülerin erhält ein DIN-A4-Blatt, auf dem das Thema/Problem steht und zu dem drei Spalten eingezeichnet sind. Die Schüler erhalten dann fünf Minuten Zeit, ihre wichtigsten Gedanken in die drei Spalten zu schreiben. Reflexion und Problemvertiefung werden ebenso geschult wie soziale und kommunikative Kompetenzen.
- Cluster und Mindmap: Als Einstieg in ein neues Thema, um Vorwissen zu ermitteln, Schülerinteressen bewusst und anschaulich werden zu lassen oder auch um alles leichter strukturieren zu können, eignet sich die Methode des Clustering oder Mindmapping. In beiden Fällen schreiben die Schüler in die Mitte eines DIN-A4-Blattes in einen Kreis oder ein Oval den Begriff, das Problem oder die Aussage des Themas und verbinden durch Striche damit möglichst viele Assoziationen, die ihnen dazu einfallen. So entsteht ein strukturierter, anschaulicher Überblick des Themas aus der Sicht der Schüler, der anschließend verschriftlicht werden kann. Beim Mindmapping ist die Struktur noch durch die Unterscheidung von breiteren Ästen für zentrale Themenaspekte und zugeordneten dünneren Zweige für dazu passende Details differenzierter.

3. Methoden als Lern- und Arbeitstechniken der Schüler

Die moderne Didaktik betont seit Jahren die Selbsttätigkeit und Eigenverantwortlichkeit des Schülers beim Lernen und fordert dementsprechend Methodenkompetenz als schulisches Qualifikationsziel. Der Schüler muss Methode haben, so hatte sich schon der Arbeitsschulpädagoge H. Gaudig (1923) geäußert. Dazu muss er erstens über geeignete Lern- und Arbeitstechniken verfügen, die ihm das routinierte Lesen, Schreiben, Rechnen oder Reden, das differenzierte Wahrnehmen und Analysieren naturwissenschaftlicher Sachverhalte, das logische Durchdringen von Aufgaben, Texten und Problemen, das symbolisch-ästhetische Ausdrücken von Gedanken oder Gefühlen sowie die erfolgreiche Kooperation und Kommunikation in einem Team ermöglichen und erleichtern. Zweitens muss er die Fähigkeit haben, sich selbstständig Informationen zu beschaffen, sich diese zu erarbeiten, auszuwerten und zur Lösung von Aufgaben und Problemen heranzuziehen sowie die bedeutsamen Informationen gegen das Vergessen abzusichern und für eine spätere Verwendung verfügbar zu halten.

Methodenkompetenz stellt sich beim Schüler nicht von allein ein, nicht durch Abschauen beim Lehrer oder beim einmaligen Selbsttun im Unterricht. H. Klippert empfiehlt deshalb zeitweilig fächerübergreifend ein Methodentraining als Crashkurs (z. B. in Form einer Projektwoche) oder als Trainingsspirale. Dafür bringt Klippert (1997) mehrere Beispiele, von denen die Trainingsspirale „Markieren und Exzerpieren" z. B. in allen Fächern einsetzbar ist.

Grundsätzlich gehören in diesen Bereich alle die Beispiele von methodischen Vorgehensweisen, die im Abschnitt „Methoden im Lehrer- und Schülergesteuerten Unterricht" (s.o.) bereits aufgelistet sind. Hinzu kommen noch solche Lern- und Arbeitstechniken, die den Schülern/Schülerinnen zur besseren Aufnahme, Verarbeitung und Speicherung der schulischen Inhalte und Ziele hilfreich sind:

- aktives Zuhören, konzentriertes Lesen mit der PQ4R-Methode (Preview, Questions, Read, Reflect, Recite, Review),
- Konzentrations- und Entspannungsübungen (Augen- und Nackenentspannung, autogenes Training, progressive Muskelentspannung),
- Lernkarteien anlegen und Wiederholungen organisieren,
- Zeitmanagement bei der Prüfungsvorbereitung betreiben,
- den Arbeitsplatz lernförderlich einrichten,
- Memotechniken (wie Merkreime, Wort-, Bild- und Gedankenassoziationen) beherrschen, von Mitschülern Lerntipps erfahren und geeignete eigene herausfinden,
- Lerntagebuch schreiben, Portfolios anlegen ,
- mit Prüfungsstress selbststeuernd umgehen lernen.

2.3.4 Die Medien

Medien enthalten und vermitteln Informationen (Gedanken, Gefühle, Handlungen), die im schulischen Lehr-Lern-Prozess didaktisch und pädagogisch nutzbar gemacht werden können.

> Medien sind Träger gespeicherter, abrufbarer Informationen, die als „Mittler" im schulischen Lehr-Lern-Prozess eingesetzt werden.

In der Fachliteratur ist der Begriff „Medium" meist sehr weit gefasst. Gemeinsam ist allen Definitionen, dass Medien Kommunikation und Bedeutungskonstruktion sowohl ermöglichen als auch bedingen. Vielfach findet man die Unterscheidung in „personale Medien" (Bewegung, Gestik, Mimik, Sprache/Sprechen von Lehrern, Schülern, Mitwirkenden bei Rollenspielen usw.) und „nichtpersonale Medien", zu denen die Realität (original/präpariert/lebendig/leblos), die Abbildung (auditiv/visuell/audio-visuell), die Nachbildung (Experiment/Modell) und das Symbol (grafische Zeichen/Farbe/Töne) zählen. Sie sind die Software beim Lernen. Manchmal wird der Begriff Medium auch für die technischen Geräte zur Wiedergabe von Bildern, Texten, Zeichen und Tönen verwendet, die Hardware (wie Overheadprojektor, DVD-Player, Computer usw.). Man unterscheidet bei den Medien *traditionelle Medien* (Tafel, Schulbuch, CD usw.) und computerbasierte, *digitale Medien*. Letztere sind multicodal (= enthalten verbale, piktorale und mathematische Zeichen zugleich, z. B. Text mit Bildern) und multimodal (= können mit mehreren Sinneskanälen aufgenommen werden wie z. B. Lernprogramme mit Text, Grafik, Ton und Video). Multimedialität im engeren Sinne liegt vor, wenn nicht nur mehrere Medien miteinander zu einer Lernumgebung verbunden werden, sondern wenn beispielsweise PC, Videorecorder und CD-Player bei Informationen kombiniert werden. (Reinmann 2005)
Mit den neuen Kommunikations- und Informationstechnologien ergeben sich völlig neue Möglichkeiten des Lehrens und Lernens: (1) Durch die Vernetzung der Computer (Internet, Intranet) werden der zeit- und ortsunabhängige Abruf und die Recherche von Informationen ebenso möglich wie deren Publikation und Angebot sowie der kommunikative Austausch von Meinungen. (2) Telemedien und Online-Medien (www-Angebote, E-Mail-Inhalte) erweitern die mediale Kommunikation weltweit. (3) Hypermedia und Hypertext erlauben durch ihre Gliederung in Informationseinheiten mit Texten, Tabellen, Diagrammen, Abbildungen, Audio- und Video-Informationen, Animationen, Simulationen

und Informationsquellen ein Navigieren zum Zwecke umfassender Exploration. (4) Telekooperatives Lernen, ein Lernen mit netzbasierten Umgebungen veranlasst zu einer neuen Form der virtuellen Kooperation zwischen Lernenden („virtuelle Gruppen"), die eine ähnlich hohe Interaktionsqualität erreichen können wie face-to-face-Gruppen.

Die neuen Medien verändern des Lehrverhalten des Lehrers und das Lernverhalten der Schüler. Der Lehrer agiert als Instrukteur, als Tutor und als Coach, der Schüler lernt hier Fakten, Regeln, Problemlösen, Mustererkennung und Bearbeitung komplexer Situationen. (Reinmann 2005). Vor allem auch die digitalen Medien dienen der besseren, perspektivenreicheren Erarbeitung und dauerhafteren Gedächtnisabsicherung des Lernstoffs (vgl. die Theorie der Doppelkodierung von P. Paivio). Wird beim Schüler das verbale oder symbolisch-digitale System der linken Hirnhälfte aktiviert, so ist die „Verankerung" im Gehirn nur sprachlich-abstrakt; beim Bild hingegen, also bei der Aktivierung des ikonisch-analogen Systems der rechten Hirnhälfte, erfolgt mit der bildlichen zugleich eine sprachliche Kodierung, was der Behaltenssteigerung zugute kommt. Infolgedessen unterstützen Bilder, Geräusche, visuelle Wahrnehmungen und Empfindungen die Informationsaufnahme, -verarbeitung und -sicherung entscheidend. Allerdings ist die Behaltensleistung nur zu steigern, wenn die Schülerinnen und Schüler

- sich ernsthaft und aufmerksam mit dem Medium beschäftigen,
- das Symbolsystem des Mediums entschlüsseln können: Ein Text beispielsweise muss verständlich, in Wortwahl und Satzbau einfach, in Abschnitte und Überschriften gegliedert, kurz, prägnant und anregend sein, ein Bild ansprechend, Neugier weckend und mit den vorhandenen Denk- und Gefühlsmustern interpretierbar,
- die Informationen des Mediums nicht nur global, sondern grundständig bearbeiten und verarbeiten.

 Unterrichtsmedien stehen im Dienst des Lernens. Ihre didaktischen Potenziale können sie allerdings nur entfalten, wenn sie dem Lernziel und Lerninhalt angepasst sind, dem Stand der Wissenschaft entsprechen sowie schülerorientiert und handlungsorientiert konzipiert sind. Im Einzelnen lässt sich unter *didaktischen und pädagogischen Gesichtspunkten* über Medien sagen:

- Sie dienen der Veranschaulichung komplizierter, abstrakter oder komplexer Unterrichtsinhalte (Medien als „Anschauungsmittel") und helfen mit, dass sich Kinder und Jugendliche durch Wahrnehmungen oder Beobachtungen von Sachen, von Personen oder von der Natur Vorstellungen machen und Begriffe bilden können.

- Sie weiten den geografischen, historischen und personal-sozialen Erfahrungsraum der Schüler aus, vermitteln Erfahrung auf indirekte Weise.
- Sie helfen bei der didaktischen Reduktion (vgl. Zeitraffer, Vergrößerungen usw.) und unterstützen das orientierende Lernen und den Transfer.
- Sie dienen der Abkehr vom lehrerzentrierten Unterricht und der Verwirklichung der Unterrichtsprinzipien Selbsttätigkeit, Differenzierung/Individualisierung und Mehrperspektivität (vgl. Mediendifferenzierung, handlungs- und kommunikationsbezogene Medien zur selbstständigen Informationsentnahme und -verarbeitung).
- Sie fördern als digitale Medien die Verteilung, die Darstellung und die Ermittlung weltweit verfügbarer Informationen und dadurch auch die globale Interaktion, die synchrone und asynchrone Kommunikation und die Kooperation der Schülerinnen und Schüler.
- Sie erlauben die authentische Abbildung von Anwendungssituationen des Gelernten und verbessern das situierte, verstehende Lernen der Schüler.
- In der Form von drill-and-practice-Programmen können vor allem digitale Medien der differenzierten Übung und Wiederholung des Lernstoffs nützen; bei neu zu erlernendem Wissen trifft das auch für tutorielle Systeme, die Lernkontrollfragen und Feedback beinhalten, zu; für das freie Explorieren bei einem Thema oder Problem sind hypermediale Informationssysteme dienlich; schwer zugängliche, sehr komplexe, zu schnelle oder zu langsame Prozesse aus Natur, Technik und Gesellschaft lassen sich mit Simulationen leichter bearbeiten.
- Medien sind grundsätzlich in allen Fächern und allen Phasen des Unterrichts einsetzbar: als Motivationshilfe am Stundenbeginn, als Erkenntnishilfe während der Erarbeitungsphase und als Hilfe beim Überprüfen und Anwenden des Gelernten in der Ergebnissicherungsphase. Der didaktische „Mehrwert" der digitalen Medien liegt vor allem bei Verständnis-, Anwendungs-, Analyse- und Problemlöseaufgaben.
- Sie bieten Gelegenheit zu kritischer Medienerziehung und zum Bewusstmachen von Gefährdungen wie Apparatefetischismus, Konsumentenhaltung, Mediengläubigkeit, Ziel- und Wirkungsblindheit und „Leben aus zweiter Hand" sowie zur Erfahrung „lost in internet".

Bei der Unterrichtsplanung ist zu beachten, dass statistischen Untersuchungen zufolge Medien, die handlungsbezogen, audio-visuell und nach dem Lerntyp der Schülerinnen und Schüler differenzierbar sind, den besten Lernerfolg erwarten lassen. Im Einzelnen ergibt sich für die im Unterricht vorwiegend eingesetzten Medien die folgende Auflistung von Vor- und Nachteilen:

Die Tafel (Wandtafel, Filztafel, Klapptafel)
Besondere Vorteile:
- Die Struktur der Unterrichtsstunde kann an der Tafel in Wort, Bild und Grafik festgehalten werden.
- Die Schüler können selbsttätig an der Tafel arbeiten.
- Die Tafel erlaubt Übungsversuche auf großer Fläche (z. B. im Mathematikunterricht).
- Die Tafel dient der Veranschaulichung durch aufgezeichnete Grafiken, Tabellen usw. unterschiedlicher Schrift und Farbe.
Nachteile:
- Entwicklungen und dynamische Prozesse können nicht dargestellt werden.
- Bei großen Stoffmengen verhindert das Abwischen Rückverweise auf den vorher behandelten Lernstoff.

Das Schulbuch
Besondere Vorteile:
- Es gibt in lehrgangsmäßiger und/oder problemorientierter Form einen Überblick über den Fachunterrichtsstoff eines Schuljahres.
- Es kann jederzeit und für verschiedene Sozial-, Kommunikations- und Aktionsformen im Unterricht eingesetzt werden.
- Es ist dem jeweiligen Stand der Fachwissenschaft und der Altersstufe der Schüler entsprechend konzipiert.
- Es bietet Möglichkeiten zur lehrergesteuerten oder schülerselbsttätigen Vor- und Nacharbeit, ermöglicht Überblicke, Rückschau und die Klärung von Zusammenhängen.
- Es verbindet Texte mit Bildern, enthält Aufgaben unterschiedlichen Schwierigkeitsgrades, stellt meist historische Bezüge zum Lerninhalt her und unterstützt ein differenzierendes Unterrichten.
Nachteile:
- Es trifft eine Vorauswahl der vom Lehrplan vorgesehenen Lerninhalte und akzentuiert oder konzentriert sie in Einzelaspekten.
- Es veraltet relativ schnell bei gegenwartsbezogenen Themen und Daten.

Das Arbeitsblatt (Informationsblatt, Merkblatt, Übungs- und Anwendungsblatt, Lernkontrollblatt)
Besondere Vorteile:
- Aktuelle Ereignisse, neueste Statistiken und gegenwartsbezogene Problemstellungen können fachspezifisch und fächerübergreifend berücksichtigt werden.
- Didaktische Prinzipien wie Differenzierung/Individualisierung und Selbsttätigkeit lassen sich leichter realisieren (vgl. Gruppenarbeit, zusätzliches Übungsmaterial, Arbeitsblätter mit Aufgaben unterschiedlicher Schwierigkeitsgrade und verschiedener Aufgabenmenge).
- Umfangreiche, demotivierende Hefteinträge werden überflüssig.
- Verlauf und Ergebnis des Unterrichts können vorstrukturiert und dadurch organisatorisch erleichtert werden.
- Als Kopiervorlage nützen Arbeitsblätter dem Lehrer/der Lehrerin für zukünftige Unterrichtsvorbereitungen.

Nachteile:
- Der Unterrichtsverlauf wird „lehrersicher" und sehr stofforientiert; er lässt zu wenig Raum für Kreativität und Eigeninitiative der Schüler.
- Es besteht die Gefahr, dass die Lese- und Schreibtechnik der Schüler auf kurze Füllwörter reduziert wird und die geordnete Reihenfolge der Lernschritte durch „fliegende Blätter" verhindert wird.

Der Overheadprojektor
Besondere Vorteile:
- Die Tätigkeiten des Lehrers (Schreiben, Entwickeln, Zeichnen usw.) können zeitgleich mit den Schülern und mit Blick auf sie vollzogen werden, sodass diese gut mitarbeiten und den Lernstoff mitvollziehen können.
- Der Lehrer kann fertig produzierte oder selbst erstellte Folien einsetzen.
- Durch Abdecken noch nicht benötigter Teile des Transparentes lässt sich der Unterrichtsablauf unterstützen, durch Übereinanderlegen von Transparenten bei analytisch-synthetischem Vorgehen Komplexität veranschaulichen.
- Modelle mathematischer, physikalischer, biologischer oder technischer Vorgänge/Bewegungen/Regelkreise lassen sich in häuslicher Vorbereitung exakt, sauber und ästhetisch gut herstellen und ggf. durch „Folienschnipsel" Bewegungen sichtbar machen.
- Folien sind bei späteren Unterrichtsstunden erneut verwendbar.

- Die Schüler können in Gruppenarbeit selbst Folien beschriften und anschließend den anderen zeigen, oder sie können auf der vom Lehrer vorstrukturierten Folie Eintragungen vornehmen.

Nachteile:

- Vorgefertigte Folien verleiten zu einem lehrerzentrierten, stoff- und lehrzieldeterminierten Unterrichten.
- Der Folieneinsatz verhindert oft die Erstellung eines strukturierten Tafelbilds, dessen Entwicklung die Schüler im Laufe der Stunde mitvollziehen können.

Videos, Filme, (Schul-)Fernsehsendungen, DVDs

Besondere Vorteile:

- Es können nicht verfügbare Gegenstände gezeigt werden, Bewegungsabläufe verdeutlicht und gefährliche, umständliche oder im Unterricht undurchführbare Experimente vorgeführt werden.
- Realistische bzw. reale Handlungen, Verhaltensweisen, Lebensräume und Meinungen lassen sich in den Unterricht einbeziehen; sie ergänzen oder ersetzen oft die Arbeit an Texten.
- Sie haben spezifische Effekte (Aktualitätseffekt, Live-Effekt, Objektivierungseffekt, Identifikationseffekt, Veranschaulichungseffekt, dramatischer Effekt), die eine Mehrfachkodierung des Lerninhalts sicherstellen.
- Schüler können diese Medien für den Unterricht selbst herstellen oder beibringen.

Nachteile:

- Die Inszenierung bringt die Gefahr der Meinungs- und Gefühlsmanipulation mit sich.
- Es besteht die Gefahr einer Reizhäufung und Reizüberflutung, die vom Unterrichtsinhalt ablenkt und verhindert, dass Schüler ihn als Anregung zum eigenen Denken ansehen sollen.
- Wie jede one-way-communication ist das Anschauen und Zuhören bei audio-visuellen Medien einseitig und muss deshalb in jedem Fall im Unterrichtsgespräch aufgearbeitet werden.
- Rechtliche Auflagen für den Einsatz von AV-Medien sind zu beachten (Urheberrechte der Autoren, Persönlichkeitsrechte am eigenen Bild, Vereinbarkeit mit dem Lehrplan, Zulassung durch staatliche Stellen).

Dias, Tonbilder, Bilder, Darstellungen
Besondere Vorteile:
- Längeres Verweilen und genaues Betrachten von Einzelheiten eines Bildes sind möglich.
- Beim Anschauen können Lehrer und Schüler themen- und zielbezogen miteinander reden.
- Es können auch originale Texte oder Bilder im Unterricht allen Schülerinnen und Schülern gleichzeitig visuell dargeboten werden.

Nachteile:
- Sie sind nur zur Veranschaulichung statischer Lerninhalte geeignet.
- Diaserien und Tonbilder führen oft zu einem „Einrasteffekt", weil sich die Schüler von der Fülle der Informationen überfordert fühlen.
- Für den Einsatz dieser Medien sind organisatorische Vorkehrungen nötig.

Musikkassetten, CDs, Schulfunksendungen/Radiosendungen
Besondere Vorteile:
- Hörspiele, Hörszenen, Reportagen, Interviews lassen Sprache, Geräusche, Musik und Stille als Ausdrucksformen und als Informationen erfahrbar werden.
- Es können nicht verfügbare oder schwer zugängliche akustische Signale (z. B. Tierstimmen, Tiergeräusche) oder Tonwerke (Kompositionen, Konzertaufführungen) in den Unterricht einbezogen werden.
- Beim naturwissenschaftlichen Unterricht können Sofortbeobachtungen aufgesprochen werden, um sie später schriftlich zusammenzufassen.
- Im Fremdsprachenunterricht lassen sich „native speakers" einsetzen und im Sprachlabor die individuelle Leistungsförderung oder Leistungskontrolle durchführen.
- Schüler können selbstständig den Unterricht mitgestalten durch Meinungsbefragungen zu bestimmten Unterrichtsthemen, die im Unterricht eingespielt werden; sie können Hörspiele aufzeichnen, Bilder und Kurzfilme vertonen, eigene Musikbeiträge aufnehmen usw.

Nachteile:
- Fremdproduktionen passen manchmal nicht direkt zum spezifischen Lernstand der Schülerinnen/Schüler einer bestimmten Klasse.
- Rechtliche Auflagen bei der Einspielung aktueller Toninformationen (wie bei AV-Medien) sind zu beachten; ausgenommen davon sind nur Schulfunksendungen.

Computer, Internet, Intranet

Besondere Vorteile:

- Ein unbegrenzter Fundus von externen Codierungen (Wissen in Texten, Bildern, Filmen oder Dokumenten) kann Schülern zum selbstständigen Lernen zur Verfügung gestellt werden.
- Komplizierte Zusammenhänge aus Physik, Chemie, Biologie, Technik, Soziologie und Gesellschaftspolitik lassen sich simulieren und durch Veränderung einzelner Variablen mögliche Entwicklungen mit ihren Folgen „durchspielen".
- Arbeitsphasen am Computer lassen sich sinnvoll in den geplanten Unterrichtsverlauf integrieren (vgl. Theorie des „blended learning")
- Schüler können mit handhabbaren Autorensystemen selbst Lernprogramme erstellen und so Medienkompetenz erwerben.
- Selbstbestimmung, Selbsttätigkeit, Denken in Zusammenhängen und Selbstentscheidung beim Lernen werden gestärkt.
- Lerntechniken wie die Informationsgewinnung per Computer/Internet (scanning, zielorientiertes Suchen, exploring, browsing usw.) werden erlernt.
- Interaktives Lernen mit dem Computer ist eine Form der Individualisierung, wenn es auf einer gesicherten Diagnose des Lernstands eines Schülers/einer Schülerin beruht und geklärt ist, dass das Medium, der Kontext des Lernens, die gestellte Lernaufgabe und der Schüler/die Schülerin „zusammenpassen" (vgl. Theorie der Symbolsysteme).
- Mehrfach kodierte Informationen (z. B. Text- und Bildmaterial) werden besser behalten, da ihnen bei der internen Repräsentation die Kodierung in verbalen Systemen und im imaginalen (visuellen) System des Menschen entspricht und zusätzlich diese beiden Codierungssysteme kooperieren.

Nachteile:

- Werden zu viele multimodal und multicodal präsentierte Lerninhalte gleichzeitig dargeboten, kommt es bei den Schülern zur Überforderung.
- Bei Hypertext – und Hypermedia-Lernen besteht die Gefahr der Desorientierung auf Grund zu starker oder unübersichtlicher Vernetzung (Multilinearität).
- Zu viele technische Tools bei virtuellen Lernumgebungen verhindern das eigentliche Lernen und Verstehen des Lerninhalts.
- Die angenommenen positiven Effekte beim Multimedia-Lernen stellen sich nicht automatisch ein, sondern sind vom Lernenden und seiner Motivation ebenso abhängig wie von dem Medium; die Effekte sind gesicherter bei gleichzeitiger Präsentation einer verbal-bildlichen, aufbereiteten Information.

- Problemlösungsstrategien, die im Modell der Computersimulation möglich sind, sind in der Praxis nicht immer ethisch legitim.
- Computersimulation kann leicht als eine Art Computerspiel missverstanden werden.
- Das Lernen mit dem Computer bringt oft – nach dem anfänglichen Neuheitseffekt – Motivationsprobleme beim Schüler mit sich, die mit der „Maschine", dem Programm und der sozialen Isolierung zusammenhängen.

2.4 Zusammenfassung der Planungsüberlegungen

Aus dem Dargestellten ergeben sich Anhaltspunkte für die Unterrichtsplanung. Die Überlegungen, die dazu anzustellen sind, unterscheiden sich je nach Unterrichtsform.

a. Planungsüberlegungen beim Lehrergesteuerten Unterricht

Planung einer Unterrichtseinheit:
1. Blick in den Lehrplan
2. Festlegung des Themas der Unterrichtseinheit
3. Heranziehen der Aussagen des Lehrplans, des Schulbuchs, der Vorbereitungshilfen
4. Ermitteln der Lehr-Lern-Situation der Schülerinnen/Schüler allgemein
5. Sachanalyse und Aufteilung des Lernstoffs auf Unterrichtsstunden
6. Didaktische Analyse und Festlegung der Grob-/Teilziele für die Unterrichtseinheit
7. Organisatorische Vorbereitungen

Planung einer Unterrichtsstunde:
1. Einordnung der Stunde in die Unterrichtseinheit
2. Ermitteln der konkreten Unterrichts- und Lernvoraussetzungen der Klasse/Lerngruppe
3. Sachanalyse zu den Details des Stundenthemas
4. Entscheidung über das Stundenthema unter Berücksichtigung der Voraussetzungen, der Inhaltsaspekte und der in der Stunde anzustrebenden Ziele
5. Präzisierung der Ziele zu Feinzielen, deren Erreichen erkennbar sein soll
6. Didaktische Analyse zur Auswahl, Anordnung und Vermittlung des Unterrichtsinhalts und der Unterrichtsziele unter Berücksichtigung anerkannter Unterrichtsprinzipien
7. Nachbereitung des Unterrichts

b. Planungsüberlegungen beim Offenen Unterricht

Bei der Planung von Offenem Unterricht ist vorab grundsätzlich zu klären, ob der methodisch so präsentierte Unterrichtsinhalt Bestandteil des verpflichtend zu erarbeitenden Lernpensums der Klasse/Jahrgangsstufe ist oder ob er ein sinnvolles Additum sein soll. Im erstgenannten Fall beginnen die Planungsüberlegungen mit dem Blick in den Lehrplan, im letztgenannten kann sich die Themenauswahl nach den Interessen und Bedürfnissen der Schülerinnen/Schüler richten.

Die Planungsüberlegungen nehmen in der Regel folgenden Weg:
1. Blick in den Lehrplan und den Jahresarbeitsplan
2. Sachanalyse zum Unterrichtsinhalt
3. Entscheidung darüber, welche Inhalte und Ziele (Unterrichtsthemen) sich für welche Form offenen Unterrichts eignen
4. Sammlung und Herstellung umfangreicher Lernmaterialien
5. Erstellen von kleineren Lerneinheiten zum Thema durch
   – Festlegung von Pflicht-, Wahlpflicht- und Wahlaufgaben
   – Auswahl geeigneter, differenzierter Lernangebote/Lernmaterialien
   – Erstellen eines didaktisch konzipierten Auftragsblatts für jedes Lernangebot
   – Erarbeitung eines Kontrollsystems zur Lernleistung (Schülerselbstkontrolle, Lehrerkontrolle)
   – Entwerfen eines Arbeitspasses
   – Festlegen von Sonderfunktionen für Schülerexperten
   – Vorsehen von Leerposten für schülereigene Ideen zum Thema
   – Klärung aller Organisationsfragen
6. Gliederung der offenen Unterrichsphase in
   – Einstiegsphase
   – Arbeitsphase
   – Reflexionsphase
7. Nachbereitung des offenen Unterrichts durch Selbstreflexion, Team-Supervision und mit „kritischen Freunden".

c. Planungsüberlegungen beim Lehrer- und Schülergesteuerten Unterricht

1. Auswahl eines geeigneten Themas und Abgleich mit dem Lehrplan und Jahresarbeitsplan
2. Entscheiden, welche Kompetenzen (Sach-, Sozial-, Selbst- und Methodenkompetenzen) die Schüler/Schülerinnen erwerben sollen und wie sich deren Erreichen feststellen lässt
3. Eigene Ideensammlung des Lehrers zum Thema (Aspekte, Handlungsformen, Materialien, Medien, außerschulische Lernorte usw.) – einschließlich Sachanalysen
4. Organisatorische Vorbereitungen: Dauer festlegen, Fachkollegen informieren, Erlaubnis für Erkundungen oder Exkursionen einholen, die Lernorte selbst vorher in Augenschein nehmen
5. Kooperative Planung des Projekts, der Erkundung, des Experiments, der Recherche usw. mit den Schülerinnen und Schülern
8. Gemeinsames Festlegen des Ablaufs, der bedenken sollte:
   - Daten, Zeitraum
     Phasen:
     - Planungsphase
     - Erkundungsphase
     - Auswertungsphase
     - Präsentationsphase
     - Anwendungsphase
   - zwischen den Phasen „Zeitpuffer" für Info-Blöcke
   - Formen und Kriterien der individuellen Leistungsbewertung und der Gruppenleistungsbewertung

3 Die Kurzvorbereitung

Im Schulalltag ist es den Lehrerinnen/Lehrern nicht möglich, für jede Unterrichtsstunde eine ausführliche Planung durchzuführen. Sie verlassen sich meist auf ihre didaktische Kompetenz und ihre Unterrichtskenntnisse und begnügen sich mit einer Kurzvorbereitung.

Im Unterschied zur ausführlichen, meist schriftlichen Unterrichtsplanung erfolgt die routinierte Planung nach einem eigenen, höchst individuellen Konzept des Lehrers bzw. der Lehrerin. Für die *Planungsroutine* ist kennzeichnend:

- der „großzügige" Umgang mit didaktischer Fachliteratur und didaktischen Modellen: Sie werden lediglich auf praktisch unmittelbar verwendbare Anregungen durchforstet und „geplündert".
- die geringe Benutzung der Lehrpläne: Auf den Blick in den Lehrplan wird in der Regel verzichtet; stattdessen wird vorwiegend das Schulbuch mit dem dazugehörigen Lehrerhandbuch herangezogen, weitere Ideen werden bei Stundenbildern aus Fachzeitschriften und aus Gesprächen mit Fachkollegen bezogen, oft wird auch auf frühere Unterrichtserfahrungen zurückgegriffen.
- die lernstrukturierte Abfolge der Planungsüberlegungen: Der Entscheidungsprozess bei der Unterrichtsvorbereitung folgt nicht den Schritten Ziele – Inhalte – Methoden – Medien, sondern ist variabel. Oft nimmt er seinen Ausgang beispielsweise bei einem zufällig gefundenen Bild oder Zeitschriftenbeitrag oder bei Beobachtungen zum Schülerverhalten, bei aktuellen Ereignissen oder er folgt spontanen Ideen des Lehrers.
- die geringe Präzision der Ausarbeitung: Die Planung wird nicht bis ins Detail konkret überlegt, sondern die Stunde in ihrem Verlauf mental vorgestellt; meist reicht als „Erinnerungshilfe" des geplanten Verlaufs ein Zettel mit Stichpunkten, mit dem Tafelbild und der Hausaufgabenstellung.
- die gewohnheitsmäßige Umsetzung der Ziele und Inhalte im Unterricht: Die didaktische Transformation ist weniger ein reflexiver Akt als die gewohnte Anwendung bisher erfolgreich praktizierter Sozialtechniken (Lob, Tadel, Disziplinierung, Ermunterung) und Lehrtechniken (z. B. Drannehmen der Schüler, Organisation von Unterrichtsgesprächen, Gruppenarbeit oder Partnerarbeit, Maßnahmen zur inneren Differenzierung, Hefteinträge, Stillarbeitsphasen, Hausaufgabenkontrolle, Ausfragen von Schülern usw.).
- untypische Orte und Zeiten der Unterrichtsplanung: Der Vorbereitung der Unterrichtsstunden ist weder eine bestimmte Zeit noch ein bestimmter Ort zugewiesen. Der Lehrer denkt nach Ablauf der Einzelstunde über den nächsten Schultag nach oder befasst sich in Freistunden, auf dem Heimweg, am häuslichen Schreibtisch oder anderswo gedanklich damit, - immer dann, wenn ihm etwas einfällt oder auffällt oder begegnet, was er für den Unterricht in seinen Fächern nutzen könnte.

Routiniertes Planungshandeln ist nicht generell mit Schlendrian, Alltagstrott und didaktischem Desinteresse gleichzusetzen. Es kann dazu degenerieren, ist aber in allen anderen Fällen Ausdruck der Professionalität des Lehrers und der Lehrerin. Um Fehlentwicklungen und unbemerkt entstandenen Einseitigkeiten vorzubeugen, sollten auch routinierte Praktiker in regelmäßigen Abständen Unterrichtsentwürfe detailliert ausarbeiten und mit Kollegen ihres Vertrauens durchsprechen.

4 Die Gestaltung von Lehr-Lern-Prozessen

> Die Gestaltung von Lehr-Lern-Prozessen ist ein didaktisch und pädagogisch geprägtes Miteinanderhandeln von Lehrenden und Lernenden; ihr liegt das Denkmodell der dialektischen Interaktion zugrunde.

Bei der Durchführung des Unterrichts beweist sich die Praktikabilität der didaktischen Theorien, Grundannahmen und Forschungsergebnisse. War bei der Unterrichtsplanung bereits das Orientierungswissen der Didaktik zum Handlungswissen des Lehrers und der Lehrerin geworden, so wird nun durch eine erneute Transformation aus dem Handlungswissen Handlungspraxis. Grundsätzlich ist Unterrichten immer ein Abwägen und Entscheiden zwischen polaren Spannungen:

- Fordern und Fördern: Ohne Leistungsanforderungen ist Leistungsfähigkeit nicht feststellbar, ohne individuelle Hilfen sind Leistungsforderungen oft gar nicht zu erfüllen.
- Vermittlung von Kenntnissen/Einsichten/Fertigkeiten und Vermittlung von sozialen/ethisch wertvollen Einstellungen bzw. Verhaltensweisen: Das Unterrichten hat immer – ganz gleich, wie es erfolgt - Auswirkungen auf die Entwicklung von Verhaltensdispositionen bei den Kindern oder Jugendlichen; umso wichtiger ist es, bei der Wissensvermittlung den Aufbau von Verhaltensbereitschaften im Auge zu behalten.
- Verständnis entgegenbringen und Grenzen deutlich machen: Sich in die Gedanken, Gefühle, Motive, Wünsche und Interessen der Schüler hineinzuversetzen dient nicht nur der adressatengerechten Unterrichtsdurchführung, es macht auch das Miteinander zwischen Lehrer und Schüler echter, offener, natürlicher und störungsfreier; doch heißt „verstehen" nicht „alles akzeptieren" und, wo Toleranzgrenzen überschritten, Lernen verhindert oder aus Schülerspäßen Aggression wird, sind vom Lehrer die Grenzen deutlich zu machen.
- Offenheit und Geschlossenheit: Damit aus Unterrichten Lernen wird, muss der Selbsttätigkeit und Mitgestaltung der Schüler soviel Gele-

genheit wie möglich gegeben werden, was allerdings nicht den Verzicht auf die themen- und zielorientierte Planung, auf sachbezogene Methodenentscheidungen und auf erforderliche erziehliche Maßnahmen seitens des Lehrers bedeutet.

> Bei der Unterrichtsgestaltung wird die Unterrichtsplanung in didaktisches und pädagogisches Handeln transformiert. Dabei kommt es darauf an, dass Schüler und Schülerinnen die vorgesehenen Lehrziele zu Zielen ihres eigenen Lernens machen, sich Lehrinhalte aktiv aneignen und methodisch bewusst und selbstständig Probleme/Sachverhalte bearbeiten können.

4.1 Grundsätzliche Überlegungen

Unterrichten ist für den Lehrer und die Lehrerin eine didaktisch-pädagogische Handlungssituation mit spezifischen Anforderungen:

- Der Lehrer muss seine Planungsüberlegungen (Ziel-Inhalt-Sequenzen, methodische Vorgehensweise, Medieneinsatz) in seine ganz persönlichen Handlungen umsetzen (transformieren), in sein Sprechen, sein Tun und sein Verhalten. Was und wie er redet, agiert, reagiert oder sich verhält, hat das Ziel, Schüler an einem bestimmten Lerninhalt bestimmte Lernziele erreichen zu helfen. Mit seinem Wissen, seinen Emotionen, seinen Einstellungen und seinem Können, mit seiner Gestik, Mimik, Bewegung, seiner Stimme und Sprechweise – kurz, mit seiner ganzen Person – soll er sich in den Dienst einer möglichst effektiven und pädagogisch verantwortlichen Lernförderung der Schüler stellen. Ob und wie ihm das gelingt, hängt sowohl von seinem persönlichen Engagement und seinen Fähigkeiten ab als auch von der Bereitschaft und dem Wollen der Schülerinnen und Schüler.

- Der Lehrer muss während der Unterrichtsstunde die ganze Klasse im Blick haben. Diese Anforderung begründet sich auf zweierlei Weise: Um eine signifikant hohe Schülermitarbeit bei gleichzeitig geringem Schülerfehlverhalten zu erreichen, muss der Lehrer erstens signalisieren, dass er über das momentane Tun eines jeden Schülers im Bilde ist, um seinen Lernstand oder seine Arbeitshaltung weiß; Platzwechsel, Raumregie und vorwiegend nonverbale Kommunikationsweisen sind dazu hilfreich. Zweitens hat der Lehrer die Aufgabe, den Lernprozess und den Lernfortschritt der einzelnen Schüler zu beobachten, um ihnen bei erkennbaren Lernschwierigkeiten oder bei schwächer werdender Leistungsbereitschaft (vgl. Tagesleistungskurve) zu helfen; außerdem ist er zur Beurteilung ihrer mündlichen Mitarbeit verpflichtet.

- Der Lehrer muss flexibel auf den Unterrichtsverlauf reagieren. Da die Unterrichtsvorbereitung immer nur ein gedanklicher Vorentwurf der Unterrichtsstunde ist, Unterricht aber ein komplexes, situatives und offenes Geschehen zwischen Personen ist, wird dem Lehrer und der Lehrerin ein hohes Maß an Flexibilität abverlangt. Der Unterrichtserfolg hängt nämlich wesentlich von den Aktivitäten der Schülerinnen und Schüler ab, ob sie „mitmachen", sich beteiligen, Aufgaben erledigen, Anordnungen und Anweisungen nachkommen und keine Störhandlungen begehen, wie sie themenbezogene Anregungen geben, auf Impulse reagieren und auf Fragen eingehen, was sie im Moment des Unterrichts besonders interessiert und bewegt, was ihnen an Lösungswegen einfällt usw. Flexibilität beweist der Lehrer, wenn er abwägt und entscheidet, ob beispielsweise die Schülerbeiträge so wichtig sind, dass er ihnen Zeit einräumen kann, ohne dass die Zielorientierung der Stunde verloren geht, ob sie in fachlicher oder erziehlicher Hinsicht möglicherweise so beachtenswert sind, dass er seine Vorplanung aussetzen muss, um sich diesen zuzuwenden, oder ob die Schülerbeiträge einen alternativen Unterrichtsverlauf nötig machen, der sie das Lernziel leichter erreichen lässt.

- Der Lehrer muss über ein spontan verwendbares Repertoire von Handlungsweisen (Lehrtechniken, Sozialtechniken) verfügen. Dazu sind zu zählen:
  - die Aufmerksamkeitssteuerung der Schüler
    - durch Beweglichkeit: Platzwechsel, Gestik, Intonation, Interaktionsstilwechsel, Sprechen/Schweigen, Ansprechen mehrerer Sinne,
    - durch Reibungslosigkeit: nicht abgelenkt, unentschlossen oder inkonsequent sein,
    - durch Schwung, Humor und Vermeidung von Langeweile, die auf Grund von Unterforderung oder Überforderung entsteht,
    - durch Methodenvariation.
  - der routinierte Einsatz der Kommunikations- und Sozialformen
    - durch eine zügige und präzise Organisation von Klassen-, Partner- oder Gruppenarbeitsphasen,

- durch effektives Frageverhalten: Fragen stellen, die sich an mehrere Schüler gleichzeitig richten, längere Schülerantworten einfordern und zu höheren kognitiven Prozessen anspornen, weniger Ja-Nein-Antworten zulassen; nach der Fragestellung einige Sekunden abwarten, bevor die Schüler aufgerufen werden bzw. sich gegenseitig aufrufen; Antworten nicht kommentieren; Fragen an die Schüler zurücklenken und Verbindungen zwischen den Schülerbeiträgen herstellen lassen,
- durch Vermeiden schultypischer Kommunikationsarten wie Lehrerecho, Lehrerfloskeln („Ja also ..."), überflüssige Kommentare, die Selbstbeantwortung von Fragen, Wir-wollen-jetzt-Wendungen, Suggestivfragen und ritualisierte Rhetorik (z. B. „Ihr könnt ruhig weiter schwätzen!"); stattdessen soll die Qualität der ziel- und themenbezogenen Schülerbeiträge erhöht werden und Informationsträger (Buch, Text, audio-visuelle Medien, Arbeitsblatt, Computer, Internet usw.) sollen mehr zum Einsatz kommen,
- durch ein lernförderndes Interaktionsverhalten: Beachtung der Schülerbedürfnisse nach Zugehörigkeit, Angenommensein, Anerkennung, Sicherheit und nach Spielräumen für eigene Aktivitäten.

- Der Lehrer soll verhaltenssichernde Regeln (Maximen) verinnerlicht haben, die sein Handeln und Verhalten im Entscheidungs- oder Konfliktfall unmittelbar steuern. Im Unterricht geraten Lehrerinnen und Lehrer häufig in unvorhersehbare Situationen, werden sie mit nicht vorüberlegten Problemen konfrontiert, die sie zu spontanen Reaktionen und Stellungnahmen zwingen. In einem extrem schnell ablaufenden Problemlösungsprozess identifiziert der Lehrer dann das Problem, nimmt die besonderen Gegebenheiten der Situation wahr, sucht sein Verhaltensrepertoire nach Erfolg versprechenden Handlungsmöglichkeiten ab und entscheidet sich für ein bestimmtes Vorgehen; hernach wird er die Angemessenheit oder den Erfolg seines Handelns bilanzieren. Dabei handelt es sich nicht um „echte Entscheidungen", da die Zeit für das Abwägen alternativer Problemlösungsmöglichkeiten fehlt, eher um Gewohnheitsverhalten, das auf Grund von Professionswissen zustande gekommen, manchmal allerdings zu pseudowissenschaftlichen Faustregeln verkommen ist. Nicht selten sind es auch Spontanentscheidungen, Impulsreaktionen oder wahllose Versuch-Irrtum-Aktivitäten. Professionelles Lehrerhandeln zeichnet sich in solchen Entscheidungssituationen durch verhaltenssichernde, berufsethisch fundierte Maximen aus.

Zwischen dem Lehrverhalten der Lehrer und dem Lernverhalten der Schüler besteht eine regelhafte Beziehung. Aus empirischen Untersuchungen geht hervor, dass die Schulleistung und der Konformitätsgrad des Schülerverhaltens dafür entscheidend sind, ob Lehrerinnen und Lehrer den einzelnen Schüler häufiger loben, freundlich behandeln, günstig beurteilen und ihm Zuwendung, Hilfe und gezielte Verstärkungen zukommen lassen oder nicht. Problematisch ist dabei, dass die Bewertung der Leistungen in der Schule nahezu immer Auswirkungen auf die Beurteilung des Schülers als Person hat. Seine Selbstsicherheit, sein Selbstvertrauen, seine Position in der Gruppe, seine Verhaltensstrategien sind davon unmittelbar beeinflusst. Schulangst und Verstöße gegen Normen oder Regeln belegen diese Tatsache tagtäglich. Das Selbstverständnis und das konkrete Verhalten des Lehrers und der Lehrerin spielen ebenfalls eine große Rolle für die Lernatmosphäre und den Lernerfolg in der Schule. Denn „subjektive Theorien", implizite „verborgene Lerntheorien" wie das Bild des Lehrers von sich selbst, von seinem Beruf und von Schülern/Schülerinnen oder umgekehrt das der Schüler und Schülerinnen von Unterricht, Schule, Lehrer und Schüler wirken sich im Schulunterricht aus. Untersuchungen haben erbracht, dass folgende Lehrerhandlungen den Lernerfolg der Schüler fördern (vgl. R. Tausch/A. Tausch, C. R. Rogers, R. Cohn u. a.):

- Akzeptieren des Schülers: Der Lehrer reagiert konstruktiv im verbalen und nicht-verbalen Verhalten auf die Gefühle und Einstellungen des Schülers und geht auf sie ein,
- aufmerksames und aktives Zuhören auf das, was der Schüler sagt, vorliest, aufsagt,
- Konsistenz und Konsequenz: Wenn der Lehrer eine Anweisung gibt, eine Folge oder eine Strafe in Aussicht stellt, soll er sich in jedem Fall an sie halten bzw. ihre Erfüllung beachten,
- eine freundliche und herzliche Art der Interaktion im Klassenzimmer, positive Gefühle und Signale der Wertschätzung füreinander zeigen,
- Selbstvertrauen und Selbstverantwortlichkeit der Schüler unterstützen,
- Optimismus, d.h. positive, angenehme, zuversichtliche Einstellungen und Gefühle zeigen,
- Kenntnis und Verstehen des Fachinhalts und eine klare, verständliche Ausdrucksweise,
- regelmäßige Beobachtung des Lernfortschritts der Schüler und seine Berücksichtigung beim Unterrichten,
- Strukturierung und schrittweises Vorgehen beim Unterrichten, indem der Lehrer die Schüler auf die Unterrichtsstunde vorbereitet, die Ziele

erläutert, sein Konzept ausführt, Organisations- und Lernhilfen für das Erinnern angibt und Methodenvariation betreibt,
- Spontaneität und Flexibilität der Lehrerhandlungen,
- Einbeziehung anderer Erwachsener in den Unterricht (Fachleute, andere Lehrer, Eltern)

Lehrerverhaltensweisen, die auf Grund empirischer Untersuchungen die Lernerfolge der Schüler behindern, sind beispielsweise: abrupte Übergänge und schneller Wechsel, z. B. von der Darstellung des Fachinhalts zu Ermahnungen, Herabsetzen oder Bloßstellen von Schülern, Ausfüllen jeder Leere, jedes stillen Zeitabschnitts mit Aktivitäten, unlogische Äußerungen sowie die Behandlung der Klasse als homogene Gruppe und Verzicht auf Individualisierung und Differenzierung.

4.2 Individualisierender Unterricht

In der gegenwärtigen Schulpädagogik zählt das individualisierende Lehren zu den hoch bedeutsamen Ursachen für den Bildungserfolg von Schülerinnen und Schülern.

> Unter individualisierendem Lehren versteht man die curriculare und unterrichtliche Berücksichtigung der Kompetenz und Lernweise des einzelnen Kindes/Jugendlichen im Schulunterricht.

Die Heterogenität der Kinder/Jugendlichen hat unterschiedliche Aspekte: Alter, Geschlecht, sozialer/familiärer/ökonomischer/kultureller Background, biografische Erfahrungen, psycho-physische Konstitution, Sprachkenntnisse, Migrationshintergrund, Status und Bildungsniveau des Elternhauses, Interessen und Neigungen, Talent, Temperament, Agilität, Lernfähigkeit sowie Leistungs- und Anstrengungsbereitschaft.

Zu beachten ist dementsprechend, dass Jungen und Mädchen unterschiedlich lernen, dass Migrantenkinder spezieller didaktischer Arrangements bedürfen, dass Kinder/Jugendliche aus bildungsfernen und belasteten Herkunftsmilieus eine eigene Didaktik brauchen und dass der Unterricht sowohl den Schülern mit Lern- und Leistungsproblemen als auch denen mit Leistungsexzellenzen gerecht werden muss. Individualisierendes Lehren und Lernen ist deshalb die Herausforderung an eine Schule, die ihre Qualität und ihre Lehrerfolge verbessern will.

Seit mehr als drei Jahrzehnten wird in der schulpädagogischen Fachliteratur Differenzierung beim Lehren und Individualisierung als dessen Hochform gefordert. Bei der Unterrichtsgestaltung werden international recht unterschiedliche Ansätze zum individualisierenden Lehren und Lernen favorisiert. Sie lassen sich zu zwei Grundmodellen zusammenfassen, erstens das Modell der individuellen Schülerlernwege und zweitens das Modell der Stärkung der Schülerpersönlichkeit.

a. Das Modell der Individualisierung von Lernwegen

Das erste Grundmodell des individualisierenden Lehrens und Lernens baut auf drei Säulen auf, auf einer Analyse der Sachstruktur des Lerninhalts, auf einer Analyse der Lernstruktur des einzelnen Schülers und auf einer lernbegleitenden prozessorientierten (nicht statusorientierten) Förderdiagnostik. Eine solche Konzeption greift erstens die Theorie der Strukturgenese auf (vgl. J. Piaget u. a.), derzufolge alles didaktische Tun dem Aufbau von Subjektstrukturen über sinnhaft ausgewählte Objektstrukturen dient. Zweitens bedenkt diese Konzeption, dass die optimale Entwicklung des Schülers nach einer ausgewogenen mittleren Position zwischen den beiden Extremen einer die Entwicklung vorantreibenden, aber überfordernden und einer die Entwicklung verzögernden, weil unterfordernden Erziehung verlangt (Weber 1996). Was zu leicht oder zu schwer ist, fordert nicht heraus, sondern nur, was „einen dosierten Schwierigkeitsgrad" hat, der den sachstrukturellen Entwicklungsstand des Kindes/Jugendlichen nur wenig übersteigt. Dazu muss der Lehrer/ die Lehrerin zunächst die „Zone der aktuellen Leistung" (Wygotski 1987) des einzelnen Schülers/der Schülerin ermitteln, d.h. feststellen, welche Lernleistungen der Schüler bereits selbstständig, sicher und jederzeit bewältigen kann; danach muss der Lehrer dessen individuelle „Zone der nächsten Entwicklung" festlegen, d.h. ihm Lernleistungen abverlangen, die er im Sinne der „dosierten Diskrepanz" mit seinen individuellen Lern- und Arbeitsmöglichkeiten zu erreichen in der Lage wäre. Drittens beachtet diese Konzeption des individualisierenden Lernens die Notwendigkeit einer Förderdiagnostik; im Unterschied zur traditionellen psychologischen Diagnostik, die eher eine defektorientierte Momentaufnahme des Lern-Leistungsverhaltens eines Schülers ist, geht die Förderdiagnostik systemisch vor, ist prozessorientiert (d.h. am Entwicklungsprozess des Individuums interessiert), sucht dessen vorhandene Kompetenzen zu erfassen und unterstützende Netzwerke (Ressourcen) zu identifizieren.

Um individualisierend zu lehren, muss der Lehrer/die Lehrerin im Sinne des ersten Grundmodells

- *differenziert die Sachstruktur des Lerninhalts ermitteln*
  Dazu gehören Fragen wie: Welche Handlungsvollzüge bzw. welche Tätigkeiten und Denkvorgänge setzen Lerngegenstand und Lerninhalt voraus? Welche sachstrukturellen Kenntnisse (Faktenwissen) sind für den Lerninhalt Voraussetzung (d.h. Analyse der vorauszusetzenden Begriffe/Denkstrukturen im Hinblick auf die erforderlichen Lösungsstrategien, Fachbegriffe und Teilkompetenzen)? Welche Abstraktionsebene haben die Vermittlung und das Unterrichtsmaterial? Welche sprachlichen Kompetenzen sind erforderlich? Welche Fähigkeiten erfordert die Vermittlung? Welche Anforderungen stellen die Unterrichtsmethode und das Unterrichtsmaterial? (Eberwein/Knauer 1998, S. 173 ff.)
- *differenziert die Lernstruktur des einzelnen Schülers ermitteln*
  Dazu gehören Fragen wie: Inwieweit kann der Schüler/die Schülerin die gestellte Aufgabe erfüllen? Welche Teilschritte/Teillösungen und Teilleistungen erbringt er/sie bereits? Welche Besonderheiten zeigt das individuelle Lernverhalten? Wie geht der Schüler/die Schülerin strategisch an Problemlösungen heran? Welche Einzelhandlungen, die für den Lernprozess bedeutsam sind, lassen sich bei ihm/ihr beobachten? Welche Rückschlüsse lassen sein/ihr Handeln und seine/ihre Sprache auf bereits erworbene Begriffe und Denkstrukturen zu? Sind bisher angewandte Handlungen sinnvolle, transferierbare Lösungsstrategien? Welche Handlungs- oder Verhaltensmöglichkeiten fehlen für eine erfolgreiche Lösungsstrategie? Sind Handlungen für die Bewältigung des Lerninhalts unpassend, ungünstig oder unkoordiniert? (Eberwein/Knauer 1998, S. 173 f.) Zur Lernstruktur des Schülers/der Schülerin zählen auch sein/ihr Lernverhalten im Unterricht.
- *systematisch den einzelnen Schüler bei der (im Sinne der dosierten Diskrepanz) gestellten Lernaufgabe beobachten*
  Dazu gehören Fragen wie: Wie geht der Schüler tatsächlich an die gestellte Aufgabe heran? Wie geht er mit der erkannten Schwierigkeit um? Weiß er sich selbst zu helfen oder nimmt er Hilfe von außen (Mitschüler, Lehrer) in Anspruch? Welche Motivation und Ausdauer lässt der Schüler erkennen? Gelingt ihm die richtige Problemlösung? Entsprach die gestellte Aufgabe wirklich seiner „Zone der nächsten Entwicklung" oder war sie zu schwer bzw. zu leicht? Welches Lern- und Arbeitsverhalten zeigt sich beim Schüler angesichts der speziellen Aufgabenstellung?

Dabei ist stets zu bedenken, dass das Lernen der Schüler/Schülerinnen nicht linear und aufbauend voranschreitet, sondern auch Sprünge, Rückschritte und längere Plateaus aufweist, bevor es differenzierter wird. Desgleichen ist zu beachten, dass Lernen ein konstruktiver und selbstgesteuerter Akt des Schülers/der Schülerin ist (vgl. den konstruktivistischen Lernbegriff), dass also Schüler/Schülerinnen höchst individuelle Weisen des Lernens, Verstehens und Behaltens haben können. Diese Konzeption prägt die derzeitige Diskussion in der Schulpädagogik. Sie lässt sich problemlos in die Tendenz einfügen, das Lernen der Schülerinnen/Schüler an Bildungsstandards mit unterschiedlichen Kompetenzniveaus zu orientieren.

b. Das Modell des autonomen Lernens der Schüler
Eine andere Konzeption, wie man den Schülerindividualitäten beim Lernen in der Schule gerecht werden könnte, kommt aus den USA, wo vor etwa 15 Jahren die Diskussion um Bildungsstandards begann. Sie möchte verhindern, dass eine allzu strikte Orientierung an Standards und Lernschritten aus dem individualisierenden Lehren ein sinnentleertes „training to the test" macht. Ausgehend von den Aktivitäten im Gehirn beim Lernen empfehlen Vertreter dieser Konzeption um die Professorin R. Caine (Kalifornien), den Unterricht mit den betroffenen Schülerinnen und Schülern vorrangig auf die Ziele „Kompetenz", „Selbstvertrauen" und „Interesse/intrinsische Motivation" auszurichten. Dafür ist es wichtig, ein förderliches Klima im Unterricht entstehen zu lassen („relaxed alertness"), durch Fragenstellen, durch Experimente, durch Problemlösungsversuche und durch das Aufgreifen zufälliger Lerngelegenheiten zu lehren („orchestrated immersion in complexe experience") und durch Übung und Anwendung das Gelernte zu konsolidieren („active processing"). Ihre Erfahrungen mit einer solchen Form individualisierenden Lernens sind in der Praxis erprobt und sehr erfolgreich. Konkret wird Schülerinnen und Schülern Zeit und Gelegenheit dazu gegeben, sich mit Fragen und Problemen, die ihnen persönlich wichtig sind, im Unterricht zu befassen. Die Schüler überlegen sich, was sie immer schon einmal wissen wollten, formulieren ihre genaue Frage, denken über mögliche Lösungswege nach und versuchen, selbstständig mit Hilfe von Recherchen, Experimenten und Materialien die zutreffende Antwort zu finden. Die Lehrer fungieren dabei als Lernberater. Schülerinnen und Schüler, die auf diese Weise ein persönliches Interesse an ihrer Lebensumwelt ausbildeten, Könnenserfahrungen mit sich selbst machten, autonomes und wahlfreies Lernverhalten kennen lernten und soziale Akzeptanz im Zusammenlernen mit anderen erfuhren, konnten die vorgeschriebenen Bildungsstandards besser bewältigen als altersgleiche Mitschüler, die auf die Tests hin geübt hatten. Kompetenz beim Lernen, Selbstvertrauen bei der Bewäl-

tigung unbekannter Aufgabenstellungen und ein ausgeprägtes Neugier-
und Frageverhalten seitens der Schüler bewirkt offenbar didaktisch
mehr als ein kurzschrittiges Einüben von Teilfertigkeiten. Schließlich
belegt auch die Forschung mit empirischen Untersuchungen, dass die
Selbstwirksamkeit des Schülers/der Schülerin ein zentrales Lernmotiv
ist (Zimmermann 2000), dass selbstreguliertes Lernen nachweislich zu
besseren Leistungsergebnissen führt (Winne 1996; Pintrich/De Groot
1990) und dass ein Verfolgen von Interessen im Output dem reproduktiven Einüben von Lehrstoff überlegen ist.

c. Das Modell des Offenen Unterrichts
Viele Möglichkeiten zum individualisierenden Unterricht bietet der
Offene Unterricht. Freiarbeitsmaterialien, Stationentrainings/Lernzir-
kel, Wochenpläne und Werkstätten können durch ein differenziertes
Themen- und Aufgabenangebot dem spezifischen Lernverhalten, den
Lernbesonderheiten und den Lerninteressen der einzelnen Schülerinnen/
Schüler Rechnung tragen (ausführlicher: Kap. VIII., 2.3.3 b.).

4.3   Gestörter Unterricht

Dass Unterricht gestört wird, ist in vielen Schulen heute nicht mehr
die Ausnahme, sondern die Regel. Untersuchungen zufolge haben 15
Prozent der Schülerinnen und Schüler gravierende Probleme und fallen
in Schule und Unterricht durch Disziplinkonflikte und Unterrichtsstörungen auf. Die Dunkelziffer von Kindern und Jugendlichen mit
Schwierigkeiten ist viel höher, man geht von etwa 30 Prozent aus.
Seit Jahren sind Problemschüler der größte Belastungsfaktor für Lehrer; vielfach sind sie die Ursache für Burnout-Gefühle und psychosozi-
ale Erkrankungen bei Lehrkräften und führen oft zu deren vorzeitigem
Berufsausstieg (Barth 1997; Burisch 2006).

a. Klärungen zum Begriff „Unterrichtsstörung"
Der Begriff „Unterrichtsstörung" konkurriert mit Begriffen wie Ver-
haltensauffälligkeit, Disziplinkonflikt, Provokationen, Aggressionen,
Unruhe u. Ä. im Unterricht. In Anlehnung an R. Winkel (1996) und G.
Lohmann (2003) soll gelten:

Eine Unterrichtsstörung liegt vor, wenn der Lehr-Lern-Prozess durch eine Einwirkung beteiligter Schüler/Schülerinnen oder anderer Personen oder durch äußere Ereignisse in seinem Verlauf unterbrochen, abgebrochen, unerträglich, inhuman oder unmöglich gemacht wird.

Unterrichtsstörungen werden vom Lehrer festgestellt und als solche definiert. Statistisch betrachtet stören Jungen häufiger als Mädchen; Mädchen stören eher beziehungsorientiert, Jungen fallen mehr durch das Übertreten von Regeln und Normen auf. Unterrichtsstörungen sind nach Bewusstheitsgrad, Intensität, Häufigkeit und Effekten verschieden und lassen sich in folgende Erscheinungsformen einteilen: Disziplinkonflikte, akustische und visuelle Dauerstörungen, allgemeine Unruhe im Klassenzimmer, Konzentrationsmangel der Schüler, verbales Störverhalten, mangelnder Lerneifer, negative Einstellung zum Unterricht, motorische Unruhe, aggressives Verhalten und neurotisch bedingte Störungen.

Schüler und Lehrer erklären Unterrichtsstörungen sehr verschieden und empfinden sie unterschiedlich (vgl. Jürgens 2000). Lehrer neigen dazu, die Störungen der Jungen und Mädchen auf eine vorliegende Verhaltensstörung zurückzuführen, suchen nach weiteren Gründen in deren Elternhaus und in der elterlichen Erziehung und ziehen daraus für sich die Konsequenz, zu ermahnen, zu strafen, unfreundlich zu sein und sich bei der Unterrichtsgestaltung weniger Mühe zu geben. Die Folge davon ist ein negativer Interaktionskreislauf und oft ein selffulfilling-prophecy-Effekt (= der freche, faule, unbeliebte Schüler). (Bründel/Simon 2003) Anders die Schüler. Sie nehmen das Unterrichtsgeschehen anders wahr und sehen in ihm zahlreiche Störungen auslösende Faktoren: ständiger Leistungsdruck, langweiliger Unterrichtsverlauf, keine wirklichen Mitentscheidungsrechte, negativ empfundene Etikettierungen, Beschimpfungen und Bloßstellungen durch Lehrer, Lehrerautorität bei der Durchsetzung von Lehrerinteressen und Ordnungen sowie die Behinderung der für sie besonders wichtigen Interaktionsbedürfnisse mit Gleichaltrigen im Unterricht.

Zur genaueren Klärung von Unterrichtsstörungen schlagen Schulpädagogen (Winkel, Lohmann, Nolting u. a.) eine Vorgehensweise in fünf Schritten vor:
• Erster Schritt: neutrale und um größtmögliche Objektivität bemühte Problembeschreibung – unter Umständen mit Hilfe eines Diagnosebogens,

- Zweiter Schritt: Selbstreflexion des Lehrers/der Lehrerin zum Zustandekommen und zur Klärung der Unterrichtsstörung mit Hilfe eines Tagebuchs oder eines Fragebogens,
- Dritter Schritt: Perspektivenwechsel (Lehrer übernimmt Schülerperspektive) zur Vergrößerung des Einfühlungsvermögens und zur Suche nach Gründen für das Schülerfehlverhalten,
- Vierter Schritt: gezielte, systematische Beobachtung zum Auftreten, zur Art und zu den Effekten der Unterrichtsstörung (Wer? Wann? Wo? Bei welcher Gelegenheit? Wie? Mit welchen Reaktionen?),
- Fünfter Schritt: Befragung des störenden Schülers/der störenden Schülerin durch die Lehrerin/den Lehrer mit Hilfe eines Fragebogens oder im Einzelgespräch zu dessen Gedanken, Gefühlen und Motiven; dabei sind aktives Zuhören und einfühlendes Verstehen auf Lehrerseite sehr wichtig. Es kann auch eine Diskussion in der Klassengemeinschaft oder eine Befragung durch Schüler-Reporter in der Klasse durchgeführt werden.

b. Ursachen und Ziele von Unterrichtsstörungen
Die Ursachen für Unterrichtsstörungen liegen keineswegs allein in der Schule. Allgemein gesagt können sie zusammenhängen
- mit den Erbanlagen und der psycho-physischen Entwicklung oder aktuellen Konstitution des Kindes/Jugendlichen,
- mit seiner Umwelt und Mitwelt im familiären und außerfamiliären Bereich (peergroups, Medien, Art der Freizeitgestaltung usw.),
- mit den Verhaltensregeln in der Schule,
- mit langweiligem, über- oder unterforderndem Unterricht,
- mit dem Führungsstil und dem Normkonzept des Lehrers,
- mit der Rolle und Position des Schülers in der Klasse/Gruppe.

Schaut man auf die Schule als Mitverursacher von Unterrichtsstörungen, so kann man generell feststellen: Kinder und Jugendliche, die Probleme haben, machen in der Schule Probleme. Wenn sich Kinder oder Jugendliche im Unterricht absichtlich so verhalten, dass sie dem Lehrer auffallen, so verfolgen sie damit bestimmte Ziele: (1) Sie wollen Aufmerksamkeit erregen, sei es durch Zwischenrufe oder kluge Beiträge, sei es durch Clownereien, Angeberei, Trotzhaltungen, enfant-terrible-Verhalten oder zur Schau gestellte Faulheit. (2) Sie wollen Macht demonstrieren, sei es durch Streitsucht, Widersprechen, Trödeln, Ungehorsam, Uneinsichtigkeit, sei es durch fortgesetztes Übertreten von Verboten und Missachten von Regelungen. 3) Sie wollen Rache nehmen, sei es durch hinterhältiges, rohes oder brutales Vorgehen gegen andere, sei es durch aggressive Passivität oder Freude bei Gewalt und Arglist. (4) Sie wollen ihr Prestige schützen dadurch, dass sie eigene Mängel oder das eigene Unvermögen durch Minderwertigkeitsbezeugungen offen zugeben oder Teilnahmslosigkeit und Gleichgültigkeit zeigen. (5) Sie wollen zeigen, dass sie nicht gezwungenermaßen in der Schule sein möchten und lassen dort ihre allgemeinen Frustrationen und ihre Lust an Destruktion heraus.

Art und Ausmaß der festgestellten Verhaltensauffälligkeiten hängen wesentlich von der Situationswahrnehmung und vom Normkonzept des Lehrers einerseits und vom Verhalten der Bezugsgruppe andererseits ab. Sie können also durchaus von Lehrer zu Lehrer und von Klasse zu Klasse differieren. Abhängig sind sie auch von der historisch-gesellschaftlichen Gesamtsituation (vgl. Verhaltensauffälligkeit heute und früher) und von Zeitgeistströmungen.

c. Maßnahmen der Prävention und der Intervention bei Unterrichtsstörungen

Die Frage, wie man Unterrichtsstörungen vorbeugen und wie man sie beheben kann, lässt sich nicht allgemein beantworten. Aus schulpädagogischer Praxis und Forschung heraus lassen sich allerdings Lehrerreaktionen und Lehrerverhaltensweisen angeben, bei denen die Wahrscheinlichkeit groß ist, dass es zu weniger Unterrichtsstörungen kommt und dass Unterrichtsstörungen, wenn sie auftreten, vom Lehrer/von der Lehrerin bewältigt werden. Dabei ist zu unterscheiden zwischen Maßnahmen, die präventiv eingesetzt werden sollten, und solchen der direkten Intervention bei gegebenem Anlass.

Präventionsmaßnahmen

Hauptsächliches Ziel der Lehrerinnen und Lehrer sollte es sein, Unterrichtsstörungen möglichst nicht entstehen zu lassen. Das kann durch ein gutes Lernmanagement versucht werden. Zur Vermeidung von Unterrichtsstörungen

- sollten die Lehrer immer die ganze Klasse im Blick haben,
- sollten die Lehrer den Unterricht so planen und durchführen, dass alle Schüler der Klasse möglichst die Stunde über aktiv (und nicht rezeptiv!) mit dem Lernen beschäftigt sind,
- sollten die Lehrer Verzögerungen und Unterbrechungen im Unterrichtsfluss vermeiden; Unterrichtsorganisatorisches sollte ohne Wartezeiten für die Schüler geregelt werden, auf lange Diskussionen über das Schülerverhalten sollte während des Unterrichts verzichtet werden,

- sollten die Lehrer die Regeln für das Allgemeinverhalten, für Verspätungen, für die Kommunikation in der Klasse, für die Folgen von Schülerfehlverhalten, für die Gruppenarbeit, für den Stundenbeginn und den Stundenabschluss usw. klar festlegen, mit den Schülern vereinbaren und vor allem konsequent und ohne Diskussion durchhalten; hilfreich ist es, mit älteren Schülern die Regeln einvernehmlich festzulegen und schriftlich bestätigen zu lassen; gute Effekte erzielt man auch, wenn man eine Liste mit Verhaltensweisen, die unter keinen Umständen erlaubt sind, anfertigt und in der Klasse aushängt,
- sollten die Lehrer bei aufkommenden Störungen an Stelle von Zurechtweisungen, Bestrafungen und Predigten/Standpauken zu nonverbalen und kurzen verbalen Präsenz- und Stoppsignalen übergehen, um zu verhindern, dass sie über das Verhalten eines einzelnen Schülers mit der ganzen Klasse streiten müssen.

Interventionsmaßnahmen

Wird der Unterricht gestört, müssen Lehrer darauf reagieren und – je nach Intensität und Ausmaß der Störung – eingreifen; die präventiven Maßnahmen werden dann durch intervenierende, aber deeskalierende weitergeführt. Die Situation kurzfristig aufzuklären hilft manchmal schon, ebenso den Schüler (erst) zu bitten und (dann) aufzufordern, die Störung zu unterlassen oder mit ihm auf dem Flur bei geöffneter Klassentür (Aufsichtspflicht) im Gespräch den Konflikt zu lösen. Bei schwierigeren Sachlagen empfehlen Praktiker, (1) den störenden Schüler zur Rede zu stellen (Was tust du? Wie heißt die Regel? Wie solltest du dich verhalten?) und ihm ggf. eine Auszeit ankündigen; (2) bei Unwirksamkeit des Zur-Rede-Stellens den Schüler eine Auszeit in einem anderen Raum zum Abreagieren oder in einer Nische des Klassenzimmers oder im Unterricht der Nachbarklasse nehmen zu lassen und ihm für diese Zeit eine Aufgabe zu stellen (z. B. sein Fehlverhalten schriftlich darzustellen oder fachliche Aufgaben zu erledigen).

In der Fachliteratur wird in diesem Zusammenhang zwischen lehrerzentrierten und kooperativen Interventionsstrategien unterschieden.

Lehrerzentrierte Interventionsmaßnahmen:
R. Winkel (1996) u. a. empfehlen Lehrern/Lehrerinnen, bei Unterrichtsstörungen niemals mit den Kindern/Jugendlichen vor der Klasse zu „kämpfen" oder zu streiten; die Auseinandersetzung mit den Beteiligten sollte nach der Stunde erfolgen. Ferner sollten Lehrer vor ihrer Reaktion eine kurze Reflexionspause einlegen, um Spontanreaktionen

zu verhindern und nicht gegen die Berufsethik zu handeln. Auch ist es falsch, wenn sich Lehrer von Unterrichtsstörungen und Schülerattacken stets persönlich verletzt fühlen und wenn sie undiffferenziert die Klasse als Gesamtheit verurteilen. Hat der Lehrer sich um einfühlendes Verstehen und um eine Motiv- und Ursachensuche bemüht, steht ihm eine Liste von pädagogischen Maßnahmen zur Verfügung (vgl. Winkel 1996, S. 96 f.):

- bewusstes Ignorieren,
- Zeichen geben durch Mimik, Gestik, Raumregie,
- Kontaktherstellung (z. B. leicht am Arm halten, Hand auf die Schulter legen) bei gleichzeitiger Distanzhaltung (z. B. nicht zu nahe kommen, Intimzone beachten),
- die Situation entspannen (z. B. durch Humor oder einen aufheiternden Blick),
- Umstrukturierung des Stundenverlaufs (z. B. Stillarbeit einsetzen, Schüler etwas abschreiben lassen, Gruppenarbeit),
- Umgruppierung der Schüler/Schülerinnen durch Umsetzung einzelner Schüler oder durch Veränderung der Sitzordnung in der Klasse,
- Richtigstellen falscher Annahmen und irriger Meinungen auf Schülerseite,
- Ansprechen emotionaler Spannungen und unterschwelliger Konflikte (z. B. durch „Blitzlicht"),
- Appelle an das Zusammengehörigkeitsgefühl (Wir-Gefühl) der Klasse zwecks Abbau egozentrischen Verhaltens,
- vorbeugendes Hinausschicken und Auszeit anordnen,
- den Arbeitsplatz von ablenkenden Gegenständen frei räumen lassen,
- an Ruherituale erinnern und Stille- und Entspannungsübungen praktizieren,
- genaue Regeln für die Lehrerreaktion bei bestimmten Störungsarten (z. B. Zuspätkommen, Vergessen der Hausaufgaben oder Hefte/Bücher usw.) einführen und einhalten,
- Verbote mit Konsequenzen für die Schüler durchsetzen (z. B. bei Verletzung der Personwürde),
- Versprechungen machen, welche Vergünstigungen zu erwarten sind, wenn keine Störungen mehr passieren,
- nichtstörende Schüler belohnen,
- Warnung der Schüler vor Konsequenzen ihres Verhaltens, die dann auch eintreten müssen,
- Strafen verhängen, die mit Wiedergutmachung und logischen/natürlichen Folgen des Schülerverhaltens oder mit Vorgaben des Schulrechts zu legitimieren sind und dem Schüler eine Möglichkeit zur

Verbesserung seines Verhaltens lassen,
- besondere persönliche Zuwendung gewähren und Zutrauen durch Übertragung von Verantwortlichkeit signalisieren.

Für alle aufgelisteten Lehrerreaktionen bei Unterrichtsstörungen gilt: Sie sind keine Allheilmittel, ihr Erfolg ist nicht sicher, sie können allesamt vom Schüler missverstanden und gegen den Lehrer gedeutet werden, und natürlich sind einige Maßnahmen auch von einzelnen Lehrern zu autoritären Zwecken missbrauchbar. In keinem Falle aber darf die Disziplinierung von Schülern mit der Leistungsbeurteilung verknüpft werden. Häufig zu beobachten und bei Unterrichtsstörungen wenig hilfreich ist, dass Lehrkräfte zu viel reden und zu viel Gefühl zeigen. Eine stärker formalisierte Reaktionsweise kann da Abhilfe schaffen. Empfohlen wird beispielsweise die 1-2-3 Methode: Erster Schritt: Bei Verhaltensweisen wie Nörgeln, Ärgern, Dazwischenreden warnt der Lehrer gleich nach dem Auftreten des Störverhaltens den Schüler in ruhigem Ton: „Hier ist die 1", was soviel bedeutet wie „erste Warnung". Ändert der Schüler sein störendes Verhalten nicht, dann: „Hier ist die 2". Lässt er es immer noch nicht: „Hier ist die 3", was heißt: 5 Minuten Auszeit. Der Schüler erfährt die Folgen seines Verhaltens sofort. Zweiter Schritt: Beim Bemühen um die Verstärkung positiven Schülerverhaltens (Start-Signale) verwendet der Lehrer Lob und emotionslose Aufforderungen, setzt z. B. eine Eieruhr als Zeitraster bei unkonzentriertem Arbeiten ein, führt Tabellen über das Regeleinhalten einzelner Schüler pro Wochentag, usw. Dritter Schritt: Beim Versuch, die Beziehung zur Lehrperson zu verbessern, arbeitet man vorwiegend mit Lob, Spaß und Verzeihen, aktivem Zuhören, respektvollem Umgang mit den Gedanken und Gefühlen des Schülers/der Schülerin, mit Beachten der Sichtweise der Kinder und Jugendlichen usw.

Kooperative Interventionsmaßnahmen:
In vielen Fällen reichen kurzfristig angelegte Interventionen nicht aus, um das störende Schülerverhalten im Unterricht nachhaltig zu verbessern. Hier bietet die Fachliteratur Möglichkeiten an, die den Lehrer mit der Klasse zwecks Problemlösung kooperieren lassen. Die meistgenannten sind:
- das konstruktive Konfliktgespräch mit der Klasse:
  Dieses Verfahren orientiert sich an Th. Gordons Konzeption der Lehrer-Schüler-Konferenz. Es enthält den Versuch, durch ein strukturiertes Gespräch zwischen dem Lehrer und der Klasse mit aktivem Zuhören und mit Ich-Botschaften gemeinsam eine Lösung des ent-

standen Problems zu finden. Der Konflikt wird offen und ohne Vorwürfe, Zurechtweisungen oder Anklagen besprochen. Bei diesem Gespräch sind 6 Prozess-Stufen einzuhalten:

- Definition des Problems/Konflikts (z. B. permanente Unruhe in der Klasse),
- gemeinsame Sammlung möglicher Lösungen des Problems/Konflikts an der Tafel ohne Kommentierung oder Diskussion (z. B. neue Sitzordnung, völliges Redeverbot, generelle Redefreiheit, Flüstern …),
- Diskussion über jeden einzelnen der Lösungsvorschläge und anschließend deren Bewertung,
- Entscheidung für eine (vorläufige) Lösung; als die beste Lösung gilt die, bei der sich keiner als Verlierer fühlt, mit der alle leben können, nicht nur die Mehrheit,

- Umsetzung der Entscheidung mit Hilfe eines vereinbarten Zeit- und Arbeitsplans,
- Überprüfung und Bewertung der Effektivität der Lösung bei Bedarf.
• die Konfliktlösung als Klassenprojekt:
In Anlehnung an die kooperative Methode der Verhaltensänderung von A. Redlich und W. Schley (1981), die über das Gespräch hinausgeht, wird hier eine Problemlösung in drei Schritten vorgeschlagen:
- kooperative Diagnose
Lehrer und Schüler nehmen – auch schriftlich, ggf. auch mit einem Fragebogen für die Schüler – zu den Rahmenbedingungen Stellung und stellen unabhängig voneinander die eigene Problemsicht dar. Anschließend werden die beiden Problemsichten gegenübergestellt und nacheinander ausführlich besprochen. Dabei sollten sowohl der Lehrer als auch die Schüler klar ausformulieren, welches Ziel sie haben,
- kooperative Planung der Intervention
Ausgehend von den unterschiedlichen Zielvorstellungen wird diskutiert, wie ein gemeinschaftliches Vorgehen zur Problemlösung aussehen könnte. Dabei wird sich der Lehrer in seinem Verhalten ebenso ändern müssen wie die Schüler. Gesucht wird ein Ziel, das die Bedürfnisse (möglichst) aller befriedigt. Dieses wird als Gesamtziel ausformuliert und dann in realistisch erreichbare Teilziele aufgeteilt, die von den Schülern und vom Lehrer auch überprüfbar sind. Anschließend werden handlungsorientierte Maßnahmen entschieden, die die Teilziele erreichen helfen. Das

können Hinweistafeln mit Klassenregeln sein, eine Änderung der Sitzordnung, veränderte Verhaltensweisen der Schüler und des Lehrers (die übrigens im Rollenspiel erprobt werden sollten!), Verstärkungspläne usw. Schließlich wird noch ein Zeitplan für die Teilziele aufgestellt, der auch angibt, wann und wie die Teilziele evaluiert werden sollen,

o kooperative Intervention
Der Interventionsplan wird mit den Schülerinnen und Schülern vereinbart. Häufig wird die Vereinbarung in der Form eines Vertrages getroffen, in dem die Laufzeit, die Regeln und die Überprüfungen festgehalten werden und der von jedem Schüler einzeln und vom Lehrer unterschrieben wird. Der Verlauf dieser kooperativen Strategie wird im Klassenzimmer in einem Schaubild festgehalten. Auch gibt es einen Schülerbogen zur Selbstbeobachtung, in den möglichst täglich die Regeleinhaltung und der Regelverstoß von jedem Schüler selbst eingetragen werden. Am Schluss des vereinbarten Zeitraums wird Bilanz gezogen. Stellt sich allerdings während des Projekts heraus, dass vereinbarte Verhaltensweisen noch einmal überdacht werden müssten, ist auch eine Plankorrektur möglich.

IX. Wie lässt sich didaktisches Handeln evaluieren?

In der verwissenschaftlichten Zivilisation stehen Erziehung und Bildung, wie sie in der Schule angebahnt werden, unter Legitimationsdruck. Dafür ist deren Analyse und Evaluation nötig.

1 Grundsätzliche Überlegungen

Um Lehr-Lern-Prozesse und didaktisches Handeln evaluieren zu können, muss man es einer Analyse unterziehen.

> Mit der Analyse von Lehr-Lern-Prozessen ist gemeint, dass deren zentrale Aspekte und Wirkfaktoren aus unterschiedlichen Perspektiven, mit verschiedenen Zielsetzungen und mit Hilfe unterschiedlicher Methoden (z. B. Beobachtung, Videografie, Dokumentenanalyse) untersucht werden.

Gegenstand der Analyse können sein:
- die äußeren Rahmenbedingungen des Lehrens und Lernens (z. B. Raum, Zeit, Ausstattung, Lehrplanvorgaben, Schülerzahl, anthropogene und soziokulturelle Vorgaben),
- die Stimmigkeit, Interdependenz und Schüleradaptivität der didaktischen Entscheidungen des Lehrers zu den einzelnen Strukturmomenten des Unterrichts (Ziele, Inhalte, Methoden, Medien),
- die Angemessenheit der Wahl der Unterrichtsform/Unterrichtskonzeption und die Beachtung von Unterrichtsprinzipien,
- das Lernarrangement, die Artikulation, der Verlauf und die Lehr-Lern-Effekte der Stunde,
- die verbalen und nonverbalen Aktions- und Reaktionsweisen der Beteiligten (Lehrer, Schüler),
- die Lernatmosphäre, das Unterrichtsklima sowie
- der persönliche Einsatz und das Verhalten der Lehrer/Lehrerinnen.

Die *Unterrichtsanalyse* kann (1) im Anschluss an den gehaltenen Unterricht als nachträgliche Selbstreflexion des Lehrers/der Lehrerin oder als gemeinsame Reflexion zwischen dem Lehrer und einem Hospitanten oder Evaluator seines Unterrichts („critical friends", Studenten, Schulaufsichtspersonen) stattfinden; dabei stützt sich die Analyse in der

Regel auf eine systematische Beobachtung, auf eine wörtliche, narrative oder formalisierte Protokollierung oder auf eine Videografie des erteilten Unterrichts. Die Unterrichtsanalyse kann (2) als Instrumentarium für die bei der Unterrichtsplanung zu beachtenden Aspekte dienen. Hierzu wird meist auf ein Strukturmodell von Unterricht zurückgegriffen, das die wichtigsten Faktoren des Unterrichts erfasst, beschreibt, kategorisiert und in ihrem Zusammenwirken systematisiert (vgl. z. B. die Lehrtheoretische Didaktik). Daneben kann die Unterrichtsanalyse (3) Forschungszwecken dienen, insofern sie gesichertes Wissen über tatsächlich gehaltenen Unterricht zu erheben erlaubt. Schließlich nützt die Unterrichtsanalyse (4) noch in der Lehrerausbildung und der Lehrerfortbildung, da mit ihrer Hilfe durch Bewusstmachen zentraler Unterrichtsfaktoren die Handlungskompetenz der Lehrkräfte vergrößert werden kann.

Grundsätzlich befasst sich die Unterrichtsanalyse mit der Inhaltsebene, der Beziehungsebene und Lehr-Lern-Prozessebene.

Die Unterrichtsanalyse steht im engen Zusammenhang mit der *Unterrichtsevaluation*. Sie ist gewissermaßen deren Basis. Dazu muss die Unterrichtsanalyse sich auf gesicherte Daten stützen, die in der Regel durch systematische Beobachtung, als nichtteilnehmende, offene oder verdeckte Beobachtung, durch Videografie des Unterrichts (z. B. zwecks Erforschung aller verbalen und nonverbalen Schüler- und Lehrerverhaltensweisen unter allgemeindidaktischer und fachdidaktischer Perspektive), durch Dokumentenanalyse (z. B. der Lehrervorbereitung, der verwendeten „Texte" und der „Produktionen" der Schüler) und durch Befragung der Beteiligten (Lehrer, Schüler, ggf. Eltern) ermittelt werden. Nicht unbedeutend ist in diesem Zusammenhang auch die Form der Protokollierung und der Präsentation der ermittelten Daten: narratives Protokoll, Wortprotokoll, teilformalisiertes Protokoll, formalisiertes Protokoll.

Bei der Analyse von Lehr-Lern-Prozessen ist die Deskription die Voraussetzung für eine Besprechung der hinter der Unterrichtsstunde stehenden oder erkennbaren didaktischen und pädagogischen Lehrerentscheidungen. Diese muss der Lehrer/die Lehrerin argumentativ mit Rückgriff auf fachwissenschaftliche, allgemeindidaktische und fachdidaktische Theorien und Konzeptionen legitimieren können. Desgleichen bedarf es eines Abgleichs der erzieherisch relevanten Interventionen oder Nicht-Interventionen des Lehrers/der Lehrerin während der Unterrichtsstunde mit dem heute vorherrschenden Verständnis von Erziehung in der Schule und mit den Anforderungen an eine demokratische Sozialerziehung.

2   Die Evaluierung von Lehr-Lern-Prozessen

Die Qualität von Lehr-Lern-Prozessen zu ermitteln, ist Aufgabe der Evaluation.

> Unter Evaluation (von lat: valere = wert, stark sein/engl.: value = Wert) versteht man die feststellende Überprüfung des Werts, der Qualität und Güte einer Handlung oder einer Institution durch systematische Sammlung, Analyse und Auswertung von Daten darüber und deren Abgleich mit vorgegebenen Kriterien/Standards. Mit Hilfe der Dateninterpretation sollen Entscheidungen sachkundiger getroffen und notwendige Innovationen initiiert werden.

Die Evaluation des Unterrichts richtet ihr Augenmerk auf die Resultate der Lehr-Lern-Prozesse (Produktqualität, output, outcomes), auf die Prozesse, die dabei ablaufen (Prozessqualität), auf die Rahmenbedingungen, unter denen sie verlaufen (Strukturqualität), und auf die „Philosophie" des Lehrens und Lernens, die dahinter erkennbar ist (Orientierungsqualität: Lehrverständnis, Lernbegriff, Vermittlungskonzept).

Im Einzelnen unterscheidet man folgende Arten von Evaluation:

- *Die interne Evaluation,* bei der Lehrende und Lernende ihre Arbeitsergebnisse und ihre Leistungsfähigkeit selbst überprüfen, als eine Rechenschaftslegung in Form von Selbstreflexion und Selbstevaluation.
- *Die externe Evaluation,* bei der außenstehende Personen (Schulaufsicht, Kollegen anderer Schulen, Wissenschaftler, Eltern, Experten) zu den Lehr-Lern-Prozessen Daten erheben und Informationen sammeln, um daraus ein Fazit über deren Qualität zu erarbeiten..
- *Die Prozess-Evaluation,* wobei es um die Prozesse geht, die zu Ergebnissen geführt haben; häufig werden unter „Prozessen" auch erfassbare Handlungen/Aktivitäten verstanden (wie z. B. Schulkultur, Schulmanagement, Teamarbeit).
- *Die Produkt-Evaluation,* d.h. es werden nur die Ergebnisse und Effekte der Lehr-Lern-Prozesse (output, outcomes) evaluiert.
- *Die formative Evaluation*: Hier werden Prozesse, die im Unterricht ablaufen, von Evaluatoren begleitet, in ihren Einzelphasen überprüft und ggf. im Verlauf durch gezielte Verbesserungshinweise verändert.
- *Die summative Evaluation:* Bei ihr kommt es ausschließlich auf die Bewertung/Auswertung der Ergebnisse, Effekte und messbaren Wirkungen nach dem Lehr-Lern-Prozess an.

- *Die partizipative Evaluation:* Sie bezieht die zu Evaluierenden in die Planung und Durchführung der Evaluation mit deren spezifischen Vorstellungen und Anliegen ein.

Alle Evaluationsformen haben das Ziel, den Beteiligten Rückmeldung über die Qualität und die Effekte der Lehr-Lern-Prozesse zu geben. Sie erlauben auch, Vergleiche anzustellen und Rankings zu erstellen.

Die Evaluation von Lehr-Lern-Prozessen lässt sich auf zweierlei Weise vornehmen, nämlich zum einen als Beurteilung der didaktischen Praxis des Lehrers/der Lehrerin und zum anderen durch die Messung der Schülerleistungen.

2.1 Die Evaluation der didaktischen Praxis des Lehrers

Die Frage, was gutes Unterrichten ist und wie es evaluiert werden kann, ist nicht neu; sie wurde von jeher mit Verweis auf die jeweils favorisierten didaktischen Theorien und Konzeptionen beantwortet. Neue Bedeutung erhielt sie aber seit 1994 durch die internationalen Schulvergleichsuntersuchungen TIMS, PISA, IGLU u.a., die sie wie folgt beantworten: Guter Unterricht ist an den quantitativ erfassbaren Lernerträgen von Schülern/Schülerinnen in bestimmten Wissensdomänen festzumachen, am Lern-Output, abgebildet in den Resultaten, die Schülergruppen bei der Erarbeitung spezifischer Aufgabenstellungen erzielen. Diese Antwort auf die Frage, was guter Unterricht ist, berücksichtigt weniger die Inputs (Rahmenbedingungen wie Lehrpläne, Stundenpläne, Lehrerbildung) und kümmert sich auch nicht um Bildungs- und Erziehungsvorstellungen; sie orientiert sich vielmehr an dem angloamerikanischen Literacy-Konzept, demzufolge sich die Effizienz des Schulunterrichts am quantitativ messbaren Niveau der Kompetenzen, über die die Schüler bei der Lösung von bestimmten Aufgabenarten verfügen, erweist.

> Die Qualität von Unterricht wird heute meist als messbare und (an zuvor formulierten Kriterien) bewertbare Beschaffenheit von Prozessen und Produkten des Lehr-Lern-Prozesses verstanden, welche mit quantitativen und qualitativen Methoden der Sozialforschung aus Lehrerangaben zum eigenen Unterricht, aus Schülerangaben zum Unterricht, mit Ratingbögen/Checklisten/Inventaren zum beobachteten Unterricht und mit Hilfe von Unterrichtsvideografien herausgefunden werden kann.

Als Beispiel dafür soll der Beobachtungsbogen für die Qualitätsevaluation der Schulen Bayerns dienen (vgl. ISB 2005, S. 44 f.). Hier gelten als Qualitätsmerkmale:

---

1. Klassenführung
   - Der Unterricht erfolgt auf der Basis eines Regelsystems, das Störungen von vornherein vermeiden hilft.
   - Die Lehrkraft behält den Überblick über unterrichtsbezogene und/oder unterrichtsfremde Aktivitäten der Schüler.
   - Die Lehrkraft sorgt für ein hohes Maß an tatsächlicher Lernzeit (Pünktlichkeit, kein Leerlauf).
   - Dem Unterricht liegt eine klare Planung zugrunde, doch reagiert die Lehrkraft schüler- und situationsgemäß flexibel.

2. Unterrichtsklima
   - Die Lehrkraft fördert eine positive Einstellung zu Lernen und Leisten.
   - Die Beziehungen zwischen Lehrkraft und Schülern sind entspannt und angstfrei.
   - Die Schüler gehen freundlich und rücksichtsvoll miteinander um.
   - Der Umgangston der Lehrkraft ist freundlich und wertschätzend.
   - Alle Schüler werden in das Unterrichtsgeschehen einbezogen.

3. Motivierung
   - Die Lehrkraft bezieht den Erfahrungshorizont der Schüler und/oder Schülerinteressen in den Unterricht ein.
   - Die Lehrkraft macht den Schülern die Bedeutung/den Sinn von Unterrichtsinhalten bewusst.
   - Die Aufgabenstellungen sind abwechslungsreich und anschaulich (hoher Aufforderungscharakter).
   - Die Lehrkraft verstärkt individuelle Lernforschritte und/oder Verhaltensweisen durch Lob und Ermutigung.
   - Die Lehrkraft zeigt sich selbst an den Unterrichtszielen und -inhalten interessiert.

4. Strukturiertheit
   - Der Unterricht knüpft an bisher Gelerntes an.
   - Informationen werden klar strukturiert präsentiert.
   - Die Lehrkraft drückt sich gut verständlich aus.

- Fachsprache wird angemessen verwendet.
- Die Aufgabenstellungen sind so präzise formuliert, dass den Schülern klar ist, was sie tun sollen.
- Das Unterrichtstempo ist angemessen.

5. Zielorientierung
   - Der Unterricht baut zusammenhängendes, vernetztes Wissen auf.
   - Der Unterricht setzt die Lernziele des Lehrplans um.
   - Die angestrebten Lernziele werden klar aufgezeigt.

6. Individuelle Unterstützung
   - Die Lehrkraft gibt Hilfestellung, wenn Schüler etwas nicht verstehen oder können.
   - Die Lehrkraft achtet nicht nur auf Leistungsergebnisse, sondern auch auf Lernerfolge und Lernschwierigkeiten.
   - Die Lehrkraft stellt unterschiedliche Aufgaben je nach Können der Schüler.
   - Fehler der Schüler werden konstruktiv für das Lernen genutzt.

7. Selbstständiges Lernen
   - Die Schüler haben Gelegenheit, fachliche und/oder methodische Kompetenzen zu erwerben bzw. zu erproben.
   - Die Schüler haben Gelegenheit, Medienkompetenz zu erwerben bzw. zu erproben.
   - Die Schüler haben Gelegenheit, personale und/oder soziale Kompetenzen zu erwerben bzw. zu erproben.
   - Die Schüler erhalten Anregungen zur Reflexion und Verbesserung der eigenen Lernstrategien.

8. Variabilität
   - Verschiedene methodische Vorgehensweisen (z. B. direkte Instruktion, Projektarbeit, Freiarbeit) kommen zum Einsatz.
   - Die Unterrichtsmethoden werden den angestrebten Zielen und Inhalten entsprechend variiert.
   - Fachspezifische Arbeitsweisen kommen – dem Alter der Schüler gemäß – zur Anwendung.
   - In Phasen kooperativen Lernens können die Schüler voneinander lernen und/oder die Arbeit im Team üben.

9. Lernerfolgssicherung
- Die Aufgaben haben ein angemessenes Anforderungsniveau (weder Über- noch Unterforderung).
- Die Schüler lernen, ihr Wissen in unterschiedlichen Zusammenhängen anzuwenden.
- Der Unterricht enthält Phasen des Wiederholens/Übens.
- Das Erreichen der Lernziele wird überprüft.
- Die Hausaufgaben sind eine sinnvolle Ergänzung des Unterrichts.
- Die Hausaufgaben werden kontrolliert und besprochen.

2.2 Die Evaluation der Leistungen der Schüler

Aus der Schülerperspektive hat die Unterrichtsevaluation die Form der Lernerfolgskontrolle, bei der der Schüler beurteilt wird.

Unter der Schülerbeurteilung versteht man Interpretationen des Lehrers, die sich auf die Persönlichkeit, die Fähigkeiten und das Verhalten des Schülers beziehen und auf Beobachtungen, Diagnosen, Messungen und Analysen beruhen.

Im Einzelnen umfasst die Schülerbeurteilung

- Noten für mündliche, schriftliche und praktische Leistungen,
- Zeugnisse mit Leistungsnoten, Verhaltensnoten (z. B. Lernverhalten, Arbeitsverhalten, Sozialverhalten) und Bemerkungen zu besonderen Fähigkeiten oder Engagements der Schüler/Schülerinnen
- die Zuweisung der Schüler zu Lerngruppen (differenzierter Unterricht/Förderunterricht)
- die Versetzung oder Nicht-Versetzung.

Die *Zensierungspraxis* mit Einzelnoten sieht sich seit langem harter Kritik ausgesetzt. Während die Befürworter den Informationswert der Note (Ziffernnote) für Lehrer, Schüler und Eltern, die schul- und klasseninterne Vergleichbarkeit von festgestellten Leistungen und ihren lernmotivierenden Wert herausstellen, tragen die Gegner besonders folgende Argumente vor:
- Zensuren sind ungerecht, weil sie nicht objektiv, d.h. von subjektiven Einflüssen nicht frei sind (vgl. Beobachtungsfehler, Vorurteile, Urteilstendenzen wie bei Hoch- oder Tiefbeurteilern, strengen oder milden Lehrern).

- Zensuren sind nicht vergleichbar, da es keinen Konsens über einheitliche Beurteilungsmaßstäbe für die jeweiligen Unterrichtsgegenstände gibt.
- Zensuren verführen den Lehrer zum Missbrauch seiner Macht, die er bei der Benotung über seine Schüler ausübt.
- Durch die Ziffernnote werden sehr komplexe, zum Teil voneinander unabhängige und deshalb nicht zu addierende Leistungsarten zu einer Zahl zusammengefasst.
- Zensuren haben für die spätere schulische Laufbahn oder für den Berufserfolg nur bedingt prognostischen Wert.
- Zensuren sind im Sinne der klassischen Testtheorie nicht reliabel, d.h. messgenau genug, um die Leistung der Schüler richtig zu bewerten.
- Der Zensurenerlass beschreibt die Notenwerte 1 (sehr gut), 2 (gut), 3 (befriedigend), 4 (ausreichend), 5 (mangelhaft) und 6 (ungenügend) nur sehr allgemein und gibt dem Lehrer keine konkreten Kriterien für die Leistungsbeurteilung an die Hand.
- Zensuren gehen an der Komplexität und Einmaligkeit der Schülerindividualität vorbei und machen den Schüler zum Klassifizierungsobjekt.
- Zensuren benachteiligen Schüler aus bildungsfernen Elternhäusern und anregungsarmem Milieu; dies gilt vor allem für sprachschwache Schüler und für Schüler mit Migrationshintergrund.
- Die unpersönliche Form der Ziffernnote vergrößert die Distanz zwischen Schule und Elternhaus.
- Schlechte Zensuren sind als ständiger Misserfolg eine Entmutigung für leistungsschwache und ängstliche Schüler.

Das Bezugssystem der Schülerleistung kann sehr unterschiedlich sein und sagt infolgedessen auch Unterschiedliches über den Schüler aus: Beim individuellen Bezugssystem wird der Schüler an seinen früheren Leistungen gemessen, beim klasseninternen „sozialen" Bezugssystem an den (zufällig vorhandenen) Mitschülern seiner Klasse, beim schulinternen Bezugssystem an den (zufällig vorhandenen) Schülern seiner Schule, bei Normtabellen an extern festgelegten Leistungsdefinitionen ohne Bezug zum tatsächlich durchgeführten Unterricht (vgl. Orientierungsarbeiten, Jahrgangsstufentests), bei Kriteriumsbezug an den vom Schulbuch oder vom Lehrer vorgegeben Lernzielen und beim Experten-Urteil an dem Maßstab und der Meinung des einzelnen Lehrers (kriteriales Bezugssystem).

Für die Notenfindung verwenden Lehrer häufig pragmatische Raster: Sie wenden die Normalverteilung (Gaußsche Glockenkurve) an, obwohl die einzelne Schulklasse/Lerngruppe nicht „normal verteilt" ist; sie legen ein unteres Drittel fest als Orientierungspunkt für die mangelhaften und ungenügenden Arbeiten; sie suchen sich eine mittlere erreichbare Punktzahl und vergeben dafür die Note „ausreichend"; sie korrigieren die Arbeit, vergeben „sehr gut" für die beste und „ungenügend" für die schlechteste Arbeit und teilen den Zwischenraum in gleich große Notenschritte usw.

Die am häufigsten diskutierten *Alternativen* zur derzeitigen Zensierungspraxis sind: die freie, verbale Beurteilung, die Leistungsmessung durch Tests und Diagnosebögen und die direkte Leistungsvorlage durch Schüler in Form von Portfolios, Lerntagebüchern, Pensenbüchern, Präsentationen, Gruppenarbeiten usw.

In der freien Wortbeurteilung wird auf die Ziffernnote verzichtet. Stattdessen beschreiben die Lehrer das Lern- und Sozialverhalten des Schülers in Kurzcharakterisierungen. Die objektivierte Leistungsmessung versucht, die Nachteile der herkömmlichen Zensierungspraxis in Bezug auf Objektivität und Reliabilität durch die Konstruktion von Leistungstests aufzuheben. Das ist vergleichsweise leicht zu verwirklichen für objektivierbare Leistungen (etwa in Mathematik und den Naturwissenschaften). Ein Diagnosebogen, meist bei Orientierungsstufen, Gesamtschulen, Ganztagsschulen oder in freien Schulen verwendet, ist ein Kategorienschema, in das für jeden Schüler laufend die Ergebnisse gezielter Unterrichtsbeobachtung eingetragen werden. Bei der direkten Leistungsvorlage werden die Schülerinnen/Schüler an der Leistungsfeststellung und Leistungsbewertung direkt beteiligt. Sie bekommen Gelegenheit, sich mit selbst ausgewählten, für sie repräsentativen Lernprodukten dem Lehrer zur Beurteilung vorzustellen und im Dialog mit ihm das ihnen als individuelle Lerner (vgl. den konstruktivistischen Lernbegriff) zukommende Leistungsergebnis zu ermitteln; dabei wird die Individualleistung mit der kriterialen Norm in Beziehung gesetzt.

 Die Diskussion um Schulleistungen und Zensuren lässt sich in didaktischer Hinsicht präzisieren. Denn nicht Leistungsanforderungen oder Leistungsanreize sind in der Schule strittig, sondern die Praxis der Leistungsüberprüfung und Leistungserhebung. Leistungen erbringen und sich in seinen eigenen Befähigungen steigern wollen, ist ein anthropologisches Grunddatum. Jeder Mensch macht mit seinen Fähigkeiten und

Fertigkeiten Erfahrungen und erwirbt sich mit ihnen Aufmerksamkeit und Wertschätzung. Das Streben, sich mit seinen Kräften zu erproben, ist ein elementares Bedürfnis des Menschen, das ihm hilft, sich selbst zu verwirklichen, einzuschätzen und zu bilden. Im Sinne der Didaktik der Gegenwart ist allerdings zweierlei zu bedenken: Erstens muss berücksichtigt werden, dass *Schulleistung multifaktoriell bedingt* ist, wie das folgende Schema (nach A. Helmke 2004, S. 34) belegt:

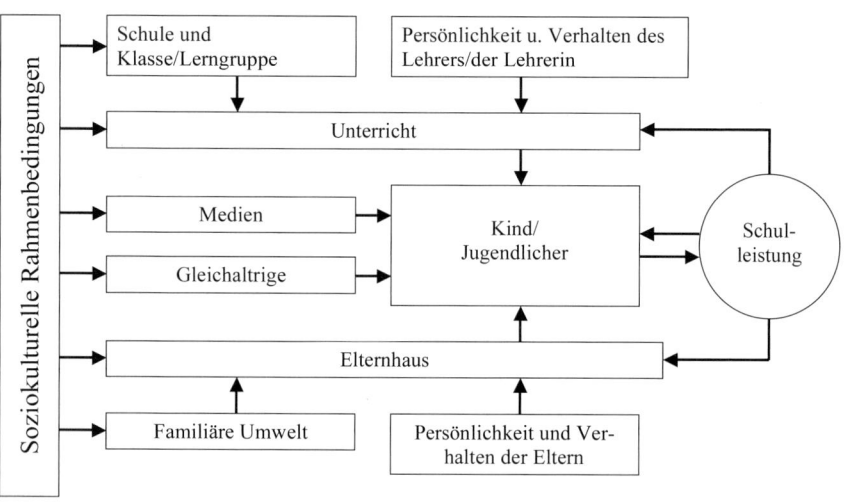

Zweitens muss beachtet werden, dass die *Lernleistung* der Kinder und Jugendlichen immer das Ergebnis eines *individuellen Prozesses subjektiver Bedeutungskonstruktionen* ist und dass jedem Kind/Jugendlichen diese Bedeutungskonstruktionen immer nur auf der Grundlage seiner vorhandenen Strukturen des Denkens, Fühlens, Könnens und Wollens möglich sind.

 Angesichts der Komplexität des Themas „Schulleistung" muss der Lehrer/die Lehrerin bei der Leistungsüberprüfung einige *pädagogisch-didaktische Hinweise* beachten:

- Schon bei der Unterrichtsgestaltung sollten Phasen des Lernens und Phasen der Leistungsüberprüfung deutlich voneinander abgegrenzt werden, damit das Lernen selbstentdeckend und angstfrei erfolgen kann.

- Prüfungsinhalte sollten nach ihrer Bedeutsamkeit im tatsächlichen Leben, für den weiteren Fachunterricht und für außerschulische Anwendungsbereiche (z. B. Berufe) ausgewählt werden. Die Auswahl sollte am Beginn der Unterrichtseinheit den Schülern (z. B. in Form eines Lernzielkatalogs) offen gelegt, begründet und mit einer Musterlösung demonstriert werden.
- Prüfungen sollten entsprechend dem Schulfach, den im Unterricht praktizierten Lernweisen und dem Leistungsprofil der Schüler schriftlich, mündlich und praktisch sein.
- Die Aufgabenformen sollten themenbezogen variieren (offene, geschlossene) und um der unterschiedlichen Lernweise der Schüler willen abgewechselt werden. Die Reihenfolge der Aufgaben sollte die Angst der Schüler bei Prüfungen bedenken (z. B. zuerst leichtere, dann schwerere Aufgaben).
- Der Lehrer sollte die erwartete Mindestkompetenz vorab festlegen. Bei der Durchsicht der Prüfungsleistungen sollte er vor der Leistungsfestsetzung nochmals eine Aufgabenanalyse anstellen, um zu prüfen, ob die erbrachten Schülerleistungen nicht auch von der Aufgabenformulierung abhängig sein könnten.
- Die Schüler sollten unbedingt in die Leistungsbeurteilung einbezogen werden.
- Aus der Leistungsbeurteilung müssen für den Unterricht Konsequenzen gezogen werden wie z. B. die spezielle Förderung einzelner Schüler, die Wiederholung des Lernstoffs oder die bessere didaktische Reduktion der Lerninhalte.

Die Leistungsforderung der Schule ist nämlich der Persönlichkeitsbildung der Kinder und Jugendlichen verpflichtet, d.h. der Entfaltung ihrer Fähigkeiten und Fertigkeiten. Jede dieser Dispositionen braucht Leistungsvollzüge, um sich entfalten zu können und drängt auf gestaltende Einflussnahme in der Um- und Mitwelt. Bei ihren Leistungsforderungen muss die Schule deshalb verhindern, dass die jungen Menschen durch Leistungskonkurrenz und Leistungsdruck seelisch-geistigen Schaden nehmen.

X. Auf welche Weise wird in der Didaktik geforscht?

Um über den Gegenstandsbereich einer Wissenschaft gesichertes und systematisches Wissen zu erhalten, muss man ihn erforschen. Deshalb gilt für die Didaktik:

> Unter didaktischer Forschung versteht man die mit anerkannten Forschungsmethoden durchgeführte Analyse des Zusammenhangs von Unterrichten und Lernen in Geschichte und Gegenwart sowie in unterschiedlichen Regionen und Kulturräumen. Einzelne Forschungsergebnisse erhalten ihre Bedeutung dadurch, dass sie zu vorgegebenen didaktischen Theorien in Bezug gesetzt werden.

Der Wirklichkeitsbereich der Didaktik kann als wertneutrale Grundlagenforschung bearbeitet werden wie z. B. bei der Begabungsforschung, der schulischen Interaktionsforschung, der Bildungsforschung, der Lehrplanforschung oder der Schulentwicklungsforschung. Die Untersuchung kann aber auch als Anwendungsforschung konzipiert werden und die Realisierung von Ergebnissen der Grundlagenforschung im Praxisfeld Schulunterricht nachfragen, wie z. B. bei der Förderung von Migrantenkindern, der Nutzung unterschiedlicher Unterrichtsmethoden, der Verwendung der neuen Medien usw. Ferner kann sie praktisch-normative Ziele anstreben und empirische Aussagen über die erziehlich und didaktisch bestmögliche, effektivste Gestaltung des Unterrichts- und Lerngeschehens suchen. Ist die didaktische Forschung am Zusammenhang von Unterrichten und Lernen in der Vergangenheit interessiert, nutzt sie Quellen- und Datenmaterial aus der Schul- und Pädagogikgeschichte. Will sie diesen Zusammenhang in breiteren geografischen und kulturellen Räumen herausfinden, konfrontiert sie regionale oder deutsche mit internationalen Erfahrungsberichten. Egal ob die didaktische Forschung historisch, vergleichend oder gegenwartsbezogen-systematisch vorgeht, sie wendet gleichermaßen geisteswissenschaftlich-hermeneutische wie empirisch-sozialwissenschaftliche Methoden an und benötigt als Voraussetzung eine vorgängige Unterrichtstheorie. Ohne ein „Bild vom Unterricht" zu haben, ohne um konstitutive Faktoren, Variablen, Strukturen oder Systeme des Unterrichts zu wissen, lässt sich nicht forschen. Unterrichtsanalyse und Unterrichtstheorie bedingen sich infolgedessen wechselseitig. Geht es um die Erforschung der funktionalen Abhängigkeit isolierbarer Unterrichtsfaktoren, nützt eine Strukturtheorie wie beispielsweise die von P. Heimann/G. Otto/ W. Schulz. Steht die subjektive Verarbeitung unterrichtlicher Interaktionssituationen im Vordergrund, sind Alltagstheorien oder subjektive Theorien als Basis für eine Analyse gefragt. Fallstudien als Forschungsziel berücksichtigen Feldtheorien zum Wirkungszusammenhang von allgemeinen Umweltfaktoren und subjektiven Bedeutungsgebungen wie beispielsweise die von K. Lewin oder die des Symbolischen Interaktionismus G. H. Meads und anderer. Historische Forschungen in der Didaktik bezwecken eine Selbstvergewisserung des eigenen Gegenstandsbereichs auf der Grundlage von Philologie, Hermeneutik und sozialwissenschaftlichen Theorieannahmen. Nimmt die didaktische Forschung die Unterrichts- und Lernwirklichkeit unter besonderen regionalen oder unter nationalstaatlichen Bedingungen in den Blick, so zieht sie Phänomenologie, Hermeneutik, Empirie, Strukturgenese und Ethnologie heran.

1   Das Forschungsfeld der Didaktik

Um das Forschungsfeld der Didaktik, eines Zentralbereichs der Schulpädagogik abgrenzen zu können, muss zuvor erstens auf das wissenschaftstheoretische Selbstverständnis der Schulpädagogik hingewiesen und zweitens auf eine zugrunde zu legende Unterrichtstheorie zurückgegriffen werden.

Die heutige Schulpädagogik versteht sich – wie in Kap. I dargestellt – als eine Geisteswissenschaft, als eine Sozialwissenschaft und als eine Integrationswissenschaft. Als unterrichtstheoretische Grundlage kommen alle in Kap. V ausgeführten didaktischen Theorien in Frage. Diesen ist gemeinsam, dass sie Unterricht als eine Interaktion verstehen, die sich der Machbarkeit grundsätzlich entzieht (vgl. „dialektische Interaktion") und unter den Bedingungen der Institution Schule arrangiert wird. Als die für die Unterrichtsforschung weitestgehend akzeptierte Unterrichtstheorie gilt die Berliner Didaktik (P. Heimann, G. Otto, W. Schulz) mit ihren Bedingungs- und Entscheidungsfeldern.

Das Forschungsfeld der Didaktik zu beschreiben, fällt nicht leicht; allzu vielfältig sind seine Themen und Aspekte. Die folgenden Grafiken sind deshalb nur Versuche zur Systematisierung dieses Forschungsfelds.

• **Kontexte didaktisch-pädagogischen Handelns in der Schule**

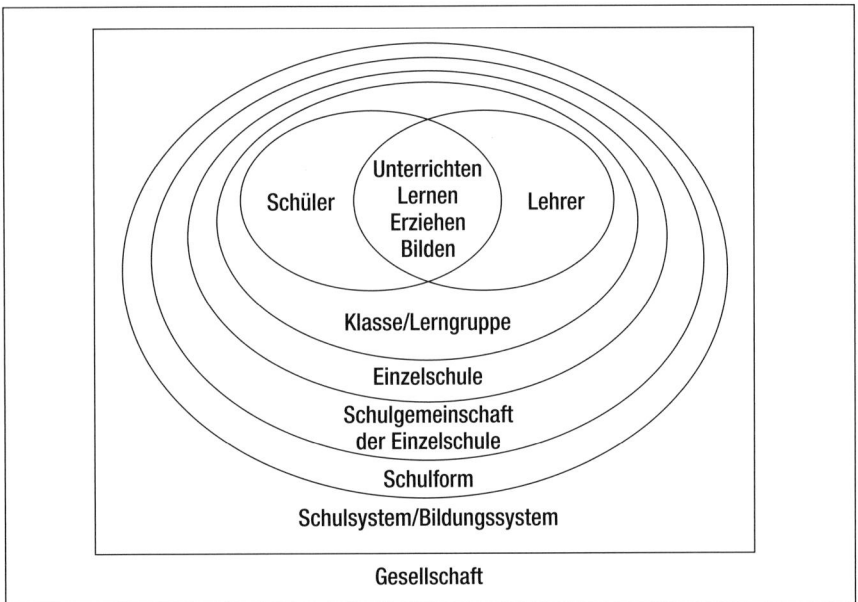

• **Unterricht und Lernen von bestimmten Kompetenzen (hier: Wissen)**

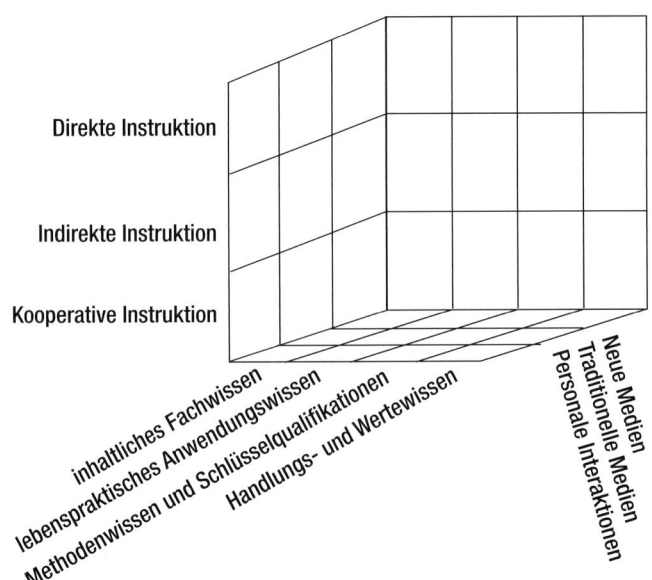

- **Unterricht nach dem Modell „Angebot und Nutzung"**

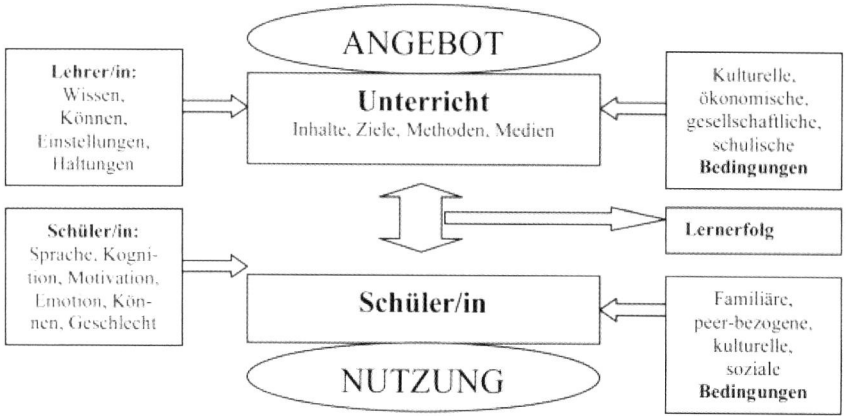

2 Die Forschungsmethoden der Didaktik

Die heute favorisierte, *empirische oder quantitative Unterrichtsforschung* hat die Aufgabe, den schulischen Lehr-Lern-Prozess zu beschreiben, zu erklären, zu untersuchen und zu verbessern; es geht ihr um die Deskription, die Explikation, die Evaluation und die Präskription (zum Zwecke der Optimierung) der unterrichtlichen Realität. Bei der Deskription beschreibt sie unterrichtliche Prozesse und ihre Folgen unter Berücksichtigung ihrer Bedingungen und Wechselwirkungen. Bei der Explikation greift sie auf empirisch überprüfte Theoriemodelle zurück, um die erfasste Unterrichtsrealität erklären zu können. Mit Hilfe systematischer Analysen werden dann Informationen erarbeitet, die Auskunft darüber geben können, wie die schulische Realität verbessert werden kann. Die Präskription wirkt als Empfehlung in das pädagogisch-didaktische Feld zurück. In der Regel werden dabei Variablen (z. B. Variable „Schulleistung") mit Hilfe standardisierter Testverfahren erhoben. Oft werden auch die Effekte der unterrichtlichen Methodenwahl oder des Medieneinsatzes experimentell oder evaluationslogisch überprüft. Dabei werden meist standardisierte Unterrichtsbeobachtungen durchgeführt.

Als Alternative zu solcher Unterrichtsforschung, die für die alltägliche, situative und hochkomplexe Unterrichtspraxis meist von geringem „Gebrauchswert" ist, wird die *qualitative oder interpretative Unterrichtsforschung* vertreten. Bei ihr werden die Praxisrelevanz, die Berücksichtigung des natürlichen Kontextes und der Einzelfall stärker betont, sodass der Forschungsgegenstand möglichst ganzheitlich in den Blick genommen wird. Die heutige qualitative Unterrichtsforschung grenzt sich von der geisteswissenschaftlich fundierten Forschung (Hermeneutik, Dialektik, Phänomenologie) dadurch ab, dass sie sich auch als empirisch vorgehende Forschung sieht. Denn ihr Forschungsprozess ist regelgeleitet und durchläuft Phasen: Explikation mit Bezug zu vorgängigen Theorien, empirische Basis für die gewählte Forschungsfrage, Analyse, Relevanz für die Praxisverbesserung.

2.1 Sozialwissenschaftliche Forschungsansätze

Quantitativ angelegte sozialwissenschaftliche Forschungen beginnen mit der Formulierung einer wissenschaftlichen Hypothese (z. B. ein „Wenn– dann"-Satz). Zu der Hypothese müssen erstens alle Variablen (abhängige-unabhängige Variablen, moderierende und konfundierende Variablen, manifeste oder latente Variablen) bestimmt werden und – zweitens – deren Ausprägung oder Wirkung gemessen und in einer Nominalskala, einer Ordinalskala, einer Intervallskala oder einer Rational-/Verhältnisskala klassifiziert werden, wobei die Gütekriterien Objektivität, Reliabilität und Validität erfüllt sein müssen. Quantitative Forschungen sind deskriptive Studien, Korrelationsstudien oder Experimentalstudien. Sie folgen den Schritten (1) präzise Ausformulierung der Hypthese/These/Zielfrage (auf dem Hintergrund von Theorien), (2) Datenerhebung, (3) Analyse der Daten (auf der Grundlage der Statistik/Wahrscheinlichkeitsrechnung), (4) Auswertung der Daten (auf dem Hintergrund von Theorien) und (5) Darstellung, Kritik und Verwendung der Ergebnisse.

Qualitativ angelegte sozialwissenschaftliche Forschungen suchen die komplexen Eigenschaften („qualia") des pädagogischen Feldes ganzheitlich zu erfassen, möglichst objektiv zu rekonstruieren und strukturell zu verallgemeinern. Sie treffen eine theoriegeleitete Stichprobenauswahl; statt eine repräsentative Stichprobe zu ziehen, sie sind oft am Einzelfall interessiert statt an der Gesamtheit aller Fälle, sie betrachten den Forschungsgegenstand als dynamisch und nicht unter dem Gesichtspunkt der statisch linearen Quantifizierbarkeit. Dazu ist eine offenere Herangehensweise (anstelle eines kontrollierten Settings) nötig, die auf Authentizität (an Stelle von Objektivität) und lückenlose Dokumentation des Forschungsweges Wert legt. Gütekriterien sind hier interpersonaler Konsens, Unvoreingenommenheit und Nachvollziehbarkeit bei der Datengewinnung und der Datenauswertung.

Das Erkenntnisinteresse der sozialwissenschaftlichen Forschungen gilt der exakten Beschreibung und Erklärung von Daten und Informationen sowie von deren Zusammenhängen. Die wichtigsten Untersuchungstypen sind (vgl. Wellenreuther 2004):

a. Deskriptive Studien

Fokus: Beobachtung und Beschreibung von Verhalten, Einstellungen und Merkmalen:

- narrative Beschreibungen und Erfahrungsberichte auf der Grundlage von Beobachtungen,
- deskriptive Studien im engeren Sinne auf der Grundlage von Variablen, die einerseits durch Tests und Fragebögen in ihrer Ausprägung gemessen, andererseits durch die Analyse von Dokumenten, Bildern, Einzelinterviews usw. ermittelt werden können,
- explorative Studien auf der Grundlage von Beobachtungen, Fragebögen, Interviews, Dokumentenanalyse, Bildanalyse usw.

b. Korrelationsstudien

Fokus: Vorhersage der Beziehung zwischen Variablen, d.h. Beantwortung der Frage, in welchem Zusammenhang bestimmte Aspekte des Verhaltens oder der Einstellungen zueinander stehen.

Bei diesen Studien werden zwei oder mehr Variablen, Eigenschaften oder Merkmale beobachtet, systematisch durch Befragungen in einer repräsentativen Stichprobe oder einer Zufallsstichprobe gemessen und dann die Beziehung bestimmt, die zwischen ihnen besteht. Dadurch wird es möglich, von einer Variablen auf das positive oder negative Vorhandensein oder Auftreten einer anderen zu schließen (vgl. Korrelationseffizient). Zu bedenken ist hier, dass Korrelation nicht gleichbedeutend mit Kausalität ist.

c. Experimentelle Studien

Fokus: Kausalität zwischen Variablen, d.h. die Schlussfolgerung von Ursache und Wirkung beim Verhalten und bei Einstellungen.

Die experimentelle Forschung stellt Versuchsbedingungen her, um zu überprüfen, ob von einer Variablen (abhängige Variable: z. B. die Reaktion des Lehrers auf Unterrichtsstörungen) kausale Wirkungen auf Aktionen und Reaktionen des Menschen ausgehen. Um das herauszufinden, variiert der Forscher systematisch die Umweltbedingungen (unabhängige Variable: z. B. störende Jungen/störende Mädchen). Dabei kann er messen, ob und wie die unabhängige Variable kausal die abhängige bedingt. Für die interne Validität von Experimenten ist es wichtig, möglichst alle anderen möglichen Ursachen für die beobachteten Verhaltensweisen oder Einstellungen auszuschalten, als die experimentell überprüften. Dazu müssen alle möglichen Alternativerklärungen herausgefunden und alle konfundierenden Variablen, Erwartungseffekte und Placeboeffekte bis auf die eine Variable ausgeschaltet werden, für die ein Kausalitätsverhältnis nachgewiesen werden soll. Im Kontrollgruppenvergleich mit einer Experimentalgruppe und einer Vergleichsgruppe, die nicht den experimentellen Bedingungen unterworfen ist, lässt sich die Wirkung außerexperimenteller Ursachenfaktoren besser eingrenzen. Eine andere Möglichkeit solcher internen Validitätssicherung ist die Zufallsauswahl der Probanden und die Beachtung des Wahrscheinlichkeitsniveaus (p-Wert) bei der Datenanalyse. Die externe Validität eines experimentell erforschten Kausalzusammenhangs beim menschlichen Verhalten, das für alle Menschen und/oder für Alltagssituationen zutreffen soll, kann auf verschiedene Weise geschehen: (1) Bei einer *Replikationsstudie* wird eine vorhandene Studie mit anderen Probanden und in einem anderen sozialen Kontext wiederholt. (2) Die empirische *Meta-Analyse* ist ein statistisches Verfahren, mit dessen Hilfe eine Vielzahl von Untersuchungen zum gleichen Thema daraufhin durchgesehen wird, ob der Einfluss einer unabhängigen Variablen tatsächlich reliabel ist. (3) *Feldexperimente*, d.h. die Untersuchung menschlicher Verhaltensweisen und Einstellungen in der natürlichen Umgebung statt in einer Laborsituation, vermögen ebenfalls die externe Validität empirischer Forschung zu vergrößern; problematisch ist hierbei allerdings, dass „im Feld" die Bedingungen, die für die interne Validität nötig sind, schwer herzustellen sind.

 Zusammenfassend lässt sich zur sozialwissenschaftlich orientierten didaktischen Forschung sagen:

Geht die didaktische Forschung mit *quantitativen Methoden* und experimentell vor, dann versteht sie Unterricht als eine vieldimensionale Komplexion von Faktoren, die analysierbar sind. Um sie überprüfen zu können, löst sie das Unterrichtsgeschehen in Variablenkonstellationen auf.

Besondere Merkmale der empirisch-experimentellen Faktorenanalyse des Unterrichts sind:

- ein lehrerzentriertes Bild vom Unterricht,
- Lernen als Ergebnis des Lehrens,
- Unterricht als messbare Variablenkonstellation,
- Schüler und Lehrer als Träger von Merkmalen,
- Produkt- und Lehrzielzentrierung,

- Zweckrationalität und technisches Erkenntnisinteresse,
- Verallgemeinerbarkeit der Forschungsergebnisse,
- Wissenschaft und Bildungspolitik als Verwendungszusammenhang der Forschungsergebnisse.

Die quantitative Hypothesenprüfung erfolgt mittels: Inhaltsanalysen von Texten, Bildern, Videos, Musikstücken, Beobachtungen, Befragung als standarisiertes Interview, Befragung mittels standardisiertem Fragebogen, Experiment als systematische Laboruntersuchung und Tests.

Geht die didaktische Forschung mit *qualitativen Methoden* vor, dann versteht sie Unterricht als einen subjektiv erfahrbaren (bzw. erfahrenen), Bedeutung und Sinn enthaltenden Handlungs- und Interaktionszusammenhang. Der interpretativen didaktischen Forschung geht es vorrangig um das Alltagswissen und Alltagshandeln der von Schule, Unterricht, Lehrersein, Schülersein, Elternsein, Lernen usw. Betroffenen. Lehrer, Schüler und Eltern sind nicht Objekt, sondern Subjekt dieser Unterrichtsforschung, geben Auskunft und verschaffen sich Klarheit über sich und ihr Verhalten in der Schule.

Das Interesse der mit qualitativen Methoden durchgeführten Forschung gilt dementsprechend mehr

- der schüler- und lehrergesteuerten Unterrichtsanalyse (ähnlich der Stimulated Recall Technique von B. S. Bloom), bei der Unterricht per Video aufgezeichnet und im Nachhinein von den Schülern und den Lehrern mit persönlichen Eindrücken kommentiert wird, oder bei der diese während des laufenden Unterrichts ihre Eindrücke in standardisierter Form (z. B. Langeweile, Interesse, Unverständnis) und mit Hilfe technischer Geräte mitteilen,
- der Erforschung schulischer Interaktionstaktiken, die institutionell bedingt sind und als Lehrertaktiken, Schülertaktiken und Rituale die Lernsituation beeinflussen, indem Lehrer und Schüler sich selbst thematisieren und darüber in Kommunikation miteinander treten,
- der Aktionsforschung oder Handlungsforschung, bei der alltäglicher Unterricht beobachtet und dann von Lehrern und Schülern mit Unterstützung eines Forscherteams gemeinsam kommunikativ verhandelt wird mit dem Ziel, ihn in Richtung auf mehr Emanzipation und Partizipation sukzessiv und kontrolliert zu verbessern,
- der Lehrerforschung, durchgeführt von Lehrerteams an der eigenen Schule, die klassenzimmer- oder schulinterne Probleme (z. B. Schwierigkeiten mit der Disziplin, mangelnde Effizienz der Elternarbeit, Sprachverhalten/Umgangsformen von Lehrern und Schülern) aufgreifen, aus Gesprächen, systematischen Tagebuchaufzeichnungen

oder Hospitationsprotokollen genauere Daten dazu ermitteln und mit externen Experten analysieren, um neue Handlungsstrategien zu erfahren, die dann in einem „Feldexperiment" kontrolliert ausprobiert werden.

Die besonderen Merkmale interpretativer Unterrichtsforschung sind:
- die Orientierung an den subjektiven Erfahrungen von Lehrern/Lehrerinnen und Schülern/Schülerinnen,
- Lernen als Prozess der individuellen Aneignung und Verarbeitung kognitiver, emotionaler, sozialer und praktischer Erfahrungen,
- Unterricht als kommunikationstheoretisch und interaktionstheoretisch interpretierbarer Erfahrungsraum,
- Verzicht auf vorformulierte Forschungsziele und objektive, quantifizierbare Ergebnisse,
- Verbesserung der Handlungskompetenz des Einzelnen,
- die konkrete und situative Unterrichtspraxis als Verwertungszusammenhang.

Die qualitative Hypothesenprüfung erfolgt mittels Einzelfallanalyse zum Problem/Sachverhalt, Dokumentenanalyse/Qualitative Inhaltsanalyse, narrativen, problemzentrierten, fokussierten Interviews, Gruppendiskussion, Handlungsforschung als Aktion-Reflexion-Aktion-Kreislauf oder als Forschungsgruppe sowie durch Feldforschung als qualitatives Experiment oder als qualitative Evaluation.

2.2   Fallstudien

Eine besondere Form der qualitativen Forschung ist die Fallstudienforschung. Begriffliche Unklarheiten und eine große Zahl von Varianten mit unterschiedlichen Zielsetzungen und Verwertungszusammenhängen (Case-Study, Problem-/Incident-Method, Kasuistik, Fallbeispiel, Einzelfallstudie, Modellfall, repräsentative Stichprobe usw.) machen eine terminologische Abgrenzung von „Fallstudie" nötig. Im Folgenden soll gelten: Eine Fallstudie beschreibt und analysiert mehrperspektivisch den realen (unter Umständen auch fiktiven) Fall einer Person, einer Personengruppe, eines Ereignisses, eines speziellen Programms, einer Institution oder Organisation. Im Unterschied zu Fallstudien in der Betriebswirtschaftslehre dient der ausgewählte Einzelfall in der Didaktik nicht primär als Anlass zu selbstständiger Informationsbeschaffung, zum Herausfinden von Handlungsalternativen oder zur Einübung von Entscheidungs- und Problemlösestrategien. Fallstudien sind zwar auch in der Didaktik als Mittel der Konkretion und Veranschaulichung von Studieninhalten bei der Ausbildung und Bildung von Lehrerinnen und Lehrern einsetzbar. Ihre besondere Bedeutung liegt aber auf dem Gebiet der *didaktischen Kasuistik*. Die didaktische Kasuistik ist eine Forschungsstrategie, bei der sich Unterrichtspraktiker zusammen mit Unterrichtstheoretikern Einzelfaktoren des alltäglichen Schulunterrichts zuwenden, um sie zu beschreiben, zu analysieren und auszuwerten. Sie stellt einen authentischen Fall aus der didaktischen Praxis realitätsbezogen dar, der exemplarisch und repräsentativ für bestimmte konstitutive Faktoren des didaktischen Tuns ist. Er wird mehrperspektivisch erfasst, die Sichtweise aller Beteiligten, Betroffenen, Meinungsträger oder Meinungsführer wird einbezogen und der Fall möglichst ganzheitlich beschrieben, sodass im Besonderen das Allgemeine sichtbar werden kann. So gesehen können ein einzelner Schüler, eine Clique, die Migrantenkinder ebenso Untersuchungsfall sein wie ein Lehrer, die Schulleitung oder das ganze Lehrerkollegium, eine Unterrichtsstunde, der Wandertag, die Schulfeier gleichermaßen wie ein spezielles Lernprogramm oder eine besondere Fördermaßnahme, eine Modellschule genauso gut wie eine Stadt- oder Landschule.

Als Forschungsmethode weist die Fallstudie einige Besonderheiten auf: Sie kombiniert unterschiedliche Methoden quantitativer und qualitativer Art, um eine maximale Ausklammerung von Unsicherheitsfaktoren zu erreichen; sie nimmt möglichst unkommentiert und nicht standardisiert unterschiedliche Positionen und Sichtweisen der Beteiligten auf, lässt also einen Pluralismus von Wertungen und Deutungen zu, um ein Gesamtbild zu entwerfen und der sinnlichen Wirklichkeit näherzukommen; sie richtet den Blick meist auf aktuelle Situationen in konkreten Kontexten, wehrt also die Forderung nach grundsätzlicher Wiederholbarkeit und Kontrollierbarkeit ab; sie versucht lediglich, Regelmäßigkeiten (nicht Gesetzmäßigkeiten) aus dem Fall-Kontext-Zusammenhang abzuleiten, um auf diese Weise dem Praktiker bei der Übertragung seiner Erfahrungen auf analoge Fälle zu helfen, ihm den Blick für neue Situationen zu schärfen und ihn zum eigenen didaktischen Denken und Erklären zu aktivieren; sie sucht nicht allein typische Fälle heraus, sondern ist an unterschiedlichen, kontroversen und auch originellen Fallkonstellationen interessiert, um den Zusammenhang von Unterrichten und Lernen unter möglichst vielen verschiedenen Bedingungen ermitteln zu können; sie nützt dem Praktiker, seine Erfahrungen zu systematisieren und urteilsfähiger bei didak-

tischen Situationen oder Problemstellungen zu werden, den Studierenden der Schulpädagogik, ein adäquates Theorieverständnis auszubilden,
dem Theoretiker, Hypothesen zu generieren und Regelhaftigkeiten bei
der Umsetzung didaktischer Theorien in der Praxis kennen zu lernen
und dem Bildungspolitiker bei der Einschätzung seiner Programmatik.

 Die methodische Vorgehensweise bei einer Fallstudie durchläuft in der
Regel fünf Schritte:

- Datengewinnung durch Sammlung von sozialwissenschaftlich/sta-
  tistischen Falldaten, Erstellen von Fallberichten oder narrativen Darstellungen und Vergewisserung über bereits vorliegende Forschungsergebnisse,
- Abgrenzung der Untersuchungseinheit durch Präzisierung des zu
  untersuchenden Falles,
- Verteilung der Untersuchungsaufgaben auf verschiedene Personen
  mit unterschiedlichen Beobachtungs- und Bewertungsperspektiven,
- Sicherung eines methodischen Mindeststandards und die Berücksichtigung theoretischer Reflexion durch professionelle Supervision,
- Dokumentation des Forschungsprozesses und präzise, komprimierte
  Darstellung des Ergebnisses.

2.3 Geisteswissenschaftliche Forschungsansätze

Geisteswissenschaftliche Forschungsansätze in der Schulpädagogik stehen im Zusammenhang mit der Geisteswissenschaftlichen Pädagogik,
die von W. Dilthey grundgelegt wurde. Ihr Betrachtungsobjekt ist der
Mensch, der nicht bloß reagiert, sondern sein Tun mit Sinn verbindet,
Ziele verfolgt, Empfindungen, Erwartungen und Befürchtungen hat.
Das menschliche Tun könne deshalb nicht mit naturwissenschaftlichen, d.h. empirischen Verfahren in seiner Ganzheit erfasst werden,
sondern es müsse „verstanden" und „nachempfunden" werden. Dazu
brauchte es dann eigene, geisteswissenschaftliche Verfahren. Darunter
versteht man – wie bereits erwähnt – Hermeneutik, Dialektik und Phänomenologie.

a. Hermeneutische Studien
Hermeneutik ist die Theorie des Verstehens bzw. die Lehre von der
Interpretation von Texten, Bildern, Symbolen oder menschlichen Handlungen. Als Methode kommt sie ursprünglich aus der Rechtswissenschaft und der Bibeltheologie (Auslegung von Gesetzen, Auslegung der

Hl. Schrift). Im 19. Jahrhundert entwickelt sie sich weiter, vor allem durch Schleiermacher und Dilthey: Jetzt wird betont, dass Mensch und Welt geschichtlich bestimmt sind und dass sich der Sinn von Texten, Bildern, Symbolen und menschlichen Handlungen nur erschließt, wenn man sie als geschichtlich bedingte Äußerungen versteht, als „Objektivationen des menschlichen Geistes", als Kulturgüter, in die man sich hineinversetzen, die man mit- bzw. nacherleben muss, um sie richtig verstehen zu können.

Methodisch geht eine hermeneutische Untersuchung folgendermaßen vor: Der Forscher vergewissert sich, was er schon über den zu ermittelnden pädagogischen Sachverhalt/Autor weiß, was er selbst dazu meint und worin vermutlich die Kernaussage besteht (= Vorbereitungsphase). Er überprüft dann, ob sein Vorverständnis sich tatsächlich bestätigt oder ob er seine Meinung darüber ändern, sein Wissen darüber erweitern muss. Bei einer solchen Überprüfung untersucht er z. B. die Quellenlage/Textausgaben, die Gliederung/Struktur, die Sprache der bestimmten Epoche, die psychologisch-soziologischen Bedingungen, andere Äußerungen/Texte zum selben Problem aus derselben Zeit und Gegenmeinungen dazu, die zentralen Gedanken, Motive, Aussagen, die logische Stimmigkeit der Argumentation, die Struktur, die Konsistenz der Text-/Quellen-Zusammenhänge und interne Widersprüche (= textimmanente Interpretation). Danach kommt er zu einer zusammenfassenden Auswertung, wobei er auch auf aktuelle Bezüge, auf den Sinn und seine Rezeption/Wirkung sowie auf bewusste oder unbewusste verwertbare Meinungen eingeht (= koordinierende Interpretation).

b. Dialektische Studien

Dialektik bedeutet wörtlich aus dem Griechischen übersetzt „Unterredungskunst". Die Dialektik war schon bei Sokrates und Platon das Verfahren, durch Rede und Gegenrede, Spruch und Widerspruch das Wesen der Dinge zu ermitteln. Nach Hegel ist die ganze Wirklichkeit nur dialektisch zu verstehen, d.h. zu jedem Begriff (Thesis) gehört notwendig der Gegenbegriff (Antithesis) dazu, beide müssen zu einer positiv vernünftigen Vermittlung (Synthesis) geführt werden. Marx hat dieses Prinzip auf die kapitalistische Gesellschaftsordnung angewandt.

Die Methode einer dialektischen Untersuchung lässt sich leicht am Beispiel von Th. Litts Buch „Führen oder Wachsenlassen" demonstrieren:

a. Man stellt fest, dass Erziehung Führung des unmündigen Kindes durch den mündigen Erwachsenen ist (Thesis).

b. Man stellt fest, dass Erziehung Wachsenlassen der im einzelnen Kinde vorhandenen Fähigkeiten, Interessen, Neigungen ist (Antithesis).

c. Man kommt zu dem Ergebnis, dass beides (Führen, Wachsenlassen) nicht jedes für sich bereits Erziehung ist, sondern nur, wenn das eine mit dem anderen zusammen praktiziert wird (Synthesis).

c. Phänomenologische Studien

Die *Phänomenologie* ist eine wissenschaftliche Methode, die nach Husserl „Phänomene" unvoreingenommen, d.h. nicht unter dem Gesichtspunkt bestimmter Forschungsabsichten, beschreiben will, nämlich so, wie sie sich dem Auge, Ohr, Gefühl, Intellekt des Menschen zeigen. Sie will die Dinge beschreiben, um durch die Deskription zu einer Aussage über das Wesen der Dinge zu kommen. Denn das Wesen einer Sache oder eines Vorgangs tritt da zutage, wo die Sache oder der Vorgang zu sehen sind. Was z. B. „Spiel" eigentlich ist, das Wesen des Spiels, kann man nur bestimmen, wenn man das Kinderspiel genau beschreibt und auf seine Grundstrukturen hin untersucht. Die Phänomenologie geht nämlich von der Überzeugung aus, dass alles Seiende sich in seinem Wesen und Sinn zu erkennen gibt.

Methodisch stellt die phänomenologische Untersuchung die Was-ist-Frage: Was ist Erziehung? Was ist Unterricht? Was ist Bildung? usw. Sie sammelt zunächst möglichst verschiedene Beispiele, die wissenschaftlich und umgangssprachlich unter den jeweiligen Begriff fallen. Danach sucht sie aus diesen Beispielen die gemeinsame Grundstruktur zu erfassen. Schließlich findet sie den Sinn und die Bedeutung des Erarbeiteten für den Menschen heraus.

Die *geisteswissenschaftliche Unterrichtsforschung* versucht heute, das Verstehen als einen hypothesengestützten Reflexions- und Interpretationsprozess zu gestalten, dessen Ziel - im Unterschied zur empirischen Unterrichtsforschung – nicht generalisierbare Aussagen über Schulunterricht, Erziehung und Bildung sind, sondern objektive, d.h. nachvollziehbare Aussagen über den Forschungsgegenstand, wobei dessen historisch-gesellschaftliche Komponente argumentativ einbezogen wird.

Die geisteswissenschaftliche Hypothesenprüfung erfolgt in hermeneutischen Untersuchungen durch Auslegen und Deuten von Dokumenten, Schriften, Bildern, Sprach- und Kunstwerken wie beispielsweise bei Werkanalysen, Rezeptions- und Wirkungsanalysen, Metaanalysen, Ethnologischen Studien, Daseinsanalysen/Lebensweltanalysen.

Dem Feld der geisteswissenschaftlichen Forschung lassen sich auch alle die Meta-Analysen zuordnen, die theoretische/erkenntnistheoretische Absichten verfolgen. Dazu werden (1) möglichst alle zu einer bestimmten Zeit in einer bestimmten Diskursgemeinschaft publizierten Äußerungen und wissenschaftlichen Aussagen zusammengestellt, (2) werden diese dann nach bestimmten Aspekten und Kriterien analysiert (z. B. Definition der Leitbegriffe, Theoriehintergrund, Forschungsmethoden und Forschungsergebnisse, Praxisbezug, wissenschaftstheoretische Einordnung usw.) und dann (3) zu einer differenzierten zusammenfassenden Auswertung gebracht.

2.4 Die Triangulation

Der Schulpädagogik als Integrationswissenschaft entspricht es, wenn Pädagogen – verstärkt seit den 1990er Jahren – angesichts des komplexen Gegenstandsfelds von Schule und Unterricht fordern, keines der beiden Forschungsparadigmata (quantitative, qualitative Forschung) sollte den Vorrang haben, sondern es sollte eine Triangulation bedacht werden. Darunter versteht man, dass ein schulpädagogischer Forschungsgegenstand immer mindestens aus zwei Perspektiven betrachtet und mit zwei verschiedenen Methoden bearbeitet werden müsste. „Triangulation", ein Begriff aus der Vermessung landwirtschaftlicher Flächen mit Hilfe von Dreiecksnetzwerken und seit Ende der 1950er Jahre in der Methodendiskussion, eignet sich nach Meinung vieler Schulpädagogen zur Bezeichnung einer Pluralisierung der Forschungsmethoden in der Pädagogik (vgl. Flick 2004, Krüger/Pfaff 2004). Durch Triangulation können empirische Forschungen validiert werden, d.h. Konvergenzen und ggf. Divergenzen zwischen qualitativen und quantitativen Befunden ermittelt werden, zusätzliche kausale und andere Zusammenhänge entdeckt und analysiert werden sowie beim Nacheinander qualitativer Forschungsmethoden (als Vorstudie) und quantitativer Forschungen (als Hauptstudie) die Feldbedingungen besser exploriert werden; umgekehrt kann die Stichprobe für eine qualitative Untersuchung besser abgesichert werden, wenn eine quantitative Befragung vorausgegangen ist. Derzeitiger Schwerpunkt solcher multimethodischen Untersuchungen sind die Schulqualitätsforschung und die vergleichende Schulforschung; auf anderen Feldern ist der Forschungsbedarf noch groß. Einzug gefunden hat die Triangulation auch in der Lehrerprofessionalisierung durch Handlungs- und Praxisforschung.
Untersucht man denselben Forschungsgegenstand mit verschiedenen Methoden, dann ist bei den qualitativen Methoden von der Multitrait-Multimethod-Methode (vgl. Campbell, Fiske, Sullivan, Feldmann) die Rede. Sie überprüft, ob und bis zu welchem Ausmaß verschiedene Methoden dasselbe Untersuchungskonstrukt übereinstimmend messen.

Tut man dies bei den qualitativen Methoden, kommt man in Anlehnung an N. K. Denzin zur (1) Daten-Triangulation im Sinne einer Kombination von Daten aus verschiedenen Quellen/Zeitpunkten/Orten/Personengruppen oder (2) zur Forscher-Triangulation, bei der verschiedene Beobachter und Interviewer bei derselben „Sache" eingesetzt und so der subjektive Faktor minimiert wird, oder (3) zur Theorien-Triangulation, die eine Untersuchung auf der Grundlage verschiedener Hypothesen oder Perspektiven durchführt, oder (4) schließlich zur Methodischen Triangulation, bei der die unterschiedlichen Datensorten (Beobachtungen, Befragungen, Dokumentenanalysen, Narrationen usw.) auf der Basis qualitativer und quantitativer Erhebungen bedeutsam sind (Flick 2004).

2.5   Weitere Forschungsansätze

Die Schulpädagogik und mit ihr die Didaktik rezipiert auch die Forschungsweise anderer Wissenschaften, insofern deren Fragestellungen eine Schnittmenge mit denen der Schulpädagogik/Didaktik haben. Schließlich lässt sich der Zusammenhang von Unterrichten und Lernen aus vielen Wissenschaftsperspektiven betrachten und untersuchen. Diese darzustellen ist hier schlechterdings nicht möglich. Deshalb werden im Folgenden nur kurz drei Beispiele aufgeführt.

a.   Historisches Forschen

Die historische Unterrichtsforschung hat – wie jede Geschichtsforschung heute – mit der Schwierigkeit zu tun, dass es unterschiedliche Verständnisformen des Historischen mit je verschiedener wissenschaftstheoretischer Grundlegung gibt. Am Anfang stand die hermeneutische, qualitativ-inhaltsanalytische Quellenauswertung im Sinne der Geisteswissenschaftlichen Pädagogik im Vordergrund. In Anlehnung an W. Dilthey sollte durch „kongeniales Nacherleben" die geschichtliche Erscheinungsform didaktischer Kategorien, die als überzeitlich galten (z. B. der Lehrer-Schüler-Bezug), verstanden werden. Seit den 1970er Jahren kamen verstärkt sozialwissenschaftliche, sprachanalytische, empirische und ideologiekritische Verfahren der Datenerhebung und -auswertung hinzu, wie sie von der Pädagogik des Kritischen Rationalismus, der Kritischen Theorie und der Kommunikationstheorie verfochten wurden. Dadurch änderte sich die Zielperspektive historischen Forschens. Das Interesse an führenden Didaktikern, an ihren Ideen und Problemstellungen nahm ab zugunsten real- und sozialgeschichtlicher

Untersuchungen über die lebensgeschichtlich-biografischen, institutionellen und sozioökonomischen Bedingungen für Unterrichten, Lernen,
Erziehung und Bildung in der Schule. Die Geschichte des Schulunterrichts wird seitdem als sekundäres Erfahrungsfeld didaktischen Handelns betrachtet, das historische Wissen für gegenwärtige Schulreform-
forderungen nach mehr Mündigkeit, Emanzipation und Partizipation in
Dienst genommen.

Besondere Merkmale der historischen Unterrichtsforschung sind:
- die Zentrierung auf Sachverhalte und Personen der Vergangenheit,
- Unterrichten und Lernen gelten als Versuche, zeit-, kultur- und
  gesellschaftsabhängige didaktische Ideen oder Ideologien in Alltags-
  spraxis umzusetzen, und werden als Handeln unter biografischen und
  gesellschaftlichen Bedingungen betrachtet,
- die Intersubjektivität der Forschungsergebnisse.

Wer in der Didaktik historisch forscht, geht gewöhnlich wie folgt vor:
- Festlegung des Forschungsinteresses
  Am Beginn steht die Klärung des „selektiven Standpunktes", unter
  dem das Quellenmaterial gesichtet werden soll, und zwar so, dass
  weder Fakten verdreht noch Tatsachen, die der vorgefassten Meinung
  zuwiderlaufen, vernachlässigt werden dürfen. Mit der vorformulierten
  Hypothese ist bereits ein grobes Vorverständnis des zu erforschenden
  Zusammenhangs gegeben.
- Sichtung aller absichtlich und unabsichtlich überlieferten Quellen
  Da die didaktische Forschung nicht mehr nur ideen- oder problem-
  geschichtlich vorgehen darf, sondern die Real- und Sozialgeschichte
  einbeziehen muss, gehören zu den Quellen außer dem literarischen
  Werk führender Pädagogen, Philosophen und Erziehungspraktiker
  auch Sachquellen (Gegenstände, Gebäude, Kunstwerke usw.), abstrakte Quellen wie z. B. Institutionen, Rechts-, Verfassungs- und
  Gesellschaftszustände, Tatsachen der Sitte, der Sprache, der Arbeit,
  der Religion und der Kultur insgesamt, Sozialstatistiken usw. sowie
  andere themenbezogene Quellen der jeweiligen Zeit wie Enzyklo-
  pädien, Lexika, Tagebücher, Briefe, Zeitschriften, Zeitungen, Lehrpläne, Lehrbücher, Schulbücher, Schulhefte, Klassenbücher, Schulch-
  roniken, Jahresberichte, Schülerzeitschriften, Urkunden, Reden,
  Ansprachen, Fotografien, Gemälde, Lieder, Filme und Karten.
- Auswertung des Datenmaterials als historische Tatsache mit Hilfe
  hermeneutischer und sozialwissenschaftlicher Methoden
  Historische Tatsachen sind nicht positivistisch erhebbar, nicht einfach als Objekte vorhanden und angebbar. Sie sind vielmehr das Ergeb-

nis eines detaillierten Forschungs- und Interpretationsvorganges. Dieser bedient sich, wechselseitig die Ergebnisse absichernd, sowohl philosophisch-geisteswissenschaftlicher als auch empirisch-analytischer Verfahren. Vom eigenen Vorverständnis ausgehend werden die didaktischen Zusammenhänge phänomenologisch auf ihre Wesenselemente und deren Zusammenhänge hin untersucht und ganzheitlich als Bezogenheit von Ausdrucksform und internem Gehalt verstanden. Das elementare Problem, die Grundstruktur, das Einzelne als Realisation des Allgemeinen soll dabei in den Blick kommen. Geografische und temporale Bedingungen, biografische Besonderheiten und Abhängigkeiten aus der Sozialschicht und dem Status der erforschten Personen oder Personenbeziehungen bilden die Folie für eine angemessene Interpretation. Das didaktische Problem und den Didaktiker in den Zusammenhang mit den persönlichen, sozialen, ökonomischen und politischen Entwicklungen seiner Zeit stellen, sie an den wirklichen Verhältnissen messen, die sozialökonomische Bedingtheit der didaktischen Ideen und Praktiken ermitteln, erlaubt es erst, deren Originalität und Genialität einzuschätzen und sie in der tatsächlichen Unterrichtspraxis der jeweiligen Zeit zu verorten. Gleichermaßen wichtig sind ergänzende Untersuchungen zur Rezeptionsgeschichte didaktischer Gedanken und Fragestellungen, zu ihrer nachweislichen Aufnahme, Modifikation und Weiterentwicklung in der Folgezeit oder zu ihrer Wirkungsgeschichte, wie sie sich an Selbstzeugnissen späterer Autoren oder durch Zitation in Dokumenten der Didaktikgeschichte belegen lässt.

b. Vergleichendes Forschen
Grundsätzlich lässt sich im Bereich der Didaktik Vieles und recht Unterschiedliches miteinander vergleichen: Unterrichten und Lernen in unterschiedlichen Schulformen und Schultypen, von Jungen und Mädchen, früher und heute, hier und anderswo. Im engeren und seit den 1920er Jahren definierten Sinne der Komparatisten meint vergleichendes Forschen allerdings, Unterricht, Erziehung, Bildung und Schule in geografisch unterschiedlichen Räumen zu beschreiben und zu analysieren (vgl. den Vergleich nationalstaatlicher Schulsysteme, ihrer äußeren Strukturen und inneren Prozessdimensionen, bei den internationalen Vergleichsstudien wie TIMSS oder PISA). Dazu verwendet die vergleichende Didaktik hermeneutisch-geisteswissenschaftliche und empirisch-quantifizierende Methoden. Sie identifiziert zum einen historisch-genetisch die zentralen sozialen, kulturellen, sprachlichen, ökonomischen und weltanschaulichen Faktoren, die die Gestaltung von Unterricht und

Lernen im jeweiligen Land oder in der jeweiligen Region beeinflussen und erfasst deren Wirkmächtigkeit möglichst sozialwissenschaftlich. Zum anderen entwickelt sie auf der Basis dieser Daten Prognosen zur weiteren Entwicklung unter den sich abzeichnenden gesellschaftlichen Bedingungen und stellt sie der Bildungsplanung und Bildungspolitik zur Verfügung. Merkmale der vergleichenden Unterrichtsforschung sind:

- die Zentrierung auf eine länder-, nationen- und kulturenspezifische Sichtweise des Unterrichtsgeschehens,
- Unterrichten und Lernen werden als kultur- und gesellschaftsabhängige Handlungen verstanden,
- Schüler und Lehrer übernehmen Funktionen im Gesellschaftssystem,
- Intersubjektivität und Vergleichbarkeit der Forschungsergebnisse werden unter Beschränkung auf ein „tertium comparationis" gesichert,
- Wissenschaft und Bildungspolitik gelten als Verwertungszusammenhang der Forschungsergebnisse.

Die vergleichende Unterrichtsforschung durchläuft die folgenden Phasen:

- Deskription
  Die vergleichende Unterrichtsforschung beginnt mit einer beschreibenden Darstellung des Schulunterrichts in der untersuchten Region. Ohne Beurteilungen oder Bewertungen auszusprechen, erstellt sie zu diesem Zwecke aus allen dienlichen Fakten und Daten eine strukturierte Zusammenfassung (z. B. zum Aufbau des Schulunterrichts, zu den Interaktions-, Kommunikations-, Sozial- und Zeitformen, zur Lehrer- und Schülerrolle, zur Elternmitwirkung, zur Schulaufsicht, zu den Lehrplänen, zur Repräsentation gesellschaftlicher Interessengruppen in der Schule, zu den Lern- und Leistungsergebnissen usw.). Hierzu werden auch Videografien herangezogen.

- Auswahl des Vergleichsaspekts
  Für die vergleichende Gegenüberstellung ist die Festlegung und Konzentration auf einen (oder mehrere) Vergleichsaspekte, das sogenannte tertium comparationis, nötig. Vergleichsaspekte könnten beispielsweise die Schulgliederung, die Anteile der Schülerselbsttätigkeit im Unterricht, die Bedeutung des Schulbuchs oder der Umfang des medienunterstützten Lernens, die Dauer des Unterrichtsbesuchs, der Grad an Rhythmisierungen im Stundenplan, die Verfächerung des Unterrichts, der Anteil naturwissenschaftlich-technischer Unter-

richtsfächer, die erreichte Leistung, Art und Umfang von Fördermaßnahmen beim Lernen, das Budget und vieles mehr sein.

- Die Analyse der Wirkfaktoren des Unterrichts
Sind die Vergleichsaspekte festgelegt, geht es darum, die hinter ihnen erkennbaren Determinanten zu identifizieren und auf ihre Effizienz zu untersuchen. Wirkfaktoren dieser Art sind beispielsweise die Aus- und Fortbildung der Lehrer, die Funktion und Wertschätzung der Schule, des Unterrichts und des Lehrers im jeweiligen Land, der Stand der allgemeinen und besonders der didaktischen, humanwissenschaftlichen und naturwissenschaftlich-technischen Forschung, die geografische Lage des Gebietes, die zentralen geschichtlichen Erfahrungen der Bevölkerung, die Wirtschaftsstruktur, die politische Situation und die Bildungspolitik oder Ideologie der bestimmenden Parteien und gesellschaftlichen Gruppen, die ökonomische Lage und die soziale Schichtung der Gesellschaft sowie die praktizierte Wertschätzung des Individuums, die besondere „Mentalität" der Menschen und ihre Religion, die Funktion des Schulsystems im politischen System. Indizien dafür finden sich in den didaktischen (pädagogischen) Leitbegriffen der staatlichen Bildungsprogramme und der Fachliteratur, in wissenschaftlichen Zeitschriften und in realgeschichtlichen Analysen vor Ort.

- Auswertung der Ergebnisse
Die Auswertung der Forschungen kann in zweierlei Richtungen erfolgen. Zum einen kann sie zu einem abschließenden Urteil über den Schulunterricht eines Landes im Vergleich zu anderen Ländern führen, wobei das Urteil mit objektiv ermittelten Daten gestützt ist und heute oft in Form von Rankings publiziert wird. Zum anderen können aus der Auswertung Hypothesen aufgestellt und vorsichtige Voraussagen über die weitere Entwicklung oder über notwendige Reformen des Schulunterrichts im untersuchten Staat gemacht werden. Insofern hilft diese Forschung mit, zukunftsorientierte und – unter den erkannten Bedingungen – realisierbare Konzepte für eine Verbesserung des Unterrichts zu entwickeln. Natürlich kann der didaktische Vergleich solche Impulse auch für die eigene Schulwirklichkeit geben.

In methodologischer Hinsicht weist die vergleichende Unterrichtsforschung kein eigenes Methodenrepertoire auf. Sie integriert, je nach Fragestellung, die Methoden der Sozial- und Geisteswissenschaften, hat allerdings einen Schwerpunkt im Bereich der Ethnologie und bezieht insbesondere die ökonomische, politologische, historische und geografische Sichtweise ein. In den letzten Jahren erhielt sie einen Schwerpunkt in der Forschung der Schul- und Unterrichtsqualität (gemessen an deren Outputs) und nutzte dazu vorwiegend die Möglichkeiten der deskriptiven Statistik.

c. (Ideologie-)Kritisches Forschen

Mehr oder weniger in Vergessenheit geraten ist in der Didaktik die ideologiekritische Forschungsmethode, die von der Kritischen Erziehungswissenschaft in den 1970er Jahren, orientiert an der Kritischen Theorie der Frankfurter Schule der Sozialwissenschaften (Adorno, Marcuse, Horkheimer, Habermas), propagiert wurde (vgl. Klafki 1978). In deren Verständnis ist Ideologie (vgl. K. Marx) ein gruppenspezifisches und gesellschaftsbedingtes „falsches Bewusstsein", das aus praktisch-politischen Ideen besteht, die dem Macht- und Herrschaftsbedürfnis von Einzelnen, von Gruppen, von Parteien, von Weltanschauungsgemeinschaften und auch vom Staat insgesamt entsprechen. Der Ideologiekritik geht es dann um die Entlarvung dieses falschen Bewusstseins. Im Sinne einer Gesellschaftskritik sollen die Interessen herrschender Gruppen offengelegt werden, da die Menschen, häufig aus Unkenntnis oder rationaler Unfähigkeit, deren Bestrebungen nicht durchschauen.

Im Kontext der Didaktik richtet die ideologiekritische Forschung den Blick vorwiegend auf die Rahmenbedingungen des Unterrichts und deren Auswirkungen für die Bildungsgerechtigkeit sowie auf die Schwerpunkte der didaktischen Entscheidungen (Ziele, Inhalte, Methoden, Medien). Sie fragt, welche Interessen welcher Gesellschaftsgruppe sich hinter den Rahmenbedingungen und den didaktischen Entscheidungen bewusst oder unbewusst verbergen. Der ideologiekritischen Forschung geht es um die Aufklärung aller Betroffenen und Beteiligten, indem sie die Frage nach dem „erkenntnisleitenden Interesse" stellt, das hinter allen schulischen Regelungen und Entscheidungen steht bzw. erkennbar wird. J. Habermas weist im Unterschied zu den empirisch-analytischen Naturwissenschaften (mit technologischem Interesse) und den hermeneutischen Geisteswissenschaften (mit praktischem Interesse) den Sozialwissenschaften wie der (Kritischen) Pädagogik ein emanzipatorisches Interesse zu. Der Mensch als ein nach Freiheit und Mündigkeit strebendes Wesen erfährt in den Sozialwissenschaften wissenschaftliche Hilfe bei der Aufklärung über Sachzwänge, Ideologien und Fremdbestimmungen (1968).

Methodisch kombiniert die Ideologiekritik Hermeneutik und Empirie. Sie stellt hermeneutische Untersuchungen zu einem bestimmten Thema an, ergänzt diese mit empirisch gewonnenen Daten dazu und diskutiert beides unter der Fragestellung des erkenntnisleitenden Interesses, d.h. ob und wie hier die Interessen privilegierter gesellschaftlicher Gruppen zu Lasten anderer, die möglicherweise davon gar nicht wissen oder diese sogar für richtig halten, zum Tragen kommen.

3 Die Forschungsplanung

Für die Planung didaktischer Forschungen empfiehlt sich die folgende Vorgehensweise:

a) Vorbereitungsphase
Auswahl eines forschungsrelevanten Problems aus dem Bereich von Unterrichten und Lernen in der Schule
Präzisierung des Forschungsthemas/Forschungsgegenstands
- Operationale Definitionen
- Festlegung des Forschungstyps (Grundlagenforschung, Angewandte Forschung, Praxisforschung) und Reflexion über die Gütekriterien

b) Hypothesengewinnung und Voruntersuchungen
- Explorative (erkundende) Untersuchungen, um in einem relativ unerforschten Bereich Hypothesen zu entwickeln:
  - vorhandene Theorien als Quelle
  - quantitative Daten als Quelle
  - qualitative Daten als Quelle
  - eigene Beobachtungen
  - eigene offene Befragungen
  - Pretests
- Explanative (erklärende) Untersuchungen:
  - vorhandene Fachliteratur als Quelle für gut begründete Hypothesen
  - Alltagstheorien
- Deskriptive Untersuchungen als Beschreibung von Populationen hinsichtlich bestimmter Merkmale:
  - Stichprobenerhebungen
  - Schätzungen

- Hypothesen prüfende Voruntersuchungen:
  - Zusammenhangshypothesen zwischen Merkmal A und Merkmal B
  - Unterschiedshypothesen zwischen Merkmalen unterschiedlicher Populationen
  - Veränderungshypothesen zur Entwicklung von Variablen

c) Ausformulieren der eigenen Hypothese (These/Zielfrage)
- Angaben der Hypothese mit Unterhypothesen
- Bestimmen der Variablen
- Benennen der Gütekriterien

d) Darlegen des Forschungsdesign
- Auswahl und Begründung der geeigneten Forschungsmethoden
  - Sozialwissenschaftliche Verfahren
  - Geisteswissenschaftliche Verfahren
  - Triangulation
  - zusätzlich: fachdidaktische Verfahren
- Darstellung der Vorgehensweise bei der Datenermittlung und Erkenntnisgewinnung
  - bei sozialwissenschaftlichen Verfahren
    durch *quantitative Hypothesenprüfung* mittels Inhaltsanalysen von Texten, Bildern, Videos, Musikstücken, Beobachtungen, Befragung als standardisiertes Interview, Befragung durch standardisierte Fragebögen, Experiment als systematische Laboruntersuchung, Tests
  - durch *qualitative Hypothesenprüfung* mittels Einzelfallanalyse zum Problem/Sachverhalt, Dokumentenanalyse/Qualitative Inhaltsanalyse, narratives, problemzentriertes, fokussiertes Interview, Gruppendiskussion, teilnehmende Beobachtung, Handlungsforschung als Aktion-Reflexion-Aktion-Kreislauf oder als Forschergruppe sowie Feldforschung als qualitatives Experiment oder als qualitative Evaluation
  - bei geisteswissenschaftlichen Verfahren wie die Hermeneutik durch Personengeschichtliche Forschung, Problemgeschichtliche Forschung, Ideengeschichtliche Forschung in der Form von Werk-, Rezeptions- und Wirkungsanalysen, Ethnologische Studien, Metaanalysen,
  - die Phänomenologie durch Deskription und Strukturanalyse oder

- die Dialektik durch Beobachtung und Beschreibung didaktischer und pädagogischer Phänomene
- bei Triangulation
- hypothesenentsprechende Kombination von sozial- und geisteswissenschaftlichen Verfahren.

e) Datensammlung mit Hilfe der ausgewählten Forschungsmethode(n)

f) Datenanalyse und Datenauswertung
- bei sozialwissenschaftlichen Verfahren
  - durch statistische Verfahren: deskriptive Verfahren, Korrelationsanalysen und Klassifizierung (Clusteranalyse, Faktorenanalyse ...) sowie
  - durch qualitative Verfahren: Transkription, zusammenfassendes Protokoll, selektives Protokoll, Gegenstandsbezogene Theoriebildung, Phänomenologische Interpretation, Sozialwissenschaftlich-hermeneutische Paraphrase, Objektive Hermeneutik, Psychoanalytische Textinterpretation, Typologische Analyse u. A.
- bei geisteswissenschaftlichen Verfahren durch koordinierende Interpretation und kommunikative Validierung, Integration konsensueller und empirischer Validierung, Objektive Hermeneutik, Phänomenologische Interpretation oder Dialektische Interpretation
- bei besonderen Fragestellungen und partizipativen Konzeptionen der qualitativen Sozialforschung durch Feldforschung, Aktionsforschung (Handlungsforschung, Action Research), Frauenforschung, Biografieforschung, Grounded Theorie-Forschung

Bei der Auswertung der Daten wird interpretierend auf die vorgängigen Theorien und die aufgestellte Hypothese Bezug genommen. Es wird eine Antwort auf das eingangs gestellte Forschungsproblem ausformuliert.

g) Darstellung der Forschungsergebnisse

Die Datendarstellung geschieht durch verschiedene Typen und Varianten von Grafiken (Plots) wie z. B. Balkendiagramme, Koordinatensysteme, Kreissegmente, Cluster, Tabellen und andere. Hinzukommen sollte ein fortlaufender Text, der nicht nur die Lösung der gestellten Frage, d.h. die Bestätigung oder Nichtbestätigung der These oder Hypothese zusammenfassend präsentiert, sondern auch kritisch/selbstkritisch auf nicht verifizierte Annahmen, Schwierigkeiten der verwendeten Methoden, eventuelle Fehlversuche und auf weiteren Forschungsbedarf eingeht.

h) Folgerungen aus dem Forschungsvorhaben

Den Abschluss der Forschungen bilden der Ausblick auf Anschluss-forschungen und der Verweis auf die nutzbringende Verwendung der Ergebnisse im didaktischen Feld.

Resümee

Der Didaktik als Wissenschaft wird häufig der Vorwurf gemacht, von geringem Wert für die konkrete Unterrichtspraxis zu sein. Didaktische Theorien spielen nach dem Urteil vieler Lehrerinnen und Lehrer bei der Unterrichtsplanung unmittelbar keine große Rolle; im Schulalltag dominieren Probleme der Stofffülle und des Zeitdrucks, Disziplinschwierigkeiten und die Klage über Rahmenbedingungen, die das Lernen eher behindern als fördern. Von den Einen werden didaktische Theorien als „Feiertagsdidaktiken" ganz abgetan, bei Anderen wirken sie nach dem Studium als eine Art „didaktisches Gewissen" weiter, das in ihnen eine Idealkonstruktion von Unterricht wach hält. Nachweislich bestimmen Bestandteile oder Rudimente von didaktischen Theorien aus der Studienzeit auch die Planung, Gestaltung und Evaluation von Unterricht. Die Erwartung, sie seien unmittelbar praxisrelevant für die Unterrichtsvorbereitung und Unterrichtsdurchführung, beruht aber im Wesentlichen auf Unkenntnis oder Missverständnissen über deren Zustandekommen und Funktion. Didaktische Theorien sind das Ergebnis einer wissenschaftlichen Beschäftigung mit der Unterrichtswirklichkeit, die zu differenzierten und möglichst allgemeingültigen Aussagen führt. Die didaktische Praxis vollzieht sich während des Unterrichts unter Handlungsdruck und meist mittels verinnerlichter Maximen, Routinen und als Versuchshandeln. Bei der Unterrichtsvorbereitung erfolgt sie auch nicht im schrittweisen Abhandeln der einzelnen Unterrichtsfaktoren, sondern eher auf Grund einer ganzheitlichen Übersicht über den wahrscheinlichen Stundenablauf unter Benutzung von Lehrerbegleitheften, Stundenbildern und Schulbüchern. Der Nutzen der *didaktischen Theorie* für die Unterrichtspraxis kann infolgedessen nicht in der Anleitung für die Praxis gesucht werden. Didaktische Praxis ist das Gesamt aller Erfahrungen mit dem Unterrichten und Lernen, während didaktische Theorie sowohl ein auf die Praxis gerichtetes Denken ist als auch ein metatheoretisches Reflektieren über Situationen, Phänomene und Prozesse dieser Praxis. Die Praxis, auf die der Wissenschaftler sein Augenmerk richtet und die der Lehrer gestaltet, ist dieselbe; unterschiedlich sind aber Absicht und Ergebnis der Bemühung beider. Allerdings hat das auf die Praxis bezogene *Denken des Wissenschaftlers* entscheidende Bedeutung für den Praktiker. Denn die Analyse der didaktischen Praxis

- klärt, was „Unterricht" ist,
- macht den Praktiker auf die zentralen Faktoren des Unterrichtsgeschehens aufmerksam und hilft ihm, Unterricht zu strukturieren,
- klärt ihn über Bedingungszusammenhänge (Wenn-dann-Beziehungen, Regelmäßigkeiten) und Auswirkungen von Verhaltensweisen und Handlungen des Lehrers oder Schülers auf,
- orientiert ihn über die Wahrscheinlichkeit, mit der Unterricht durch Einsatz bestimmter Methoden, Medien und Rahmenbedingungen effektiver und besser gestaltet werden kann,
- öffnet ihm den Blick für ideologische Sichtweisen des Phänomens Unterricht und für dessen Reformbedürftigkeit,
- ermöglicht ihm durch Aneignung des Theoriewissens Professionalität und Autonomie in seinem Lehrerverhalten,
- sichert ihm objektive Beobachtungskriterien im Falle der Unterrichtsüberprüfung und
- ist als Ganzes ein „explizites Wissen".

Umgekehrt hat das auf die Praxis bezogene *Denken des Lehrers und der Lehrerin* ebenfalls große Bedeutung für den Wissenschaftler. Denn deren Professionswissen kommt anders zustande, entfaltet sich anders und enthält eigene Inhalte. Die Merkmale des spezifischen Berufswissens von Lehrerinnen und Lehrern sind:

- Es liegt ihm eine reflektierte „praktische Theorie" über die eigenen Handlungsbedingungen zugrunde.
- Es entsteht oder entwickelt sich in Unterrichtssituationen, bei denen die bisher praktizierten Lehrerverhaltensweisen als Problemlösungsstrategien nicht mehr ausreichen.
- Es ist zu großen Anteilen Expertenwissen, das als Handlungserfahrung vielfach überprüft wurde und sich zu einem Gespür für das jeweils angemessene und richtige/Erfolg versprechende Verhalten bzw. Handeln verinnerlicht hat.
- Es bildet in Unterrichtssituationen die Basis für ein spontanes Reflektieren während des Handelns, gibt Anlass zu theoriegeleitetem und experimentierendem Agieren und Reagieren mit Verstärkungseffekten.
- Es ist meistens „implizites Wissen" oder Handlungswissen.

Insofern das Professionswissen des Lehrers Handlungsmittel und Handlungszwecke unmittelbar verknüpft, da es Forschen und Praxis nicht distanziert, Wissen und Handeln nicht voneinander trennt, macht es den wissenschaftlich arbeitenden Didaktiker darauf aufmerksam, dass im Schulunterricht das Wissensmodell technischer Rationalität und Anwendbarkeit theoretischen Wissens unbrauchbar ist. Unterrichten und Lernen als komplexe, unsichere, durch Wert- und Interessenskonflikte beeinträchtigte, praktische Tätigkeiten machen das systematische Studium der Theorien ebenso nötig wie deren Überprüfung, Innovation und Ergänzung durch Lehrerinnen und Lehrer, die tagtäglich im Klassenzimmer arbeiten.

Schlussfolgernd kann gesagt werden: Das Theorie-Praxis-Problem in der Didaktik ist weder durch einen Rückzug der Theorie auf das Terrain wissenschaftstheoretisch legitimierter Aussagen zu lösen, noch durch eine Distanzierung der Alltagspraxis von der Theorie. Allein die zwischen Wissenschaftlern und Lehrern auszuhandelnde Verknüpfung von Theorie und Praxis entspricht der Unterrichtswirklichkeit. Soweit als möglich die Theorie mit der Praxis und die Wissenschaftler mit den Lehrern zusammenbringen, heißt daher die Folgerung.

Literaturverzeichnis

Ackermann, Ph.L./Sternberg, R.J./Glaser, R. (Hrsg.) (1989): Learning and Individual Differences. New York

Adl-Amini, B. (1986): Ebenen didaktischer Theoriebildung. In: Lenzen, D. (Hrsg.): Enzyklopädie Erziehungswissenschaft. Bd. 3. Stuttgart, S. 27-48

Adl-Amini, B./Künzli, R. (1991): Didaktische Modelle und Unterrichtsplanung. Weinheim (3. Aufl.)

Aebli, H. (1980/1981): Denken: Das Ordnen des Tuns. Bd. 1 u. 2. Stuttgart (3. Aufl.)

Aebli, H. (1993): Zwölf Grundformen des Lehrens. Stuttgart (7. Aufl.)

Akademie für Lehrerfortbildung Dillingen (Hrsg.) (1991): Materialgeleitetes Lernen. München

Allemann – Ghion da, C. (2004): Einführung in die Vergleichende Erziehungswissenschaft. Weinheim

Altrichter, H./Posch, P. (2006): Lehrerinnen und Lehrer erforschen ihren Unterricht. Bad Heilbrunn (4. Aufl.)

Apel, H. J. (1991): Lehrplan- und Curriculumentwicklung in Bayern (1950-1991). München

Apel, H. J./Sacher, W. (Hrsg.) (2005): Studienbuch Schulpädagogik. (2. Aufl.)

Arnold, K.H./Sandfuchs, K./Wiechmann, J. (Hrsg.) (2006): Handbuch Unterricht. Bad Heilbrunn

Arnold, M. (2002): Aspekte einer modernen Neurodidaktik. München

Aschersleben, K. (1993): Welche Bildung brauchen Schüler? Vom Umgang mit dem Unterrichtsstoff. Bad Heilbrunn

Aurin, K. (Hrsg.) (1987): Schulvergleich in der Diskussion. Stuttgart

Ballauff, Th./Schaller, K. (1970-1973): Pädagogik. Eine Geschichte der Bildung und Erziehung. Bd. 1-3. Freiburg

Bart, A. R. (1997): Burnout bei Lehrern. Theoretische Aspekte und Ergebnisse einer Untersuchung. Göttingen (2. Aufl.)

Bastian, J. (1995): Offener Unterricht. In: Pädagogik 12, S.6-11

Baumgartner, H.M. (1979): Prinzip Freiheit. Freiburg

Becker, G./Kunze, A./Riegel, E./Weber, H. (2004): Die Helene Lange-Schule Wiesbaden. Das andere Lernen – Entwurf und Wirklichkeit. Frankfurt /M.

Becker, G.E. (1986): Auswertung und Beurteilung von Unterricht. Handlungsorientierte Didaktik. Teil 3. Weinheim

Becker, G.E. (1988): Durchführung von Unterricht. Handlungsorientierte Didaktik. Teil 2. Weinheim (3. Aufl.)

Becker, G.E. (1989): Planung von Unterricht. Handlungsorientierte Didaktik. Teil 1. Weinheim (3. Aufl.)

Becker, H./Haller, H.D./Stubenrauch, H./Wilkending, G. (1974): Das Curriculum. Praxis, Wissenschaft und Politik. München

Beck, G./Scholz, G. (1995): Beobachten im Schulalltag. Frankfurt/M.

Beckmann, H.-K. (1983): Schule unter pädagogischem Anspruch. Donauwörth

Beckmann, H.-K. (Hrsg.) (1978): Leistung in der Schule. Braunschweig

Beisenherz, G. (1982): Schule in der Kritik der Betroffenen. München

Beltz-Verlag (Hrsg.) (1990): Handbuch Schultests. Weinheim

Bergsson, M./Luckfield, H. (1998): Umgang mit „schwierigen Kindern". Berlin

Berndt, J./Busch, D./Schönwalder, H.-G. (Hrsg.) (1988): Schulstreß – Schülerstreß – Elternstreß. Bremen

Bertalanaffy, L. v. (1972): General System Theory. New York

Black, I.B. (1993): Symbole, Synapsen und Systeme. Die molekulare Biologie des Geistes. Heidelberg

Blankertz, H. u.a. (1973): Fachdidaktische Curriculumforschung. Strukturansätze für Geschichte, Deutsch, Biologie. Essen

Blankertz, H. (1982): Die Geschichte der Pädagogik. Von der Aufklärung bis zur Gegenwart. Wetzlar

Blankerz, H. (2000): Theorien und Modelle der Didaktik. München (14. Aufl.)

Bönsch, M. (1995): Differenzierung in Schule und Unterricht. München

Bönsch, M. (2006): Allgemeine Didaktik. Ein Handbuch zur Wissenschaft vom Unterricht. Stuttgart

Bortz, J./Döring, N. (2002): Forschungsmethoden und Evaluation für Human- und Sozialwissenschaftler. Berlin (3. Aufl.)

Bronnmann, W./Kochansky, G./Schmidt, W.F. (1981): Lernen lehren. Training von Lernmethoden und Arbeitstechniken. Bad Heilbrunn

Brügelmann, H. (1982): Fallstudien in der Pädagogik. In: Zeitschrift für Pädagogik 1982, S. 609- 623

Brumlik, M. (1973): Der Symbolische Interaktionismus und seine pädagogische Bedeutung. Frankfurt/M.

Bründel, H./Simon, E. (2003): Die Trainingsraum-Methode: Umgang mit Unterrichtsstörungen: Klare Regeln, klare Konsequenzen. Weinheim

Bruner, J.S. (1974): Entwurf einer Unterrichtstheorie. Düsseldorf

Brunnhuber, P. (1995): Prinzipien effektiver Unterrichtsgestaltung. Donauwörth (19. Aufl.)

Büeler, X. (1994): System Erziehung. Ein bio-psycho-soziales Modell. Bern

Burisch, M. (2006): Das Burnout-Syndrom. Theorie der inneren Erschöpfung. Heidelberg (3. Aufl.)

Caine, R./Caine, G./Klimek, K./McClintic, C. (2005): 12 Brain/Mind Learning Principles in Action. The Fieldbook for Making Connections, Teaching and Human Brain. Therusand Oaks, California

Carle, U. (1997): Kind-Umwelt-Diagnose zwischen schulischem Handwerkszeug und qualitativem Forschungsverfahren. In: Friebertshäuser, B./Prengel, A. (Hrsg.): Handbuch Qualitative Forschungsmethoden in der Erziehungswissenschaft. München 1997, S. 711-730

Caspary, R. u.a. (Hrsg.) (2006): Lernen und Gehirn. Freiburg

Chott, P. (1990): Projektorientierter Unterricht. Weiden

Csikszentmihaly, M. (1987): Das Flow-Erlebnis. Jenseits von Angst und Langeweile: im Tun aufgehen. Stuttgart (2. Aufl.)

Csikszentmihaly, M. (1997): Kreativität. Stuttgart (3. Aufl.)

Cube, F.v./Alshuth, D. (1989): Fordern statt Verwöhnen. Die Erkenntnisse der Verhaltensbiologie in Erziehung und Führung. München

Czerwenka, K. u. a. (1990): Schülerurteile über die Schule. Bericht über eine internationale Untersuchung. Frankfurt/M.

Dalin, P. (1997): Schule auf dem Weg in das 21. Jahrhundert. Neuwied

Dann, H.-D. (1983): Subjektive Theorien: Irrwege oder Forschungsprogramm? In: Montana, K. u. a. (Hrsg.): Kognition und Handeln. Stuttgart, S.77-92

Decker, F. (1996): Die neuen Methoden des Lernens und der Veränderung. Lichtenau

Decy, E.L./Ryan, R.M. (1991): A motivational approach to self: integration in personality. In: Dienstbier, R. (Hrsg.): Symposium on motivation. Vol. 38. Nebraska S. 308-334

Dichanz, H./Mohrmann, K. (1979): Unterrichtsvorbereitung. Stuttgart (3. Aufl.)

Dickopp, K.-H. (1983): Lehrbuch der systematischen Pädagogik. Düsseldorf

Dolch., J. (1974): Lehrplan des Abendlandes. Zweieinhalb Jahrtausende seiner Geschichte. Ratingen (4. Aufl.)

Domke, H. (1991): Erziehungsmethoden. Aspekte und Formen des Methodischen in der Erziehung. Donauwörth (6. Aufl.)

Dreikurs, R./Cassel, P./Rückriem, N. (Hrsg.) (1991): Disziplin ohne Tränen. München (5. Aufl.)

Dubs, R. (1995): Konstruktivismus: Einige Überlegungen aus der Sicht der Unterrichtsgestaltung. In: Zeitschrift für Pädagogik 1995, S. 889-903

Duncker, L./Maurer, F./Schäfer, G. E. (Hrsg.) (1990): Kindliche Fantasie und ästhetische Erfahrung. Langenau-Ulm

Eberle, H.-J. (1985): Unterstützen und Integrieren. Sozialpädagogik in der Schule. Bad Heilbrunn

Eberwein, H. (Hrsg.) (1994): Behinderte und Nichtbehinderte lernen zusammen. Handbuch der Integrationspädagogik. Weinheim (3. Aufl.)

Eberwein, H./Knauer, S. (1998): Handbuch Lernprozesse verstehen. Weinheim

Edelmann, G.(1993): Unser Gehirn – Ein dynamisches System. München

Einsiedler, W. (1982): Faktoren des Unterrichts. Donauwörth

Einsiedler, W. / Härle, H. (Hrsg.) (1979): Schülerorientierter Unterricht. Donauwörth

Eisenhut, G./Heigl, J./Zöpfl, H. (1981): Üben und Anwenden. Zur Funktion und Gestaltung der Übung im Unterricht. Bad Heilbrunn

Elbing. E. (1993): Lebensraum Schule im Urteil der Schüler. Regensburg

Erikson, E. (1965): Kindheit und Gesellschaft. Stuttgart (2. Aufl.)

Erikson,. E. (1974): Identität und Lebenszyklus. Frankfurt/M.

Erikson, E. (1981): Jugend und Krise. Die Psychodynamik im sozialen Wandel. Stuttgart

Erikson, E. (1982): The Life Cycle Completed. New York

Erning, R./Lütje-Klose, B. (2003): Einführung in die Lernbehindertenpädagogik. München

Ernst, H.: Humanistische Schulpädagogik. Bad Heilbrunn

Feldmann, K. (2005): Erziehungswissenschaft im Aufbruch. Eine Einführung. Wiesbaden

Fend, H. (2006): Theorie der Schule. München (2. Aufl.)

Feuser, G. (1995): Behinderte Kinder und Jugendliche zwischen Integration und Aussonderung. Darmstadt

Fichten, W. (1993): Unterricht aus Schülersicht. Die Schülerwahrnehmung von Unterricht als erziehungswissenschaftlicher Gegenstand und ihre Verarbeitung im Unterricht. Frankfurt/M.

Fink, E. (1979): Grundphänomene des menschlichen Daseins. Freiburg

Fischer, D. (Hrsg.) (1982): Fallstudien in der Pädagogik. Aufgaben, Methoden, Wirkungen. Konstanz

Flammer, A. (1996): Entwicklungstheorien. Psychologische Theorien der menschlichen Entwicklung. Bern (2.Aufl.)

Flick, U. (2004): Triangulation – Methodologie und Anwendung. Wiesbaden

Flitner, W. (1961): Die Gymnasiale Oberstufe. Heidelberg

Fölling-Albers, M. (Hrsg.) (1997): Veränderte Kindheit – veränderte Grundschule. Frankfurt/M. (2. Aufl.)

Frank, N./Menzel, D./Schloms, Ch. (Hrsg.) (2006): Erziehung fördert Bildung. Donauwörth

Frey, H. (Hrsg.) (1975): Curriculum-Handbuch. Bd. 1-3. München

Friedrich Verlag Jahresheft 1997 (1997): Lernmethoden. Lehrmethoden. Wege zur Selbständigkeit. Seelze

Friedrich, G. (2005): Allgemeine Didaktik und Neurodidaktik. Frankfurt/M.

Friedrich, G./Preiß, G. (2003): Neurodidaktik. Bausteine für eine Brückenbildung zwischen Hirnforschung und Didaktik. In: Pädagogische Rundschau 57, S. 181 -199

Froese, L. (1983): Ausgewählte   Studien zur Vergleichenden Erziehungswissenschaft. München

Fuster, J. (2003): Cortex and Mind: Unifying Cognition. New York

Gadamer, H.G./Vogler, P. (Hrsg.) (1972): Neue Anthropologie. Bd. 2. T. 2. Stuttgart

Gage, N. L./Berliner, D. C. (1979): Pädagogische Psychologie. Bd. 1 u. 2. München (2. Aufl.)

Galperin, J.P. (1967): Die Entwicklung der Untersuchungen über die Bildung geistiger Operationen. In: Hiebisch, H. (Hrsg.): Ergebnisse der sowjetischen Psychologie. Berlin, S. 367-405

Gerstenmaier, J./Mandl, H. (1995): Wissenserwerb unter konstruktivistischer Perspektive. In: Zeitschrift für Pädagogik 1995, S. 867-886

Gillich, G.: (1993): Selbst, Selbsttätigkeit. Frankfurt/M.

Glasersfeld, E. v. (1987): Wissen, Sprache und Wirklichkeit. Arbeiten zum radikalen Konstruktivismus. Braunschweig

Glöckel, H. (2003): Vom Unterricht. Lehrbuch der Allgemeinen Didaktik. Bad Heilbrunn (4. Aufl.)

Glöckel, H./Rabenstein, R./Drescher, R./Kreiselmeyer, H. (Hrsg.) (1992): Vorbereitung des Unterrichts. Bad Heilbrunn (2. Aufl.)

Goldberg, E. (2002): Die Regie im Gehirn. Wo wir Pläne schmieden und Entscheidungen treffen. Kirchzarten

Göldner, H.-D. (Hrsg.) (1992): Schwierige Schüler – was tun? München (2. Aufl.)

Goller, H. (2003): Das Rätsel von Körper und Geist. Eine philosophische Deutung. Darmstadt

Gordon, T. (2002): Lehrer-Schüler-Konferenz. Wie man Konflikte in der Schule löst. München (16. Aufl.)

Graef, R./Preller, R.-D. (Hrsg.) (1994): Lernen durch Lehren. Rimbach

Gräsel, C. (2006): Gestaltung Problemorientierter Lernumgebungen. In: Arnold, K.-H./ Sandfuchs, K./Wiechmann, J. (Hrsg.): Handbuch Unterricht. Bad Heilbrunn, S. 335–339

Grell, J./Grell M. (1979): Unterrichtsrezepte. München

Grell, J. (1994): Techniken des Lehrerverhaltens. Weinheim (15. Aufl.)

Groeben, N. (1984): Handeln, Tun, Verhalten als Einheiten einer verstehend-erklärenden Psychologie. Tübingen

Groeben, A. v. d. (2005): Unsere Standards. Ein Diskussionsentwurf, vorgelegt von „Blick über den Zaun" – Bündnis reformpädagogisch engagierter Schulen". In: Neue Sammlung 2/2005, S. 253–297

Grzesik, J. (1979): Unterrichtsplanung. Heidelberg

Gudjons, H. (1994): Handlungsorientiert Lehren und Lernen. Projektunterricht und Schüleraktivität. Bad Heilbrunn (4. Aufl.)

Gudjons, H. (1995): Die Themenzentrierte Interaktion – ein Weg zum ganzheitlichen Unterricht. In: Lehrer-Schüler-Unterricht. Handbuch für den Schulalltag. Stuttgart

Gudjons, H. u .a. (Hrsg.) (1993): Didaktische Theorien. Hamburg (7. Aufl.)

Habermas, J. (1968): Erkenntnis und Interesse. Frankfurt/M.

Habermas, J./Luhman, N. (1971): Theorie der Gesellschaft oder Sozialtechnologie -Was leistet die Systemforschung? Frankfurt/M.

Hacker, H. (1979): Elemente des Curriculums. Donauwörth

Hamann, B. (1993): Geschichte des Schulwesens. Bad Heilbrunn (2. Aufl.)

Hamann, B. (2005): Pädagogische Anthropologie. Frankfurt/M. (4. Aufl.)

Hamann, B. (2005): Schafft die Hirnforschung ein neues Menschenbild? In: ibw-journal 1/43, S. 19–23

Hammersley, M. (1990): Classroom Ethnography. Empirical and Methodological Essays. Milton Keynes

Heckhausen, H. (1969): Förderung der Lernmotivation und der intellektuellen Tüchtigkeiten. In: Roth, H. (Hrsg.): Begabung und Lernen. Stuttgart. S. 193-228

Heckhausen, H./Gollwitzer, P. M./Weinert, F. E. (Hrsg.) (1987): Jenseits des Rubikon. Der Wille in den Humanwissenschaften. Berlin

Heckhausen, H. (1989): Motivation und Handeln. Heidelberg (2. Aufl.)

Heiland, H. (1979): Motivieren und Interessieren. Probleme der Motivation im Unterricht. Bad Heilbrunn

Heimann, P./Otto, B./Schulz, W. (1977): Unterricht – Analyse und Planung. Hannover (9. Aufl.)

Heitmeyer, W./Collmann, B. u.a. (Hrsg.) (1995): Gewalt. Schattenseiten der Individualisierung bei Jugendlichen aus unterschiedlichen Milieus. Weinheim

Hell, P./Olbrich, P. (1993): Unterrichtsvorbereitung. Grundlagen – Strukturen – praktische Hinweise. Donauwörth

Helmke, A. (2006): Unterrichtsforschung. In: Arnold, K.H./Sandfuchs, U./Wiechmann, J. (Hrsg.): Handbuch Unterricht. Bad Heilbrunn

Helsper, W. / Böhme, J. (Hrsg.) (2004): Handbuch der Schulforschung. Wiesbaden

Hennig, C./Keller, G. (1993): Lehrer lösen Schulprobleme. Donauwörth (3. Aufl.)

Hentig, H. v. (1996): Bildung. München

Hentig, H. v. (2003): Die vermessene Bildung. Die ungewollten Folgen von TIMSS und PISA. In: Neue Sammlung H. 2, S. 211-233

Henz, H. (1991): Bildungstheorie. Frankfurt/M.

Hermanns, A. (1992): Systemanalytisches Denken. Eine operationales Rekonstruktion systemtheoretischer Überlegungen für schultheoretische Reflexionen. Frankfurt/M.

Hermes, E. (1980): Basiswissen Schulpädagogik. Stuttgart

Hierdeis, H./Hug, Th. (1992): Pädagogische Alltagstheorie und erziehungswissenschaftliche Theorien, Bad Heilbrunn

Hildeschmidt, A./Schnell, J. (Hrsg.) (1998): Integrationspädagogik. Auf dem Weg zu einer Schule für alle. Weinheim

Holtappels, H.G. (1987): Schulprobleme und abweichendes Verhalten aus der Schülerperspektive. Bochum

Horst, K./Ohly, K.P. (2000): Lernmethoden – Arbeitstechniken. Seelze

Hurrelmann, K. u. a. (1986): Persönlichkeitsentwicklung und produktive Realitätsverarbeitung. Die interaktions- und handlungstheoretische Perspektive der Sozialisationsforschung. In: Zeitschrift für Sozialisationsforschung und Erziehungssoziologie 1986, S. 91-126

Hurrelmann, K/Ulich, D. (Hrsg.) (1995): Neues Handbuch der Sozialisationsforschung. Weinheim (4. Aufl.)

Huschke-Rhein, R. (1989): Systemische Pädagogik. Bd. 3. Köln

Huyssen, A./Scherpe, K. (Hrsg.) (1986): Postmoderne. Zeichen eines kulturellen Wandels. Reinbek

Ingenkamp, K.-H. (Hrsg.) (1989): Die Fragwürdigkeit der Zensurengebung. Weinheim (8. Aufl.)

Jürgens, B. (2000): Schwierige Schüler? Disziplinkonflikte in der Schule. Hohengehren

Jürgens, E. (1996): Die „neue" Reformpädagogik und die Bewegung Offener Unterricht. St. Augustin (3. Aufl.)

Jürgens, E. (1997): Offener Unterricht im Spiegel empirischer Forschung. In: Pädagogische Rundschau 6, S. 677-697

Kaiser, F.J. (Hrsg.) (1983): Die Fallstudie. Theorie und Praxis der Fallstudiendidaktik. Bad Heilbrunn

Kanders, M./Rolff, H.-G. (1996): Schülerinnen und Schüler als Koproduzenten im „Haus des Lernens"? Was Sekundarschülerlnnen über Schule, Lehrer und Unterricht denken. In: Erziehung und Wissenschaft 1996, S. 48 ff.

Kant, I. (1784): Beantwortung der Frage: Was ist Aufklärung? In: Berlinische Monatsschrift H. 12, S. 516-519

Kant, I. (1962): Werke. Hrsg. v. d. Preuß. Akademie d. Wissenschaften. Band 7. Berlin

Keck, R. W. (1983): Unterricht Gliedern – Zielorientiert Lehren. Bad Heilbrunn

Keller, G. (1993): Lehrer helfen lernen. Donauwörth (3. Aufl.)

Kiper, H./Meyer, H./Topsch, W. (2006): Einführung in die Schulpädagogik. Berlin (3. Aufl.)

Kiper, H./Mischke, W. (2004): Einführung in die Allgemeine Didaktik. Weinheim

Kirckhoff, M. (1989): Mind Mapping. Berlin

Klafki, W. (1996): Neue Studien zur Bildungstheorie und Didaktik. Zeitgemäße Allgemeinbildung und kritisch-konstruktive Didaktik. Weinheim (6. Aufl.)

Klewes, J. (1983): Retroaktive Sozialisationseinflüsse Jugendlicher auf ihre Eltern. Weinheim

Klippert, H. (1996): Kommunikations-Training. Weinheim (3. Aufl.)

Klippert, H. (1997): Methoden-Training. Übungsbausteine für den Unterricht. Weinheim (6. Aufl.)

Klippert, H.(2000): Teamentwicklung im Klassenraum. Weinheim (4. Aufl.)

Klose, P. (1971): Das Rollenkonzept als Untersuchungsansatz für die Berufssituation des Lehrers. In: Kölner Zeitschrift für Soziologie und Sozialpsychologie, S. 78–97

Kluge, N. (1981): Spielen und Erfahren. Der Zusammenhang von Spielerlebnis und Lernprozess. Bad Heilbrunn

Kluxen, W. (1974): Ethik des Ethos. München

Köbberling, A./Schley, W. (2000): Sozialisation und Entwicklung in Integrationsklassen. Untersuchungen zur Evaluation eines Schulversuchs in der Sekundarstufe. Weinheim

Köck, P. (1995): Praxis der Unterrichtsgestaltung und des Schullebens. Donauwörth (2. Aufl.)

Köck, P. (2005): Handbuch der Schulpädagogik. Donauwörth (2. Aufl.)

Kösel, E. (1978): Sozialformen des Unterrichts. Ravensburg (6. Aufl.)

Kösel, E. (1995): Die Modellierung von Lernwelten. Ein Handbuch zur subjektiven Didaktik. Elztal-Dalau (2.Aufl.)

Kösel, E. (2002): Die Modellierung von Lernwelten. Bd. 1-3. Bahlingen

Koslowski, P./Spaemann, R./Löw, R. (Hrsg.) (1986): Moderne oder Postmoderne. Weinheim

Krapp, A./Weidenmann, B. (Hrsg.) (2001): Pädagogische Psychologie. Weinheim (4. Aufl.)

Kron, F. W. (2004): Grundwissen Didaktik. München (4. Aufl.)

Krüger, H.-H./Pfaff, N. (2004): Triangulation quantitativer und qualitativer Zugänge in der Schulforschung. In: Helsper, W./Böhme, J. (Hrsg.): Handbuch der Schulforschung. Wiesbaden, S. 159–182

Krüssel, H. (1993): Konstruktivistische Unterrichtsforschung. Frankfurt/M.

Kullmann, V. J. (2000): Selbst-Supervision in der Schule. Neuwied

Kwiran, M./Wiater, W. (1990): Schule im Bannkreis der Computertechnologie. Wuppertal

Lefrancois, G. R. (2006): Psychologie des Lernens. Heidelberg (4. Aufl.)

Leinhofer, G. (1991): Verhalten als Botschaft. Auffälliges Verhalten von Kindern als Problem und Appell. Donauwörth (2. Aufl.)

Lemnitzer, K./Wiater, W. (Hrsg.) (2000): Lernen in einer sich wandelnden Gesellschaft. Seelze-Velber

Lenk, H. (Hrsg.) (1977/1984): Handlungstheorien – interdisziplinär. Bd. 1-4. München

Lenk, H. (Hrsg.) (1978): Handlungstheorien interdisziplinär. Band 2.1. München

Lenzen, D. (Hrsg.) (2004): Erziehungswissenschaft. Ein Grundkurs. Reinbek (6. Aufl.)

Lerner, R. M. (1984): Jugendliche als Produzenten ihrer eigenen Entwicklung. In: Olbrich, E./Todt, E. (Hrsg.): Probleme des Jugendalters. Neuere Sichtweisen. Berlin, S. 69-87

Lipowsky, F. (2006): Auf den Lehrer kommt es an. In: Beiheft der Zeitschrift für Pädagogik. Weinheim, S. 250–266

Löffling, S./Mandl, H. (Hrsg.) (1997): Lernen für die Zukunft – Lernen in der Zukunft. München

Lohmann, G. (2003): Mit Schülern klarkommen. Professioneller Umgang mit Unterrichtsstörungen und Disziplinkonflikten. Berlin

Luhmann, H. (1987): Soziale Systeme. Grundriß einer allgemeinen Theorie. Frankfurt/M.

Lurija, A. R. (1993): Das Gehirn in Aktion. Einführung in die Neuropsychologie. Reinbek

Lüthy, W./Voit, E./Wehner, Th. (Hrsg.) (2002): Wissensmanagement – Praxis. Zürich

Lüttge, D. (1981): Beraten und Helfen. Beratung als Aufgabe des Lehrers. Bad Heilbrunn

Macha, H. (1989): Pädagogisch-anthropologische Theorie des Ich. Bad Heilbrunn

Macha. H. (1996): Die Fortschreibung des personalen Menschenbildes durch die systemische Pädagogik – die Welt der Kinder in den ersten Lebensjahren. In: Macha, H./Solzbacher, C. (Hrsg.): Zur Aktualität des personalen Menschenbildes. Frankfurt/M., S. 74-96

Macha, H. (2001): Lernstile diagnostizieren und individuelle Potenziale fördern. In: Hohenstein, A./Wilbers, K. (Hrsg.): Handbuch E-Learning. Grundwerk. Weinheim, Kap. 4

Macha, H./Solzbacher, C. (Hrsg.): Zur Aktualität des personalen Menschenbildes. Frankfurt/M.

Maras, R. (1995): Unterrichtsgestaltung in der Grundschule. Donauwörth (6. Aufl.)

März, F. (1978/1980): Problemgeschichte der Pädagogik. Bd. 1-2. Bad Heilbrunn

Maturana, H. (1982): Erkennen: Die Organisation und Verkörperung von Wirklichkeit. Braunschweig

Maturana, H./Varela, F.J. (1987): Der Baum der Erkenntnis. Die biologischen Wurzeln des menschlichen Erkennens. Bern

Mayring, Ph.. (1990): Einführung in die qualitative Sozialforschung. München

Mehling, R. (1984): Einführung in die Arbeit mit AV-Medien. Alsbach

Memmert, W. (1991): Didaktik in Grafiken und Tabellen. Bad Heilbrunn (4. Aufl.)

Menck, P. (1993): Geschichte der Erziehung. Donauwörth

Menck, P. (2006): Unterricht – Was ist das? Eine Einführung in die Didaktik. Norderstedt

Mertens, G. (1991):Auf dem Weg in die Postmoderne? Pädagogische Anfragen und Perspektiven. In: Vierteljahrsschrift für wiss. Pädagogik 1991. S. 14-23

Meyer, H.. (1991): Trainingsprogramm zur Lernzielanalyse. Königstein (2. Aufl.)

Meyer, H. (1993): Leitfaden zur Unterrichtsvorbereitung. Frankfurt/M. (12. Aufl.)

Meyer, H. (1994): Unterrichts-Methoden. Bd. 1 u. 2 Frankfurt/M. (6. Aufl.)

Meyer, H. (1997): Schulpädagogik. Bd. 1-2. Berlin

Meyer-Willner, G. (1979): Differenzierung und Individualisierung. Begründung und Darstellung des Differenzierungsproblems. Bad Heilbrunn

Michael, B. (1983): Darbieten und Veranschaulichen. Bad Heilbrunn

Mietzel, G. (1989): Wege in die Entwicklungspsychologie. Kindheit und Jugend. München

Miller, E. K./Cohen, J. D. (2002): An Integrative Theory of Prefrontal Cortex Function. In: Annual Review in Neuroscience 24/2002, S. 167-202

Müller, K. (Hrsg.) (1996): Konstruktivismus. Lehren - Lernen - Ästhetische Prozesse. Neuwied

Mutzek, W. (Hrsg.) (1998): Förderdiagnostik bei Lern- und Verhaltensstörungen. Weinheim

Müller-Armack, A. (1956): „Soziale Marktwirtschaft". In: Handwörterbuch der Sozialwissenschaften. Bd. 9. Saarbrücken/Stuttgart, S. 22-39

Nauck, J. (1983): Fördern statt Auslesen? Pädagogisches Handeln im selektiven Schulsystem. Bad Heilbrunn

Neubert, St./Reich, K./Voß, R.: Lernen als konstruktiver Prozess. In: Hug, Th. (Hrsg.) (2001): Einführung in das wissenschaftliche Arbeiten. Wie kommt die Wissenschaft zu Wissen? Bd. 1. Hohengehren, S. 253-265

Nickel, H. u. a. (Hrsg.) (1993): Psychologie der Entwicklung und Erziehung. Pfaffenweiler

Nölle, V. (1995): Schüler sehen Schule anders. Frankfurt/M.

Nolting, H.-P. (2002): Störungen in der Schulklasse. Ein Leitfaden zur Vorbeugung und Konfliktlösung. Weinheim

Oblinger, H./Kotzian, O./Waldmann, J. (1985): Grundlegende Unterrichtskonzeption. Donauwörth

Oelkers, J. (1987): Die Wiederkehr der Postmoderne. Pädagogische Reflexionen zum neuen Fin de siècle. In: Zeitschrift f. Pädagogik 1987, S. 21-40

Oelkers, J./Tenorth, H.E. (Hrsg.) (1987): Pädagogik, Erziehungswissenschaft und Systemtheorie. Weinheim

Oerter, R./Montada, L. (1982): Entwicklungspsychologie. Ein Lehrbuch. München

Omrod, J. E.: Educational Psychologie. Developing Learners. New Jersey 1995

Peterßen, W.H. (1994): Anschaulich unterrichten. München

Peterßen, W. H. (1999): Kleines Methoden-Lexikon. München

Peterßen, W. H. (2000): Handbuch Unterrichtsplanung. München (9. Aufl.)

Peterßen, W. H. (2001): Lehrbuch Allgemeine Didaktik. München (6. Aufl.)

Petillon, H. (1987): Der Schüler. Rekonstruktion der Schule aus der Perspektive von Kindern und Jugendlichen. Darmstadt

Phelan, T.W./Schonour, S. J. (2004): Die 1 2 3 – Methode. Konsequent zum Lernen motivieren und Störungen vermeiden. Iserlohn

Piaget, J. (1969): Das Erwachen der Intelligenz beim Kinde. Stuttgart

Piaget, J./Fatke, R.v. (Hrsg.) (1983): Meine Theorie der geistigen Entwicklung. Frankfurt/M.

Pintrich, P. R./De Groot, E. (1990): Motivational and Self-Regulated Learning. In: Journal of Educational Psychologie. Vol. 82/1. S. 33–40

Plöger, W. (1992): Allgemeine Didaktik und Fachdidaktik - Modelltheoretische Untersuchungen. Frankfurt/M.

Prange, K. (1983): Bauformen des Unterrichts. Bad Heilbrunn

Preuß, E. (1994): Leistungserziehung, Leistungsbeurteilung und innere Differenzierung in der Grundschule. Bad Heilbrunn

Rapaport, A. (1987): Allgemeine Systemtheorie. Wesentliche Begriffe und ihre Verwendungen. Darmstadt

Reble, A. (1995): Geschichte der Pädagogik. Stuttgart (18. Aufl.)

Redlich, A./Schley, W. (1981): Kooperative Verhaltensmodifikation im Unterricht. München

Reich, K. (1997): Systemisch-konstruktivistische Pädagogik. Neuwied (2. Aufl.)

Reich, K. (1998): Thesen zur konstruktivistischen Didaktik. In: Pädagogik. H.7-8. S. 43-46

Reichert, H. (2000): Neurobiologie. Stuttgart (2. Aufl.)

Reinmann, G. (2005): Blended Learning – in der Lehrerbildung. Lengerich

Reinmann-Rothmeier, G. (2002): Der Wandel der Bedingungen des Lehrens und Lernens. Wissensmanagement. München

Reischmann, J. (1991): Leichter lernen – leicht gemacht. Bad Heilbrunn (4. Aufl.)

Rheinberg, F./Fries, St. (1998): Förderung der Lernmotivation: Ansatzpunkte. Strategien und Effekte. In: Psychologie in Erziehung und Unterricht 44, S. 168-184

Ricken, G./Fritz, A./Hoffmann, Ch. (Hrsg.) (2003): Diagnose: Sonderpädagogischer Förderbedarf. Lengerich

Rieder-Aigner, H. (1995): Kollegiale Beratung als Beitrag zur Schulkultur. In: Pädagogische Welt, S. 507-510

Riegel, E. (2004): Schule kann gelingen. Frankfurt

Riegel, K. F. (1975): Ansätze zu einer dialektischen Theorie der Entwicklung. In: Riegel. K.F. (Hrsg.): Zur Ontogenese dialektischer Operationen. Frankfurt./M. S. 75-96

Riegel, K. F. (1980): Grundlagen der dialektischen Psychologie. Stuttgart

Ritzel, W. (1973): Pädagogik als praktische Wissenschaft. Heidelberg

Röhrs, H. (1995): Die internationale und vergleichende Erziehungswissenschaft. Weinheim

Rolff, H.-G./Zimmermann, P. (1990): Kindheit im Wandel. Weinheim (2. Aufl.)

Roth, G. (1994): Das Gehirn und seine Wirklichkeit. Frankfurt/M.

Roth, G. (1995): Die Konstruktivität des Gehirns. Der Kenntnisstand der Hirnforschung. In: Fischer, R. (Hrsg.): Die Wirklichkeit des Konstruktivismus. Heidelberg, S. 47-61

Roth, G. (1997): Das Gehirn und seine Wirklichkeit. Kognitive Neurobiologie und ihre philosophischen Konsequenzen. Frankfurt/M.

Roth, G. (2001): Das Ich ist nicht „Herr im Hause". Das Magazin 12 (3), S. 32-34

Roth, G. (2003): Fühlen, Denken, Handeln. Frankfurt/M

Roth, H. (1966/1971): Pädagogische Anthropologie. Bd. 1 u. 2. Hannover

Roth, H. (1971): Pädagogische Psychologie des Lehrens und Lernens. Hannover (13. Aufl.)

Roth, L. (1991): Forschungsmethoden der Erziehungswissenschaft. In: Roth, L. (Hrsg.):

Pädagogik. Handbuch für Studium und Praxis. München, S. 32–67.

Sacher, W. (1991): Schulleistung. Forderung, Überprüfung, Beurteilung. Dillingen

Sacher, W. (1994): Prüfen – Beurteilen – Benoten. Bad Heilbrunn

Sacher, W. (2006): Didaktik der Lernökologie. Lernen und Lehren in unterrichtlichen und medienbewussten Lernarrangements. Bad Heilbrunn

Saldem, M. v. (1991): Erziehungswissenschaft und Neue Systemtheorie. Berlin

Sandfuchs, U. (1987): Unterrichtsinhalte auswählen und anordnen. Bad Heilbrunn

Schardt, M. (2003): Iststandserhebung und individuelle Förderpläne. In: Leutzen, H. u.a.(Hrsg.): Schulleitung und Schulentwicklung. Abschnitt E 2.8. Bonn, S. 1–16

Scheidgen, H. u.a. (Hrsg.) (1990): Information ist noch kein Wissen. Weinheim

Scheler, M. (1929): Die Formen des Wissens und die Bildung. Leipzig

Scheuerl, H. (1982): Pädagogische Anthropologie. Stuttgart

Scheuerl, H. (Hrsg.) (1979): Klassiker der Pädagogik. Bd. 1-2. München

Schiefele, H./Krapp, A. (1990): Aus Interesse lernen. Mit Interesse lernen. München

Schiefele, H./Prenzel, M. (1991): Motivation und Interesse. In: Roth, L. (Hrsg.): Pädagogik. München, S. 813-823

Schiek, G. (1997): Artikel „Selbsterfahrung". In: Hierdels, H./Hug, Th. (Hrsg.) (1997): Taschenbuch der Pädagogik. Bd. 4. Baltmannsweiler, S. 1304-1311

Schiek, G. (1997): Artikel „Selbstreflexion". In: Hierdels, H./Hug. Th. (Hrsg.) (1997): Taschenbuch der Pädagogik. Bd. 4. Baltmannsweiler, S. 1311-1319

Schmelzer, D. (1997): Verhaltenstherapeutische Supervision. Göttingen

Schmidt, S. J. (Hrsg.) (1992): Kognition und Gesellschaft. Der Diskurs des Radikalen Konstruktivismus. Frankfurt/M. (2. Aufl.)

Schmidt-Denter, U./Manz, W. (1991): Entwicklung und Erziehung im ökopsychologischen Kontext. München

Schmitt, G. (1978): Beruf und Rolle des Lehrers. Ravensburg (5. Aufl.)

Schnaitmann, G. W. (2004): Forschungsmethoden der Erziehungswissenschaft. Frankfurt/M.

Schneck, O. (Hrsg.) (2003): Lexikon der Betriebswirtschaft. München

Schneider, Ch. (2001): Persönlichkeit und Selbst. Hamburg

Schneider, U. (1996): Wissensmanagement in der wissensbasierten Unternehmung. Das Wissensnetz in und zwischen Unternehmen knüpfen. In: Schneider, U. (Hrsg.): Wissensmanagement. Die Aktivierung des intellektuellen Kapitals. Frankfurt, S. 13-49

Schneider, U. (2001): Die 7 Todsünden im Wissensmanagement, Frankfurt/M.

Schratz, M./Steiner-Löffler, U. (Hrsg.) (1999): Gut sein, besser werden – und verstehen warum, evaluieren. In: Lernende Schule H. 5. Seelze, S. 4-9

Schreckenberg, W. (1984): „Guter" Unterricht – „schlechter" Unterricht. Zur Theorie und Praxis der Unterrichtsbeurteilung. Düsseldorf (2. Aufl.)

Schröder, H. (1989): Prinzipien des Unterrichts. München (2. Aufl.)

Schröder, H. (1992): Artikel „Ganzheit". In: Schröder, H.: Grundwortschatz Erziehungswissenschaft. München 1992 (2. Aufl.), S. 109-113

Schröder, H. (1999): Theorie und Praxis der Erziehung. München (2. Aufl.)

Schröder, H. (2002): Lernen - Lehren - Unterricht. München (2. Aufl.)

Schröter, G. (1981): Medien im Unterricht. Donauwörth

Schulz v. Thun, F. (1991): Miteinander reden. Bd. 1. Hamburg

Schütt, P. (2000): Wissensmanagement. Niedernhausen

Schwanke, U. (1988): Der Beruf des Lehrers. Weinheim

Schwarzer, Ch./Schwarzer, R. (1979): Praxis der Schülerbeurteilung. München (2. Aufl.)

Seibert, N./Serve, H. J. (Hrsg.) (1992): Prinzipien guten Unterrichts. München

Seibert, N./Serve, H. J. (Hrsg.) (1994): Bildung und Erziehung an der Schwelle zum dritten Jahrtausend. München

Seiffert, H. (1991): Einführung in die Wissenschaftstheorie. Bd. 1-3. München (11. Aufl.)

Seiler, T. B. (2004): Wissen und Wissensverarbeitung aus humanwissenschaftlicher Perspektive. In: Jüttemann, G. (Hrsg.): Psychologie als Humanwissenschaft. Göttingen, S. 302-317

Seiler, T. B. (2004): Der Wissensbegriff im Wissensmanagement: Eine strukturgenetische Sicht. In: Reinmann, G./Mandl, H. (Hrsg.): Psychologie des Wissensmanagements. Göttingen, S. 11-23

Simon, J. (1977): Freiheit. Theoretische und praktische Aspekte des Problems. Freiburg

Singer, W. (2002): Der Beobachter im Gehirn. Essays zur Hirnforschung. Frankfurt/M.

Singer, W. (2002): Was kann ein Mensch wann lernen? In: Killius, N./Kluge, J./Reisch, L. (Hrsg.): Die Zukunft der Bildung. Frankfurt/M., S. 78-99

Singer, W. (2003): Ein neues Menschenbild? Gespräche über Hirnforschung. Frankfurt/M.

Sommer, H. (1981): Grundkurs Lehrerfrage. Weinheim

Speck, O. (1997): Chaos und Autonomie in der Erziehung. München (2. Aufl.)

Spitzer, M. (1996): Geist im Netz: Modelle für Lernen, Denken und Handeln. Heidelberg

Spitzer, M. (2002): Lernen. Gehirnforschung und die Schule des Lebens. Berlin

Splett, J. (Hrsg.) (1980): Wie frei ist der Mensch? Düsseldorf

Stadtfeld, P./Dieckmann, B. (Hrsg.) (2005): Allgemeine Didaktik im Wandel. Bad Heilbrunn

Steiner, G. (2001): Lernen und Wissenserwerb. In: Krapp, B./Weidenmann, A. (Hrsg.): Pädagogische Psychologie. Weinheim (4. Aufl.), S. 137-205

Stern, D. (1994): Die Lebenserfahrung des Säuglings. Stuttgart

Stierlin, H. (1994): Ich und die anderen. Psychotherapie in einer sich wandelnden Gesellschaft. Stuttgart

Stock, J. u.a./Prognos AC/Infratest (1998): Integrierter Abschlussbericht zum Wissens- und Bildungs-Delphi. (Hrsg. v. BMBF). Bonn

Struck, P. (1996): Die Kunst der Erziehung. Darmstadt

Tausch, R./Tausch, A.-M. (1991): Erziehungspsychologie. Göttingen (10. Aufl.)

Thiele, H. (1981): Lehren und Lernen im Gespräch. Gesprächsführung im Unterricht. Bad Heilbrunn

Thompson, R.F. (1994): Das Gehirn. Von der Nervenzelle zur Verhaltenssteuerung. Heidelberg

Tippelt, R. (Hrsg.) (2002): Handbuch Bildungsforschung. Opladen 2002

Treiber, B./Weinert, F. E (1985).: Gute Schulleistungen für alle? Psychologische Studien zu einer pädagogischen Hoffnung. Münster

Tschamler, H. (1983): Wissenschaftstheorie. Eine Einführung für Pädagogen. Bad Heilbrunn (2. Aufl.)

Ulich, D./Mertens, W. (1976): Urteile über Schüler. Weinheim

Ulich, K. (1983): Schüler und Lehrer im Schulalltag. Weinheim

Ulich, K. (1996): Beruf Lehrer/in. Arbeitsbelastungen. Beziehungskonflikte. Zufriedenheit. Weinheim

Vester, F. (1999): Denken, Lernen, Vergessen. Was geht in unserem Kopf vor, wie lernt das Gehirn und wann läßt es uns im Stich? München (26. Aufl.)

Vogel, A. (1976): Artikulation des Unterrichts – Verlaufsstrukturen und didaktische Funktionen. Ravensburg

Vorsmann, N./Voß, R. (Hrsg.) (1982): Den Schüler ernst nehmen. Essen

Voß, R. (Hrsg.) (1998): SchulVisionen. Theorie und Praxis systemisch-konstruktivistischer Pädagogik. Heidelberg

Vygotksi, L. (1987): Ausgewählte Schriften. Arbeiten zur psychischen Entwicklung der Persönlichkeit. Bd. 2. Berlin (bes. Kap. 2)

Waibel, E.M. (1998): Erziehung zum Selbstwert. Donauwörth (2. Aufl.)

Wallrabenstein, W. (1993): Offene Schule – Offener Unterricht. Reinbek (2. Aufl.)

Watermann, R./Thurn, S./Tillmann, K.J. u.a. (2005): Die Laborschule im Spiegel ihrer PISA-Ergebnisse. Weinheim

Watzlawick, P. (Hrsg.) (1985): Die erfundene Wirklichkeit. Wie wissen wir, was wir zu wissen glauben? Beiträge zum Konstruktivismus. München

Watzlawik, P. u. a. (1982): Menschliche Kommunikation. Bern

Weber, E. (1995/1996/1999): Pädagogik. Eine Einführung. Bd. 1. T. 1, T. 2, T. 3. Donauwörth

Weber, W. E .J. (2002): Geschichte der europäischen Universität. Stuttgart

Weinert, F. E. (Hrsg.) (1996): Psychologie des Lernens und der Instruktion. Göttingen

Weinert, F. E. (1998): Neue Unterrichtskonzepte zwischen gesellschaftlichen Notwendigkeiten, pädagogischen Visionen und psychologischen Möglichkeiten. In: Bayerisches Staatsministerium für Unterricht, Kultus, Wissenschaft und Kunst (Hrsg.): Wissen und Werte für die Welt von morgen. München, S. 101-125

Wellenreuther, M. (2004): Lehren und Lernen – aber wie? Empirisch-experimentelle Forschungen zum Lehren und Lernen im Unterricht. Hohengehren

Wiater W. (2005): Bildung und Erziehung als Aufgaben der Schule. In: Apel, H.-J./Sacher, W. (Hrsg.): Studienbuch Schulpädagogik. Bad Heilbrunn (2. Aufl.), S. 301–326

Wiater, W. (2005): Unterrichtsprinzipien. Donauwörth (2. Aufl.)

Wiater, W. (2006): Theorie der Schule. Donauwörth (2. Aufl.)

Wiater, W. (2007): Wissensmanagement. Eine Einführung für Pädagogen. Wiesbaden

Wiater, W./Lohrenz, H. (1980): Mitwirken und Mitgestalten. Bad Heilbrunn

Wichard, R. (Hrsg.) (1979): Zur Sache Freiheit. Hildesheim

Willke, H. (1993): Systemtheorie I. Stuttgart (4. Aufl.)

Willke, H. (1994): Systemtheorie II: Interventionstheorie. Stuttgart

Winkel, R. (1996): Der gestörte Unterricht. Bochum (6. Aufl.)

Winkel, R. (Hrsg.) (1988): Pädagogische Epochen. Von der Antike bis zur Gegenwart. Düsseldorf

Winne, Ph. H. (1996): A Metacognitive View of Individual Difference in Self-regulated Learning.: In: Learning and Individual Differencees. Vol. 8/4. San Diego, S. 327–353

Wittern, J. (1975): Mediendidaktik, Bd. 1 u. 2. Opladen

Wolf, H.-K. (1994): Aktives Lernen. Handlungsorientierung im gesellschaftlichen Lernbereich der Sekundarstufe 1. Donauwörth

Zdarzil, H. (1972): Pädagogische Anthropologie. Heidelberg

Zeitschrift „Lernende Schule" (Friedrich-Verlag): Im Team. H. 9/2000. Seelze

Zimmermann, B. J. (2000): Self-Efficacy: An Essential Motive to Learn. In: Contemporary Educational Psychologie 25, S. 82–91

Zumhasch, C. (1999): Schulische Beratung aus der Perspektive von Schülern. Frankfurt/M.

Fundiert in Theorie und Praxis!

Diese Werke aus der Reihe „Prüfungswissen – Basiswissen Schulpädagogik" vermitteln einen umfassenden Überblick über prüfungsrelevante Grundlagen aus dem Bereich der Schulpädagogik.
Kompakt, ausführlich, wissenschaftlich fundiert – aber leicht verständlich – führen die Bände durch die verschiedenen Themenbereiche.

Werner Wiater

Unterrichtsprinzipien

Prüfungswissen – Basiswissen Schulpädagogik

Die Themen *Konstitutive Unterrichtsprinzipien* und *Prinzipien der Unterrichtsgestaltung* werden durch zahlreiche Beispiele aus Theorie und Praxis anschaulich dargestellt. Mit einem umfassenden Literaturverzeichnis.

96 S., 16,5 x 23,5 cm
‣ Best-Nr. **03617**

Werner Wiater

Theorie der Schule

Prüfungswissen – Basiswissen Schulpädagogik

Folgende Themen der Theorie der Schule werden behandelt: *Schultheorien, Schulorganisation, Aufgaben der Schule, Schulentwicklung, Schule als Lernort/Lebensraum/ Arbeitsplatz* u. v. m.

200 S., 16,5 x 23,5 cm
‣ Best-Nr. **03860**

Werner Wiater

Unterrichtsplanung

Prüfungswissen – Basiswissen Schulpädagogik

In Theorie, Praxis, Reflexion, Analyse und Evaluation klar strukturierter Band enthält folgende Themen: *Unterrichts- und Planungstheoretische Grundlagen, Ausführliche Unterrichtsvorbereitung* und *Kurzvorbereitung, Einzelne Planungsschritte* u. v. m.

200 S., 16,5 x 23,5 cm
‣ Best-Nr. **06526**

Aus der Praxis für die Praxis!

Werner Wiater

Der Praktikums-begleiter

Intensivkurs Schulprakti-kum

Dieses Begleitheft zum Praktikum hilft den für ein Lehramt Studierenden die wichtigsten Ziele des Praktikums stets im Auge zu behalten. Mit ihm wird Ordnung in diesen wichtigen studienbegleiten Abschnitt gebracht.

Es regt zum Tätigwerden beim Beobachten von Schule und Unterricht an und gibt eine Anleitung zum Planen und Ausführen kleiner unterrichtlicher Teilaufgaben und ganzer Unterrichtsstunden. Zugleich dient es als Berichtsheft für das Praktikum.

100 S., DIN A4

▶ Best-Nr. **02519**

Jost Schneider (Hrsg.) /
Karin Kress / Cathrin Rattay /
Dirk Schlechter

Individuell fördern – Das Praxisbuch

Profi-Tipps und Materialien aus der Lehrerfortbildung

Dieser Band bietet Ihnen Praxistaugliche Lösungen, die individuelle Förderung Schritt für Schritt auch unter schwierigen Voraussetzungen gelingen lassen. Die Themen sind: Rahmenbedingungen, Effiziente Diagnostik, Förderpläne, Individuell Fördern im Unterricht, Umgang mit Lernvermeidungsstrategien und Verweigerung.

Mit Infokästen, Tipps und Fazits zur schnellen Orientierung sowie zahlreichen Checklisten und Vorlagen zum direkten Einsatz.

196 S., DIN A4, mit CD-ROM

▶ Best-Nr. **06434**

Markus Grimminger

Hey, Lehrer! Schulangst?

Sich durchsetzen –
Die Klasse führen –
Entspannt unterrichten

Dieses Buch ist aus der Praxis heraus geschrieben und hält Ihnen den Spiegel der täglichen Arbeit vor. Denn mit Humor unterrichtet es sich leichter! Es macht Ihnen Mut, Verantwortung für das eigene Verhalten zu übernehmen.

Zahlreiche Hilfen zur Verbesserung Ihres Führungsstils und zur Entwicklung von Führungskompetenz bringen Sie weiter!

Für Lehrer aller Schularten bestens geeignet.

64 S., DIN A5

▶ Best-Nr. **04439**